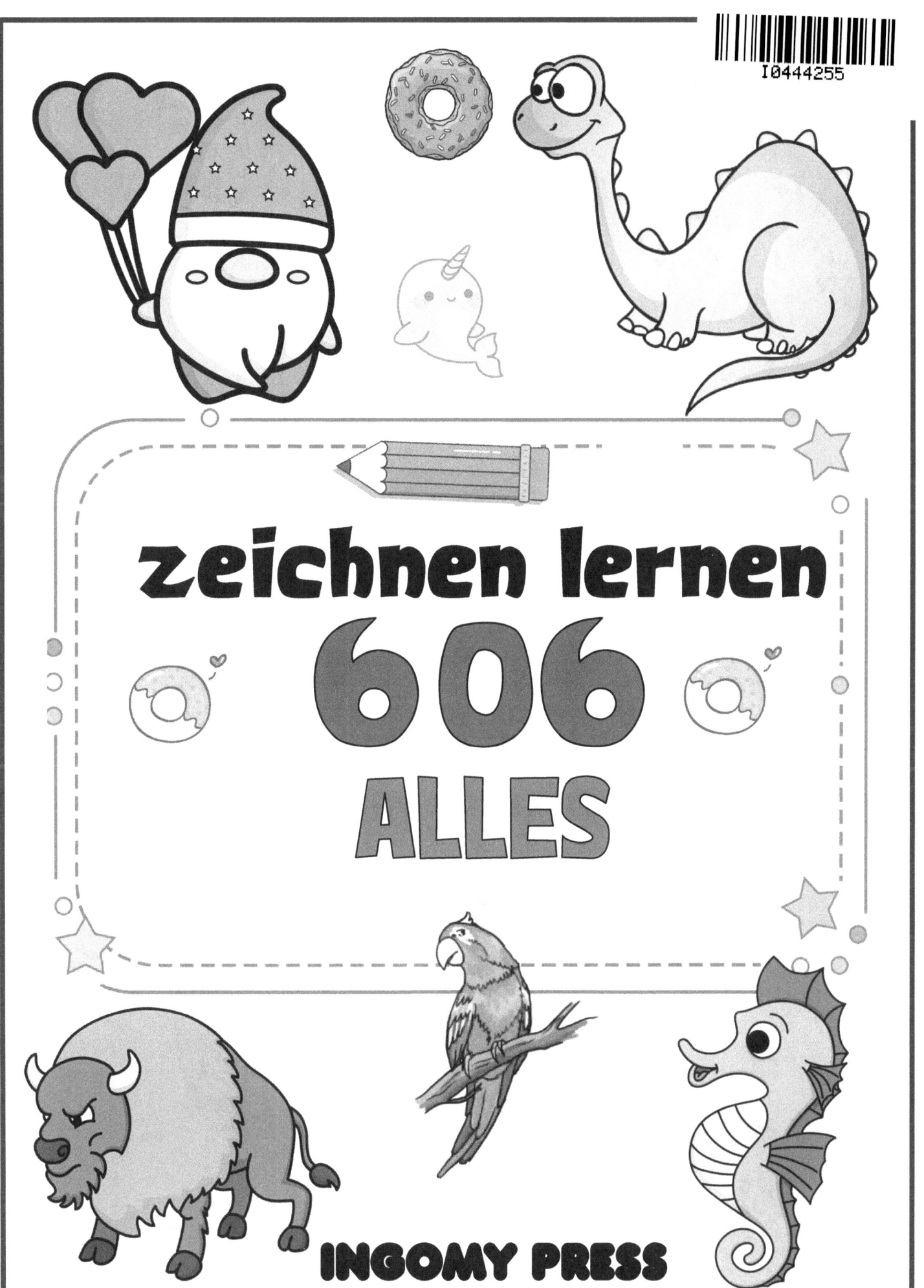

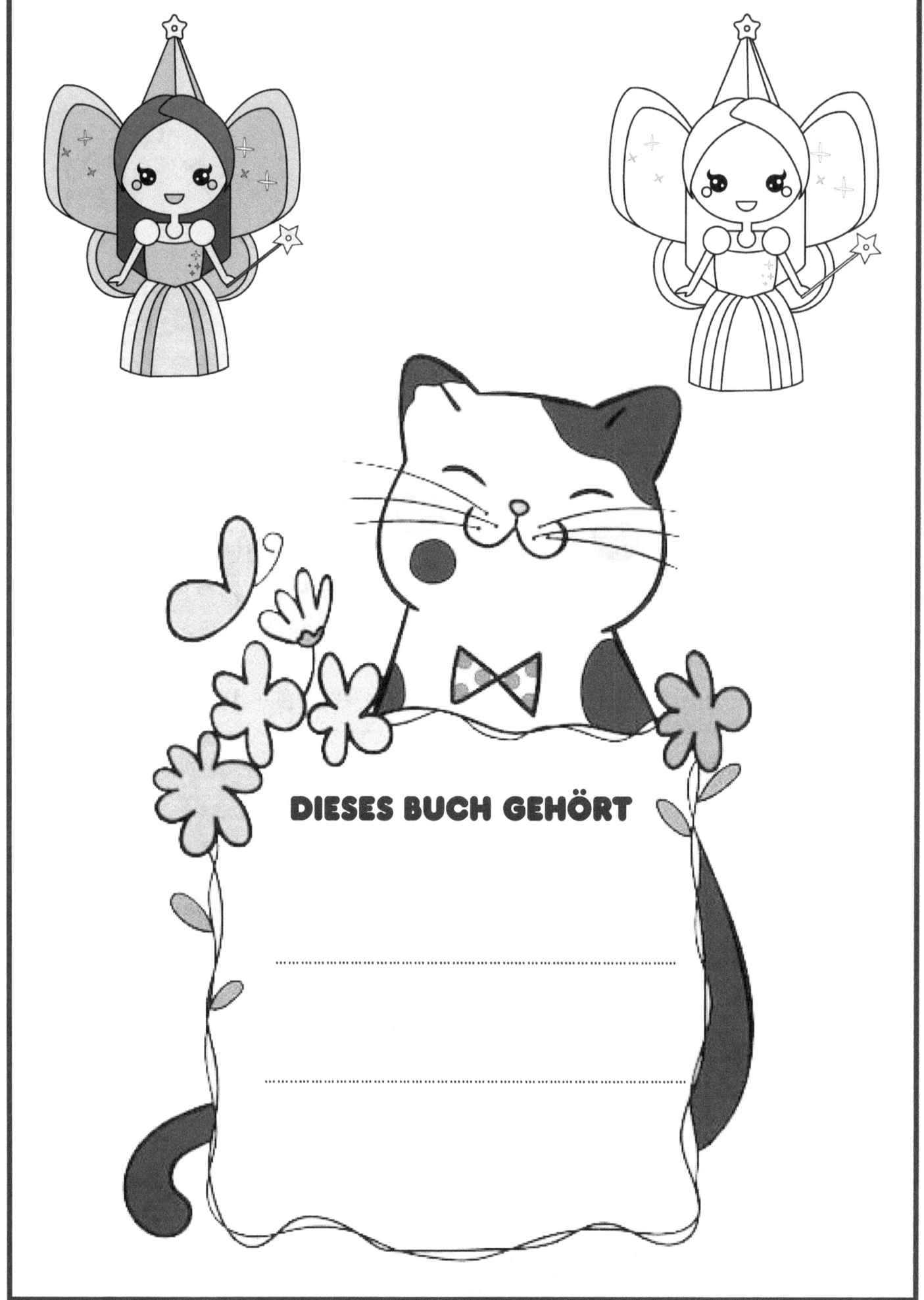

WIE MAN 600 ALLES ZEICHNET

Copyright © 2024

Alle Rechte vorbehalten. Kein Teil dieser Veröffentlichung darf ohne vorherige schriftliche Genehmigung des Herausgebers in irgendeiner Form oder mit irgendwelchen Mitteln, einschließlich Fotokopieren, Aufzeichnen oder anderen elektronischen oder mechanischen Methoden, reproduziert, verteilt oder übertragen werden, außer im Falle kurzer Zitate in kritischen Rezensionen und bestimmter anderer nichtkommerzieller Verwendungen, die durch das Urheberrecht gestattet sind.

Dieses Buch dient ausschließlich Informations- und Bildungszwecken. Der Autor und der Herausgeber haben alle Anstrengungen unternommen, um die Richtigkeit der Informationen in diesem Buch sicherzustellen, geben jedoch keine Garantien oder Zusicherungen hinsichtlich der Richtigkeit, Anwendbarkeit oder Vollständigkeit des Inhalts dieses Buches. Die in diesem Buch enthaltenen Informationen dienen ausschließlich Bildungszwecken. Wenn Sie daher die in diesem Buch enthaltenen Ideen anwenden möchten, übernehmen Sie die volle Verantwortung für Ihr Handeln.

Warenzeichen

Alle Warenzeichen, Dienstleistungsmarken und Handelsnamen in diesem Buch sind Warenzeichen oder eingetragene Warenzeichen ihrer jeweiligen Eigentümer.

Cover illustration © 2024

Contents

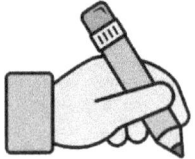
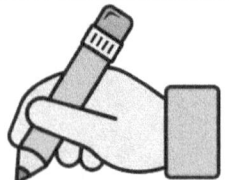

- Schmetterlinge
- Die Schule
- Make-up
- Spielzeug
- Videospiele
- Haustiere
- Zootiere
- Meerestiere
- Vögel
- Insekten
- Dinosaurier
- Einhorn
- Blumen
- Natur
- Essen
- Trinken
- Eiscreme
- Süßigkeiten
- Gemüse
- Obst
- Emoji
- Weltraum
- Sport
- Cartoon
- Valentinstag
- Monster
- Fahrzeuge
- Autos
- Weihnachten
- Musik
- 3D
- Spielzeug
- Meerjungfrauen
- Kawaii
- Süße Dinge
- Halloween
- Superhelden
- Magisches

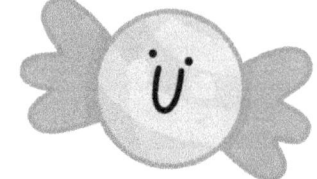

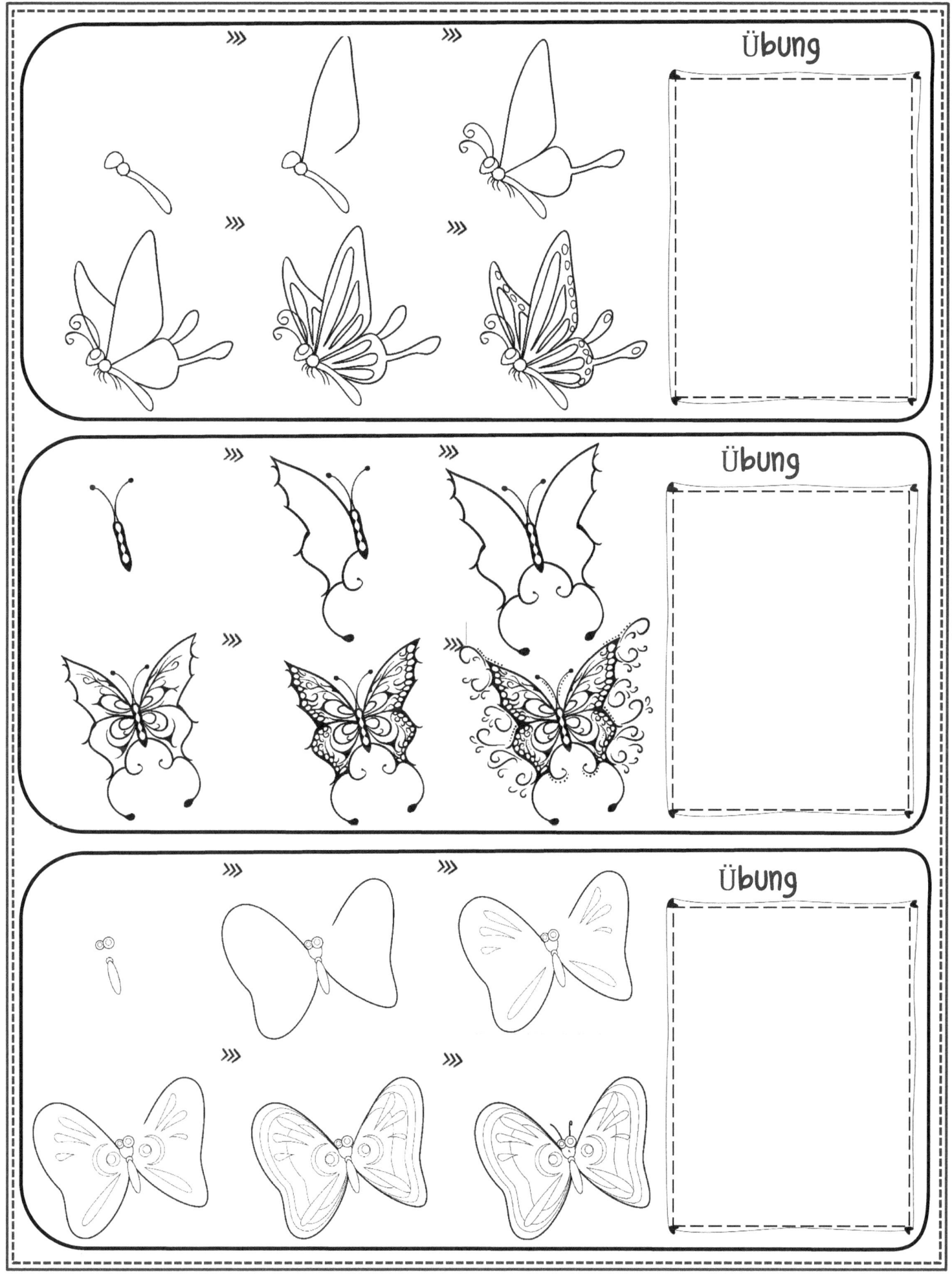

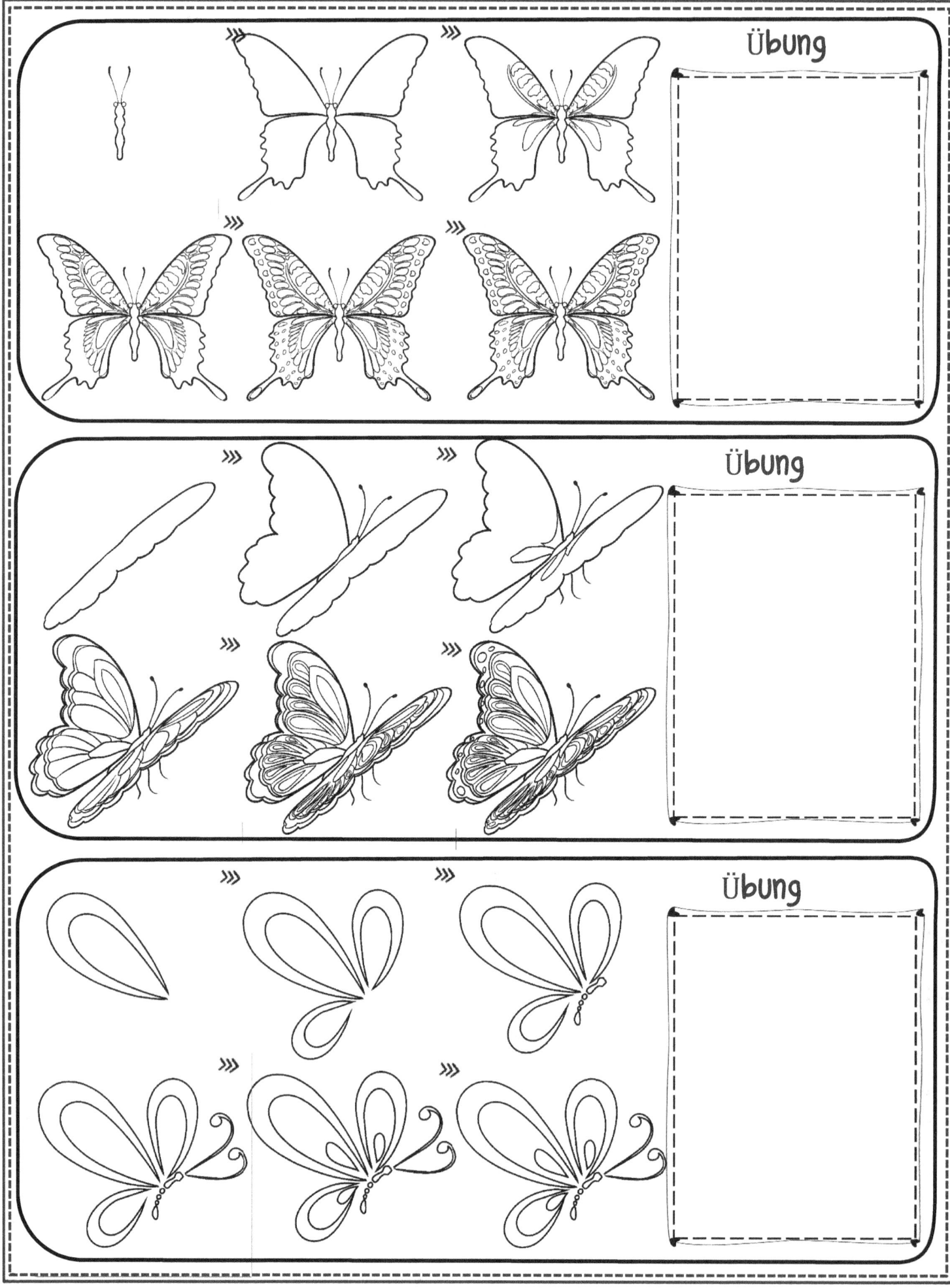

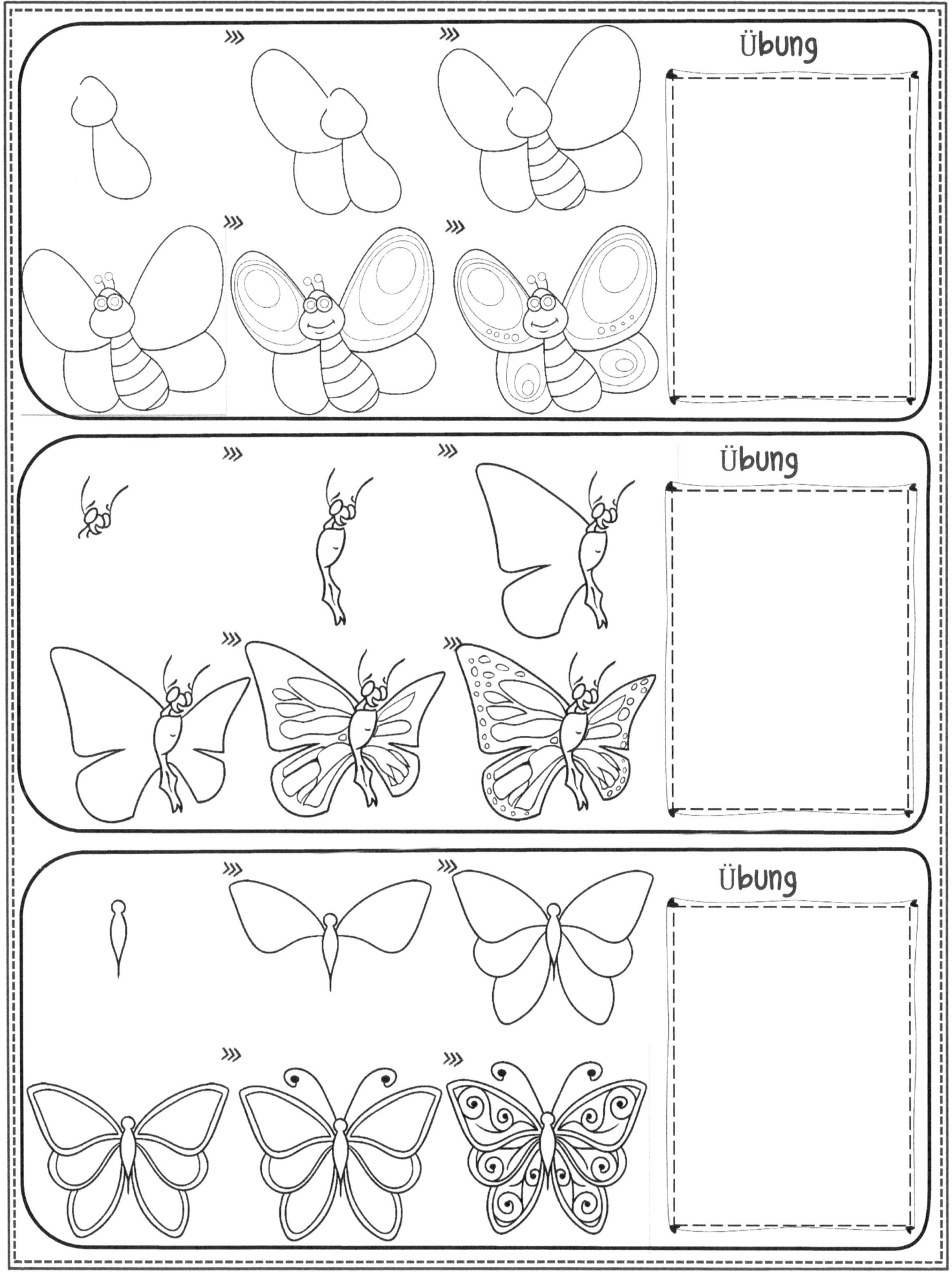

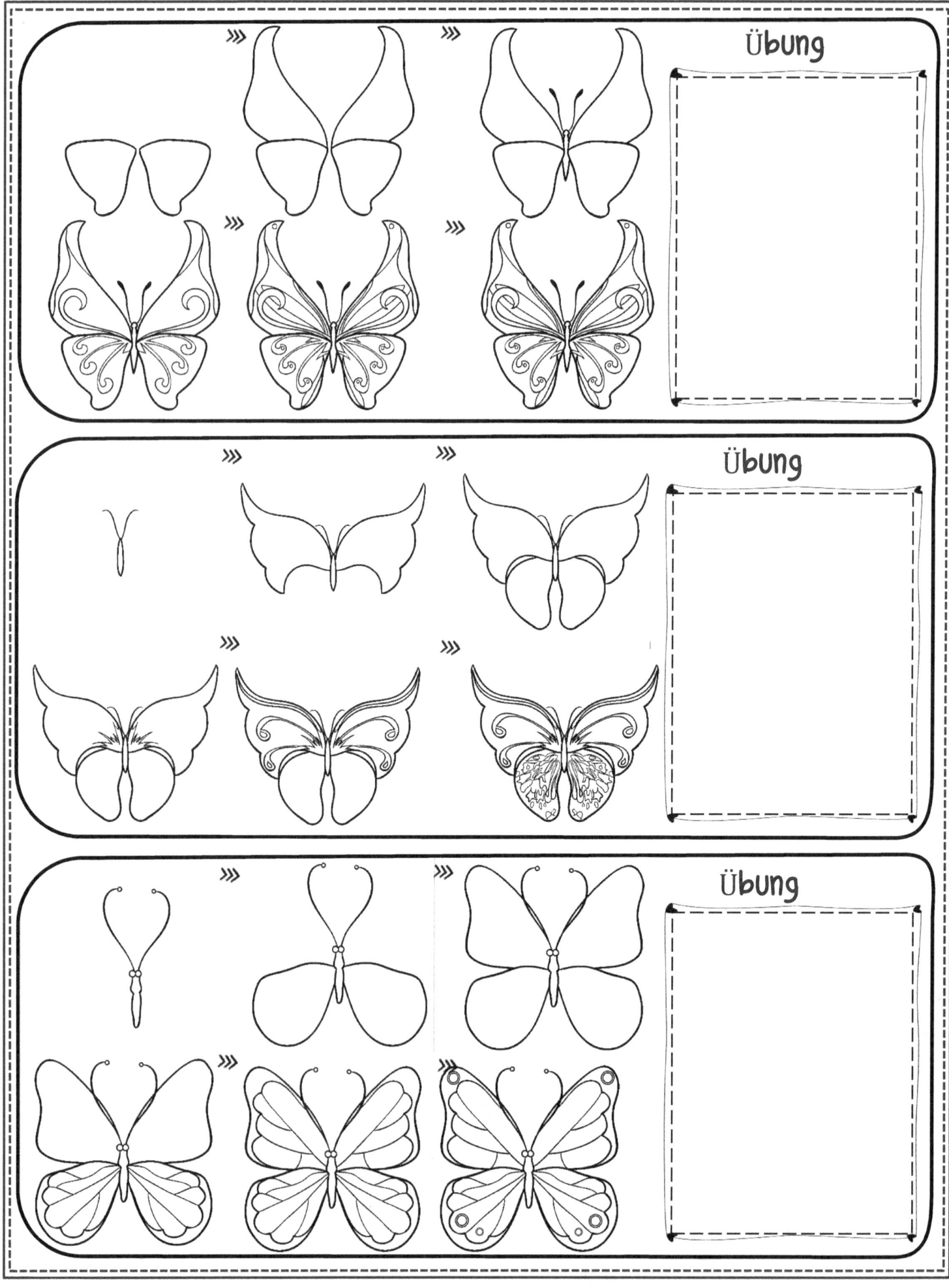

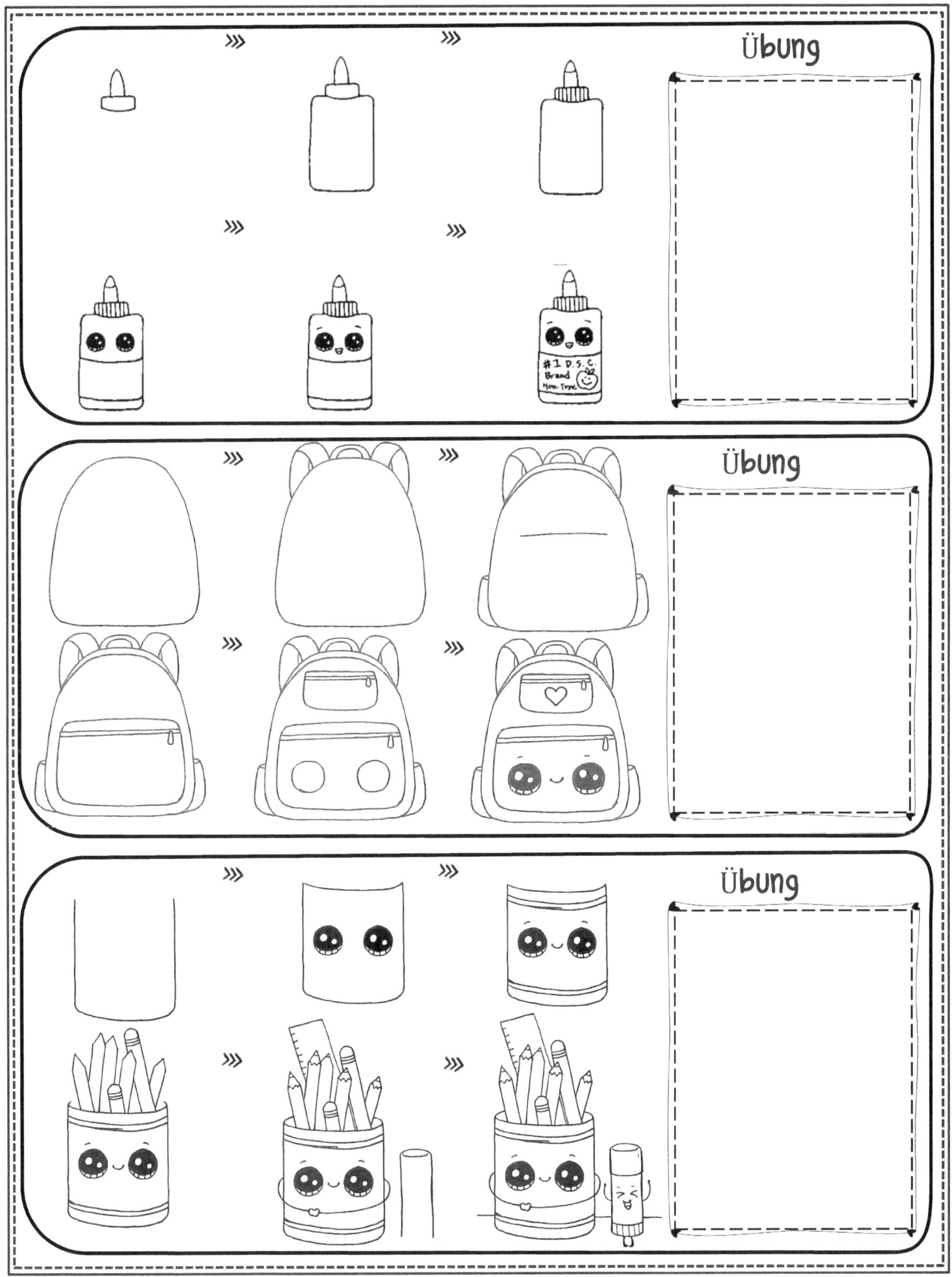

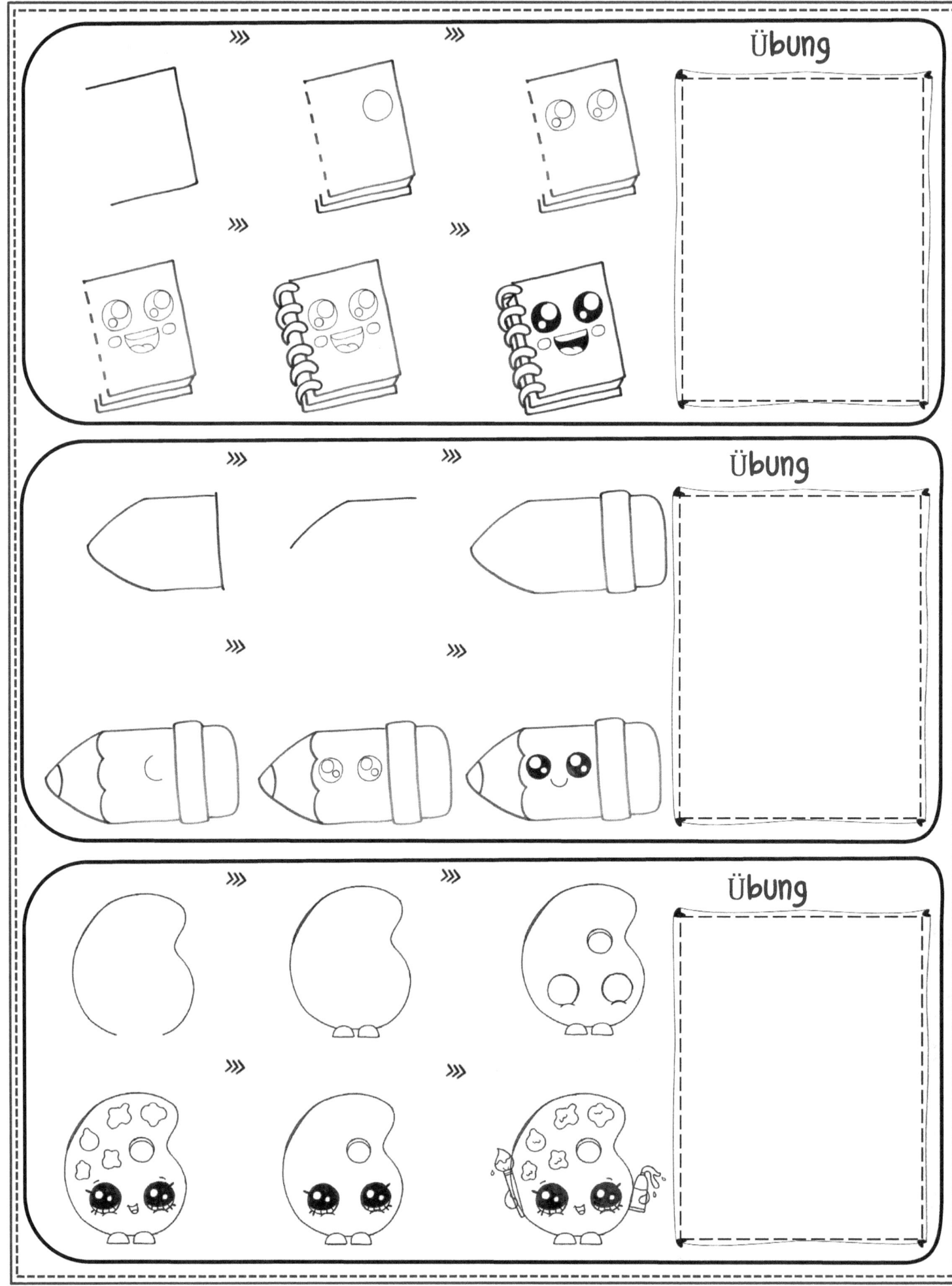

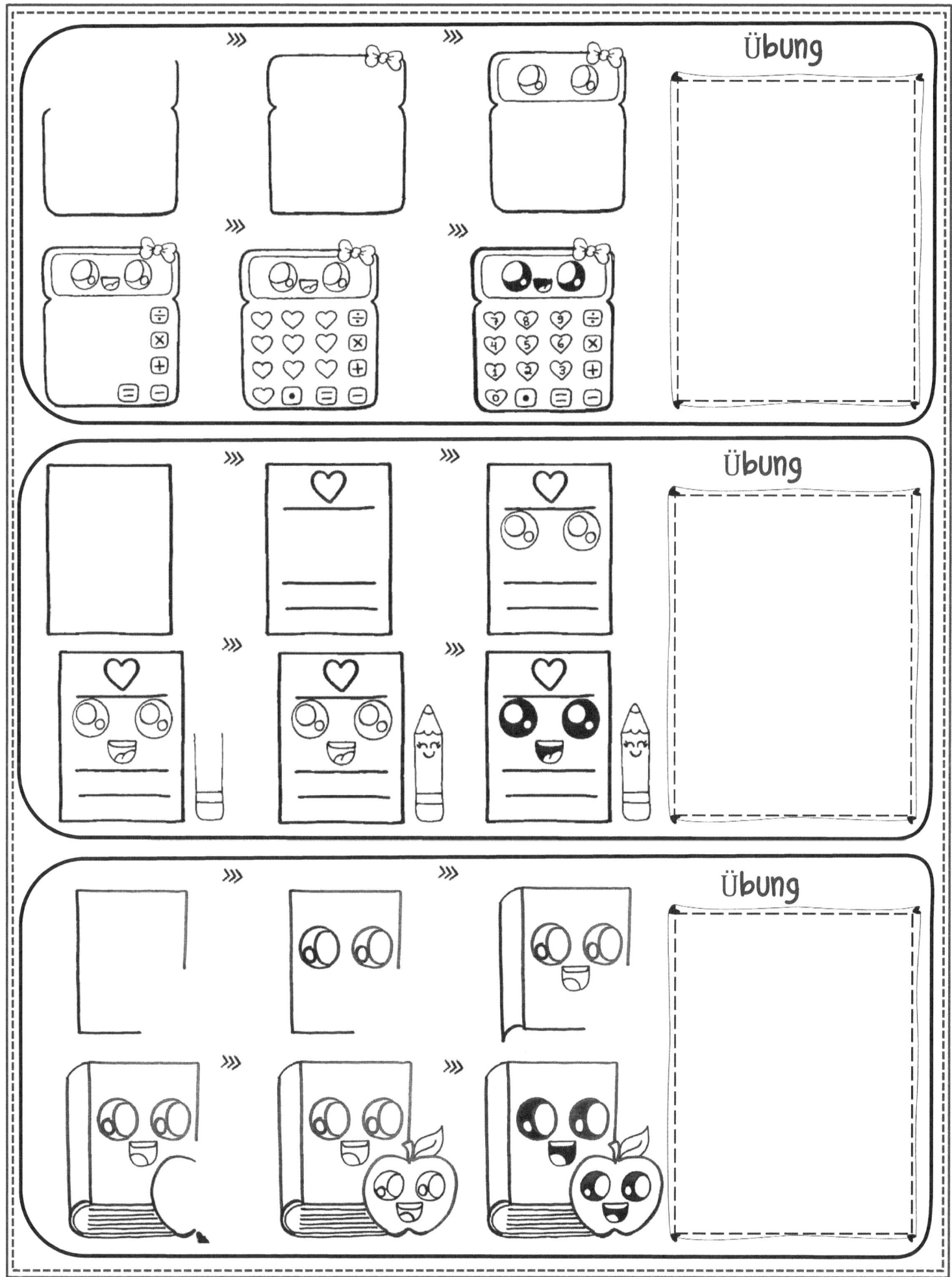

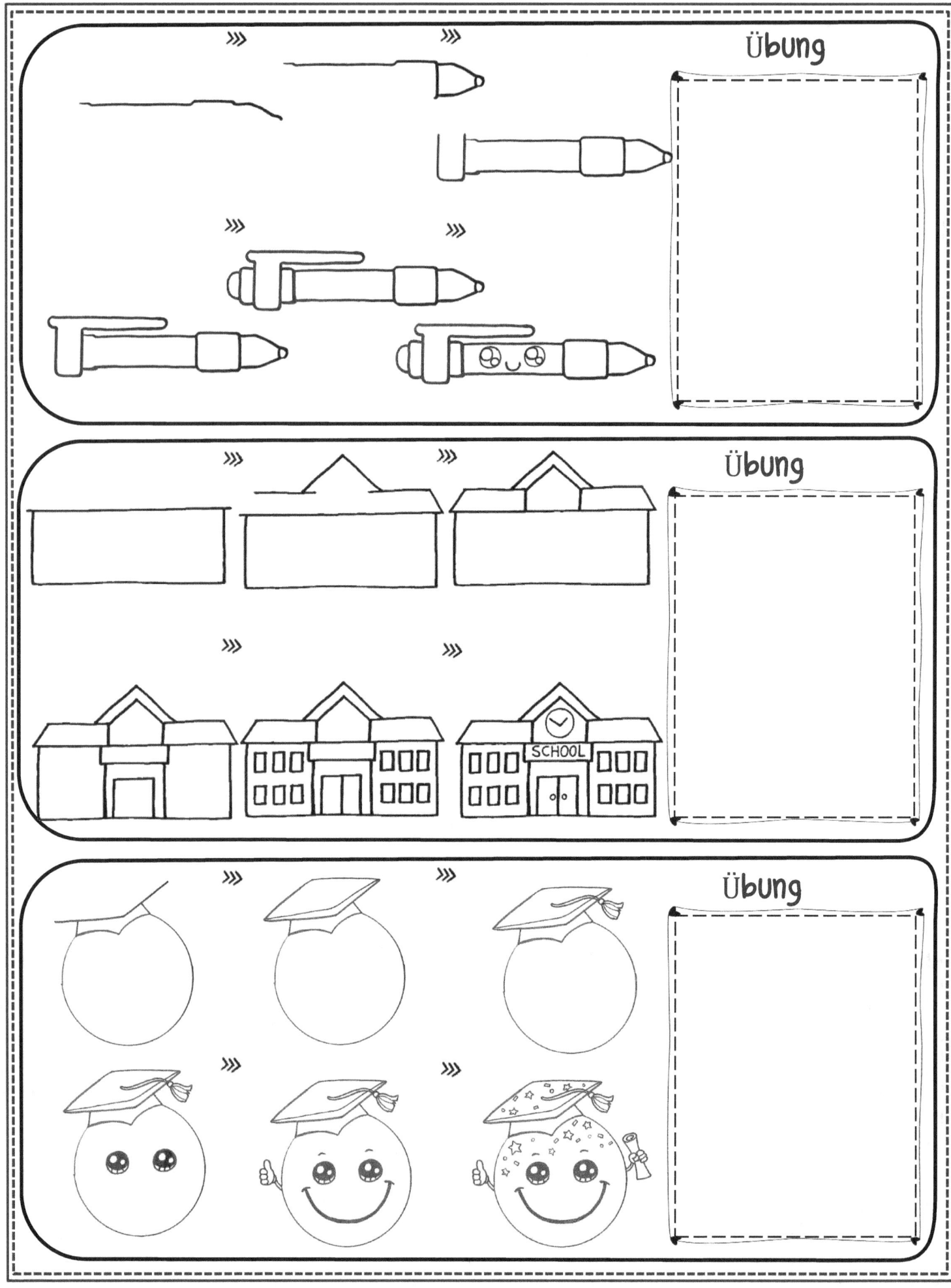

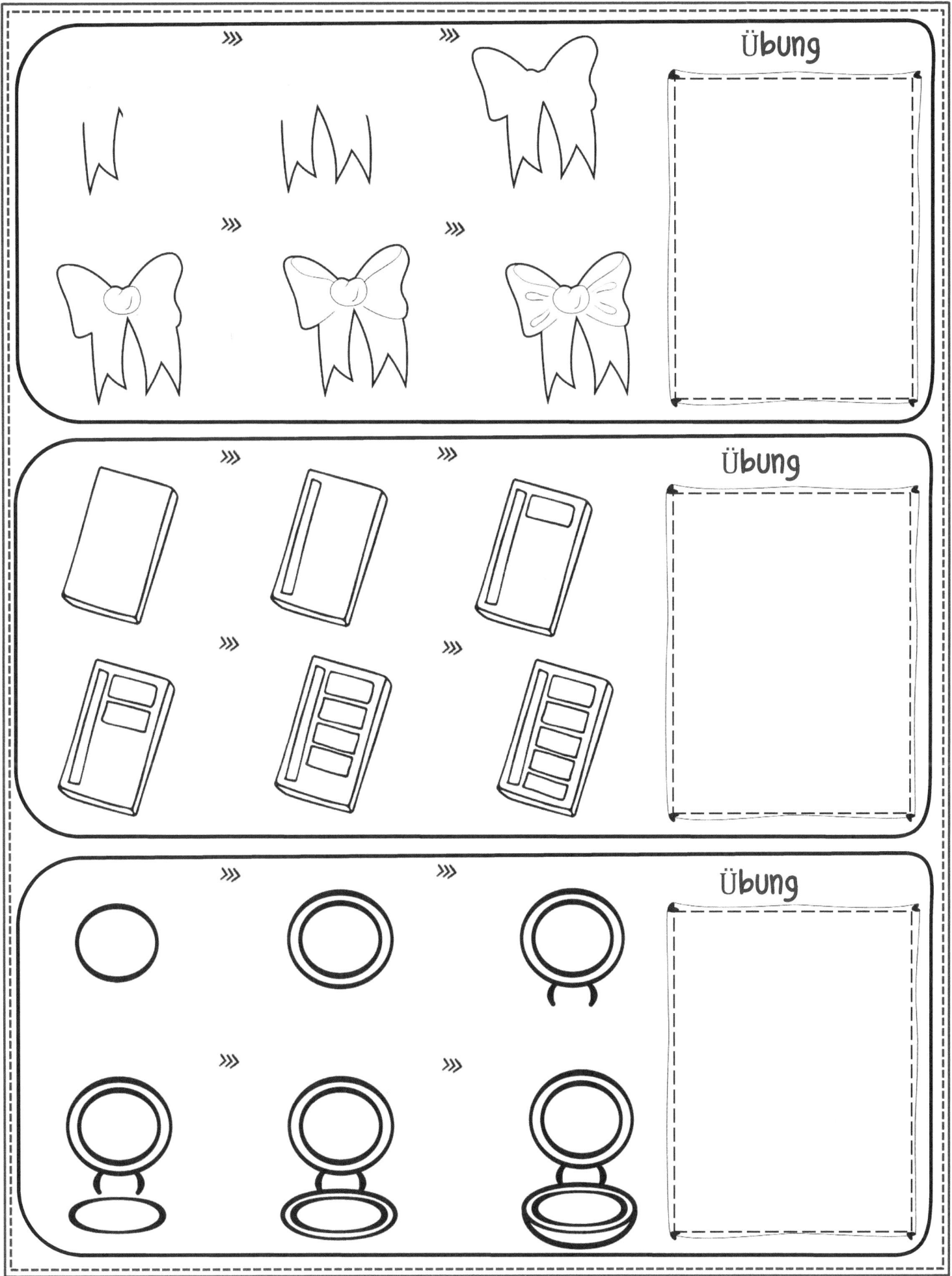

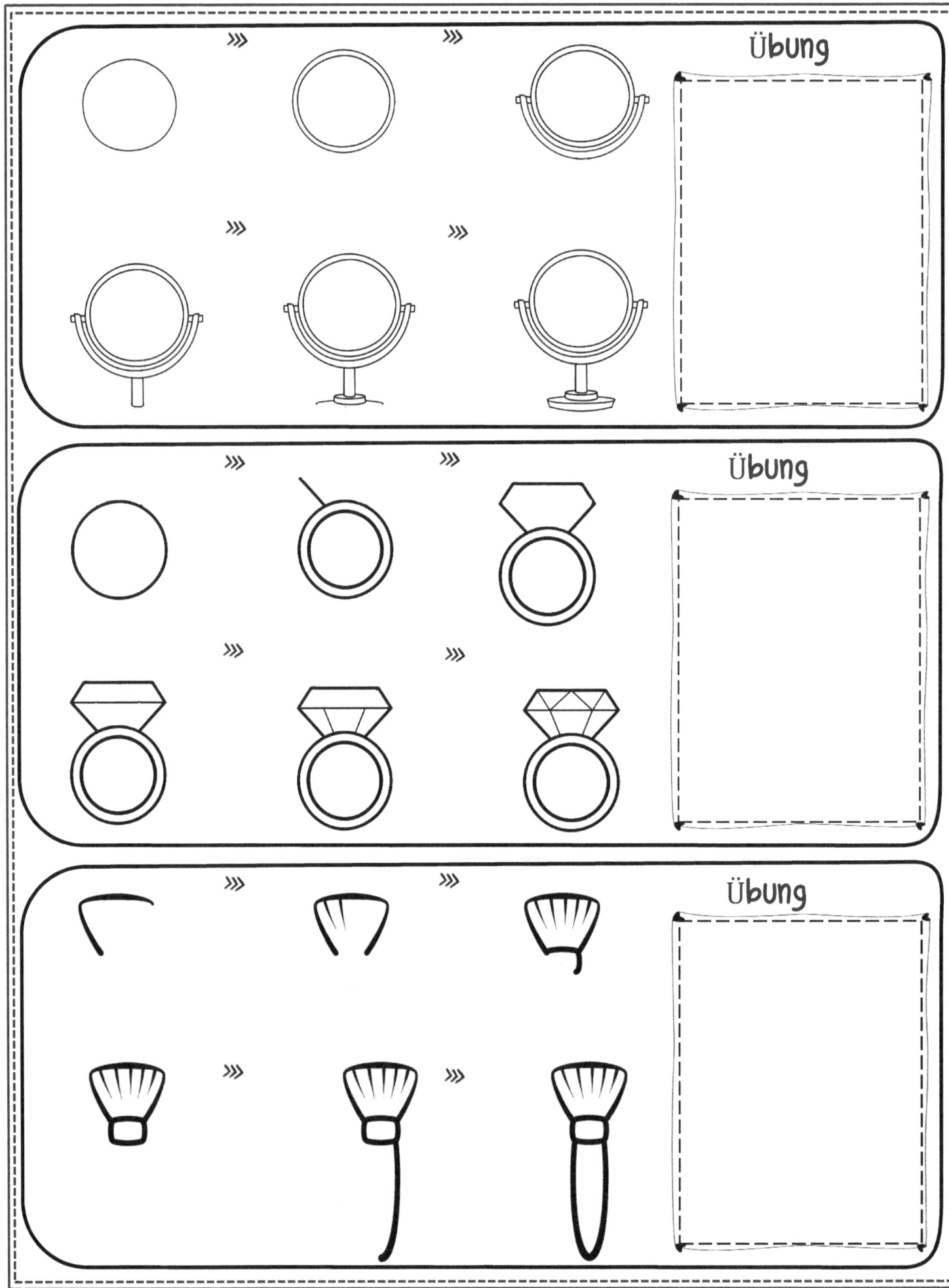

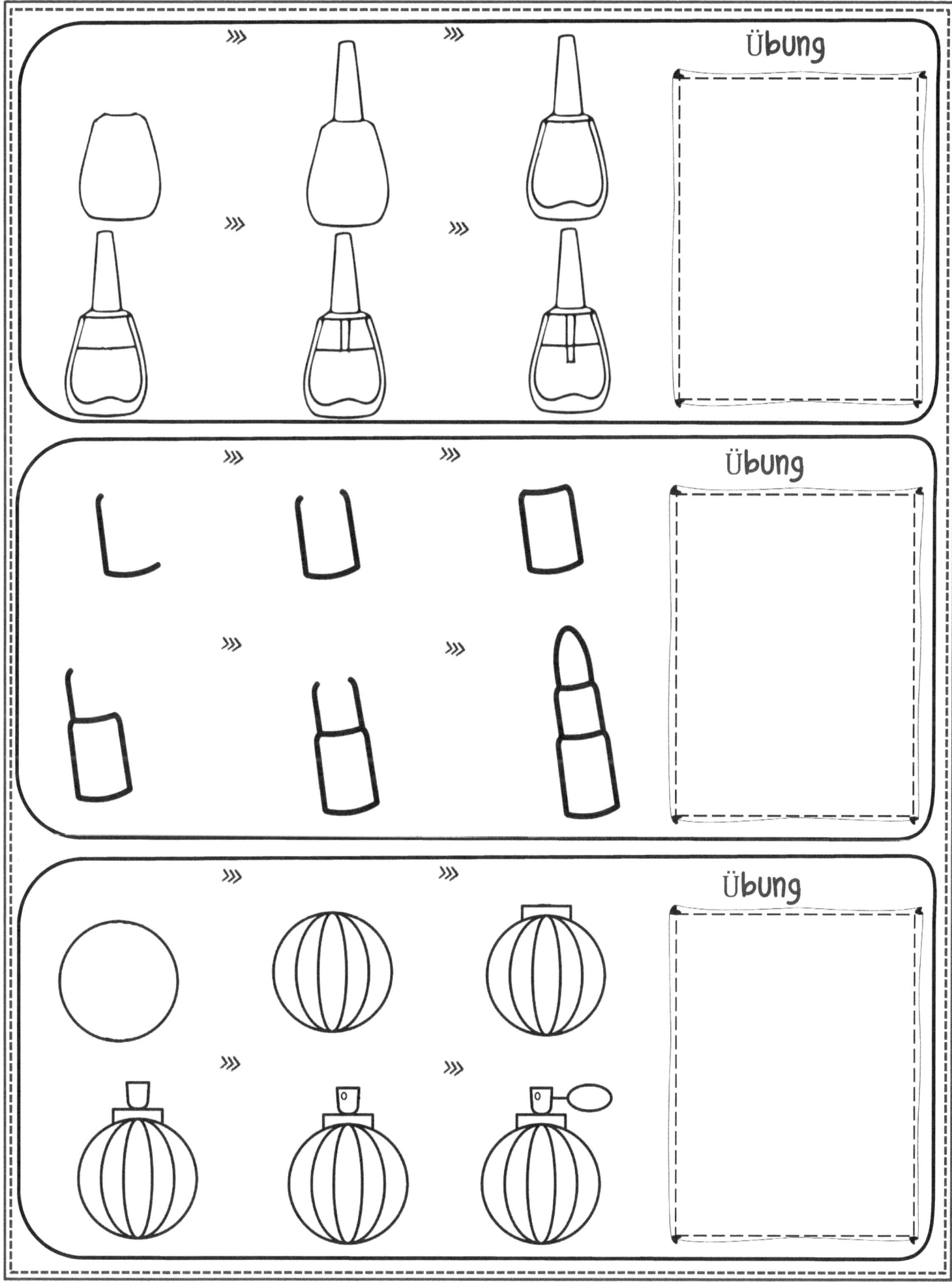

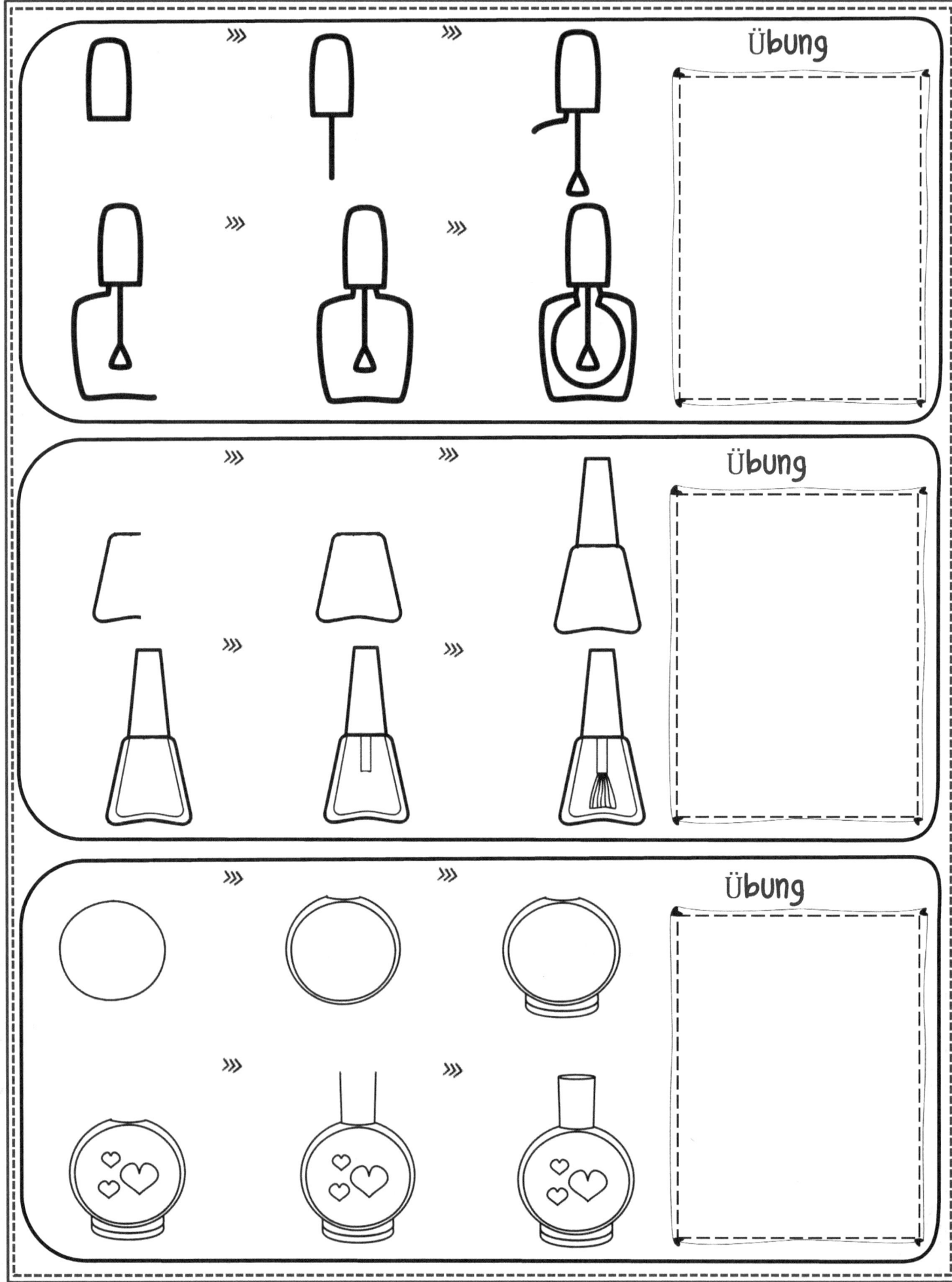

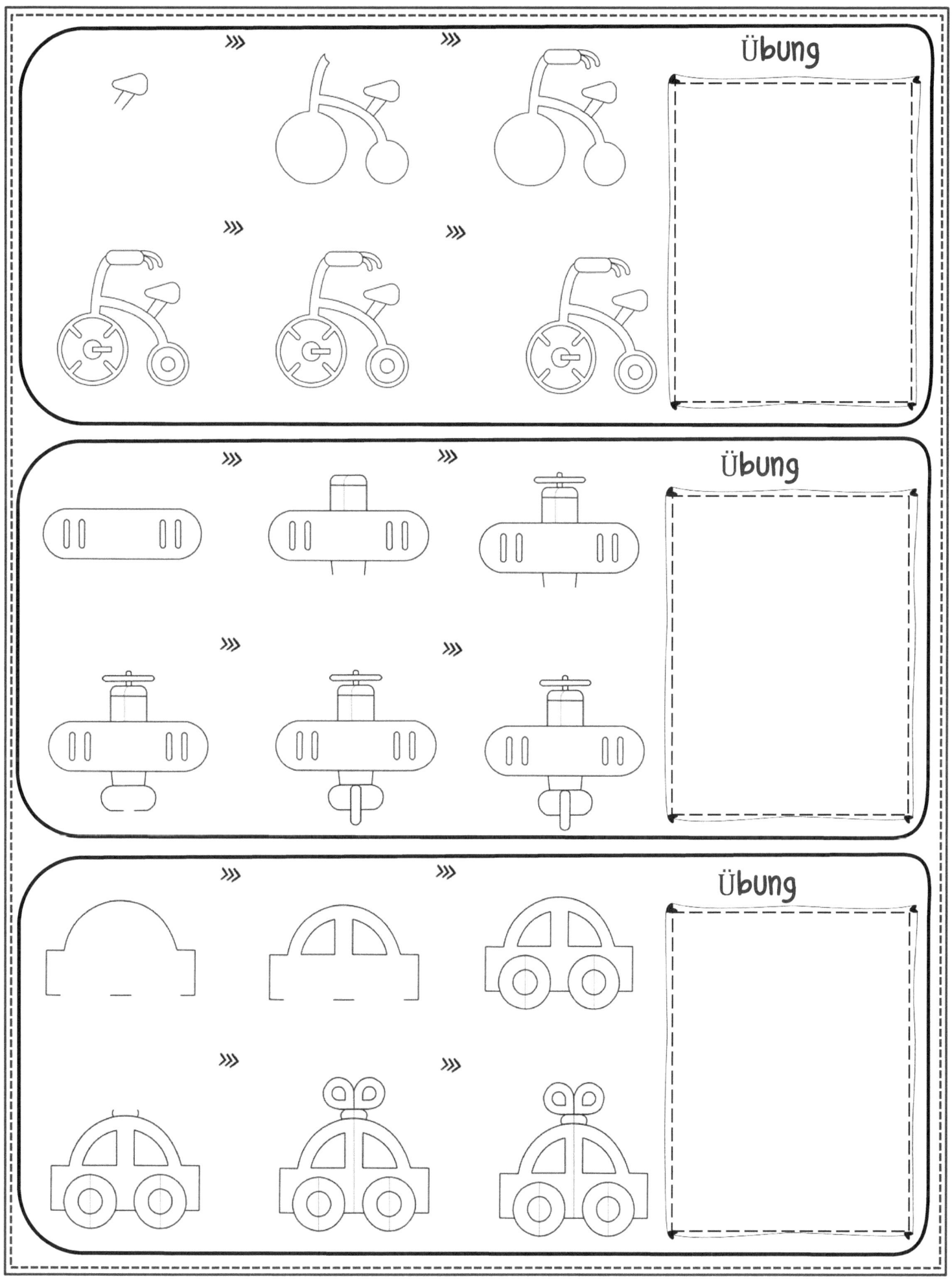

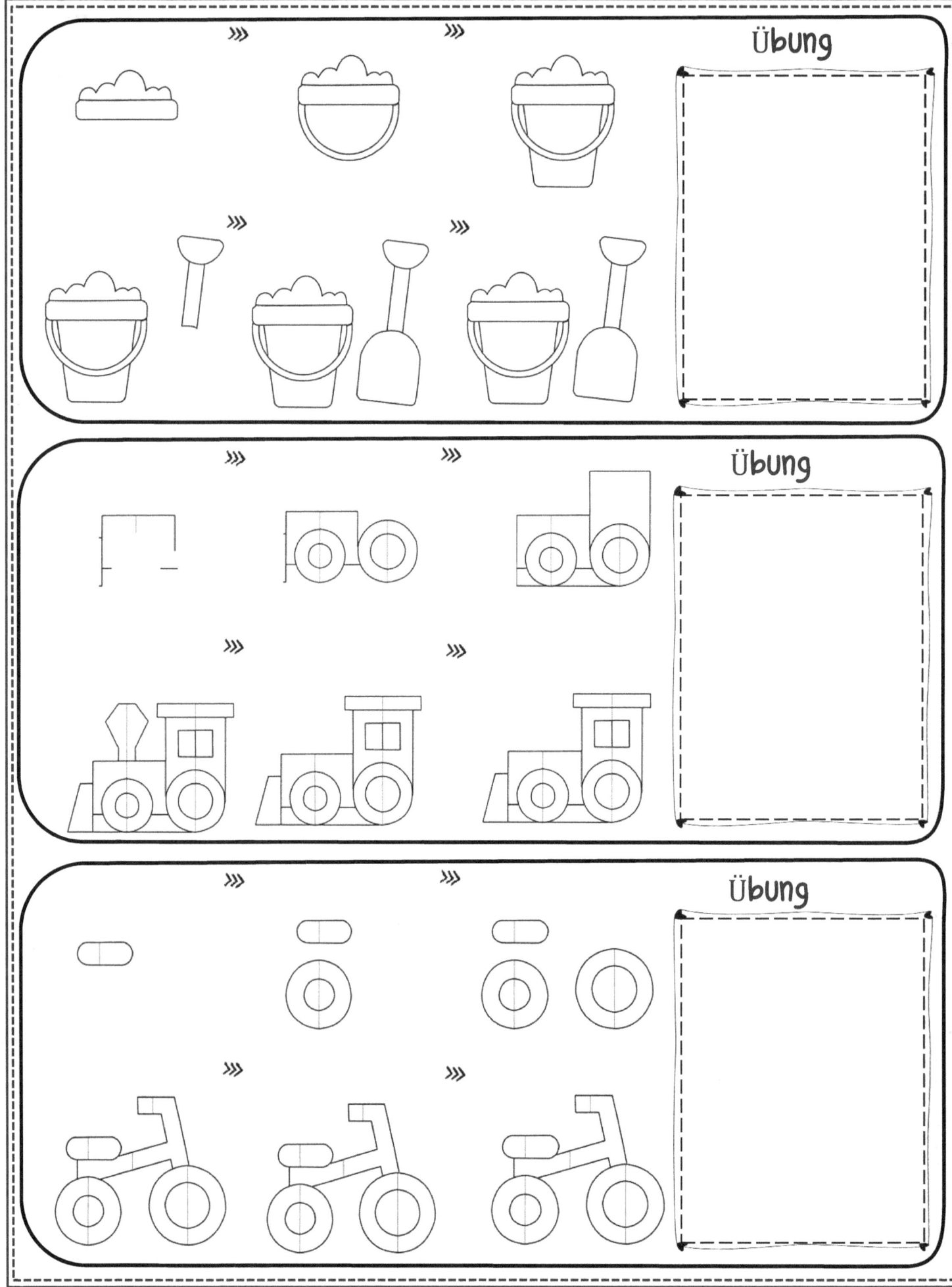

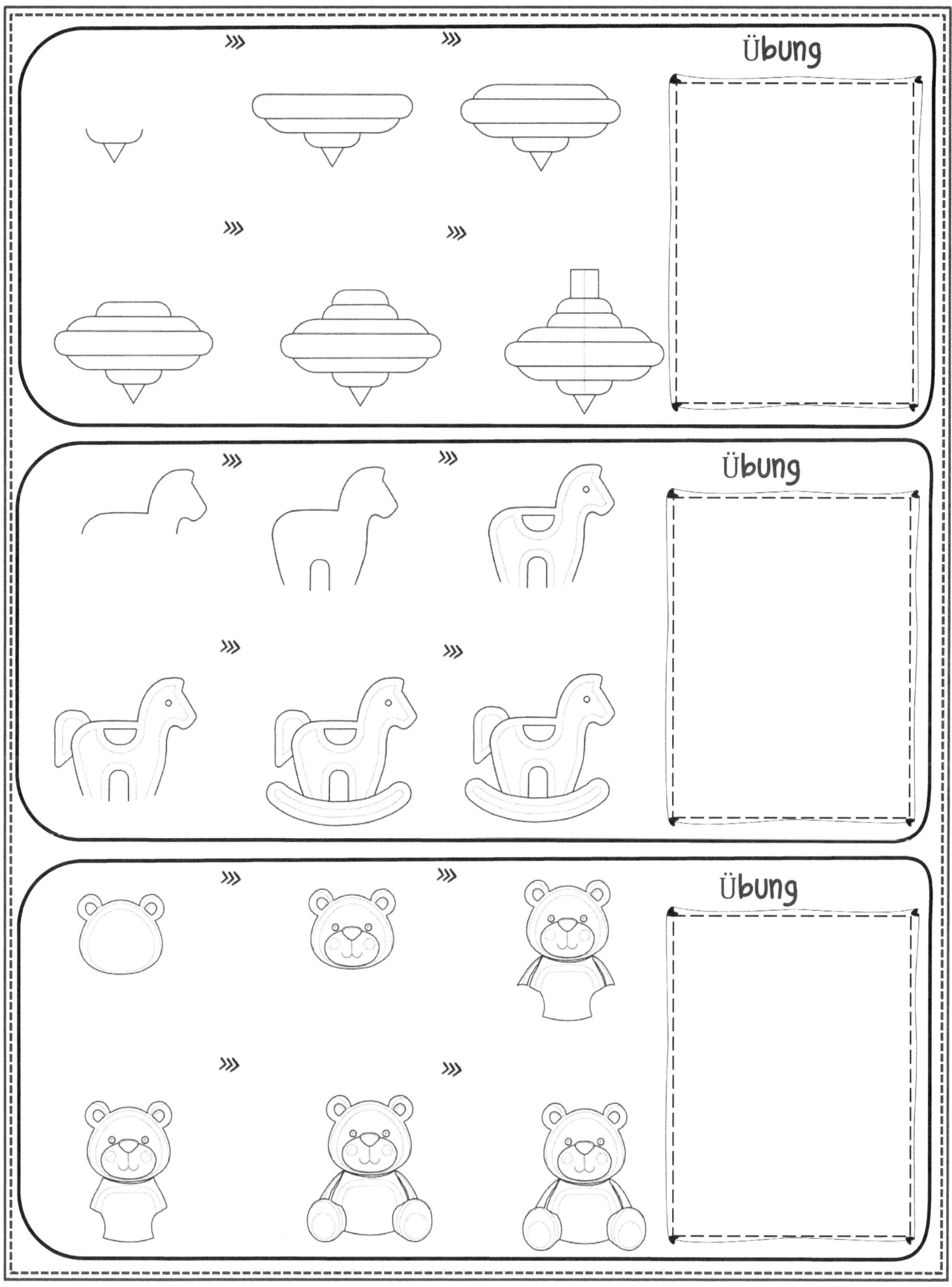

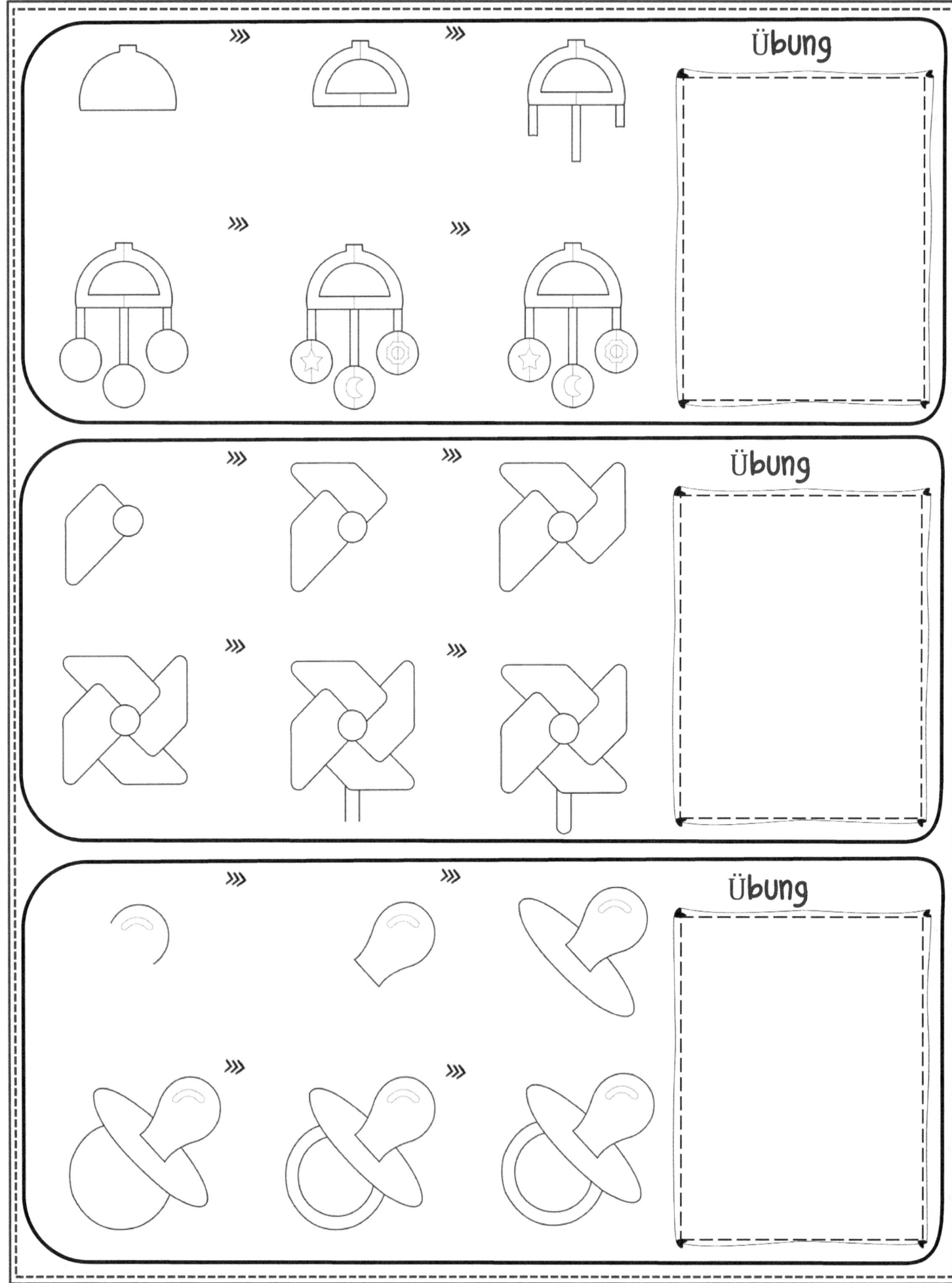

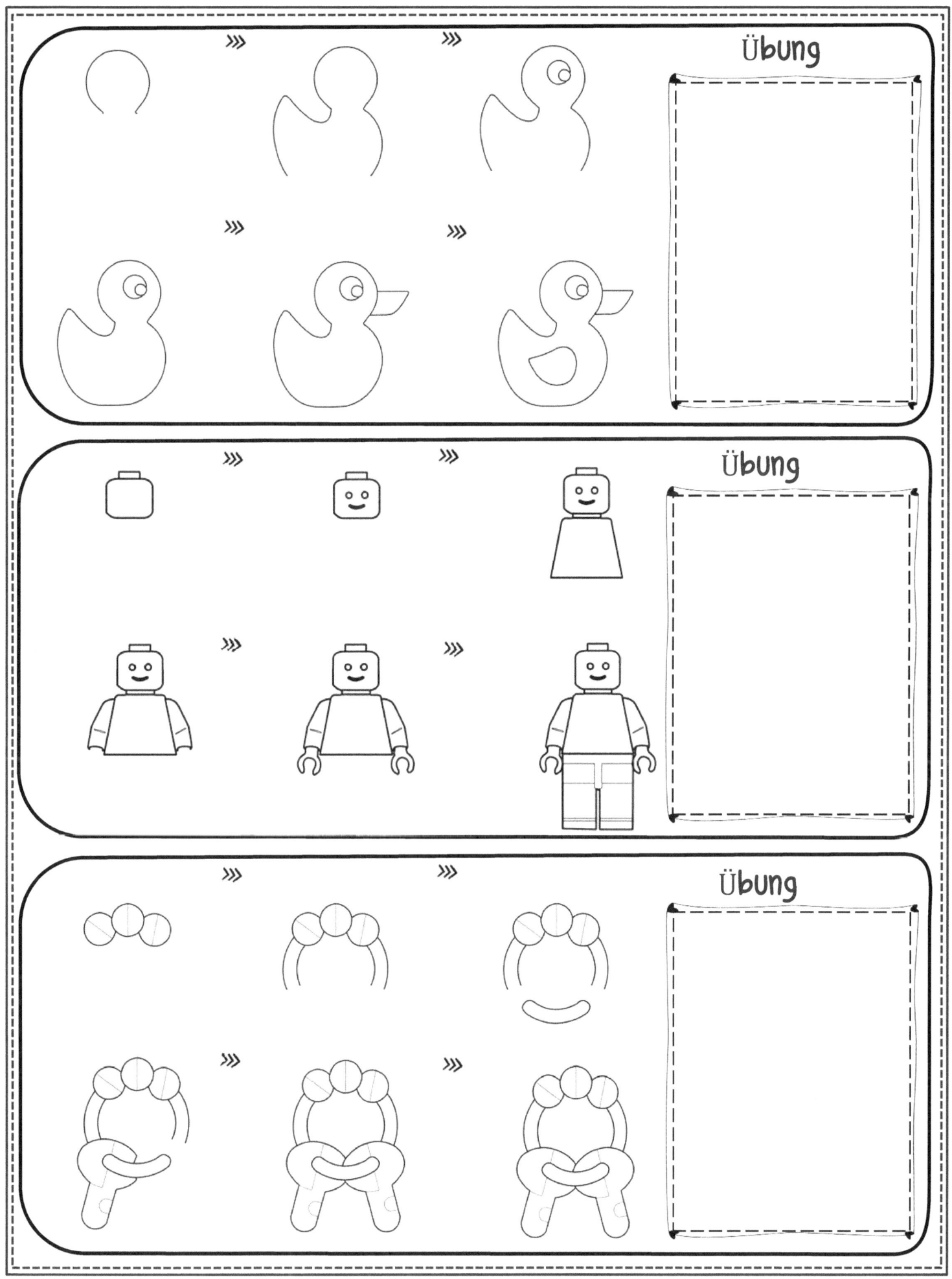

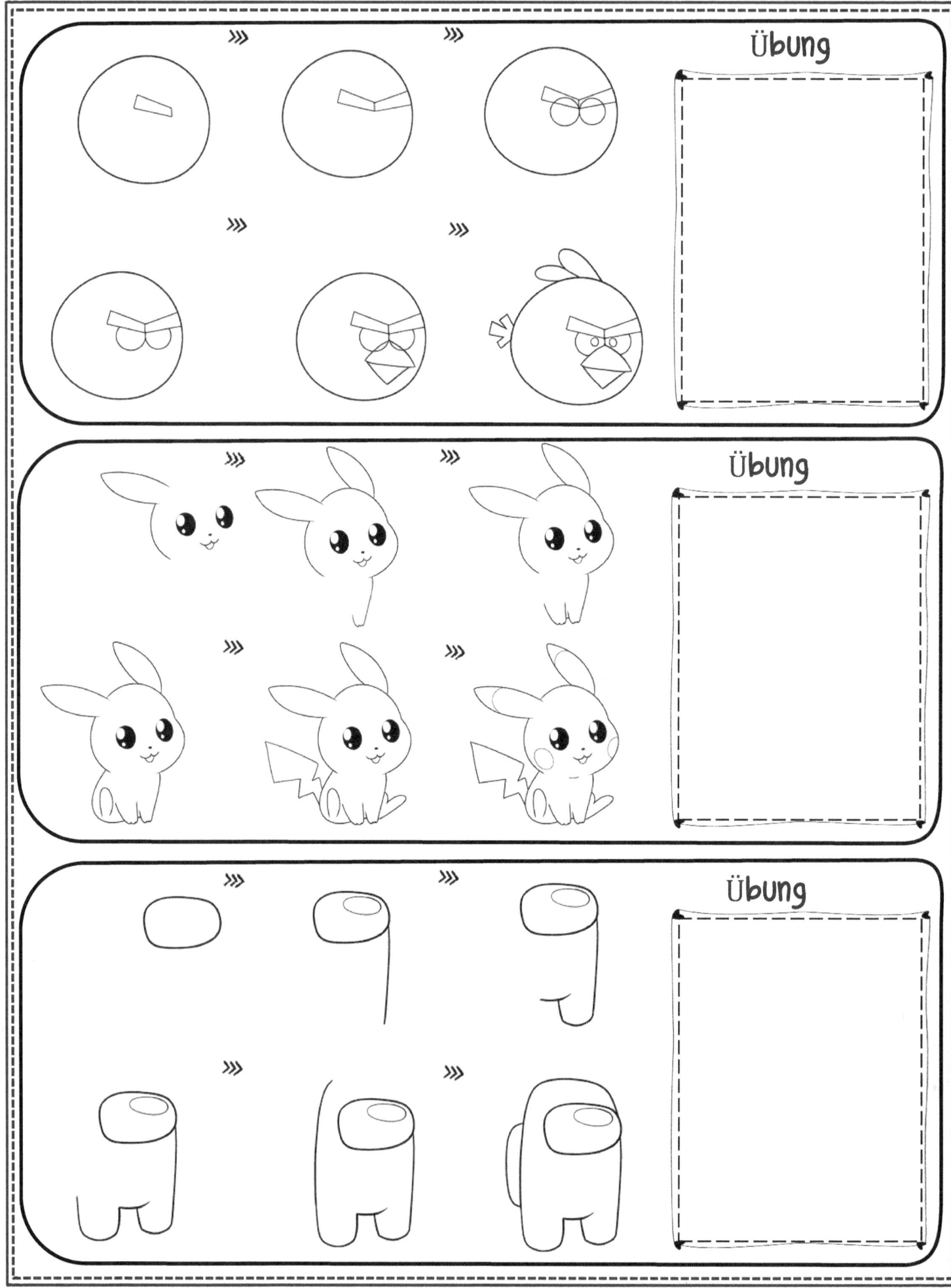

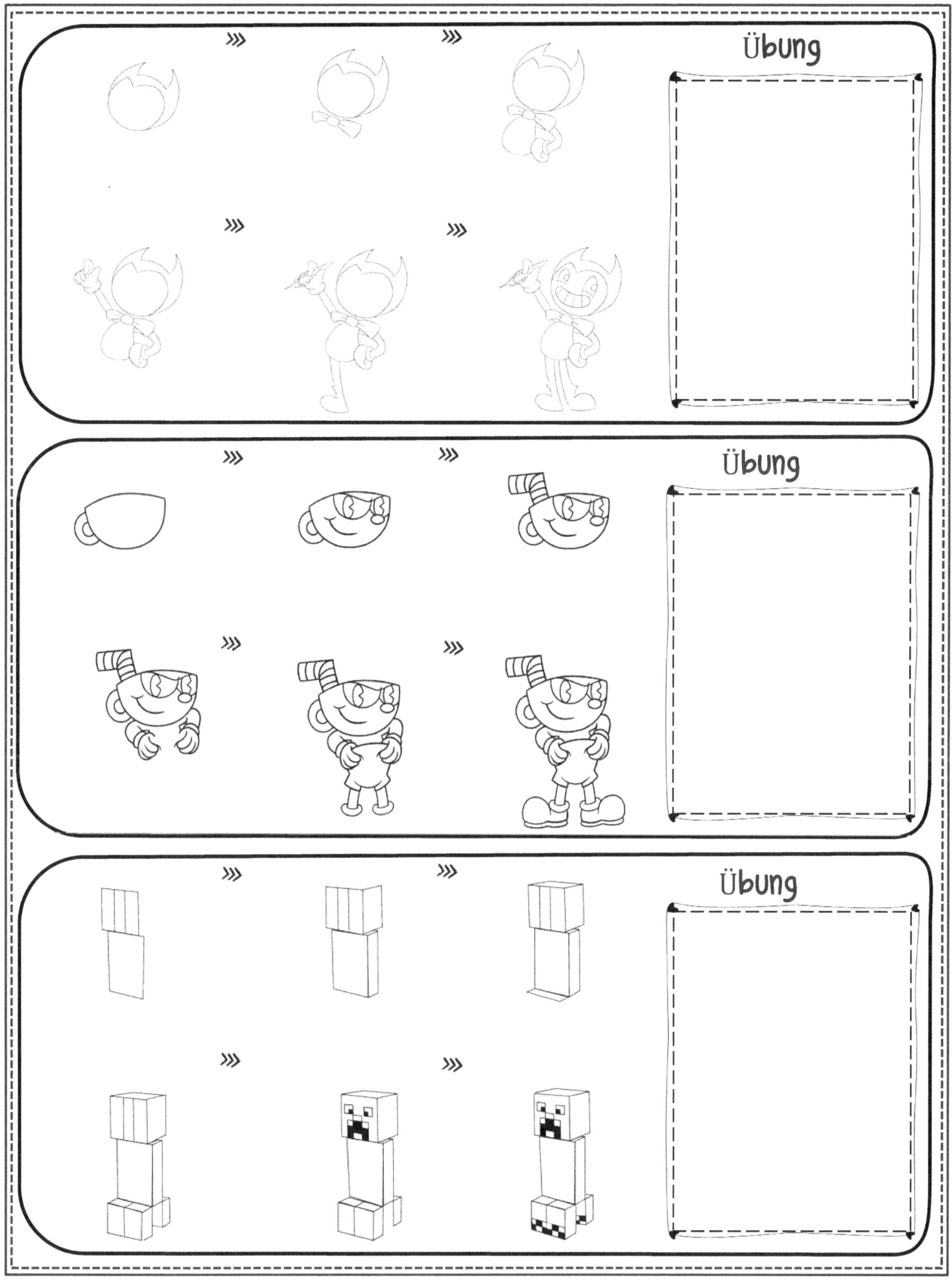

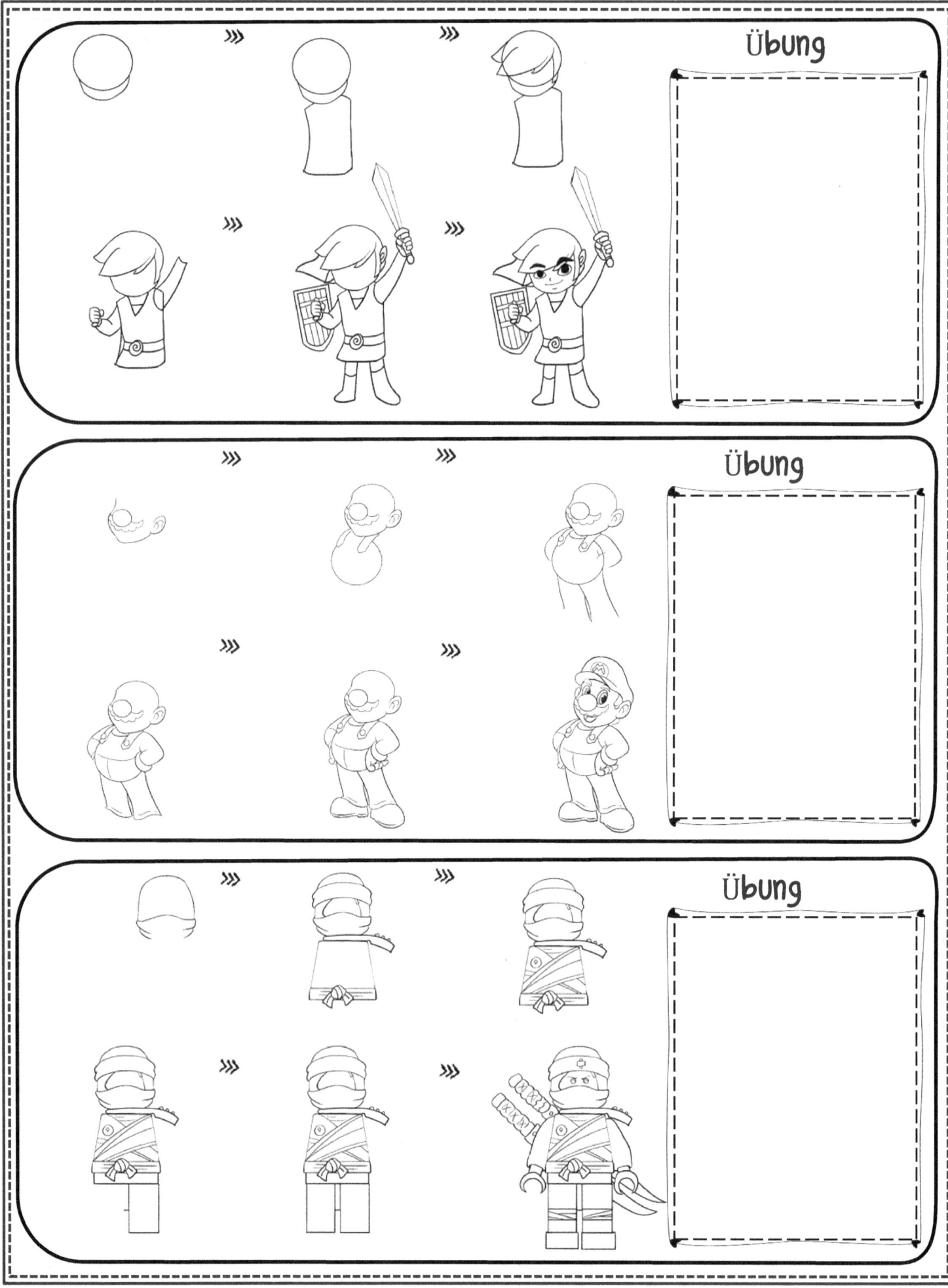

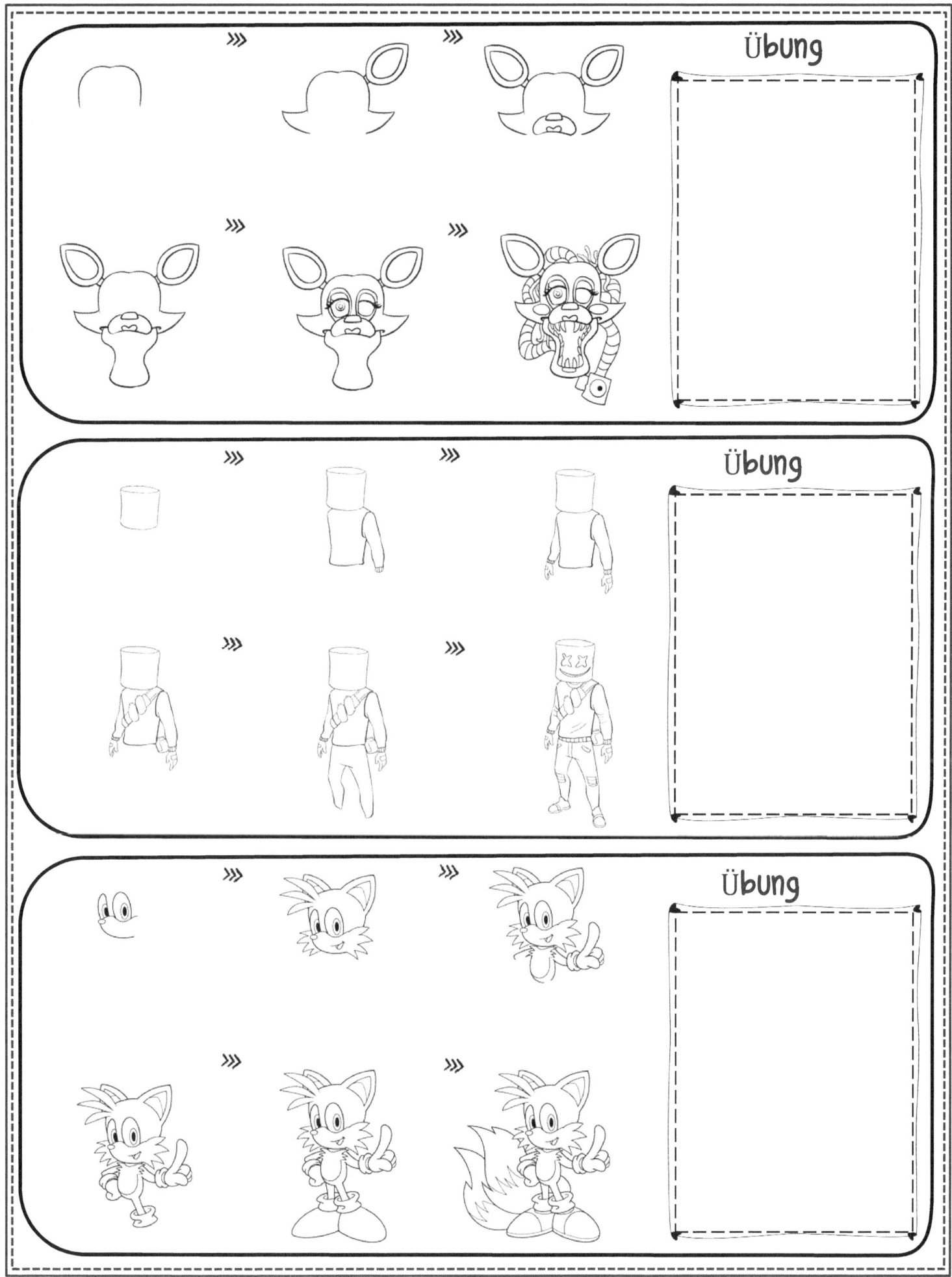

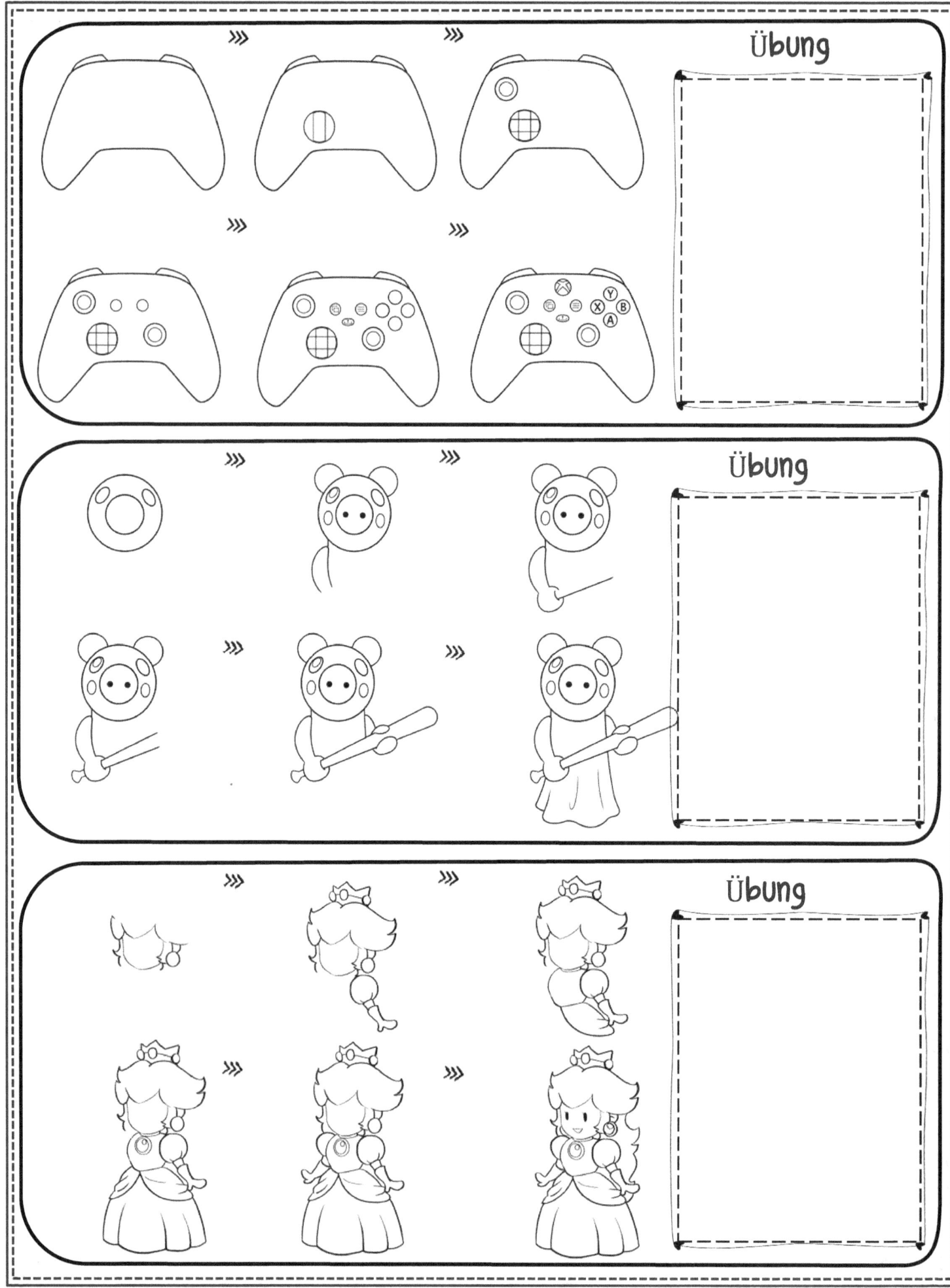

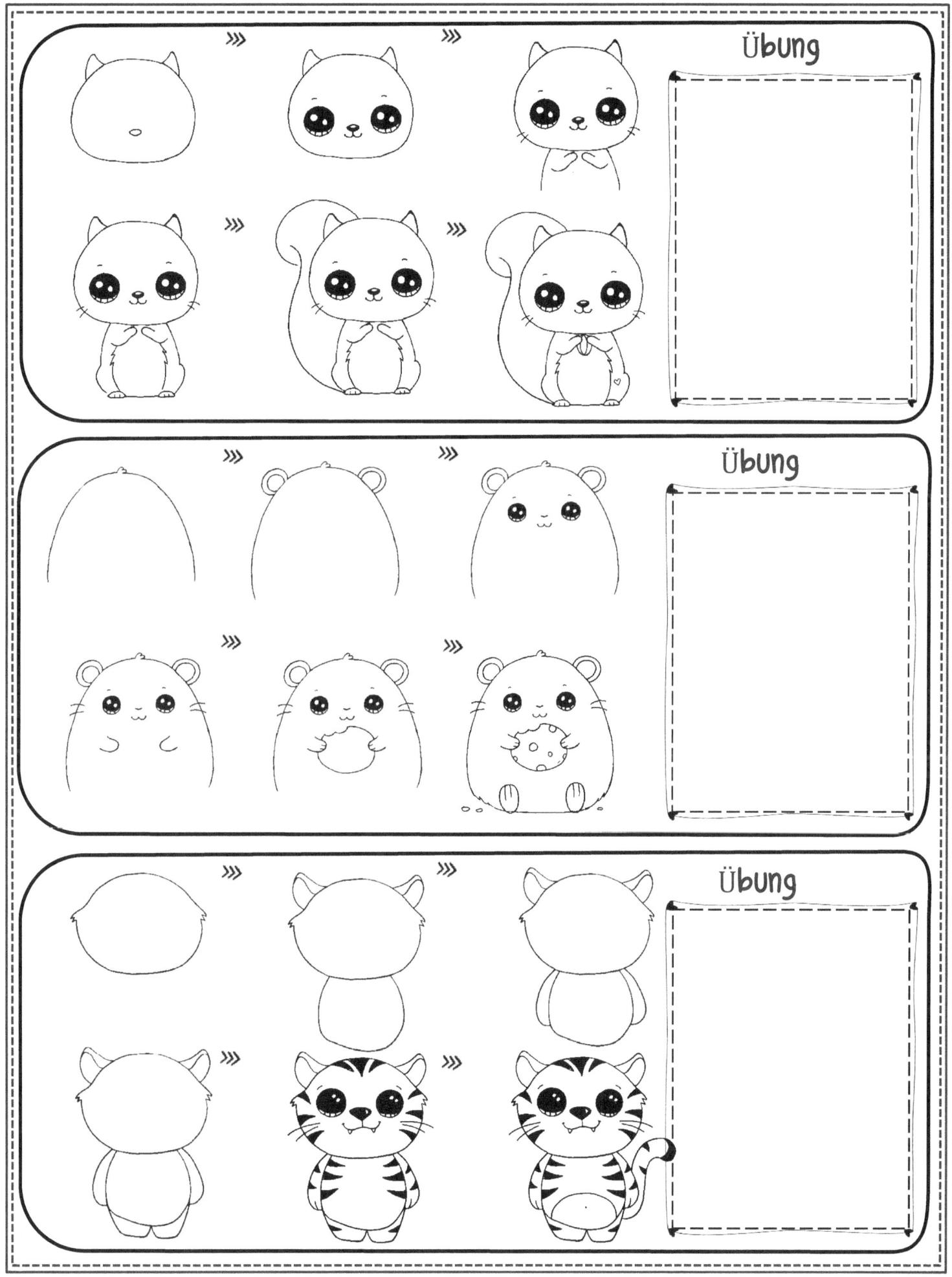

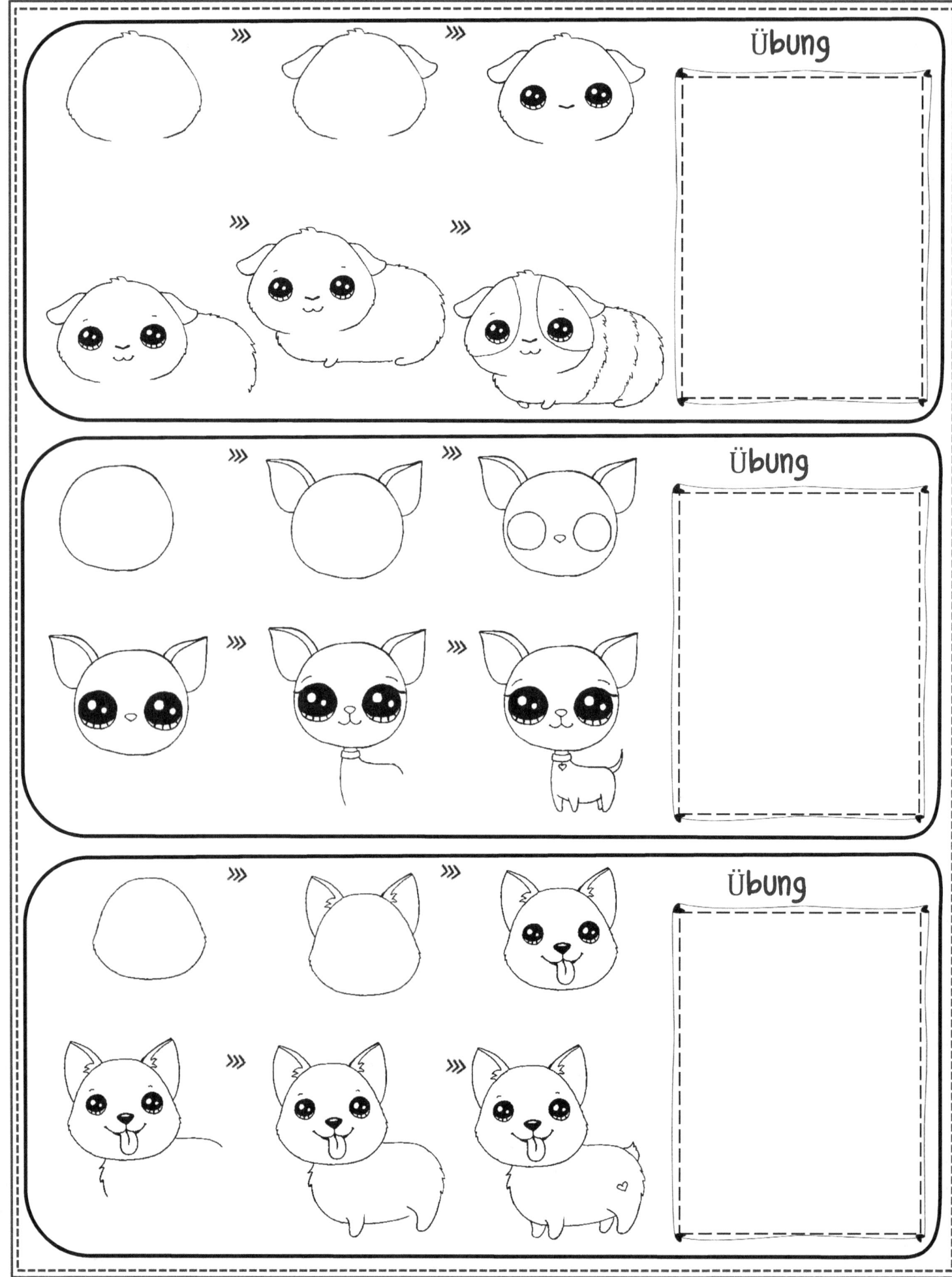

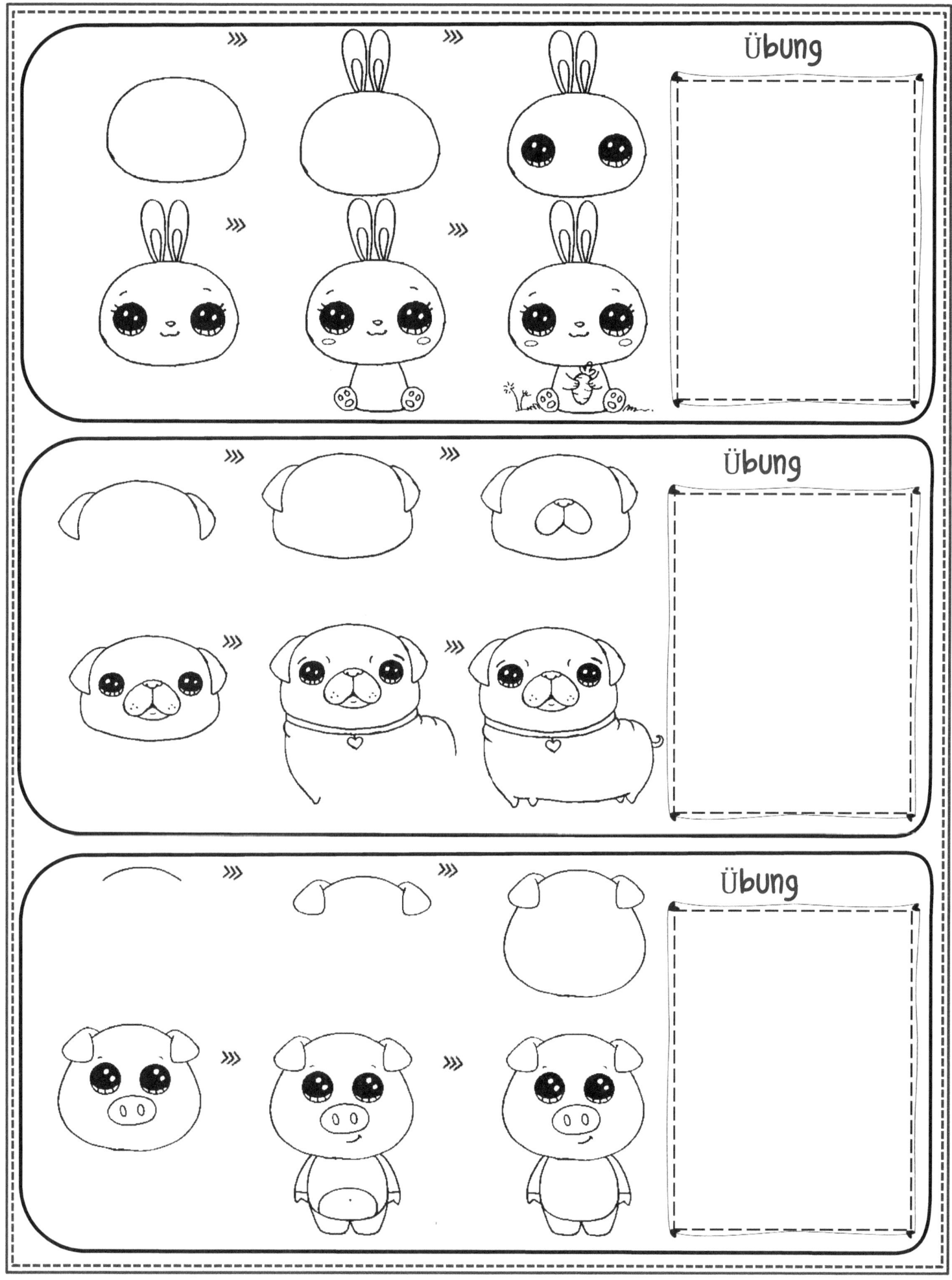

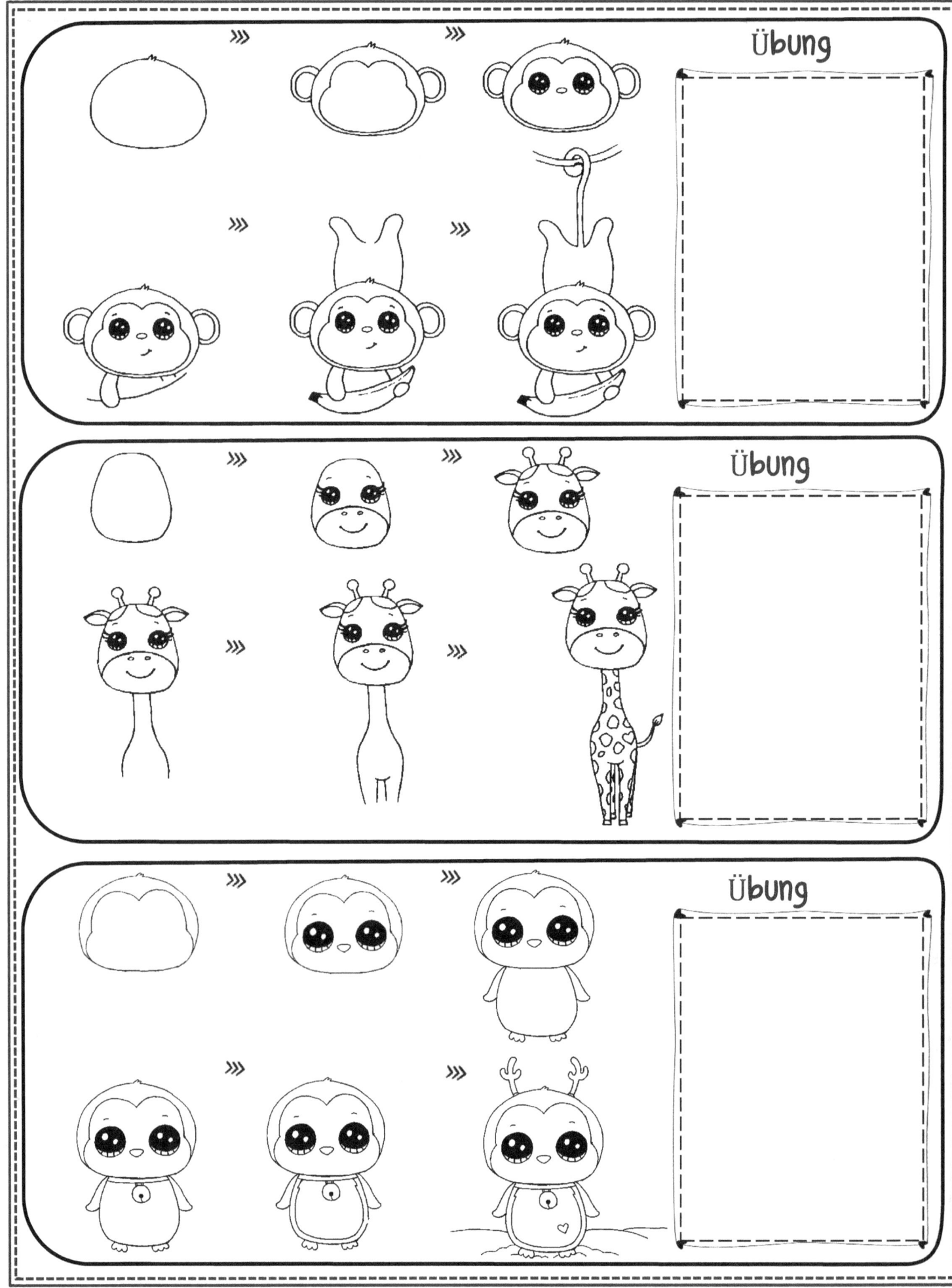

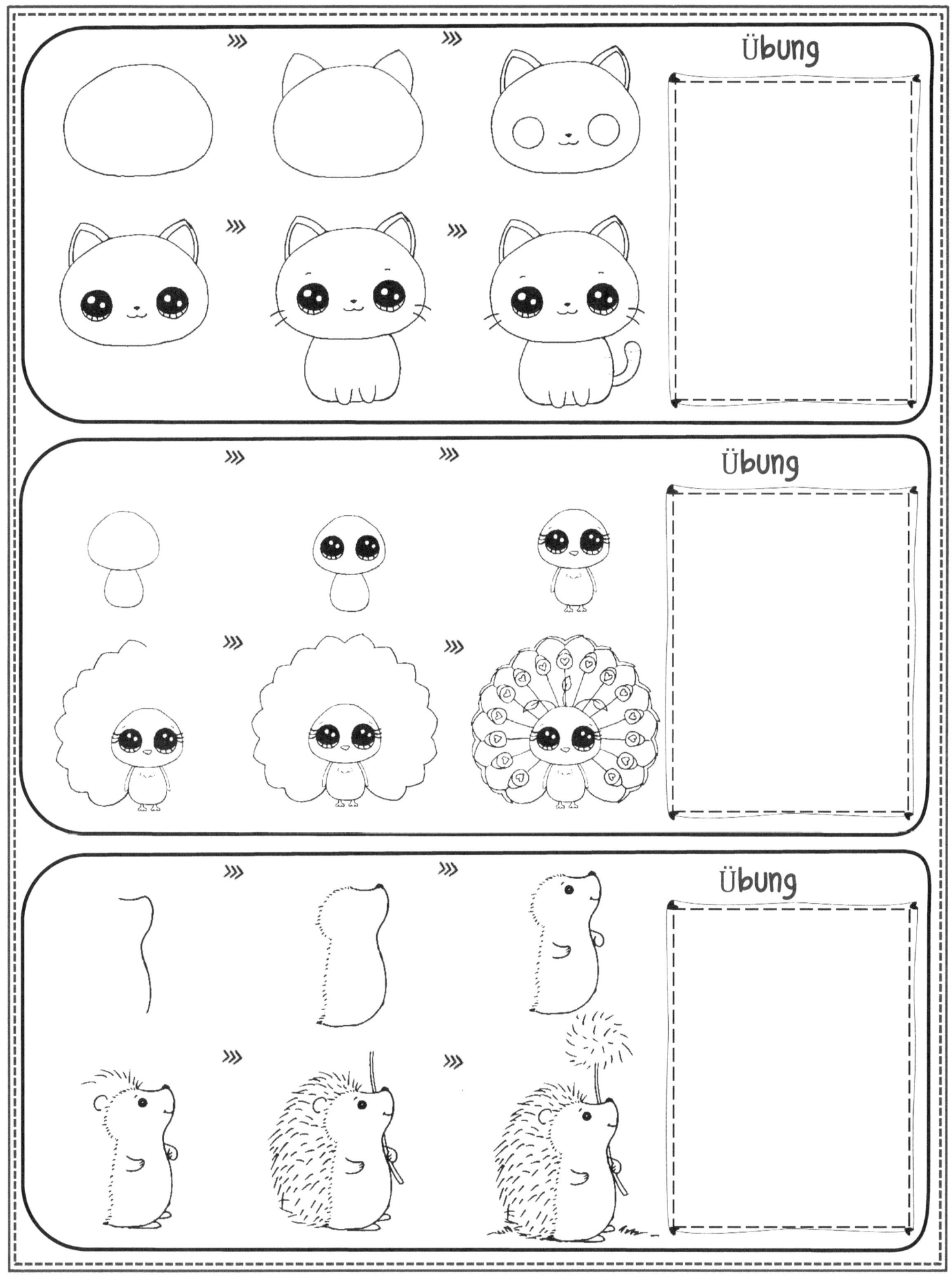

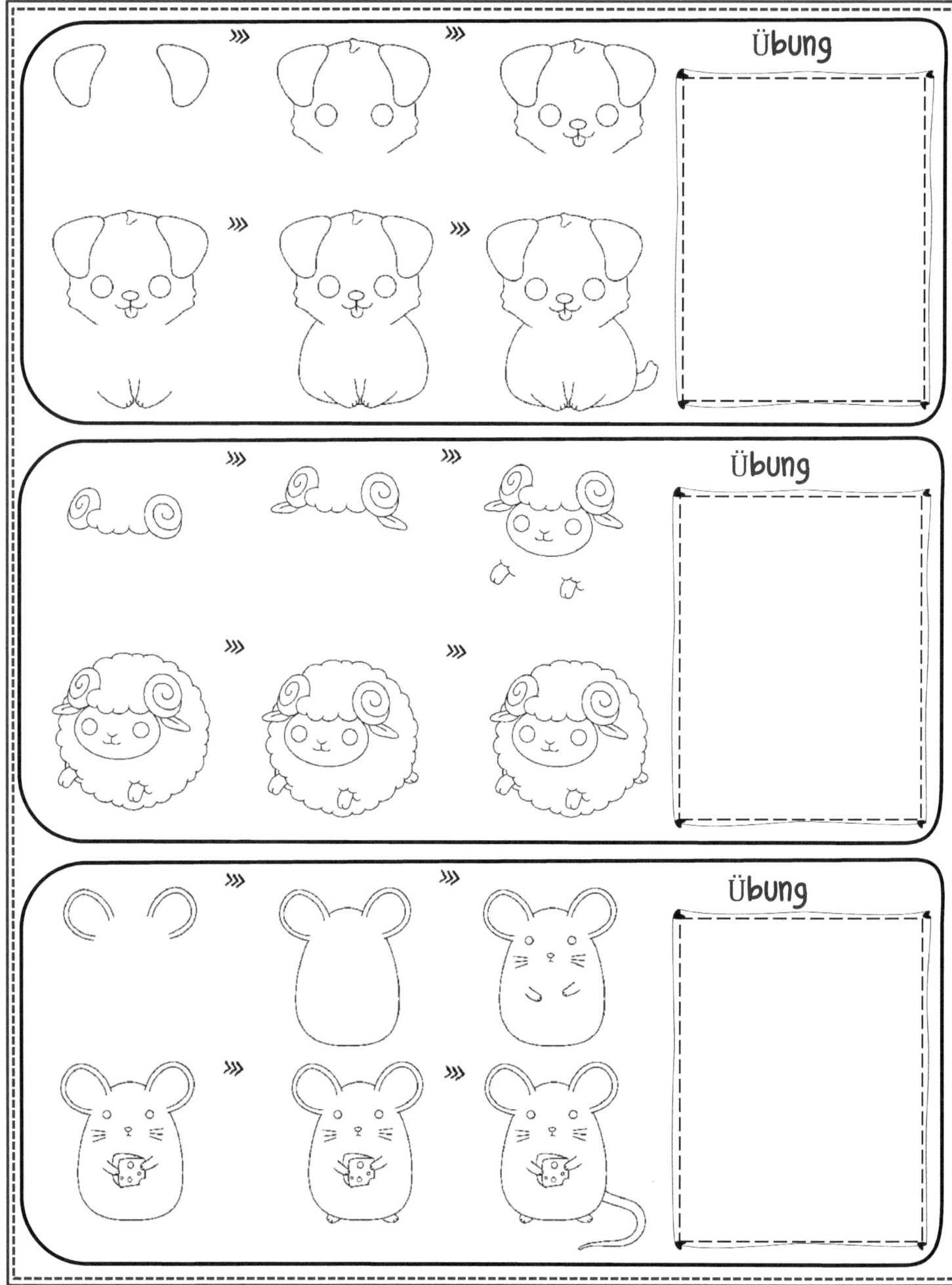

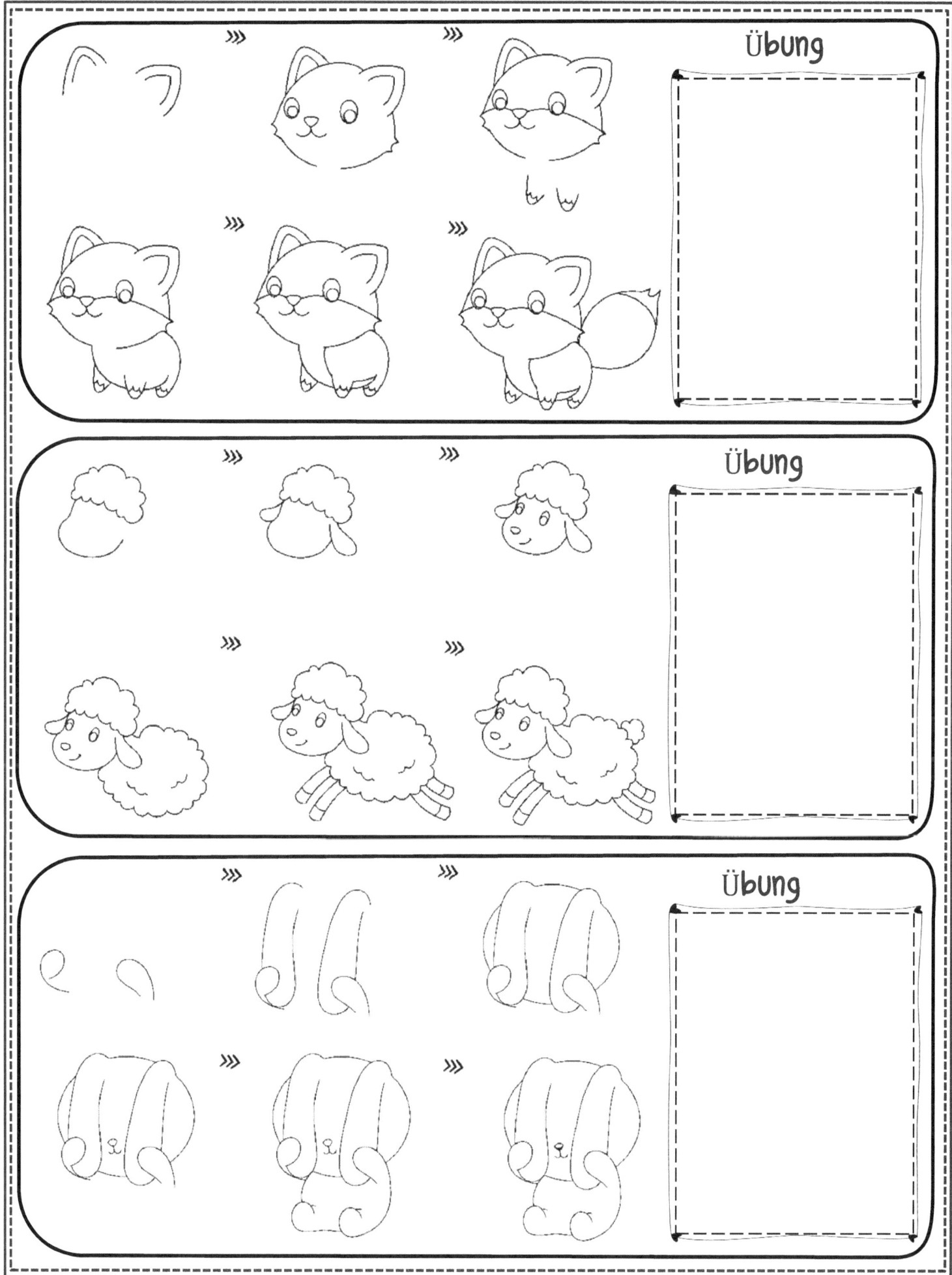

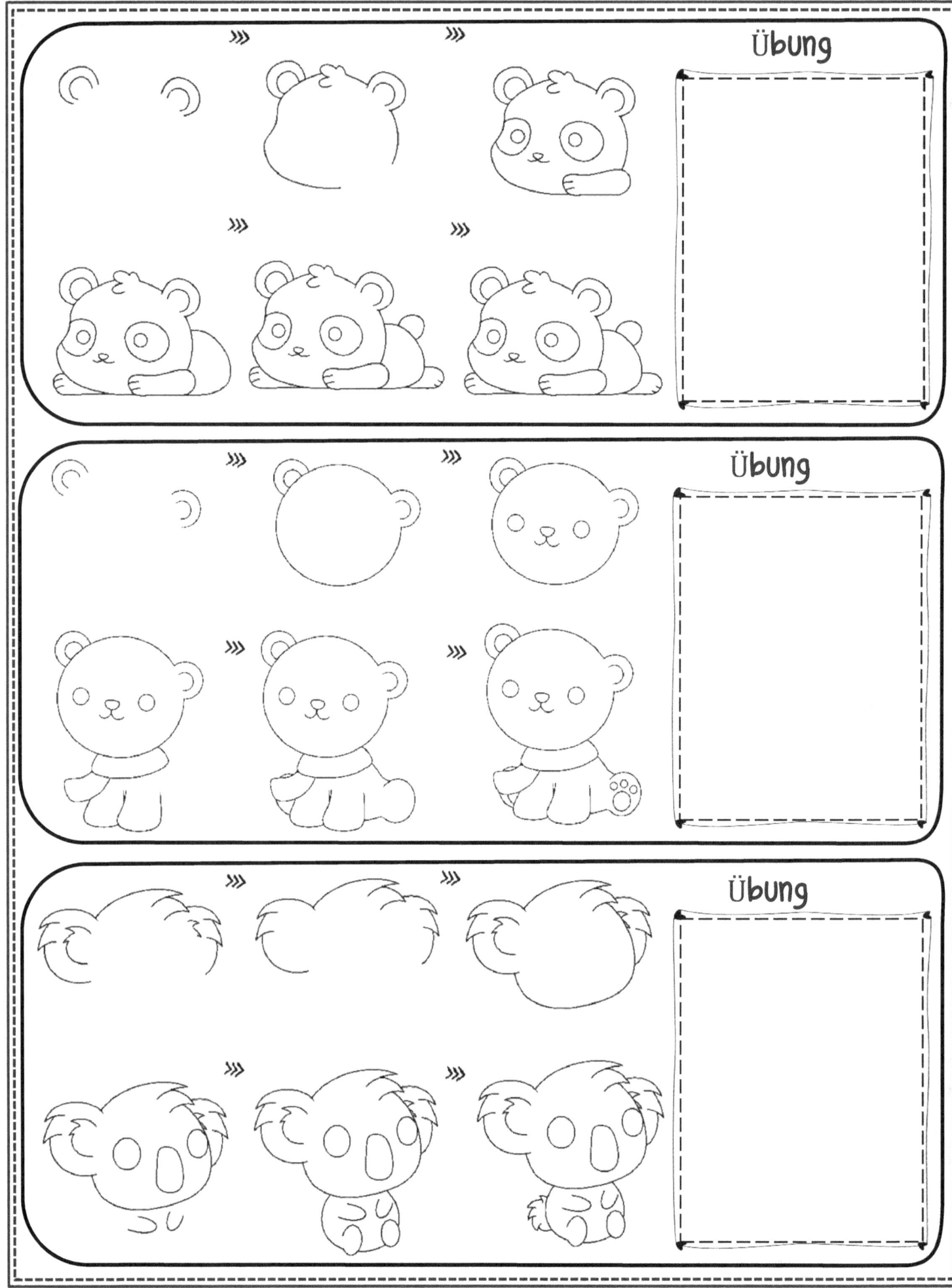

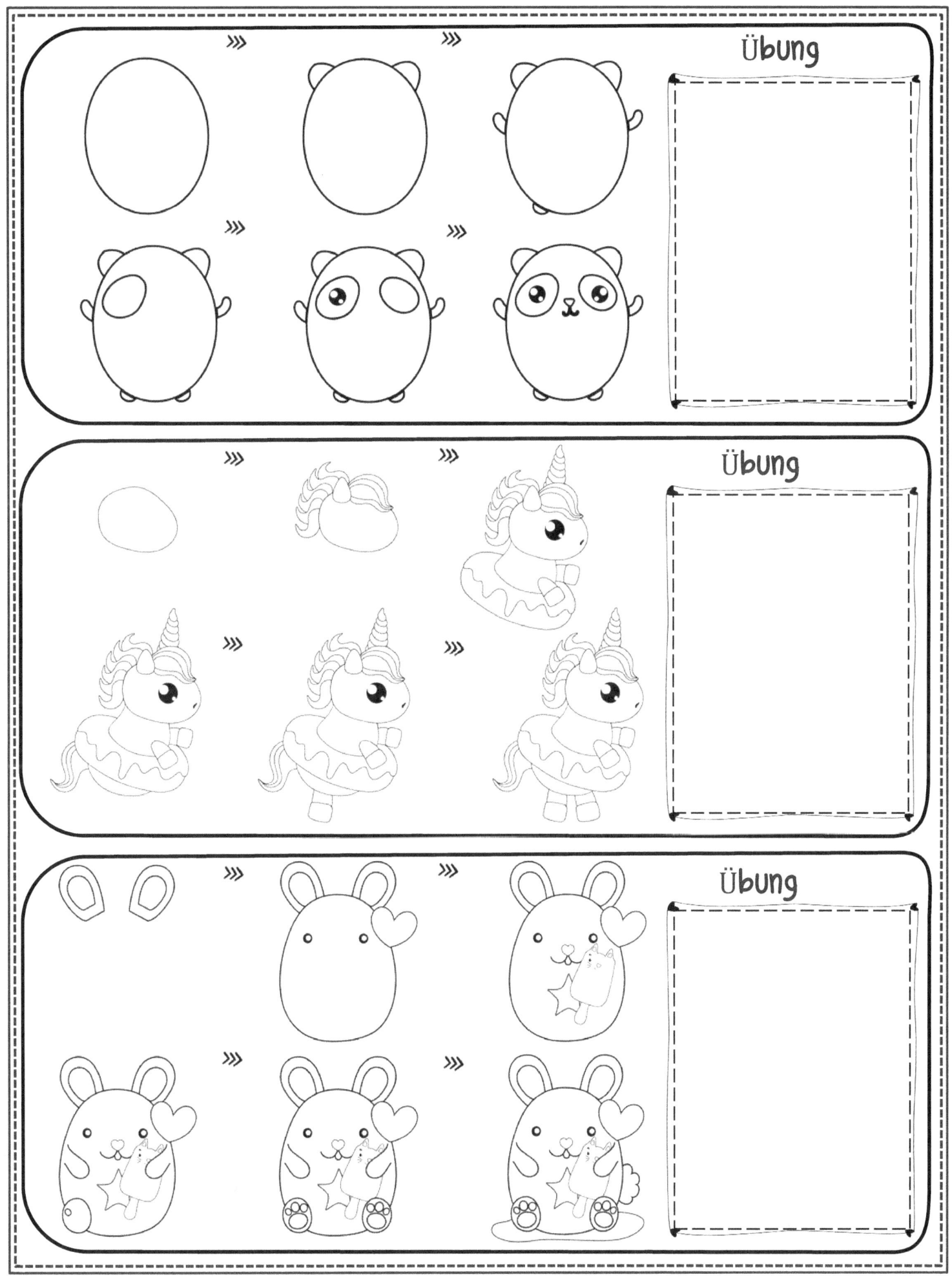

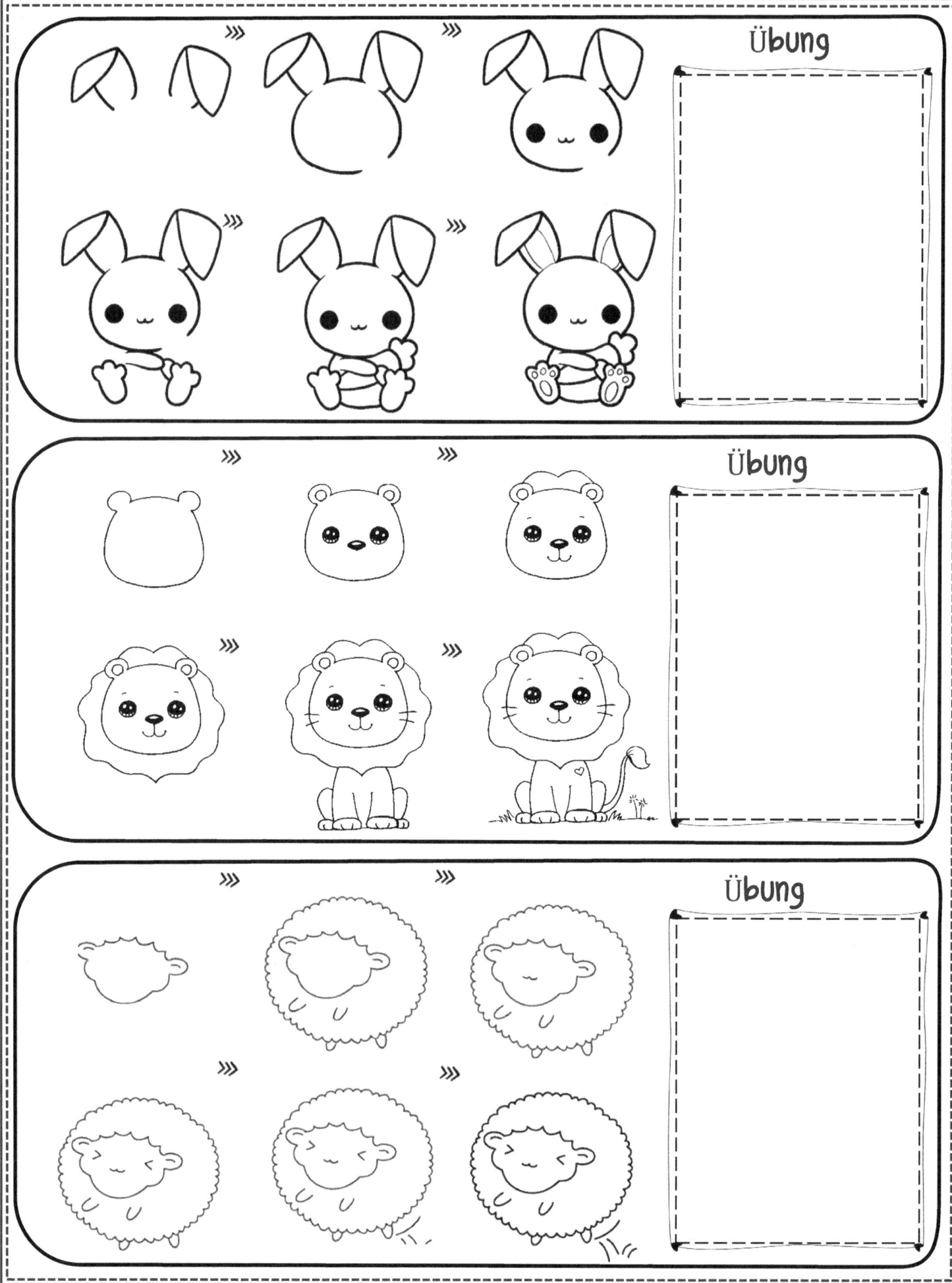

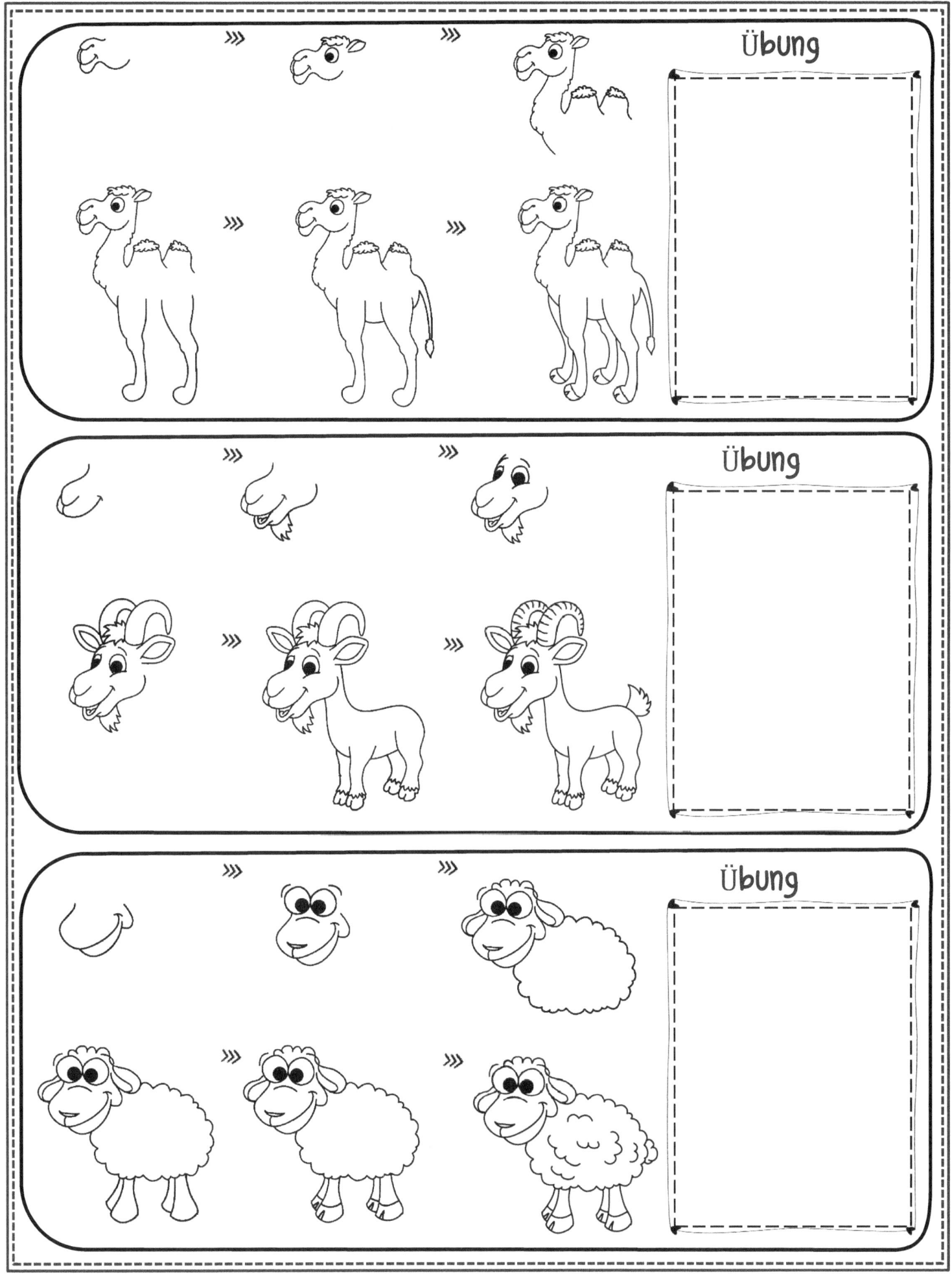

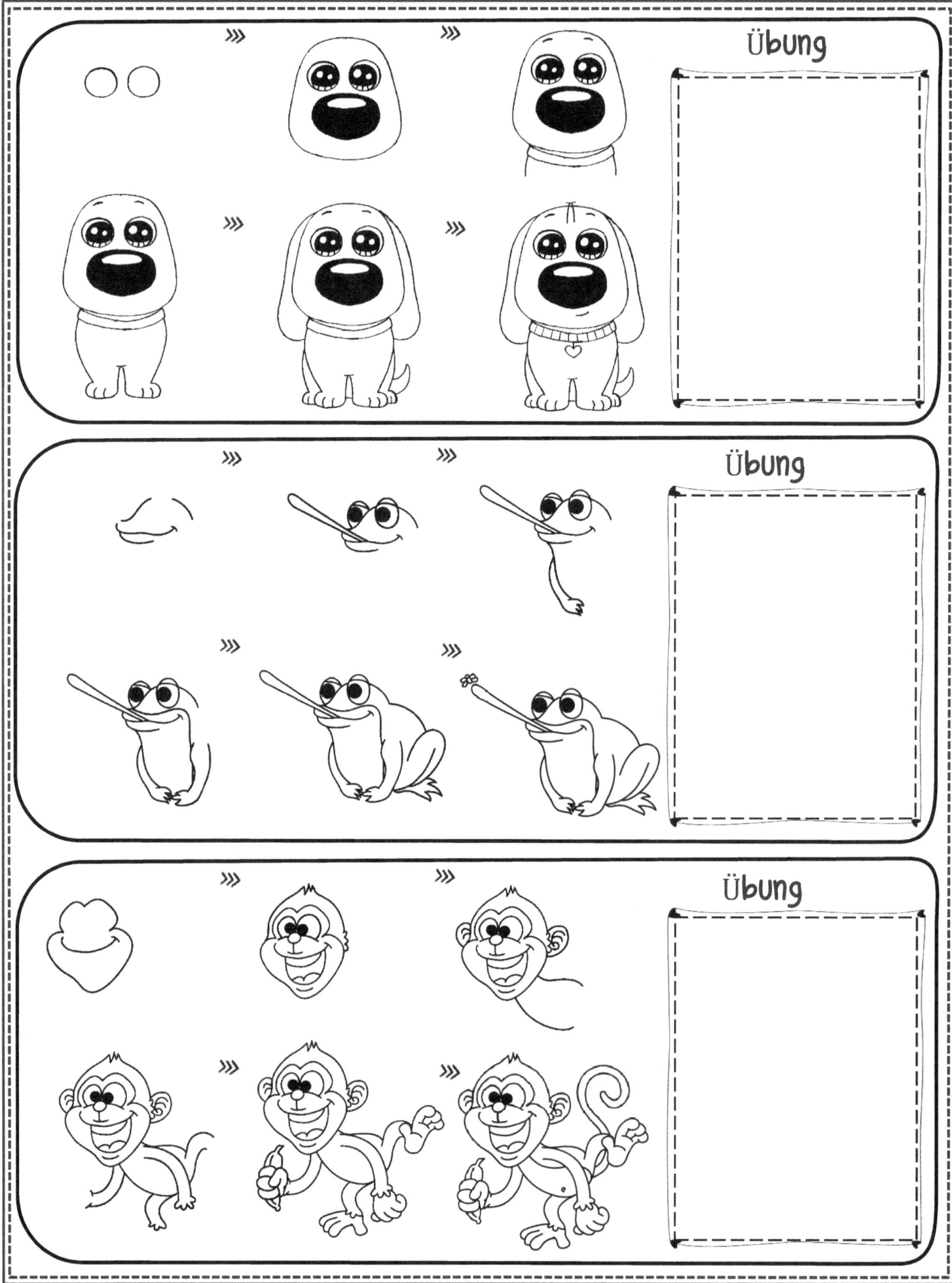

Übung

Übung

Übung

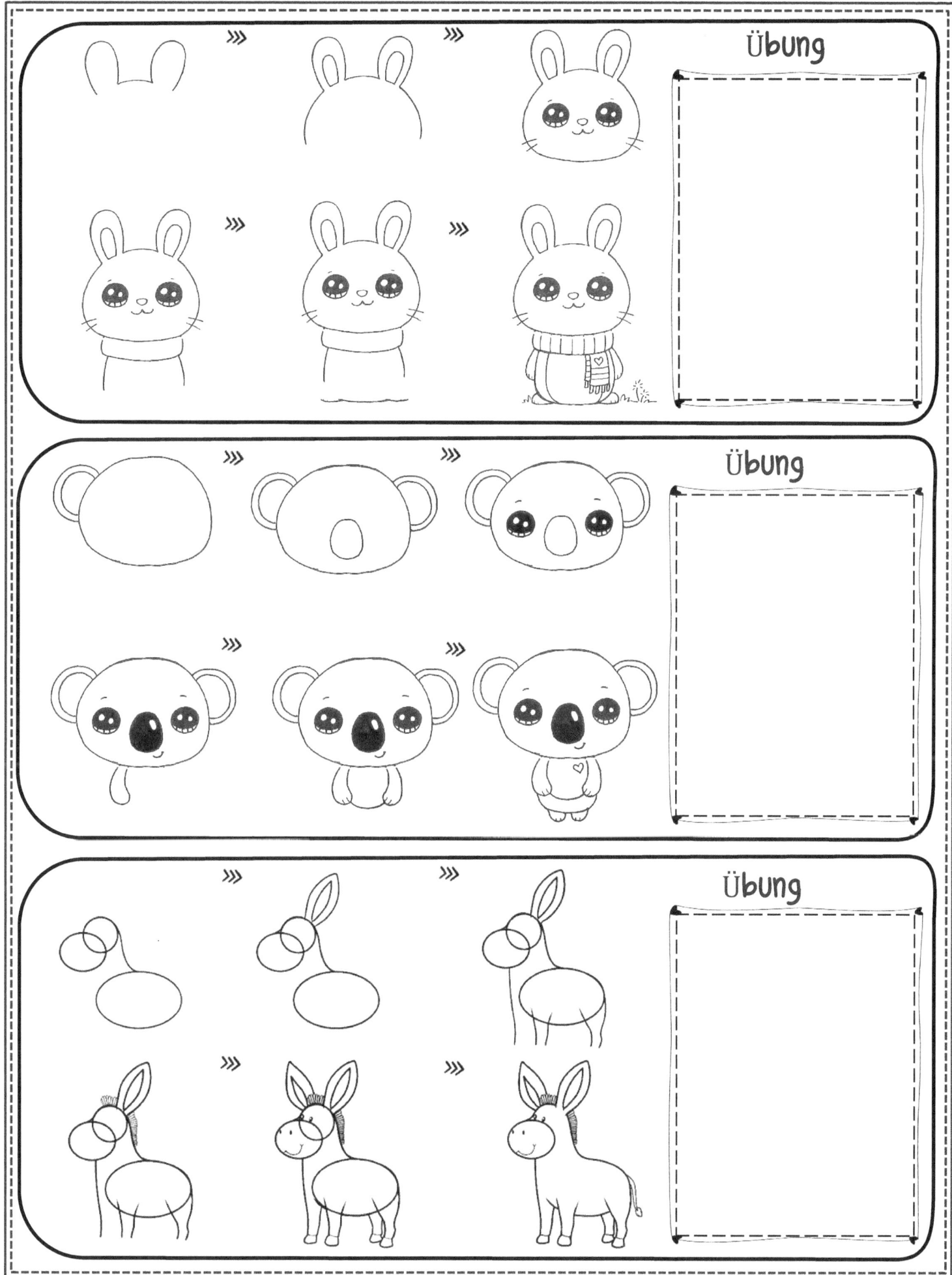

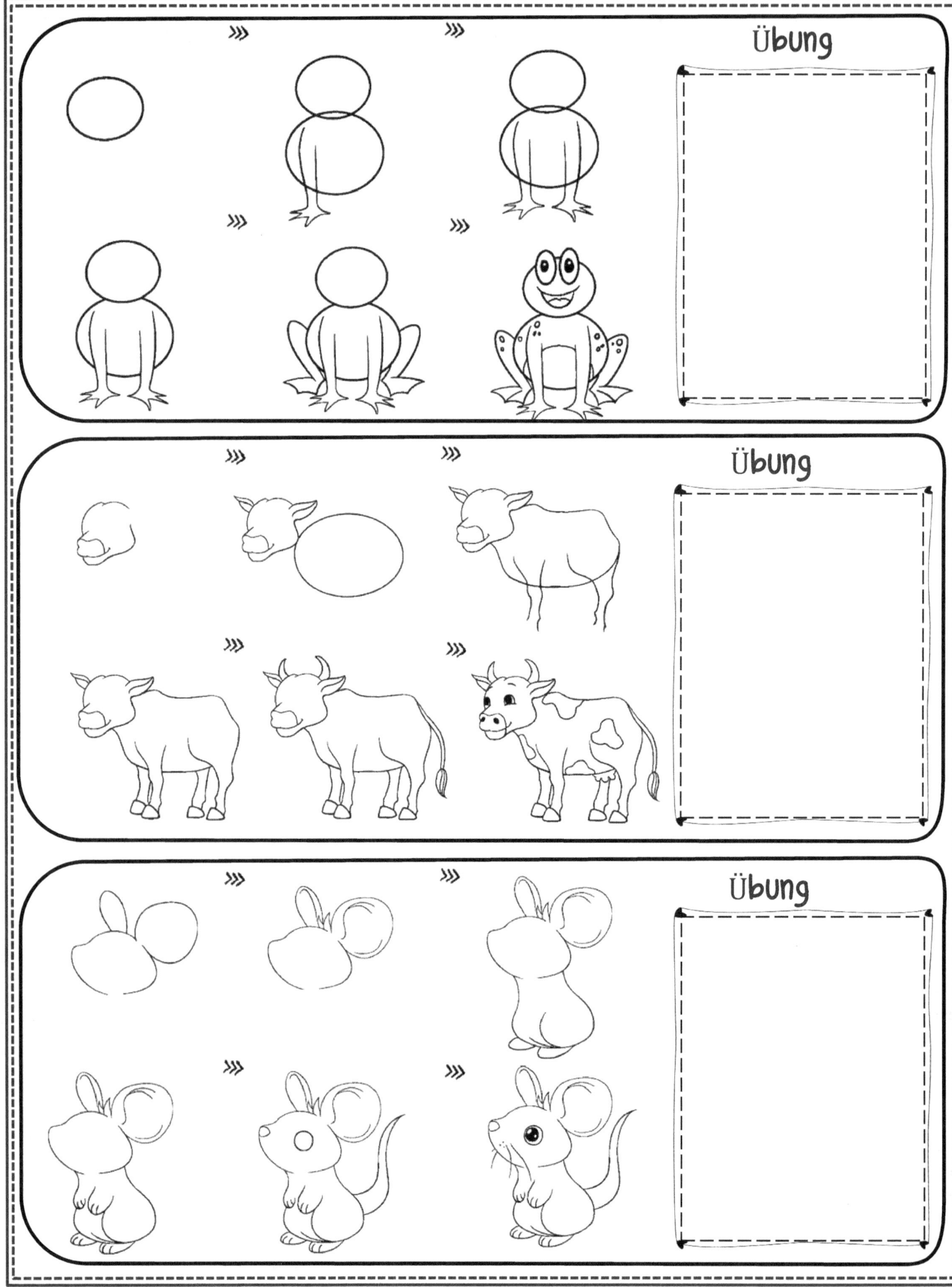

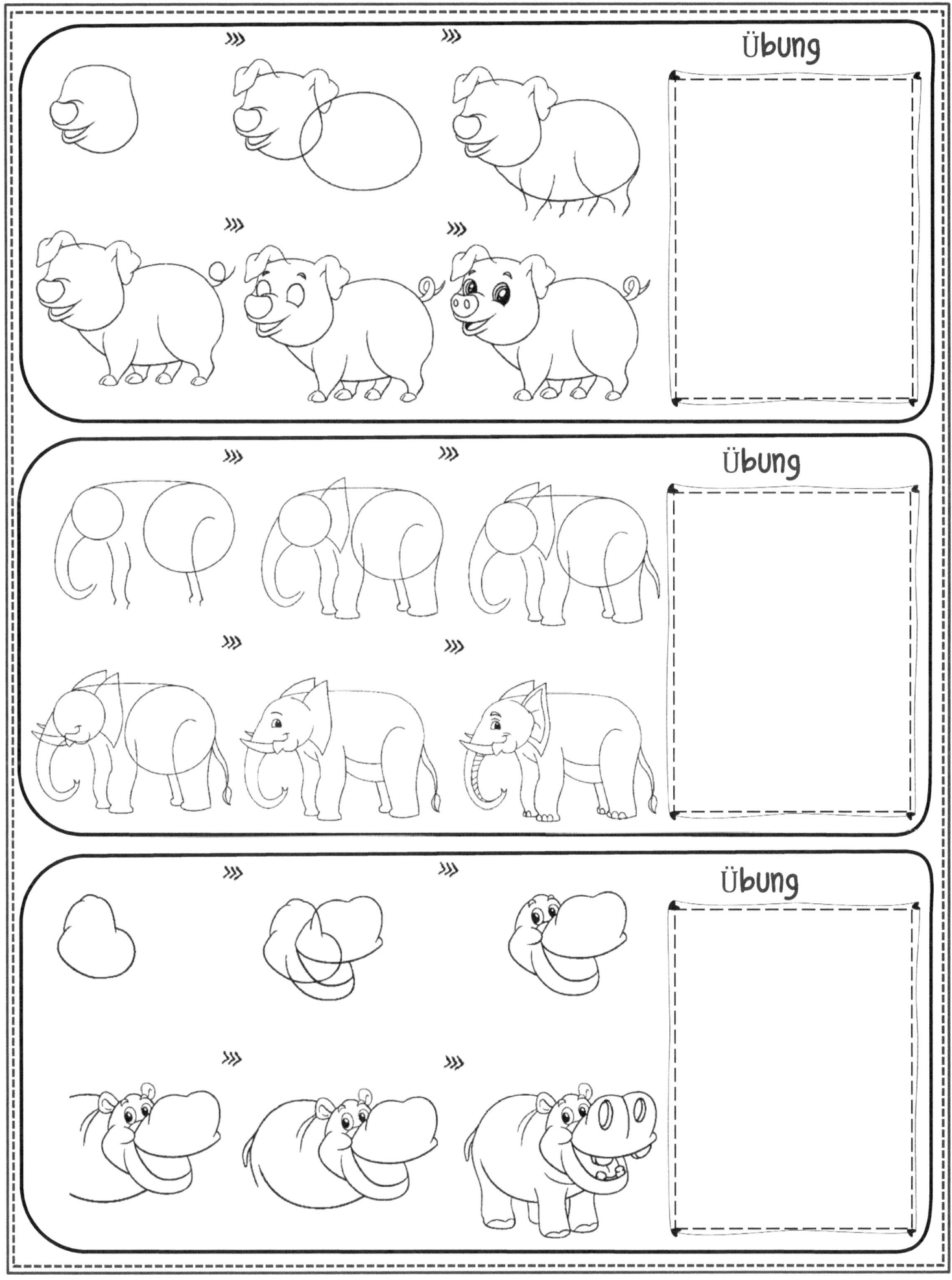

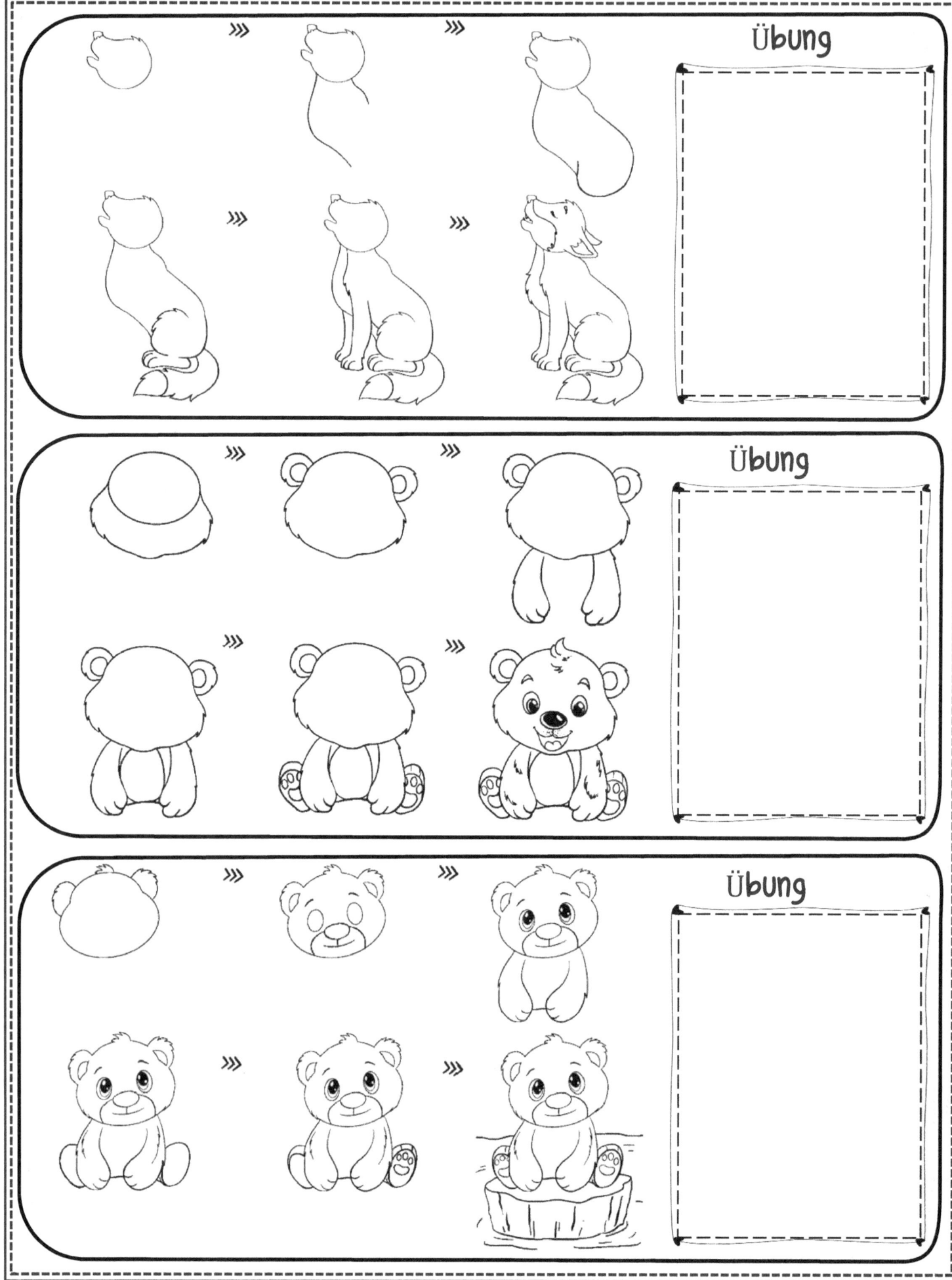

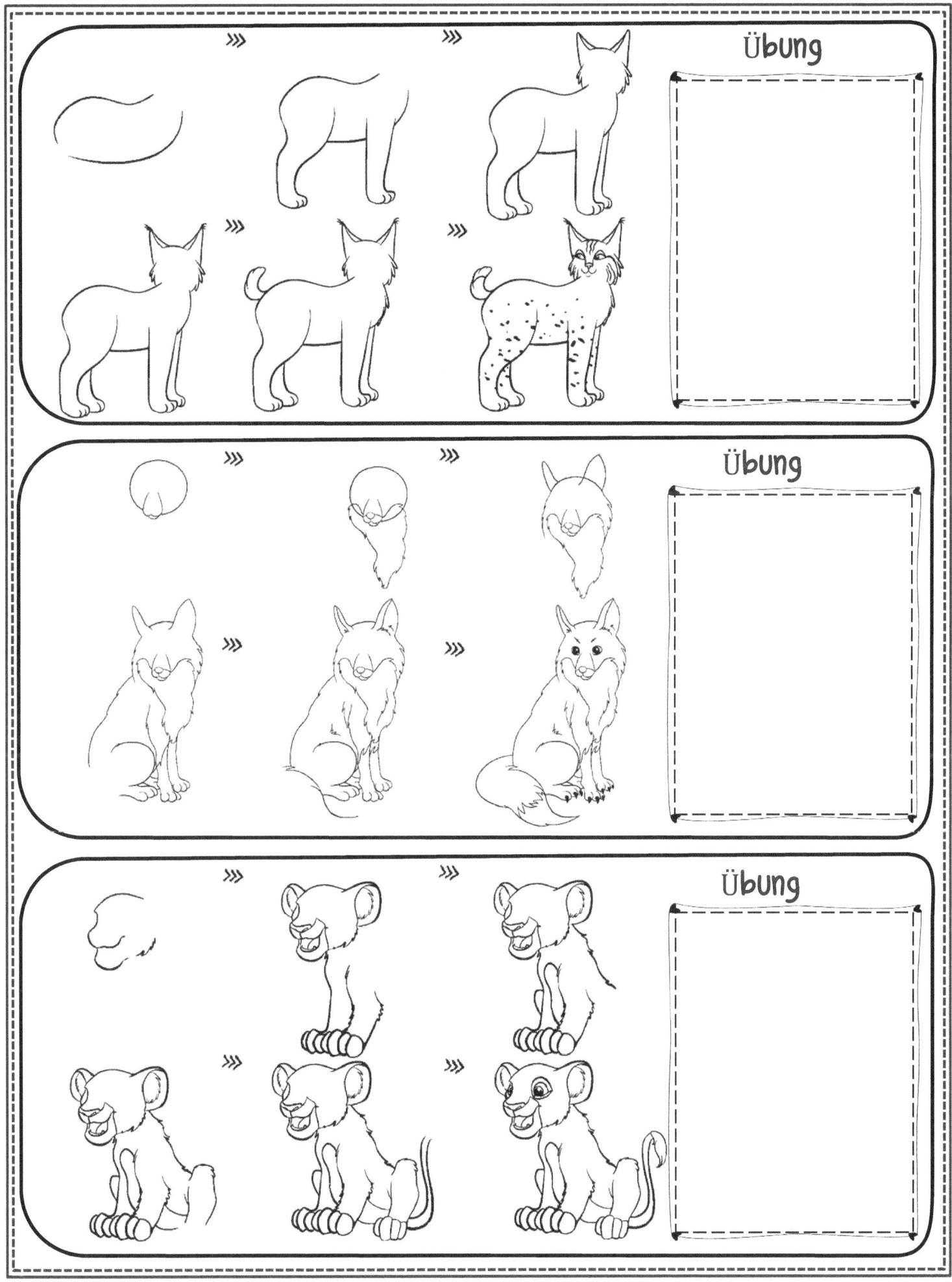

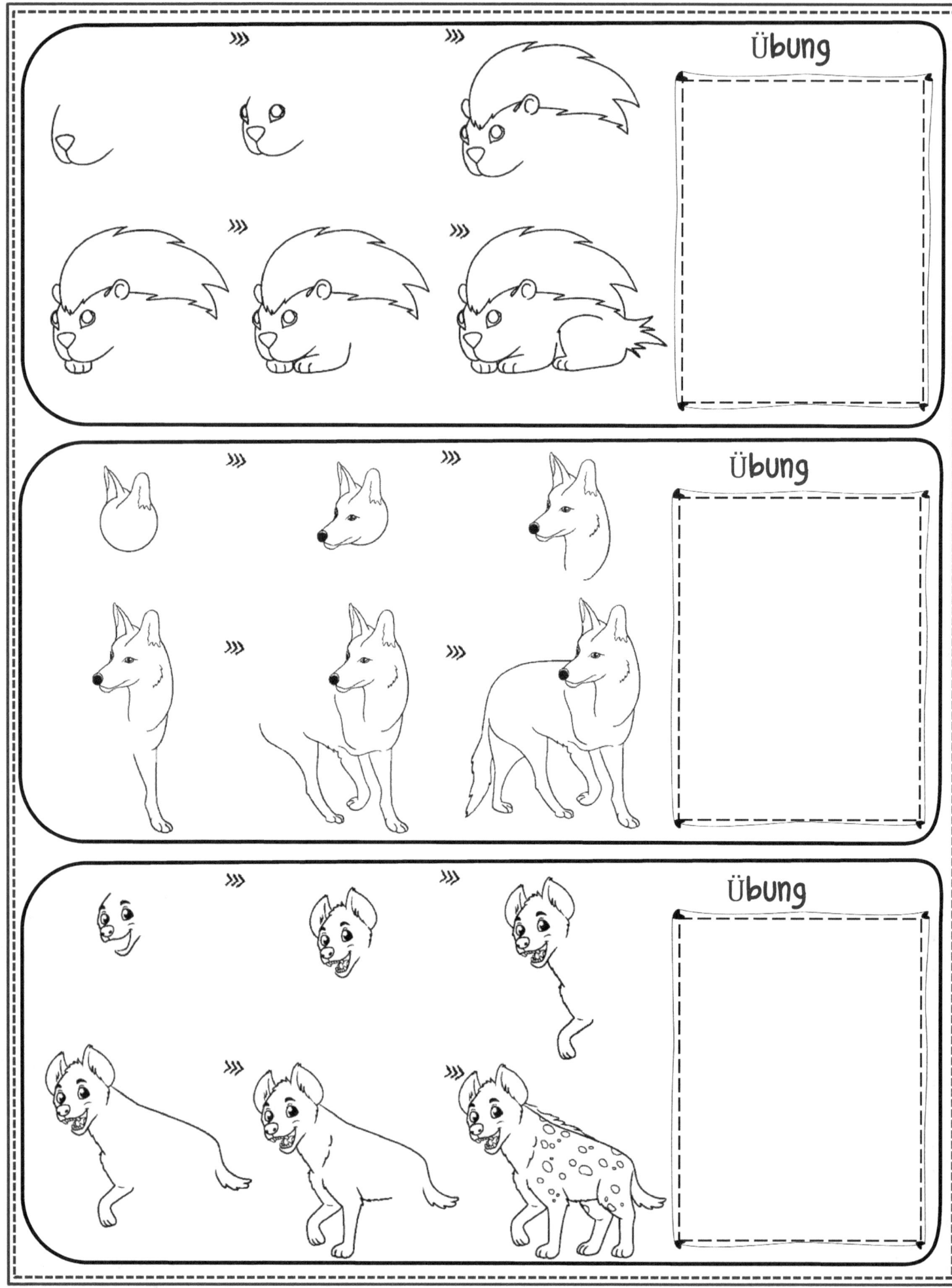

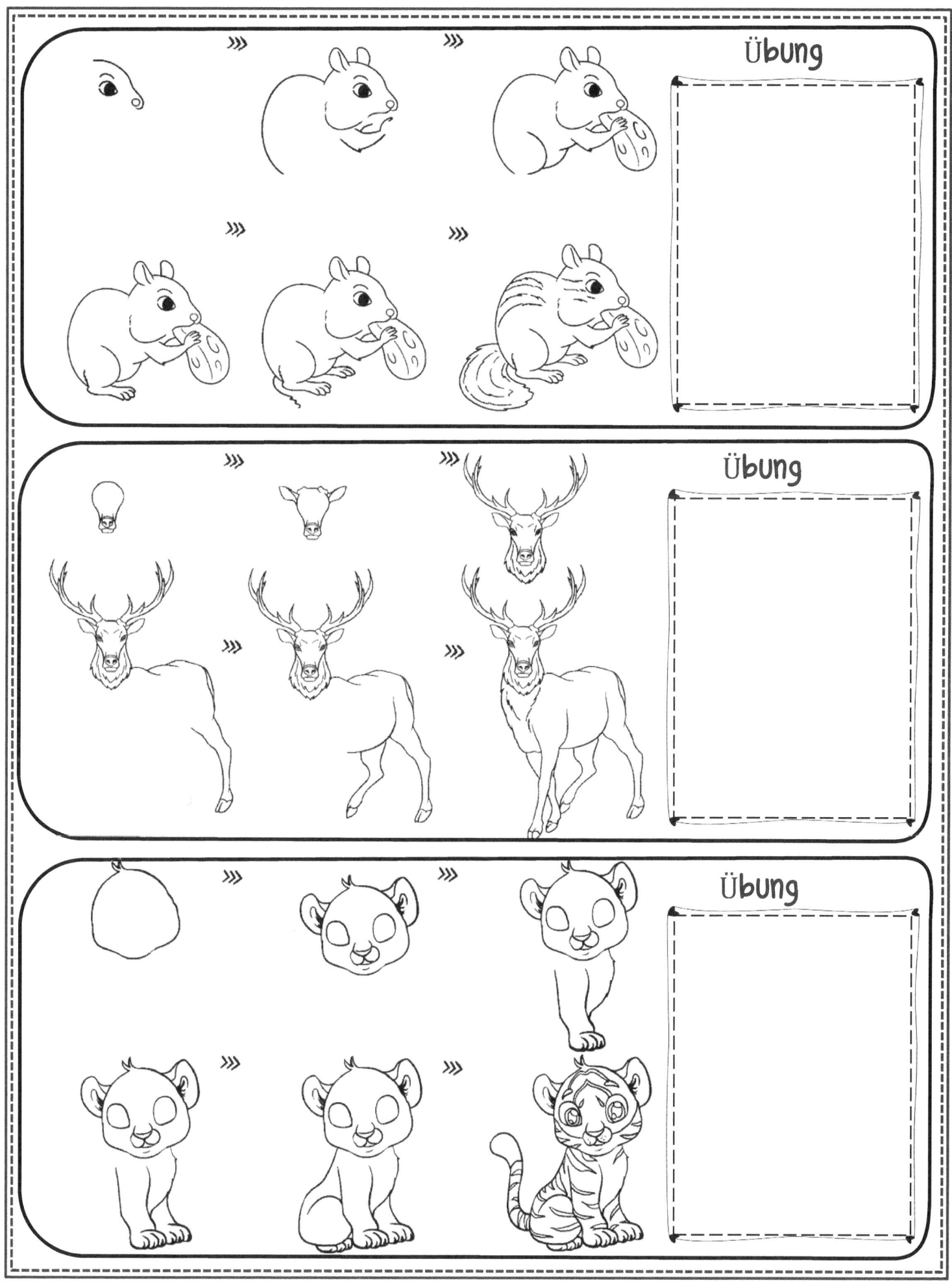

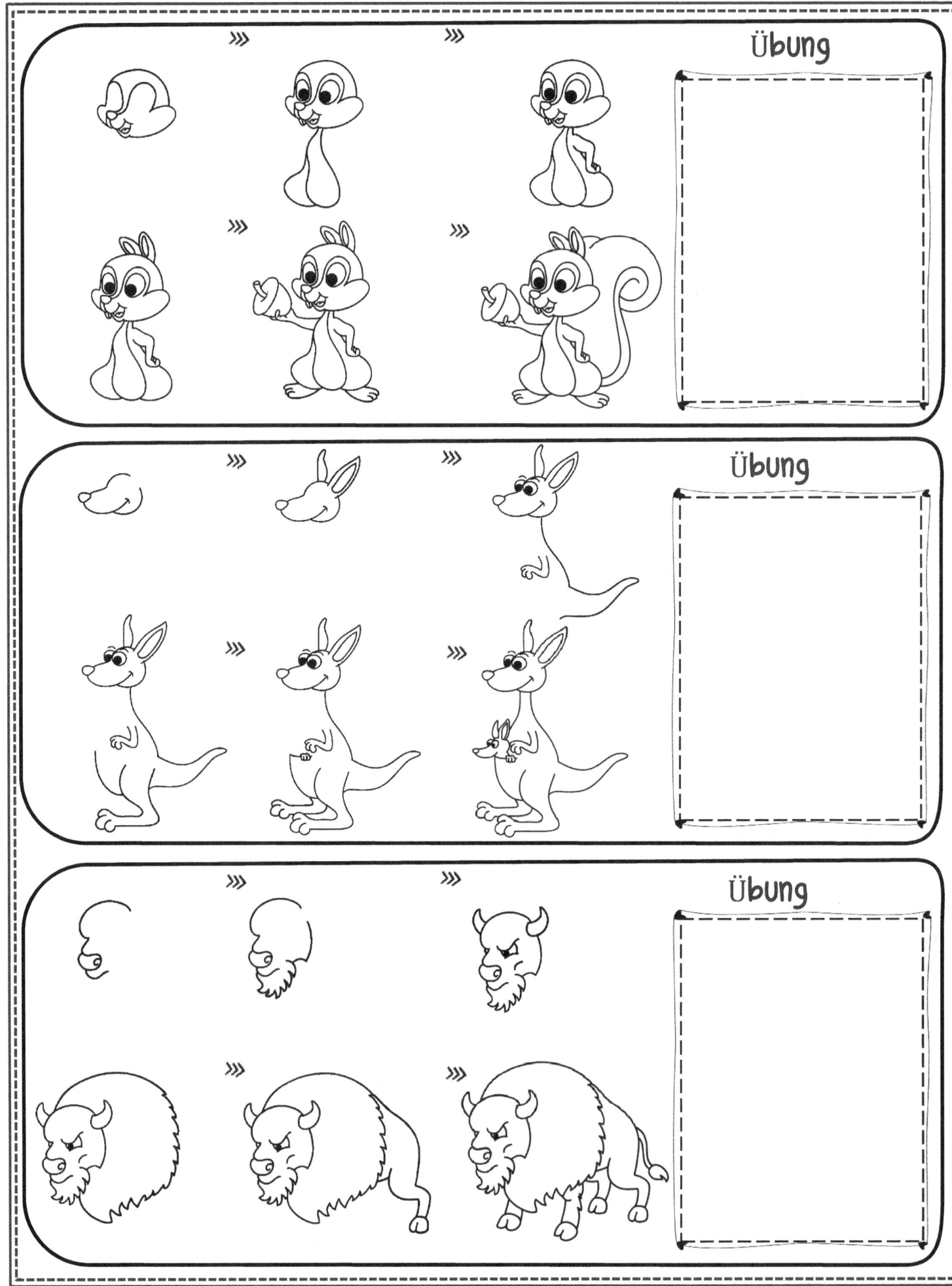

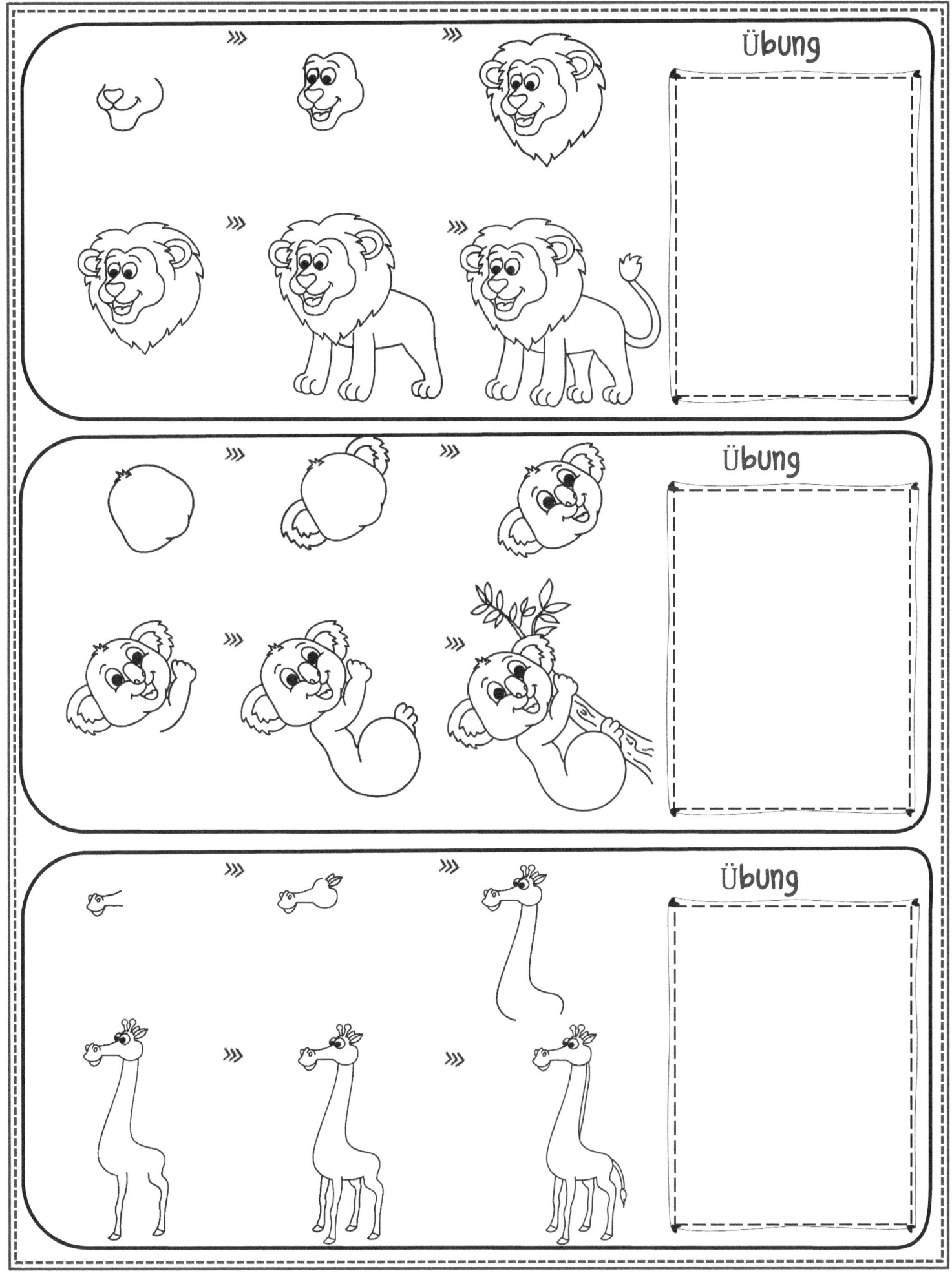

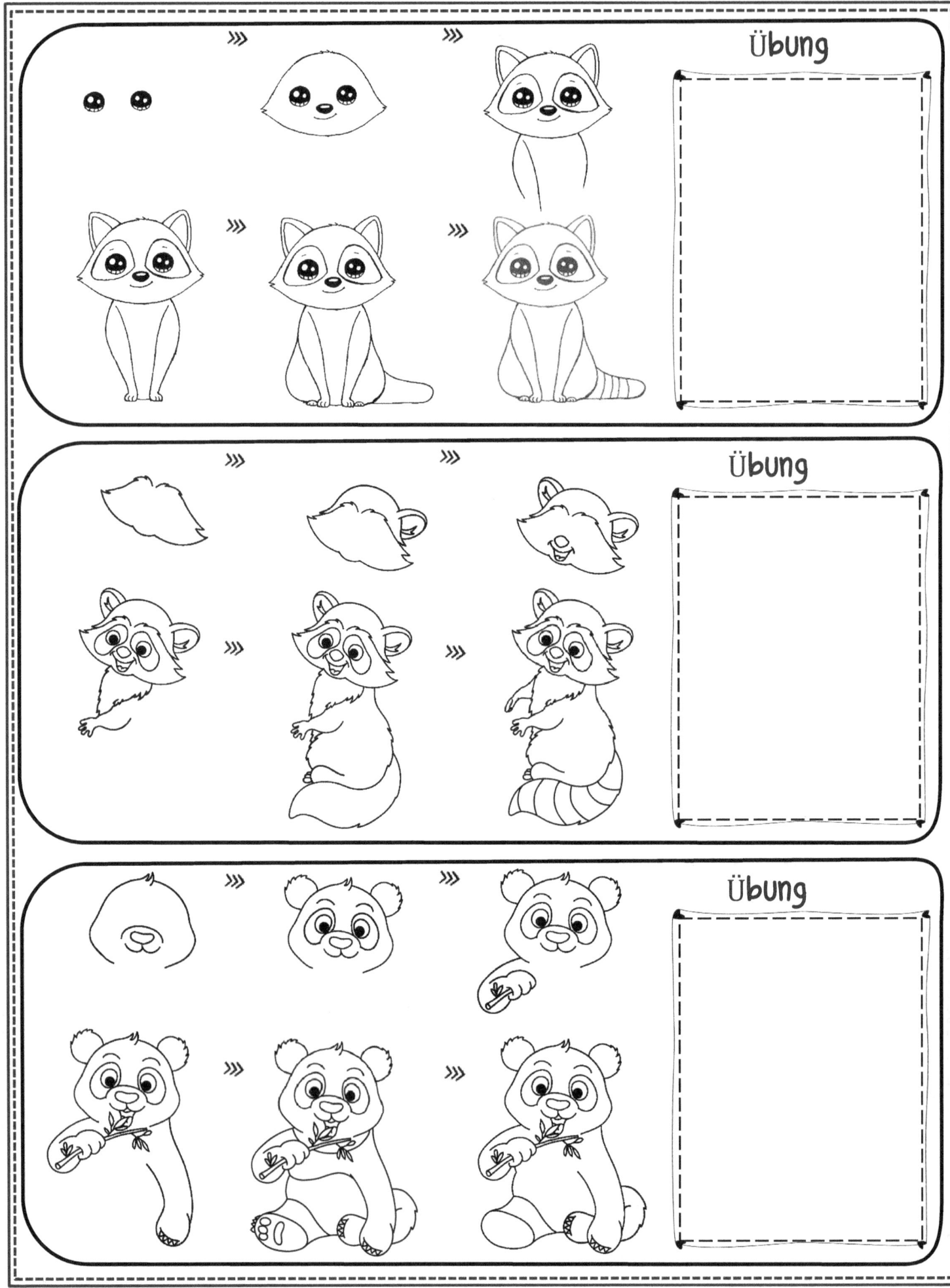

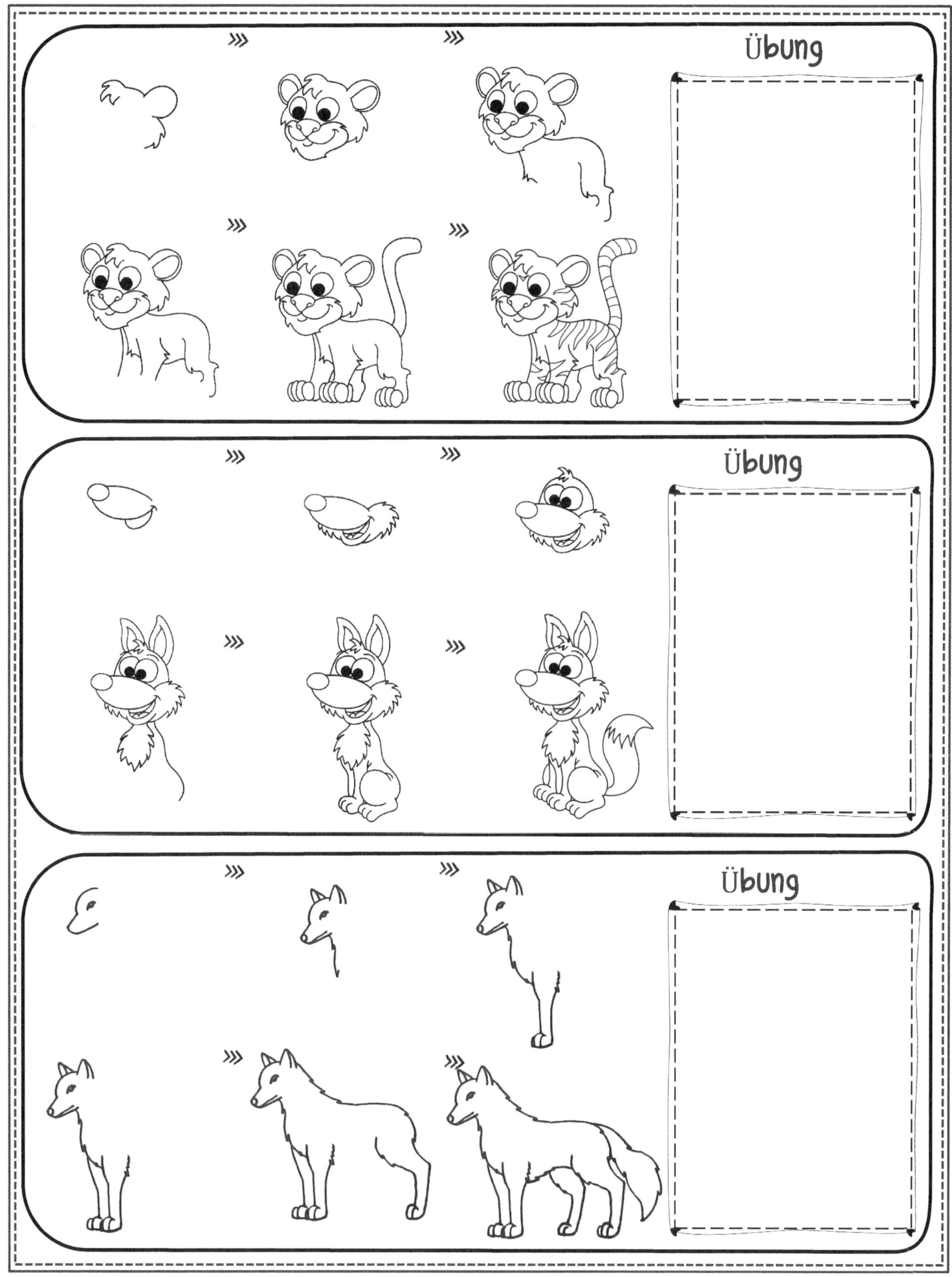

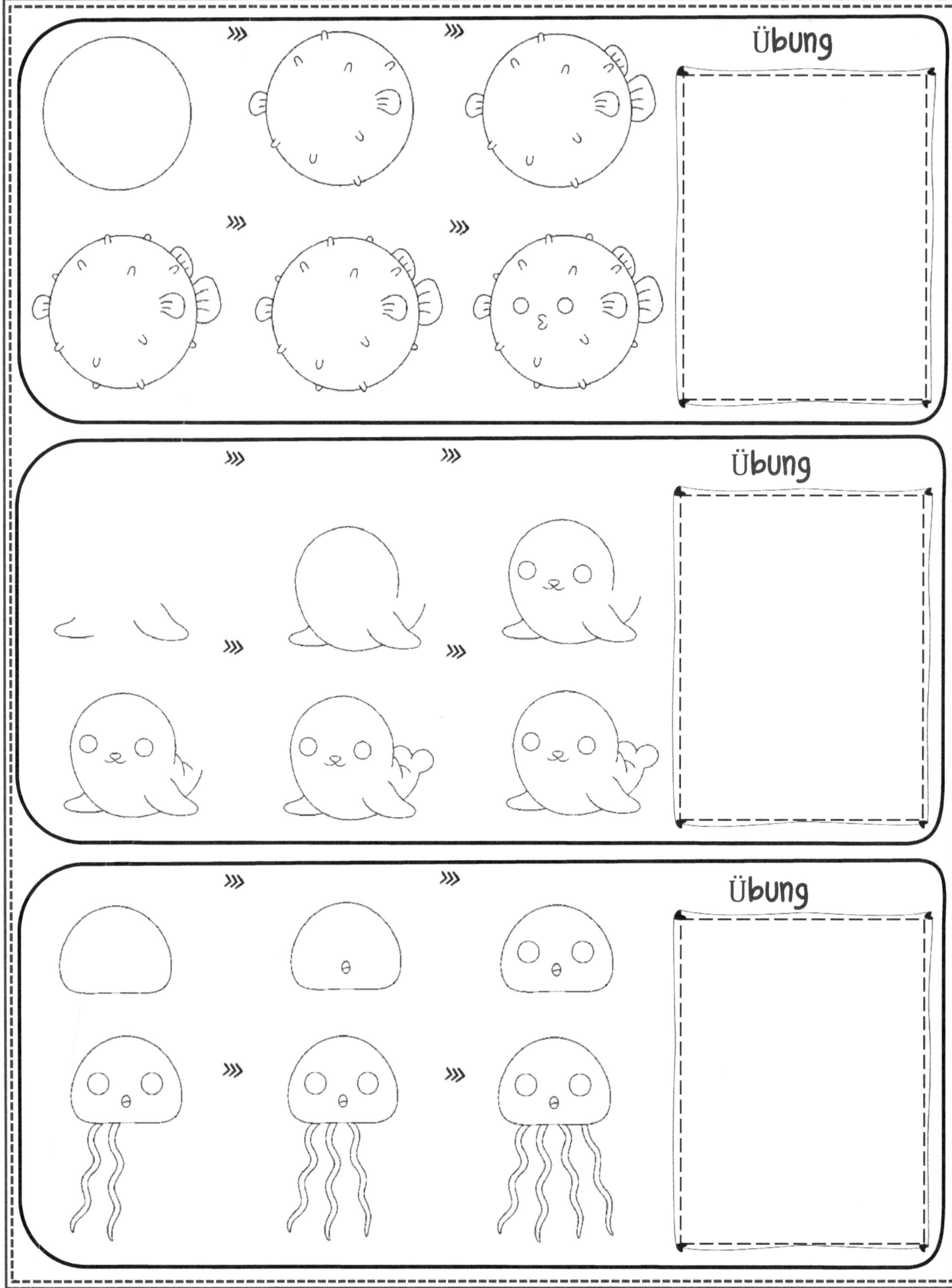

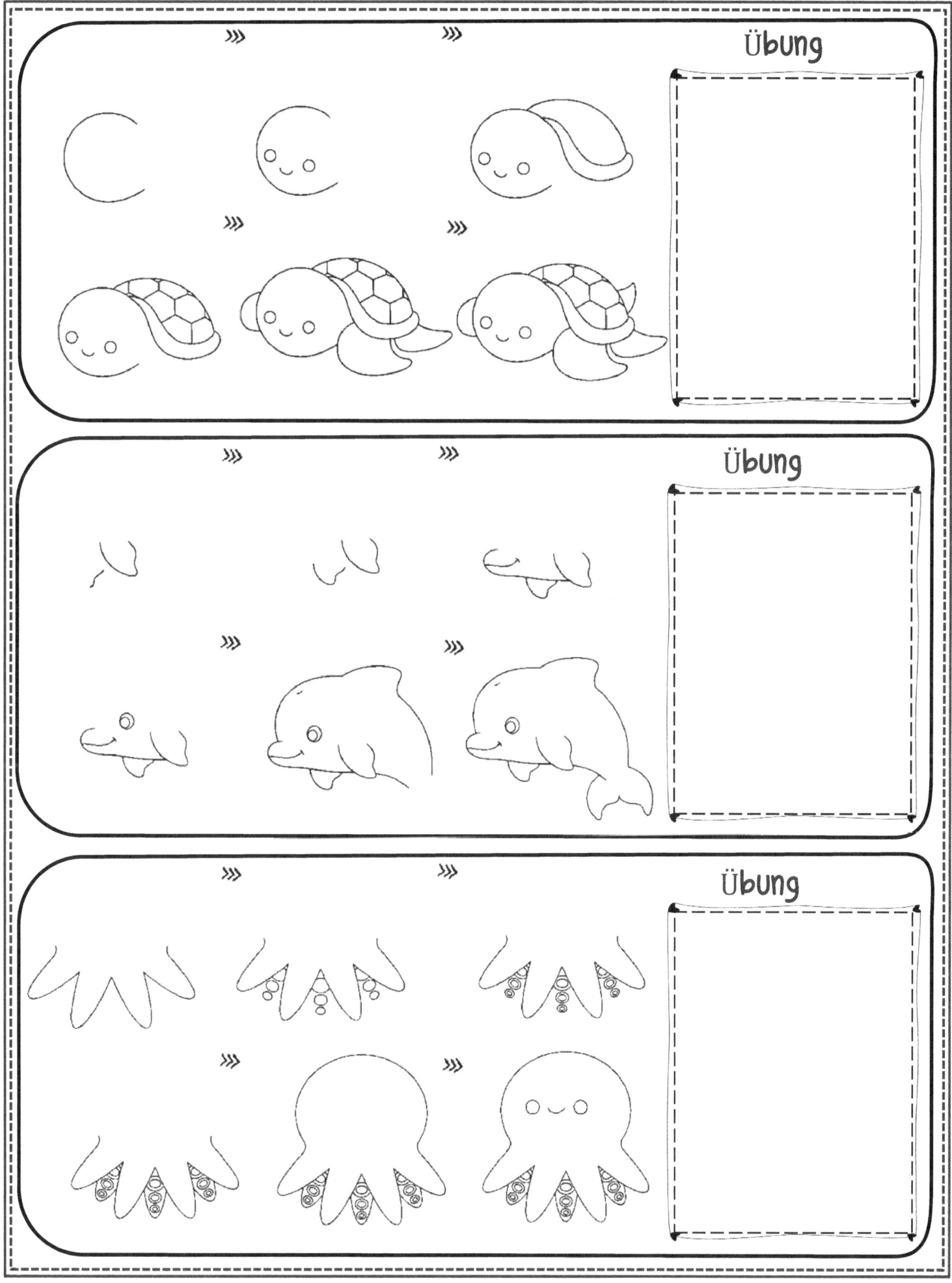

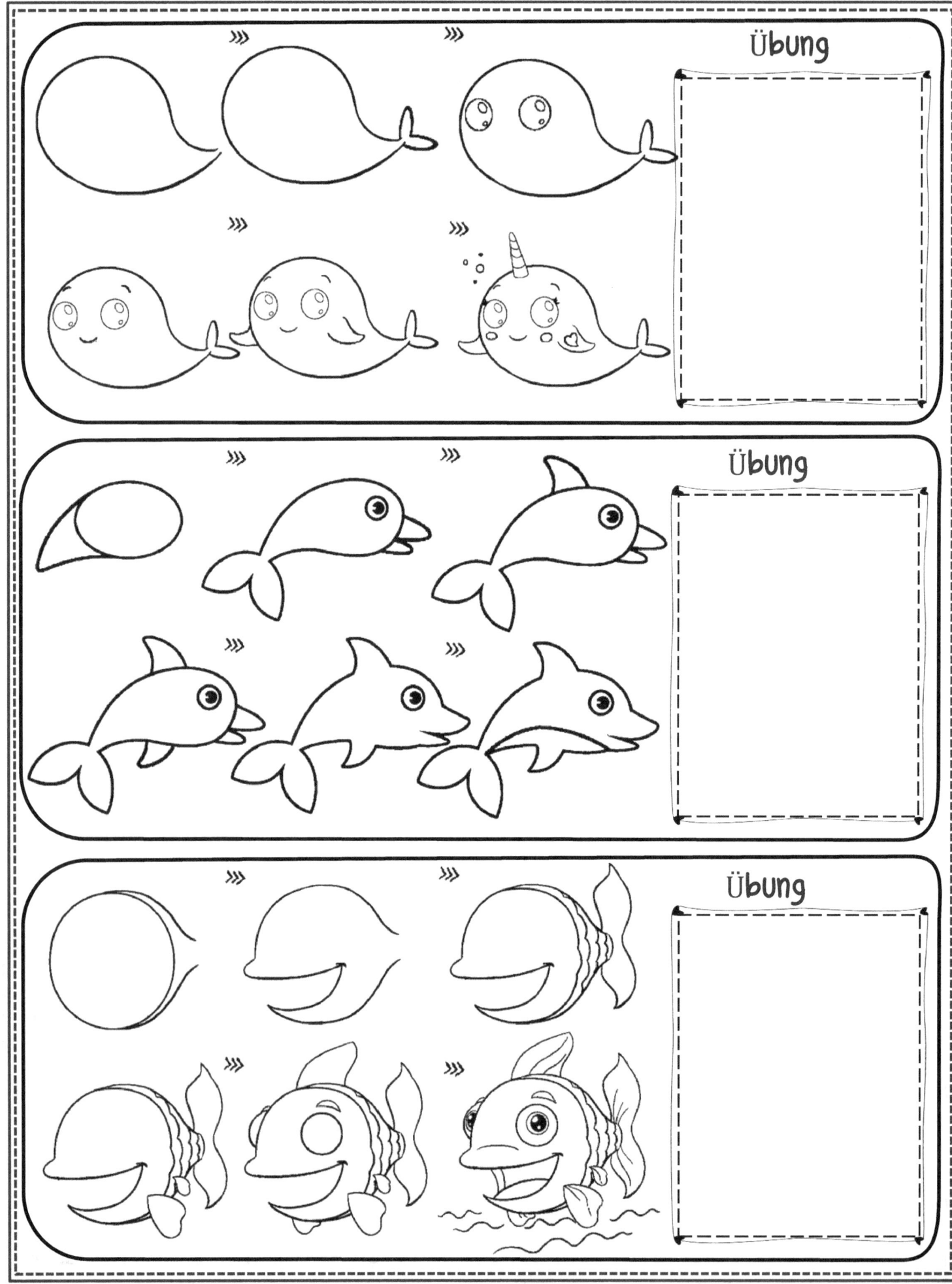

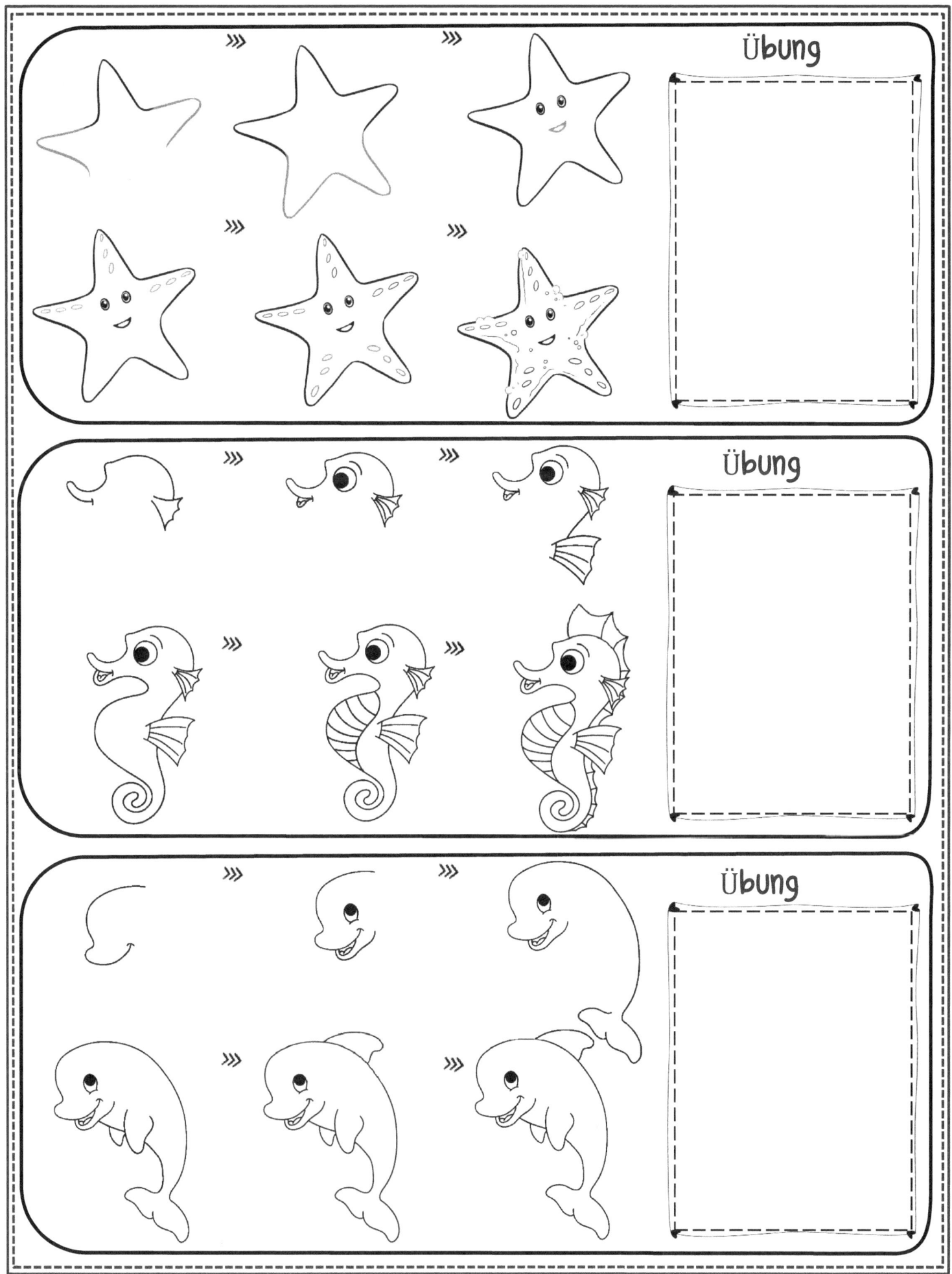

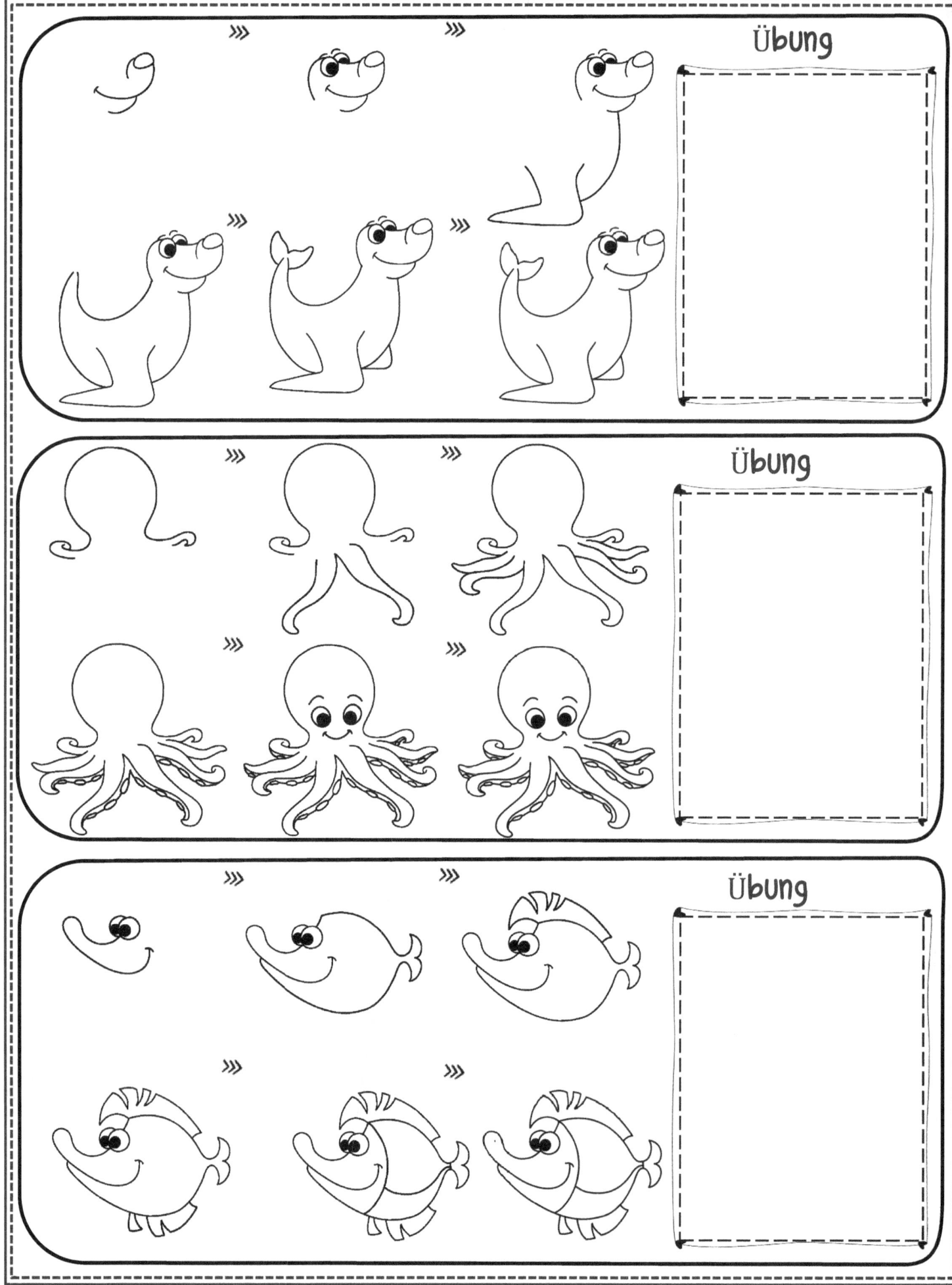

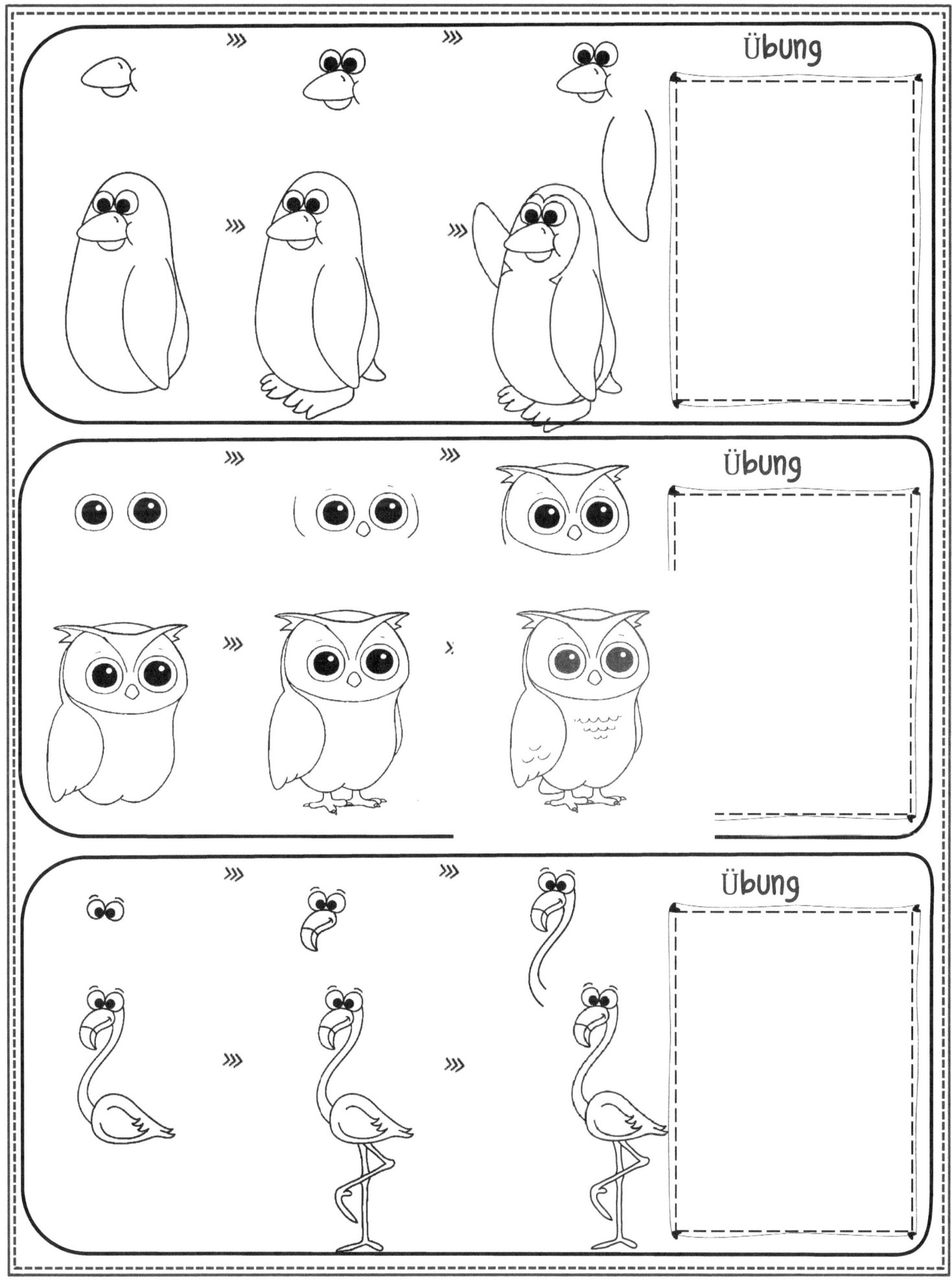

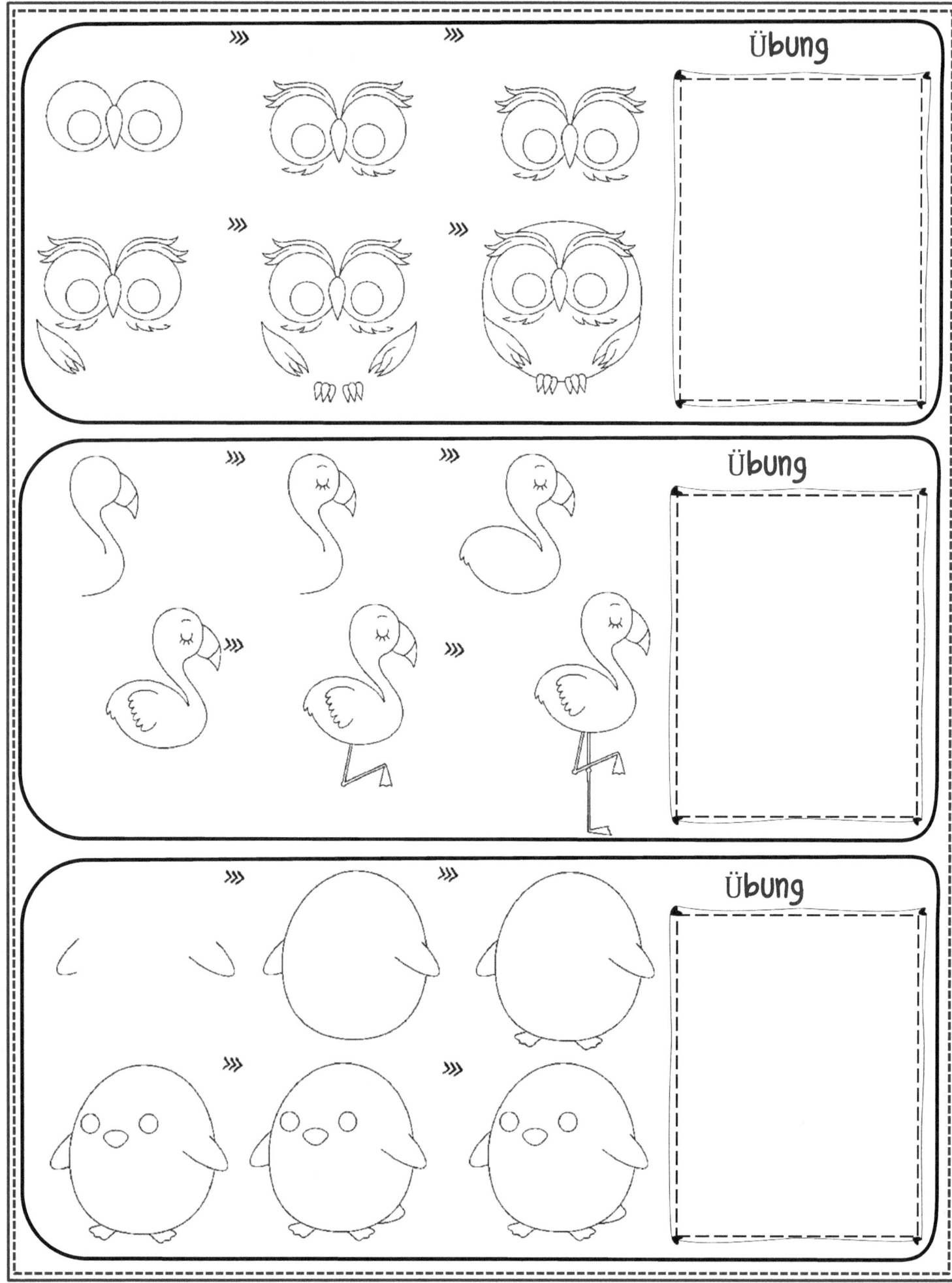

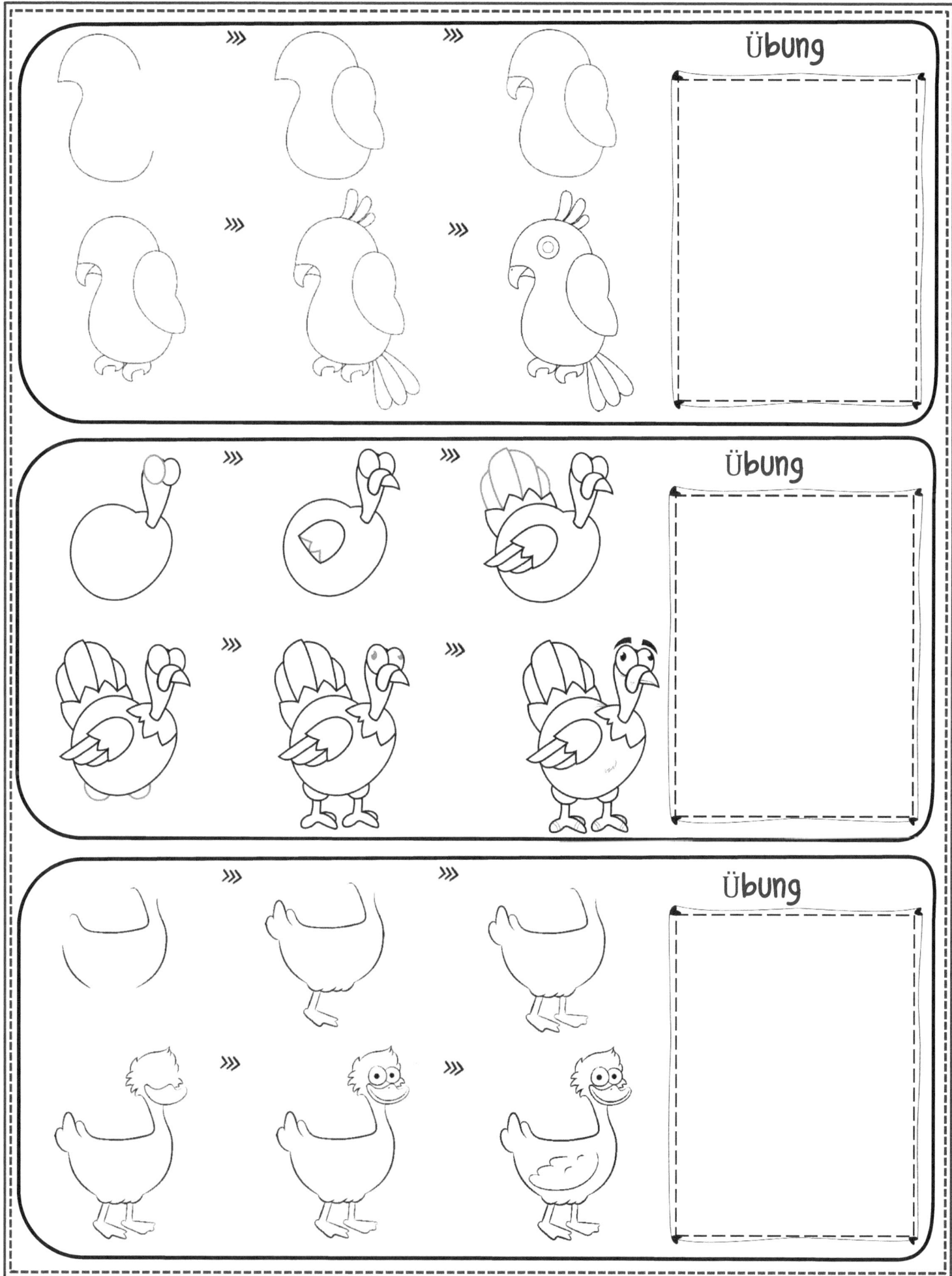

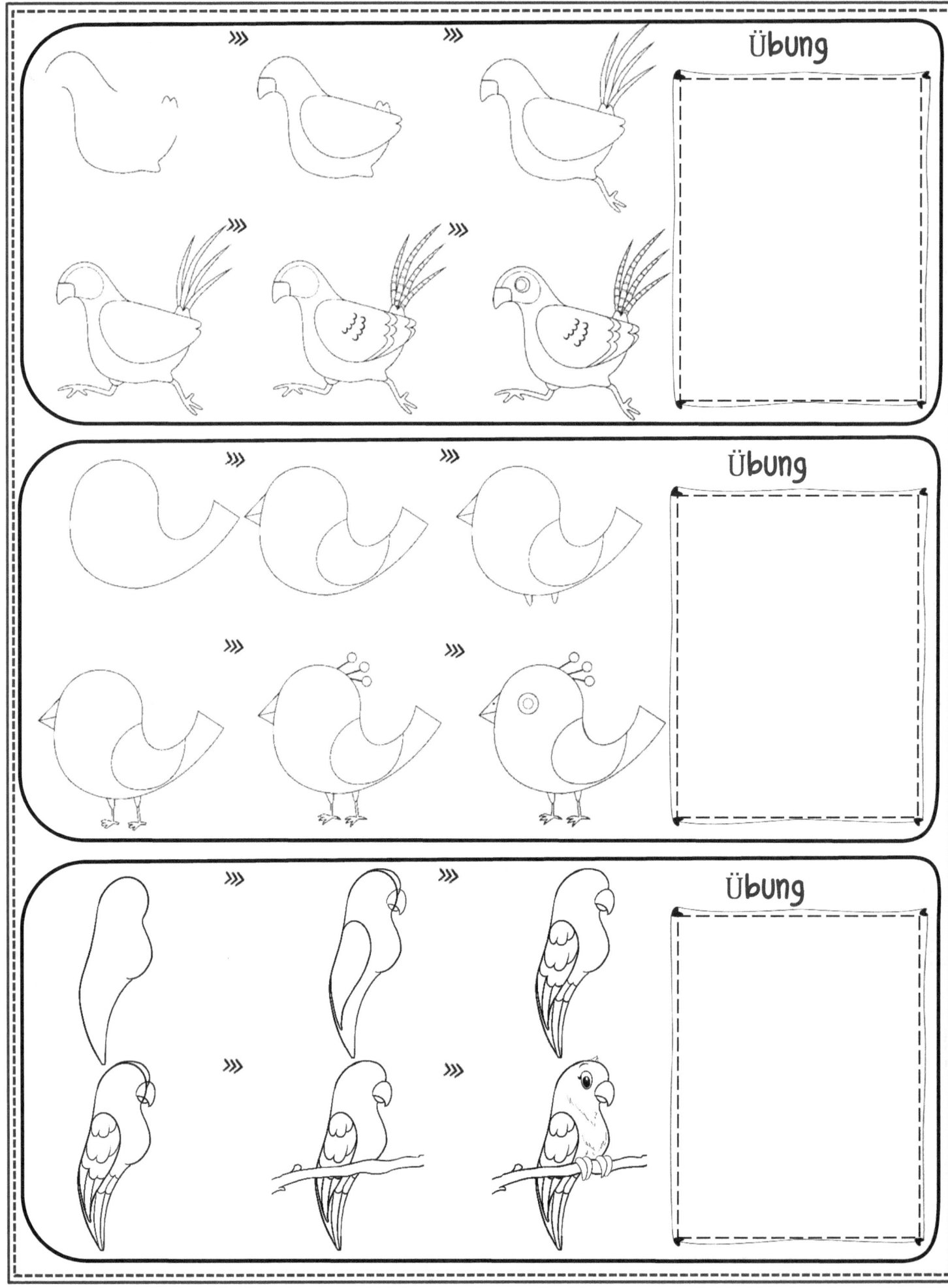

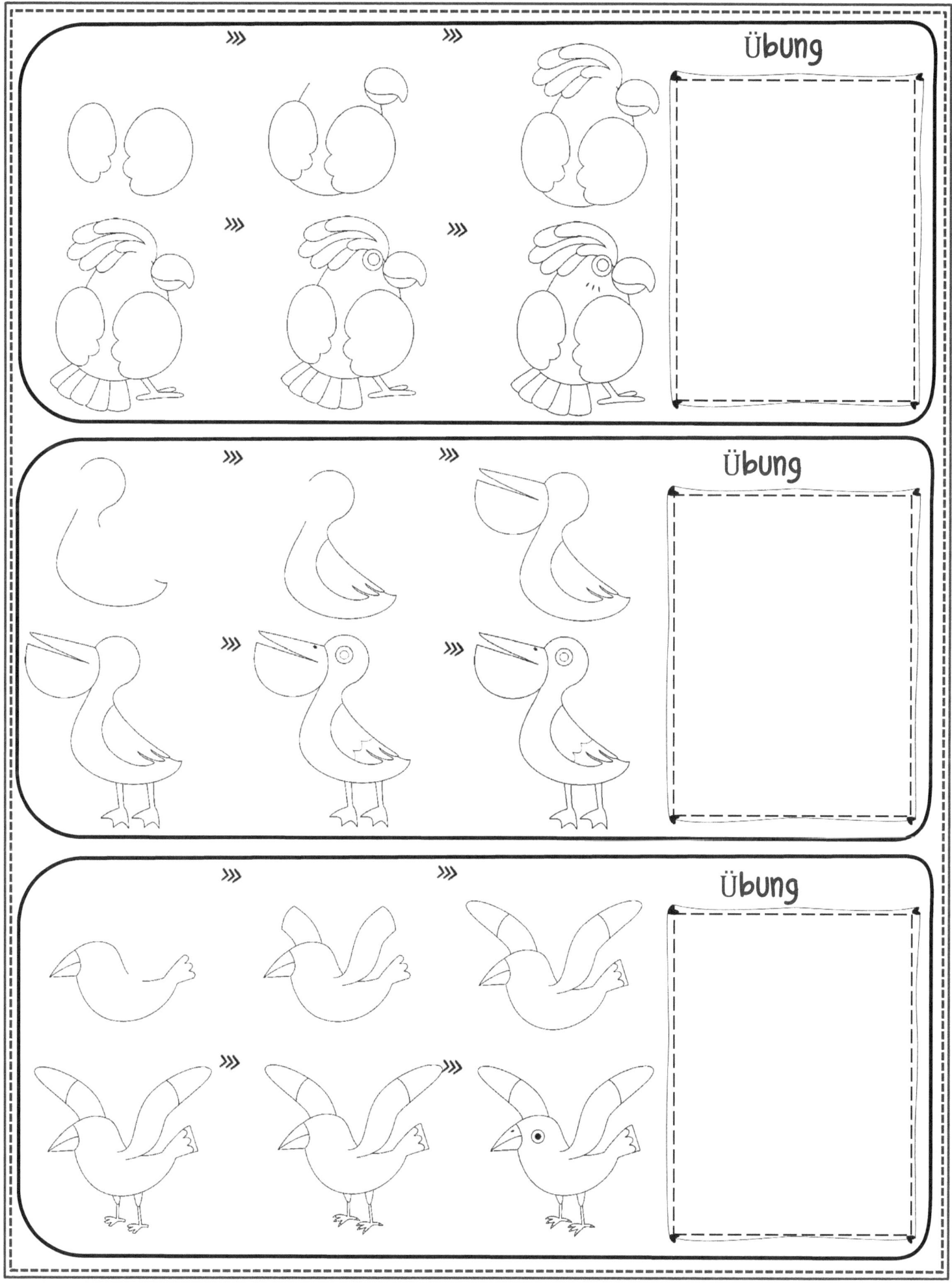

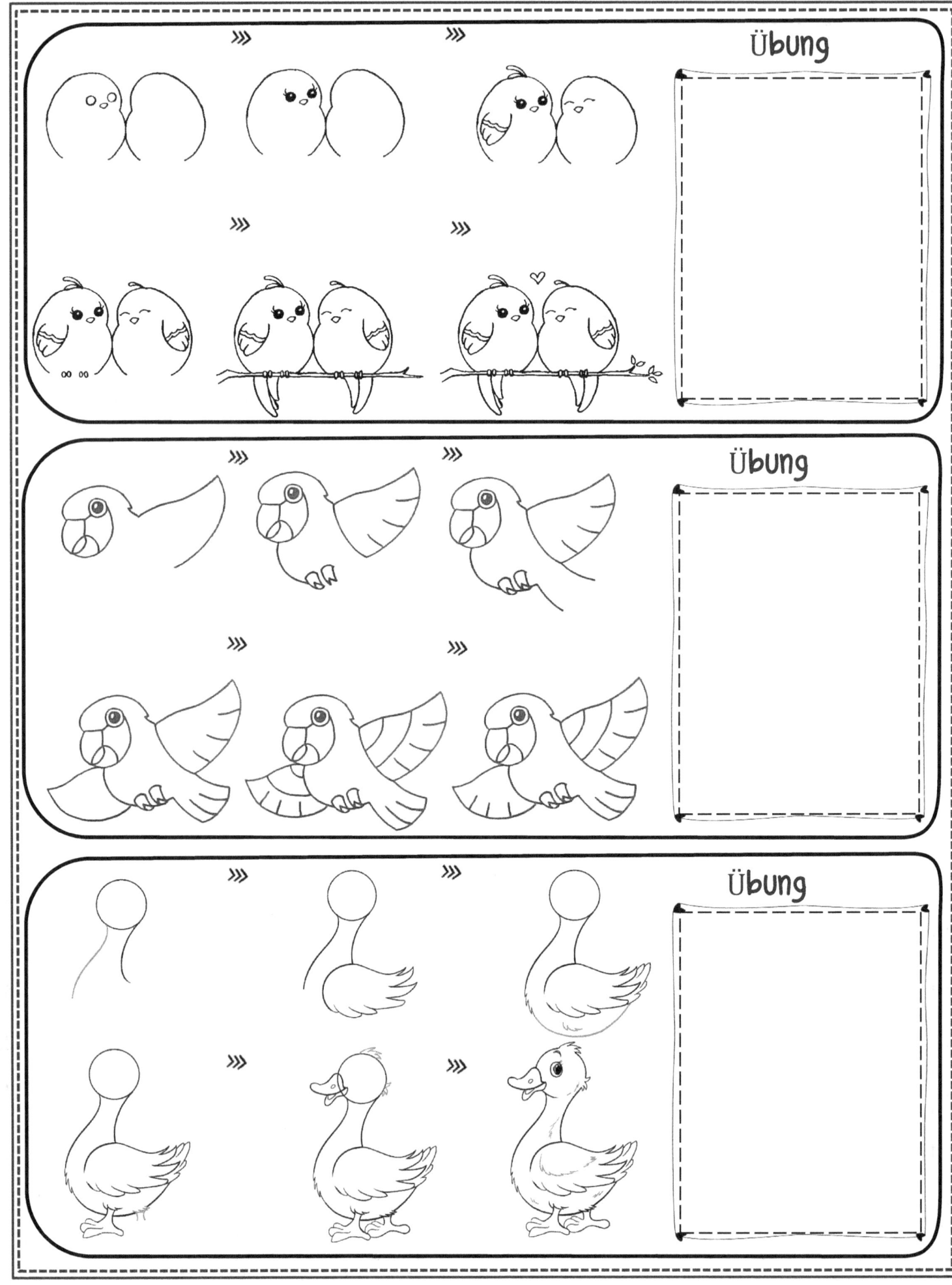

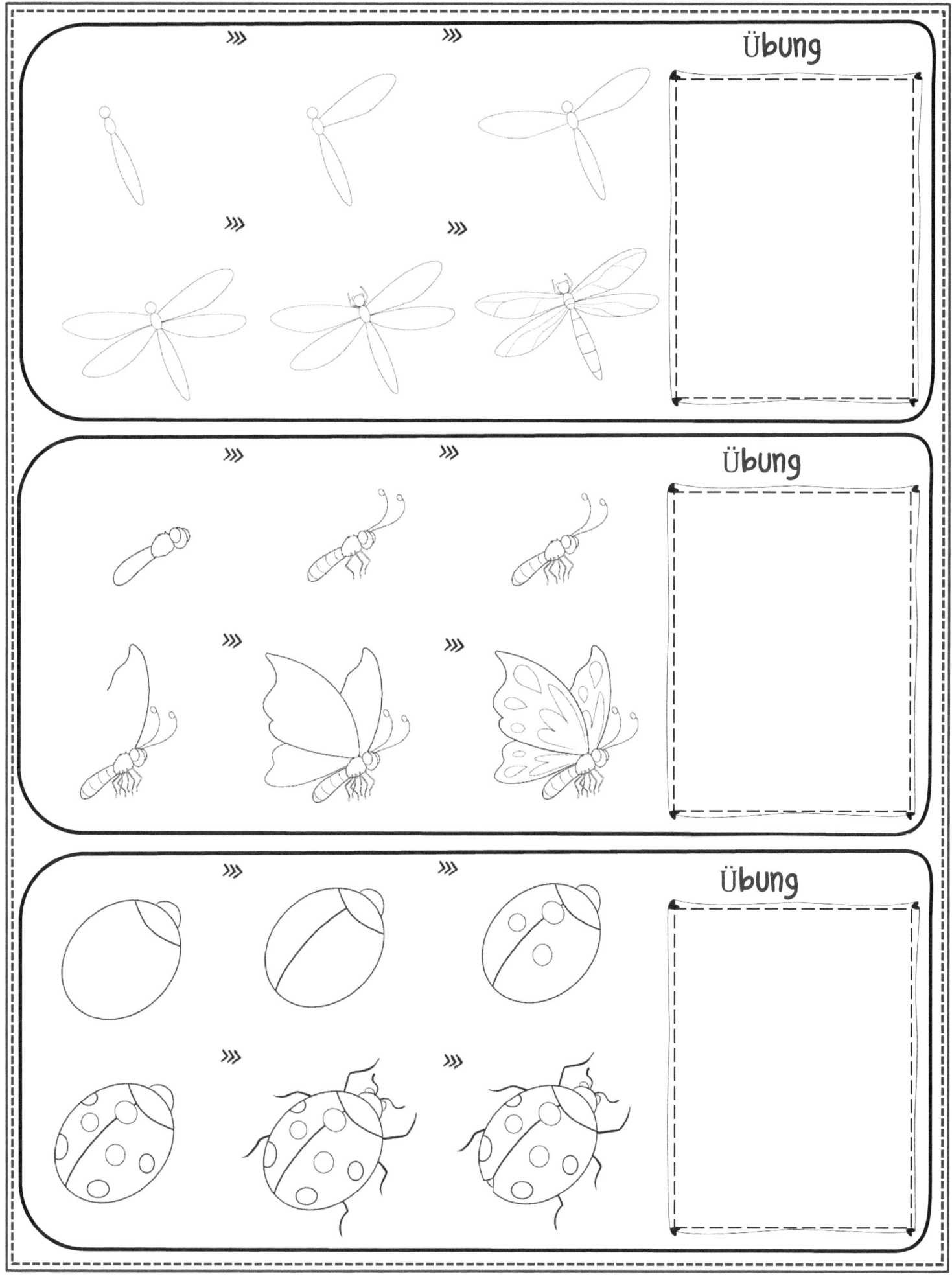

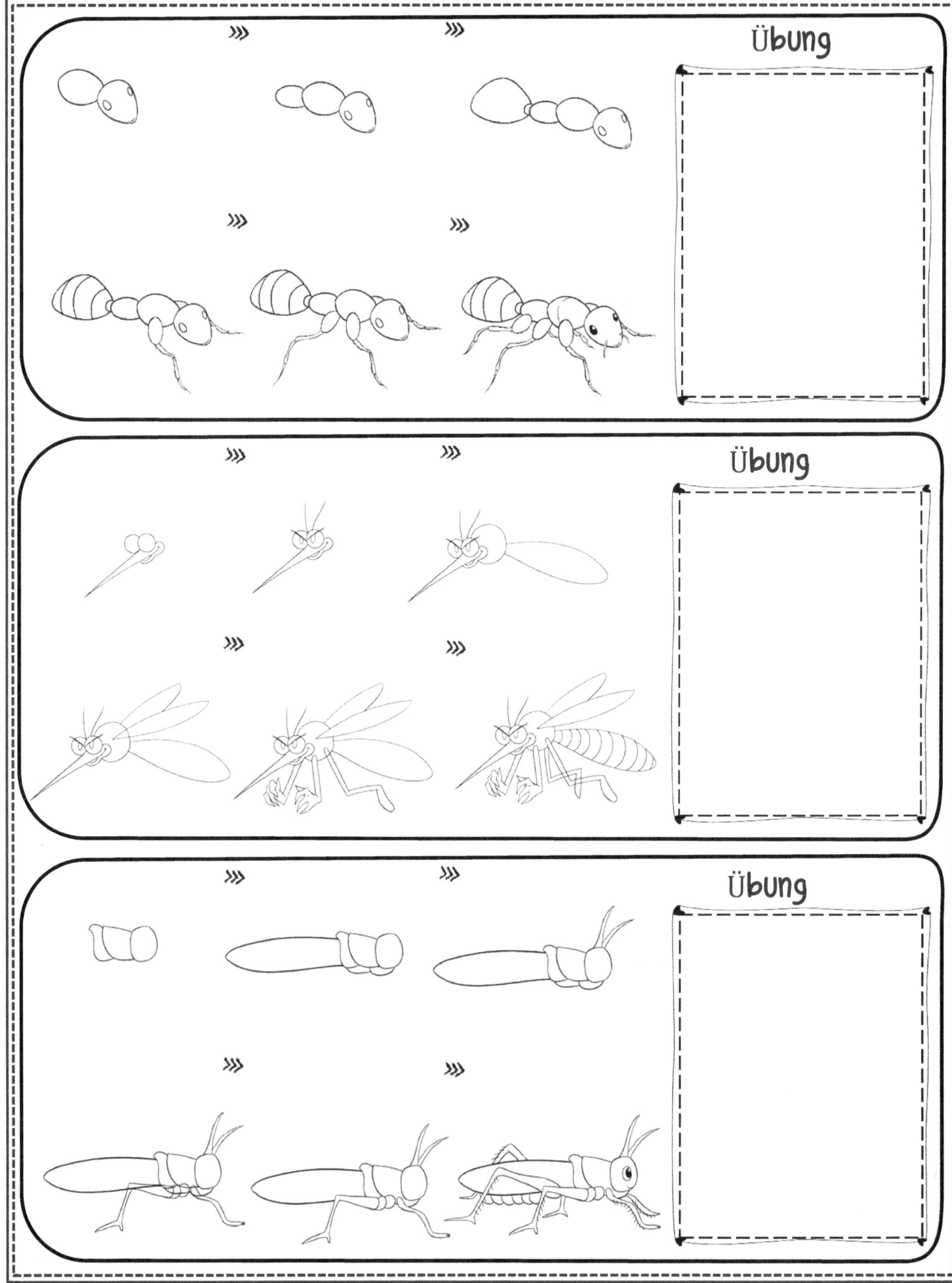

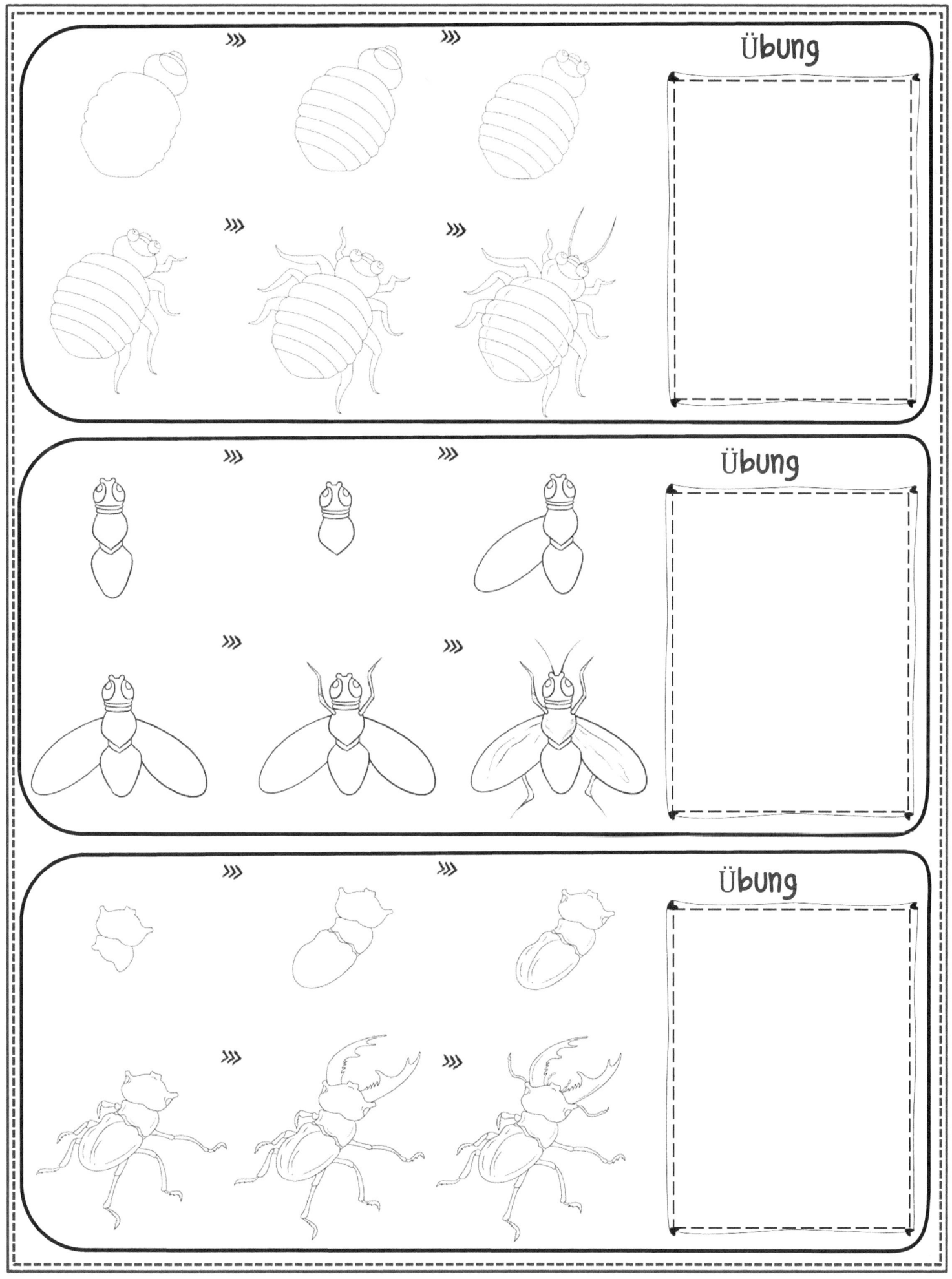

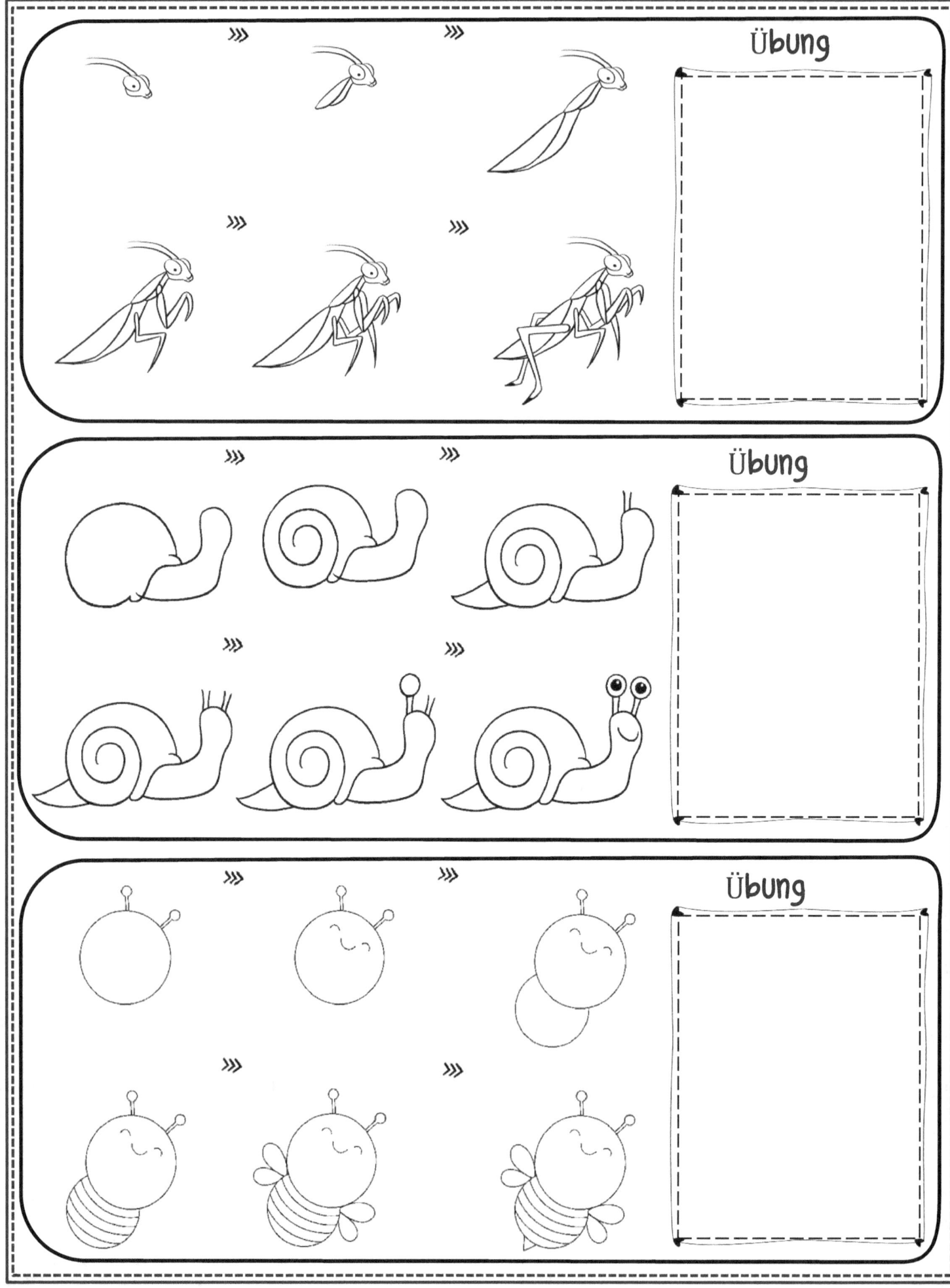

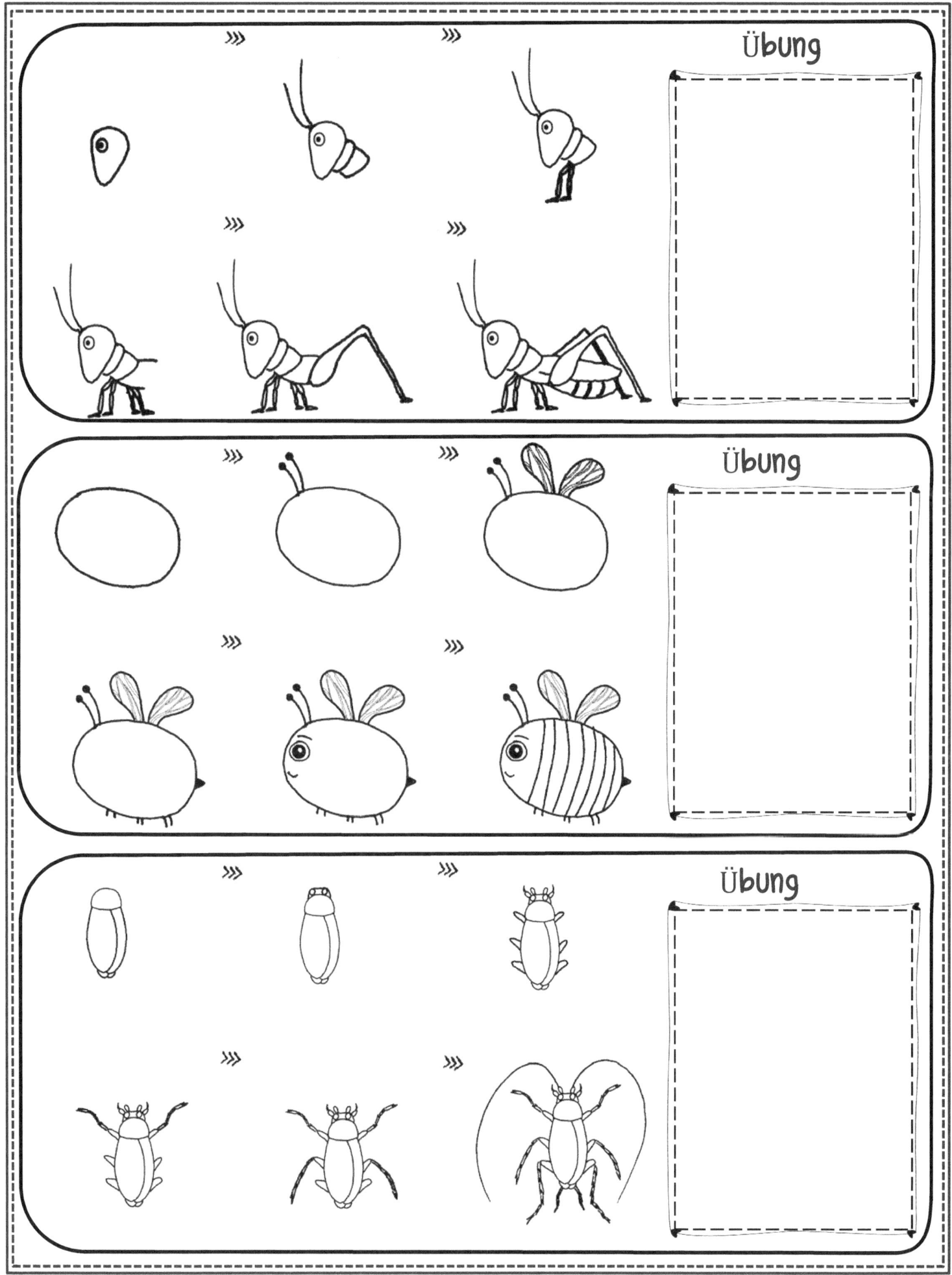

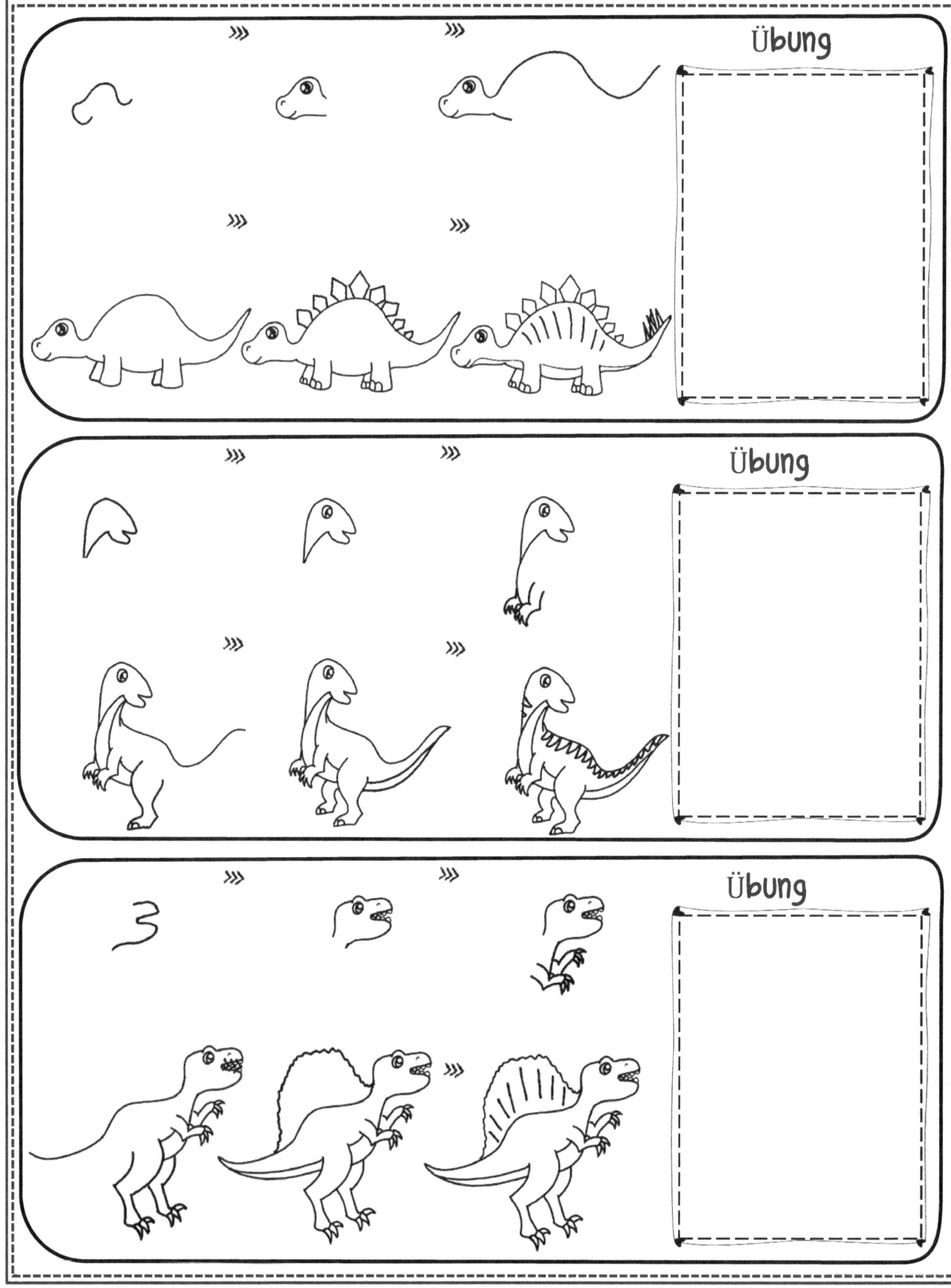

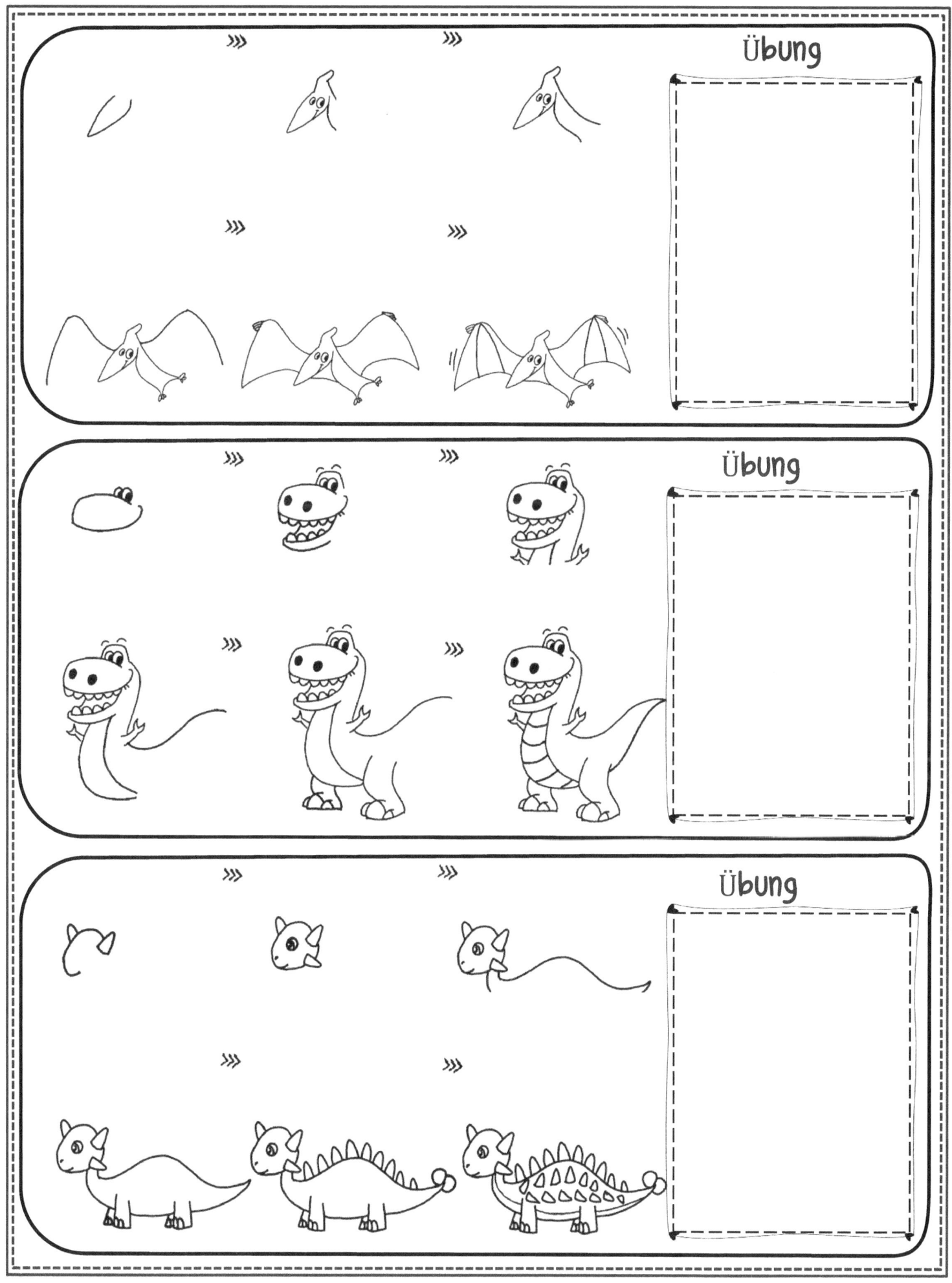
Übung

Übung

Übung

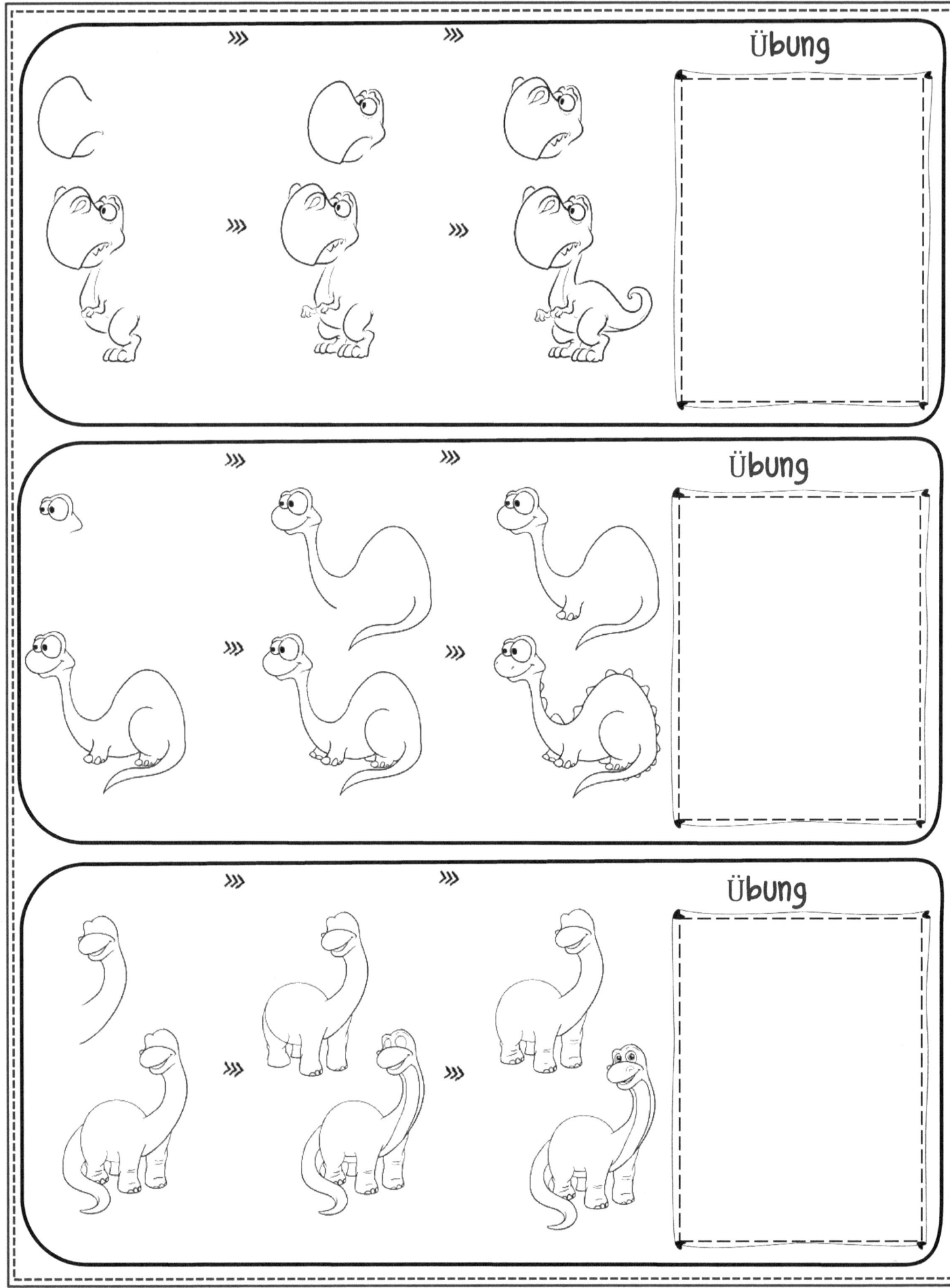

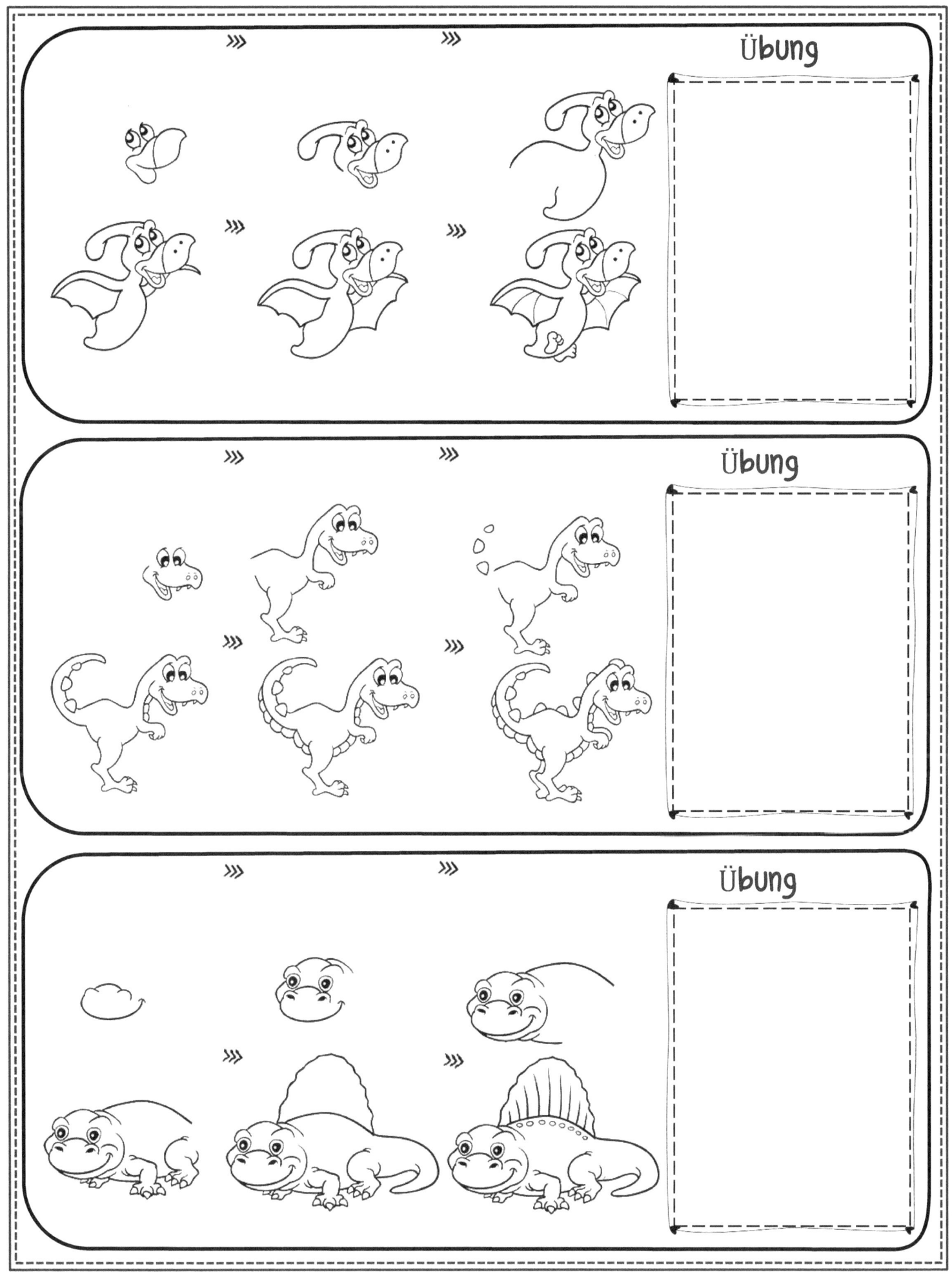

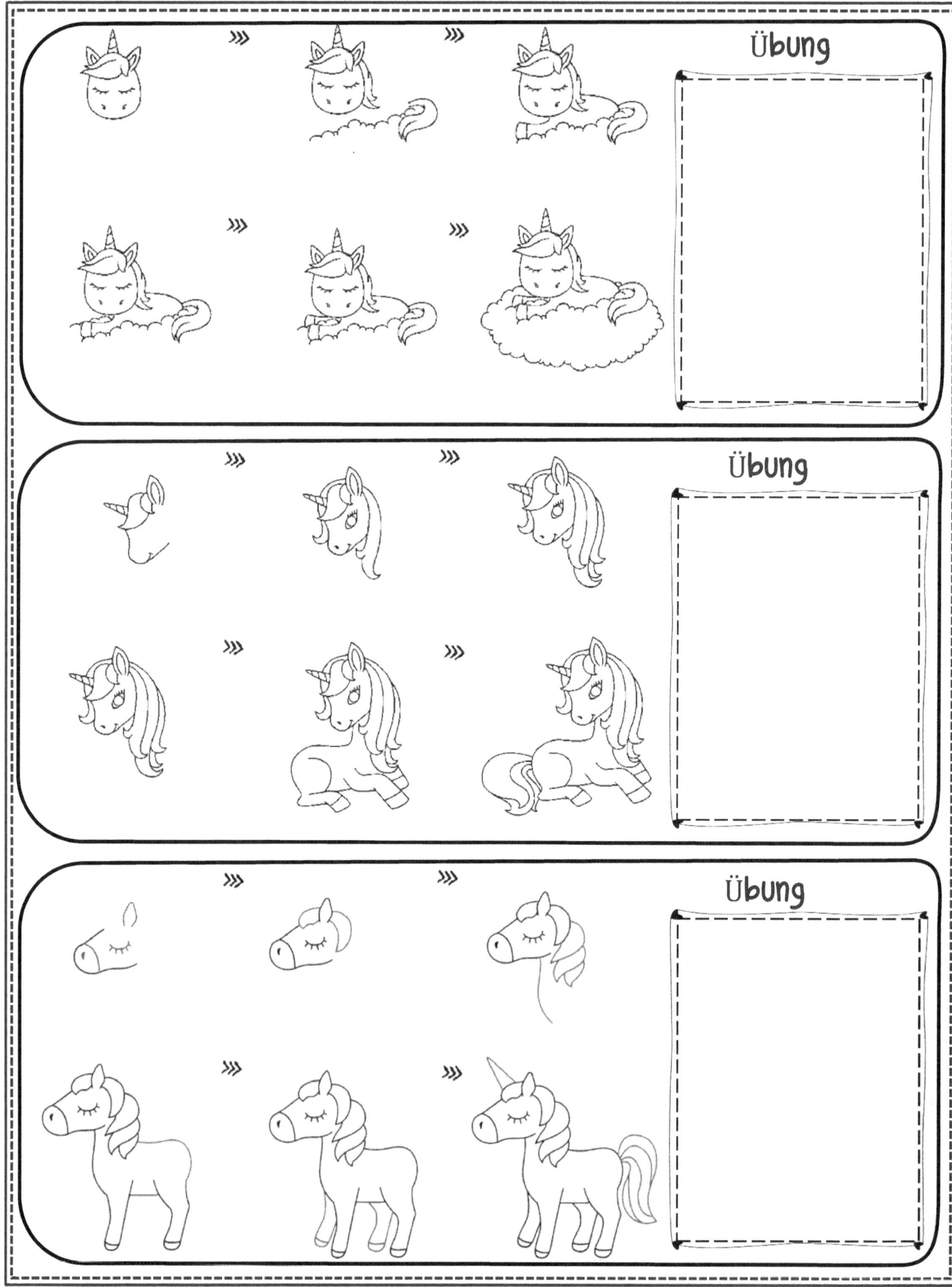

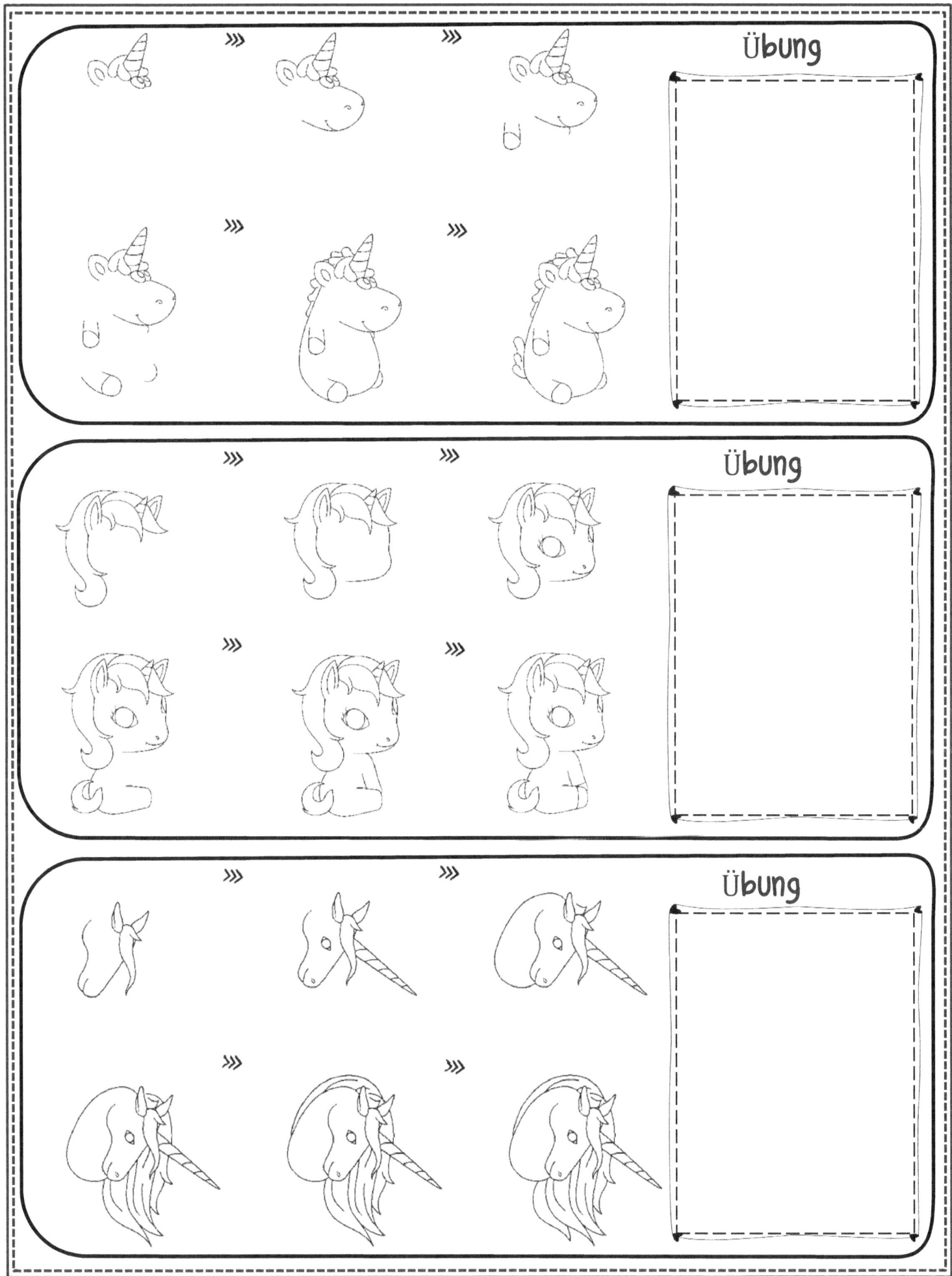

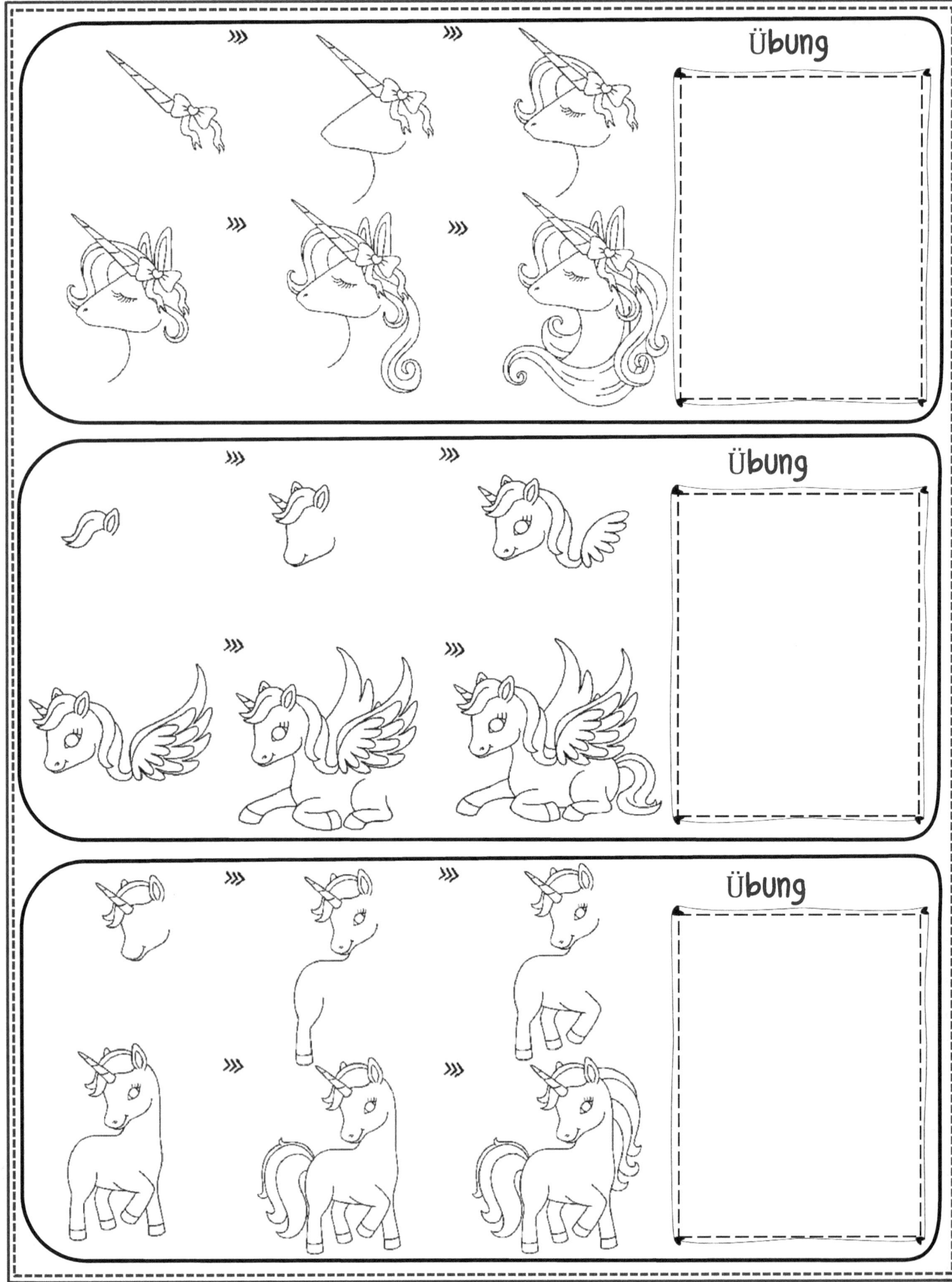

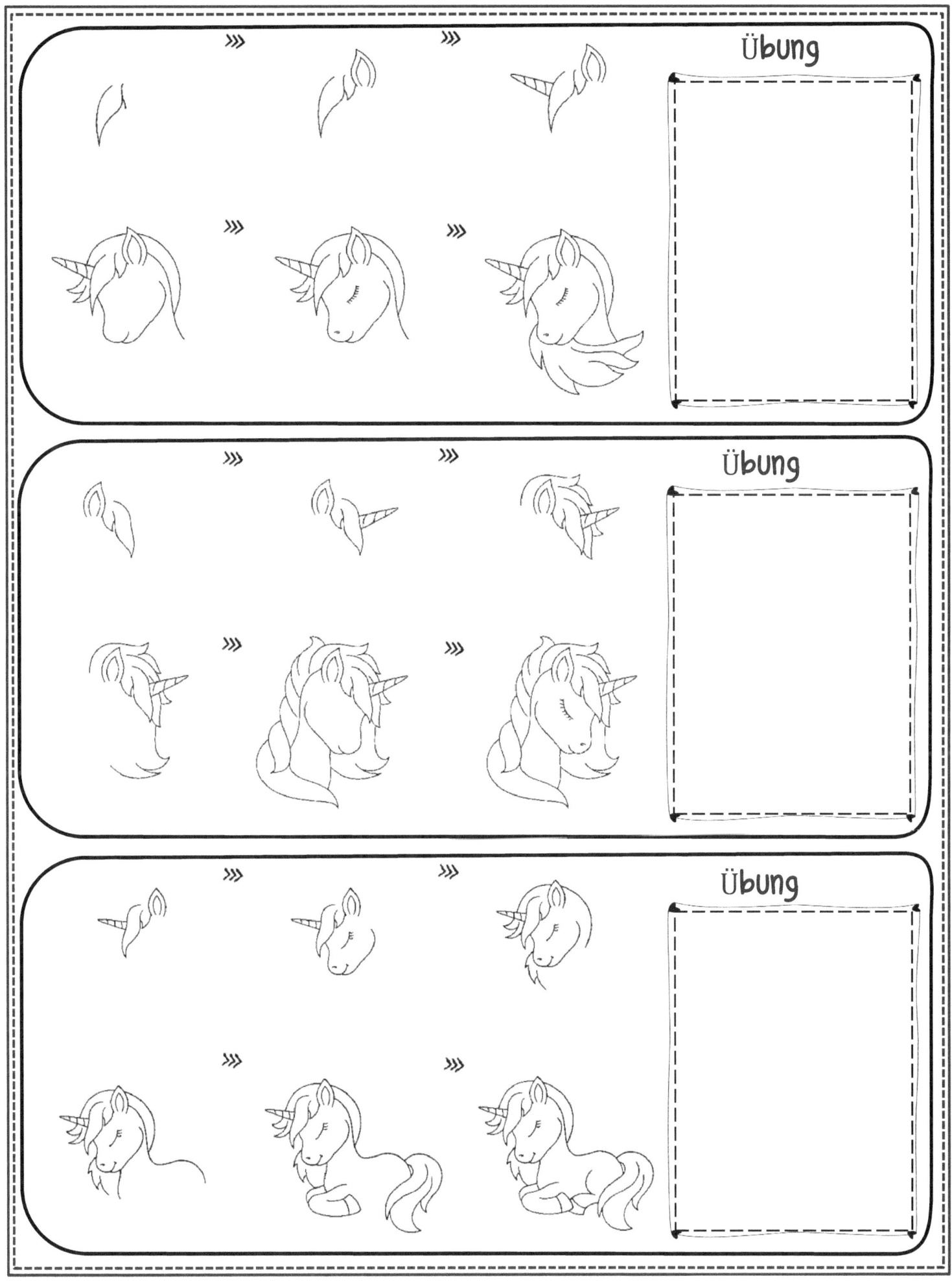

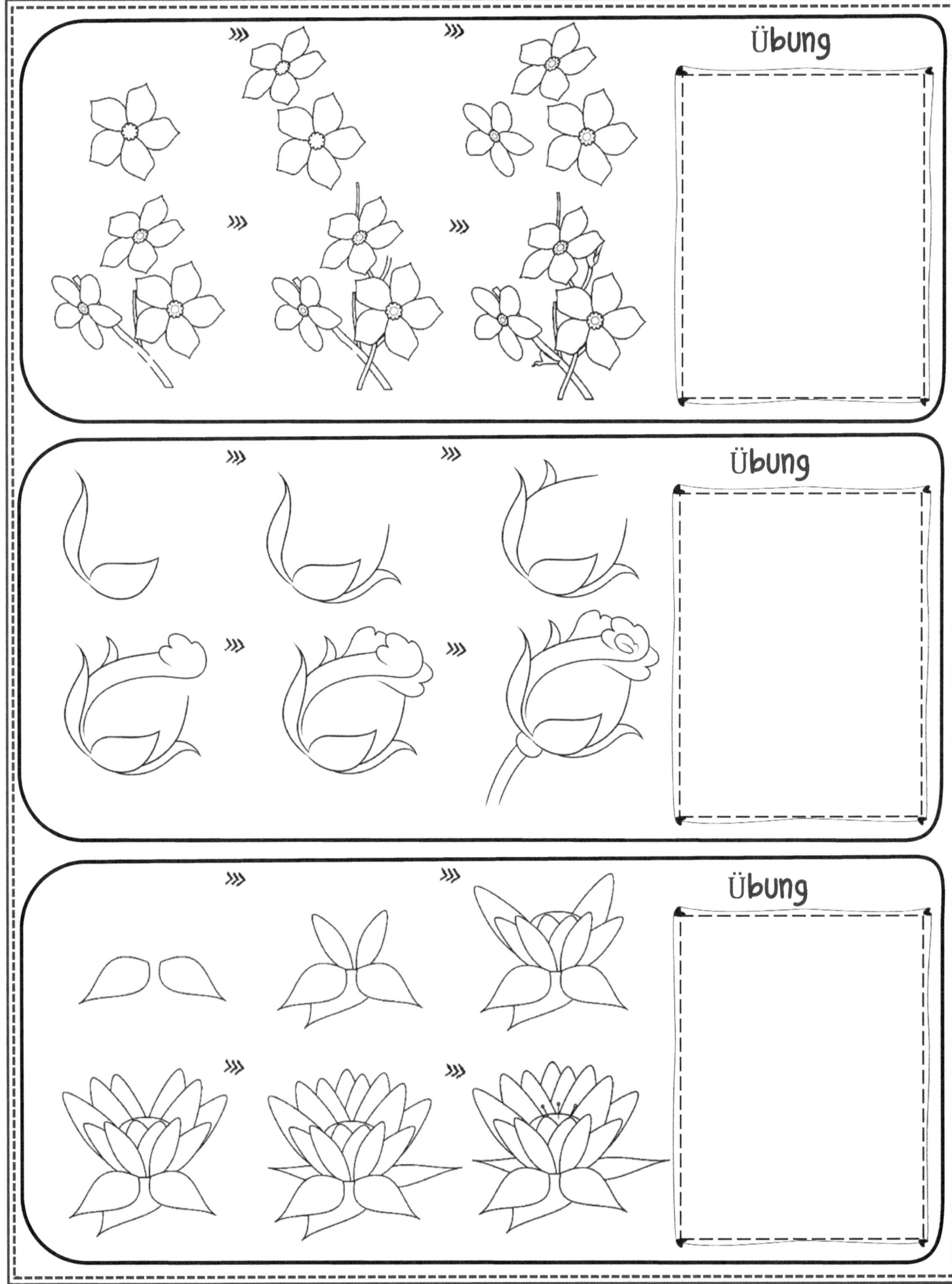

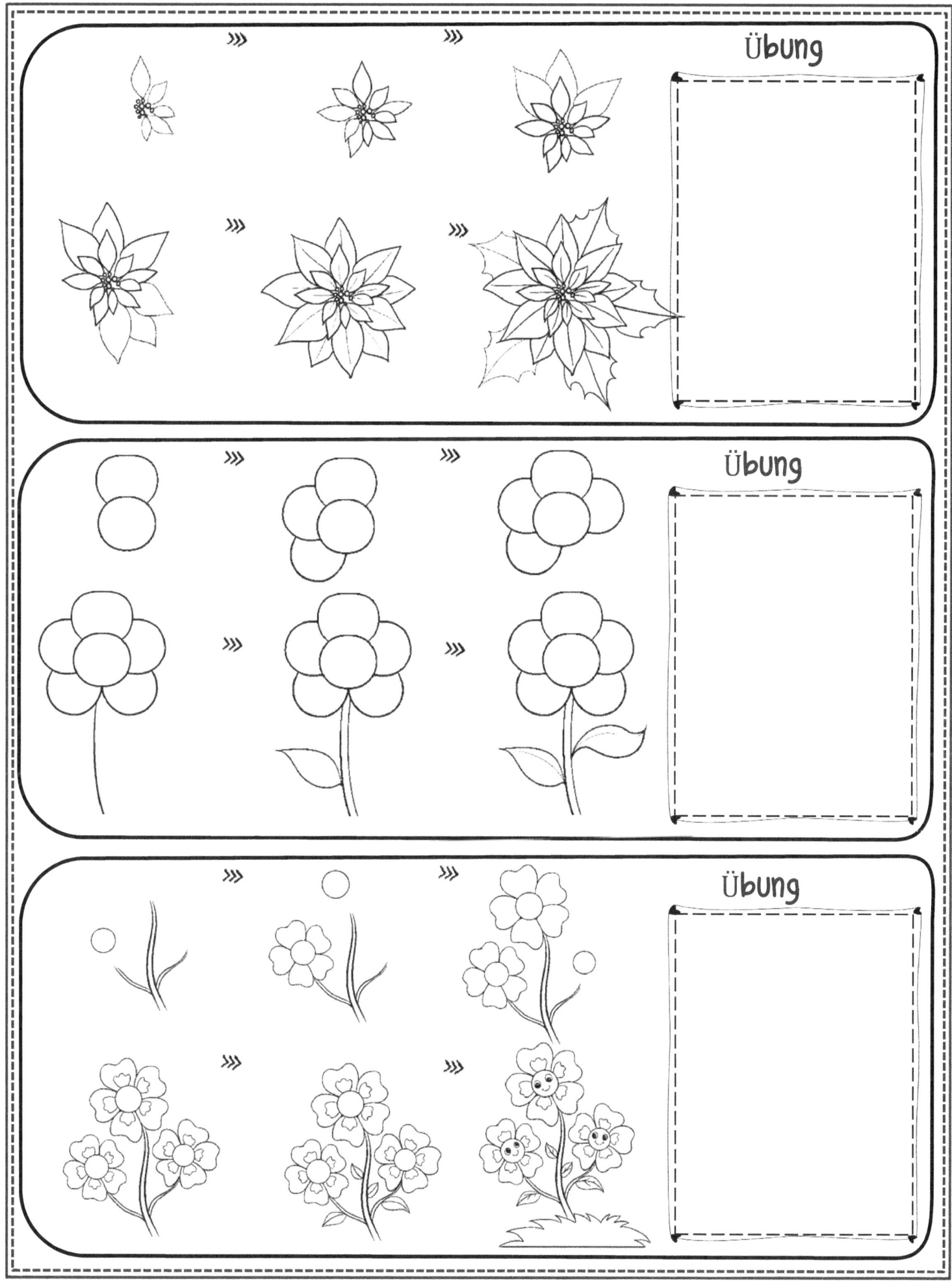

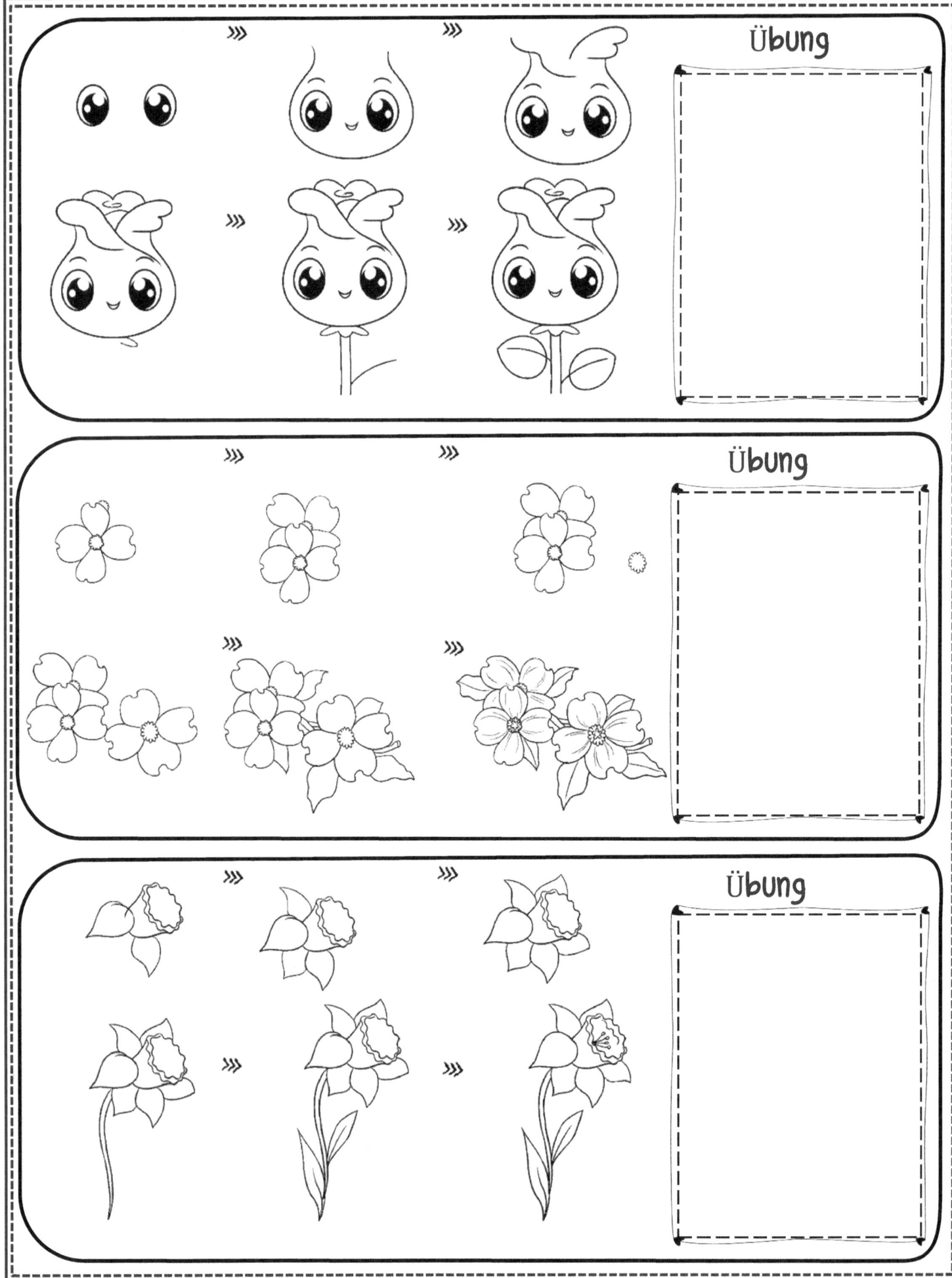

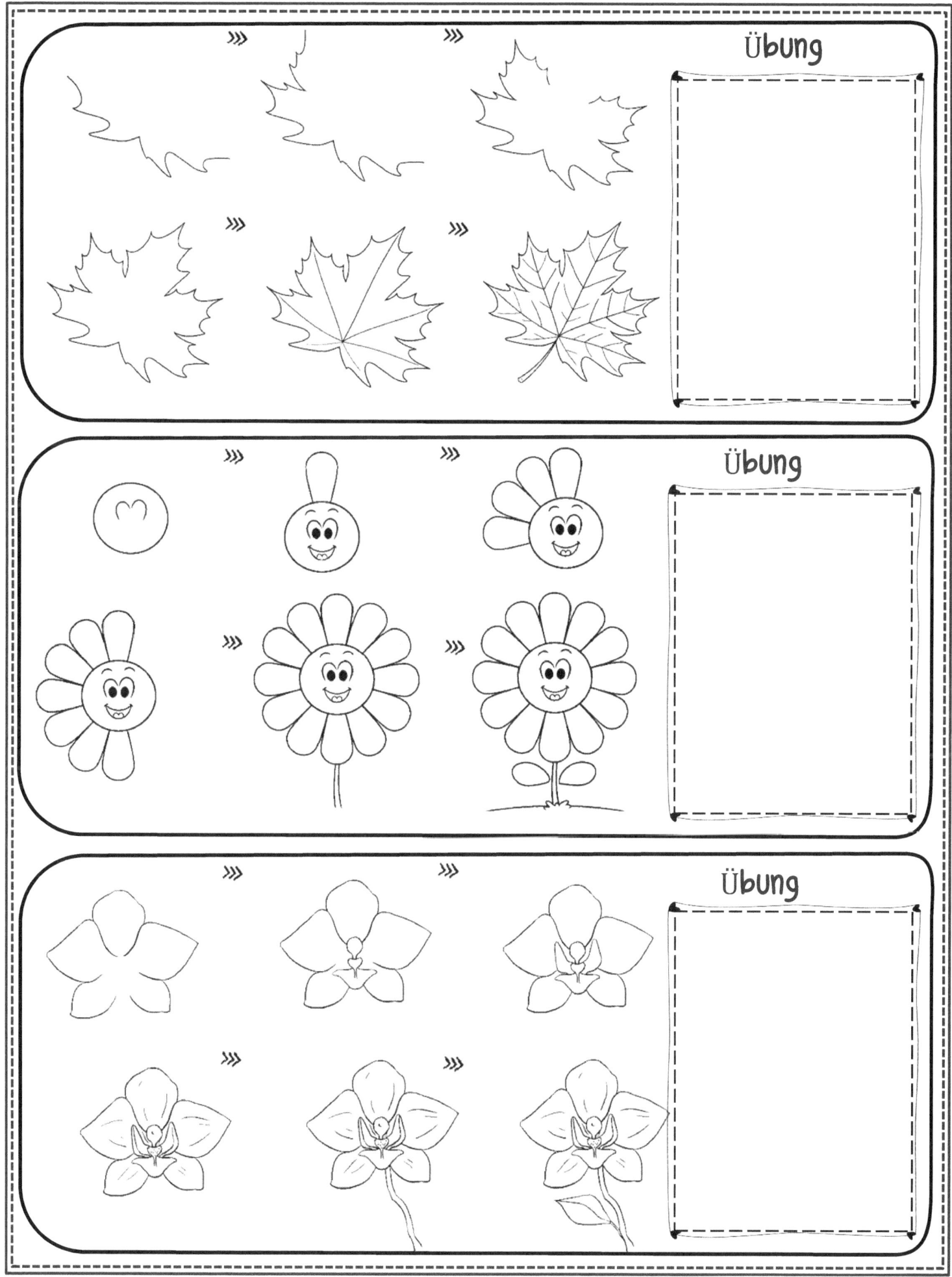

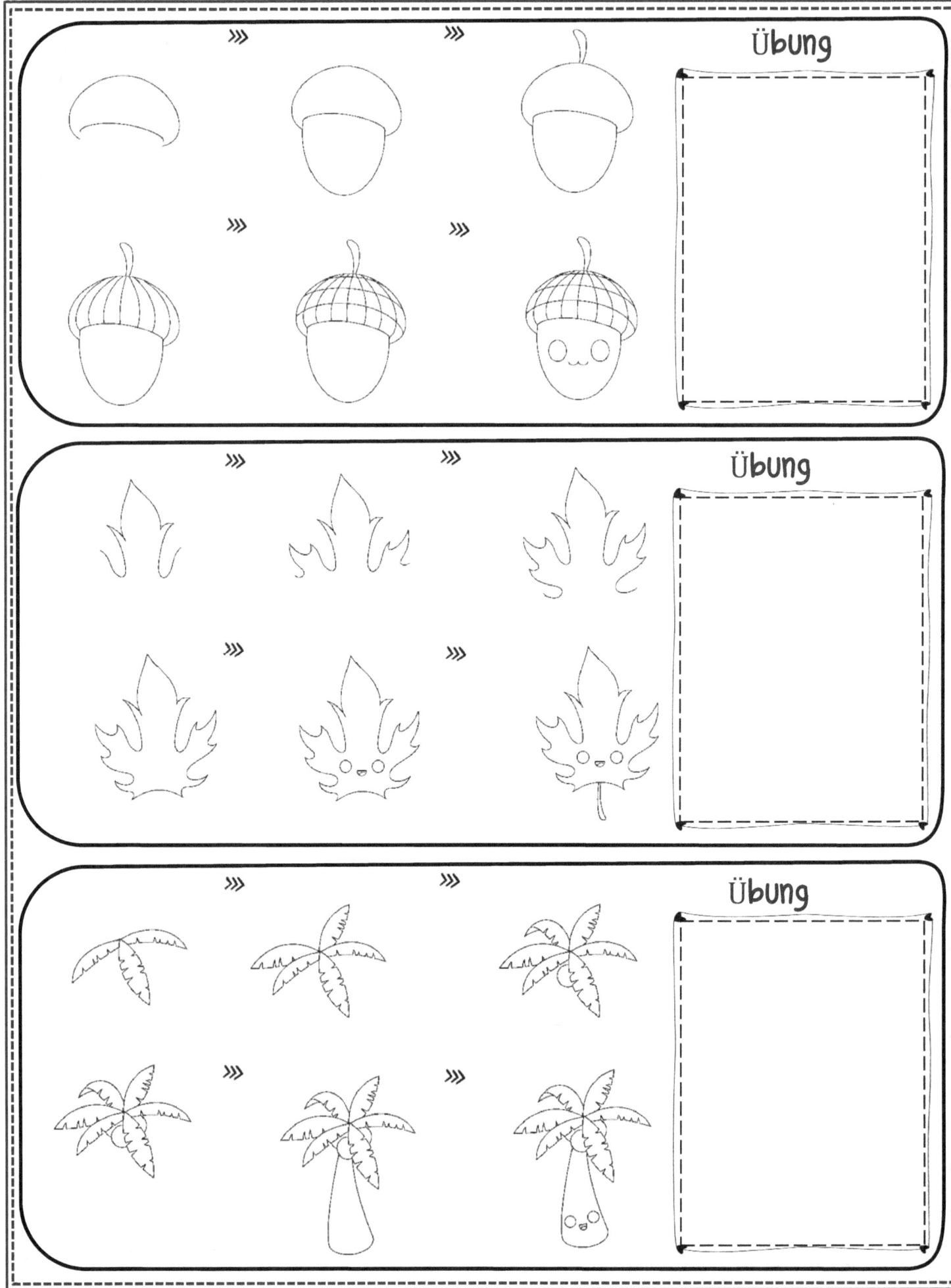

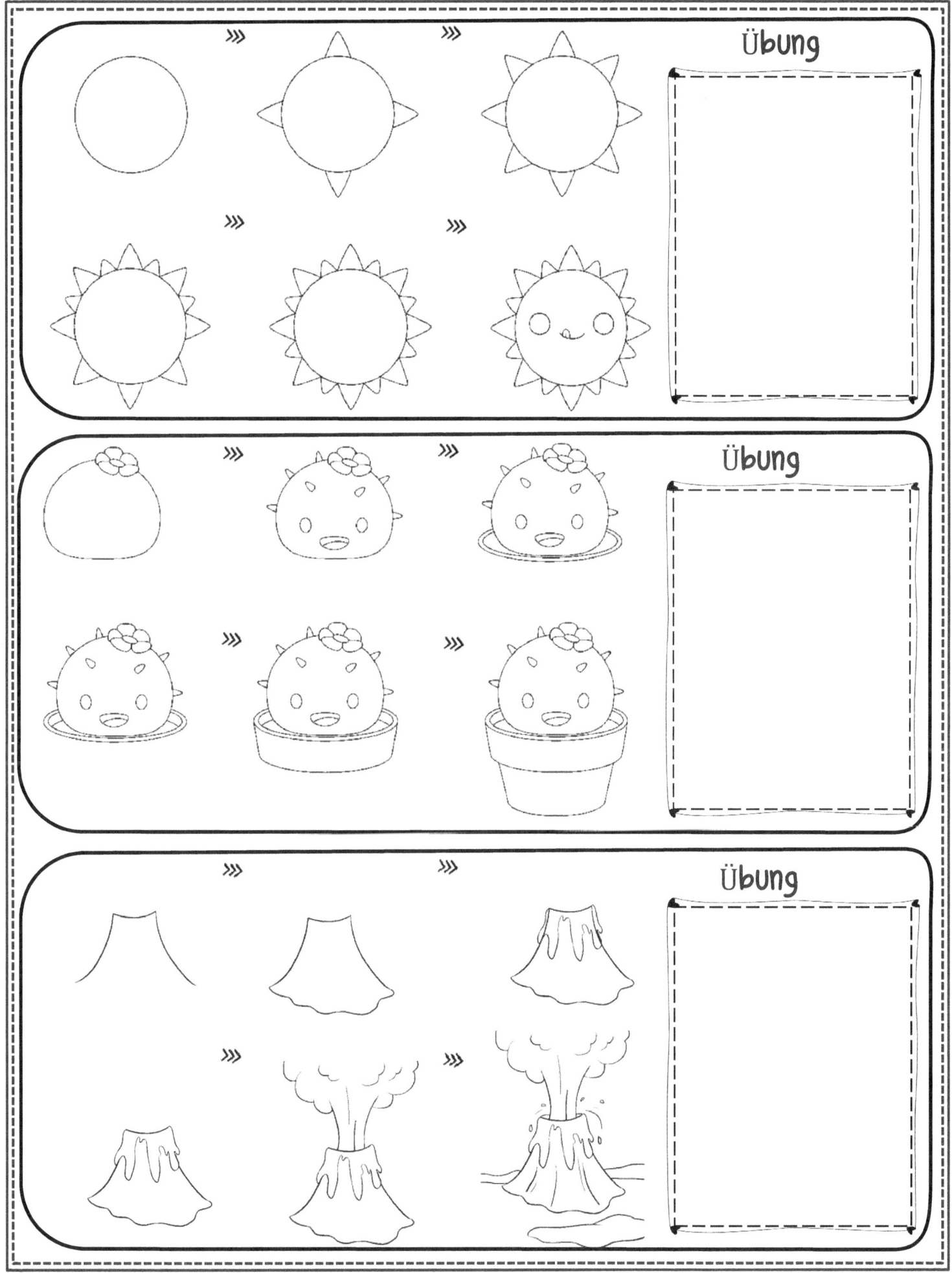

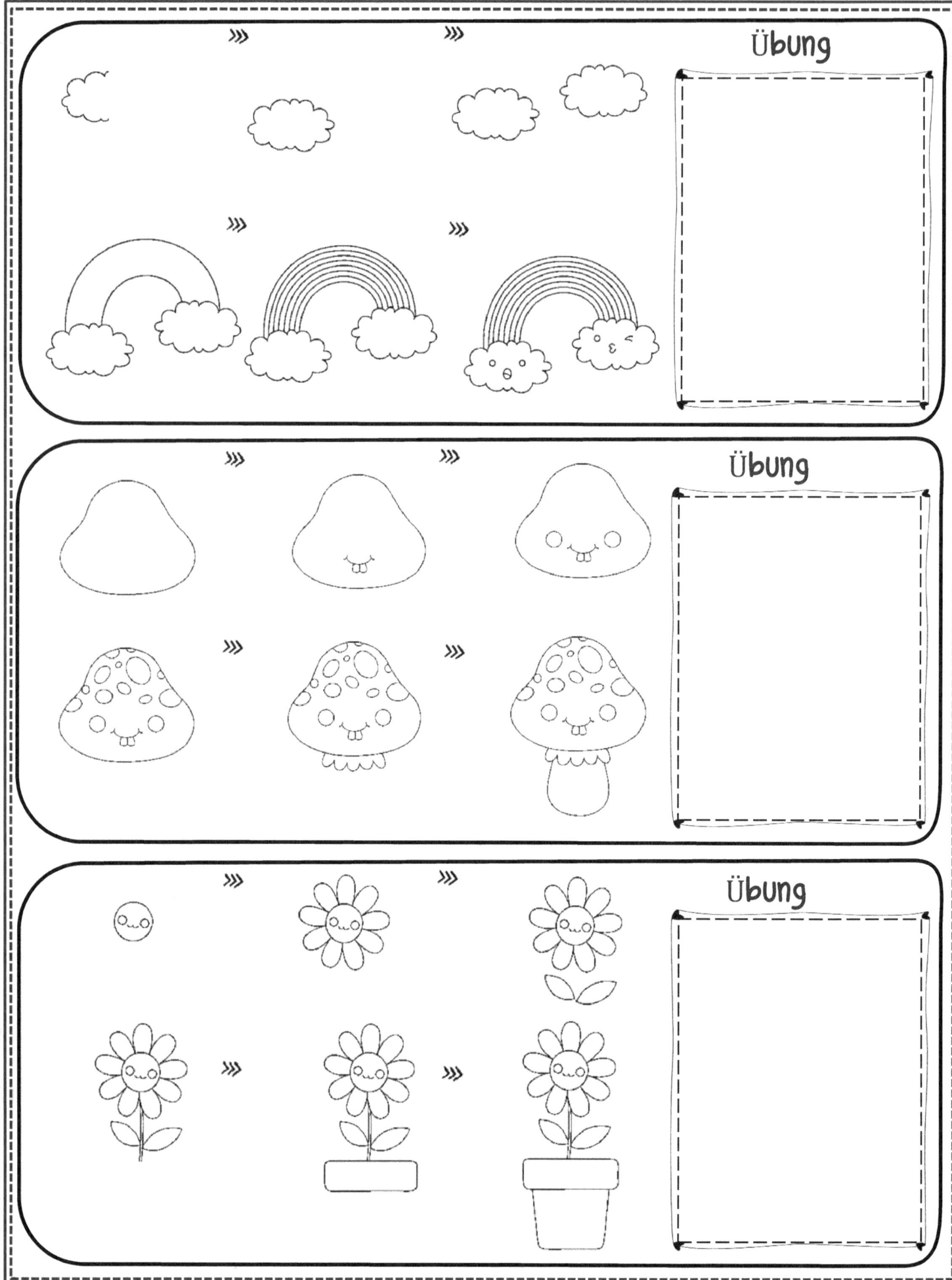

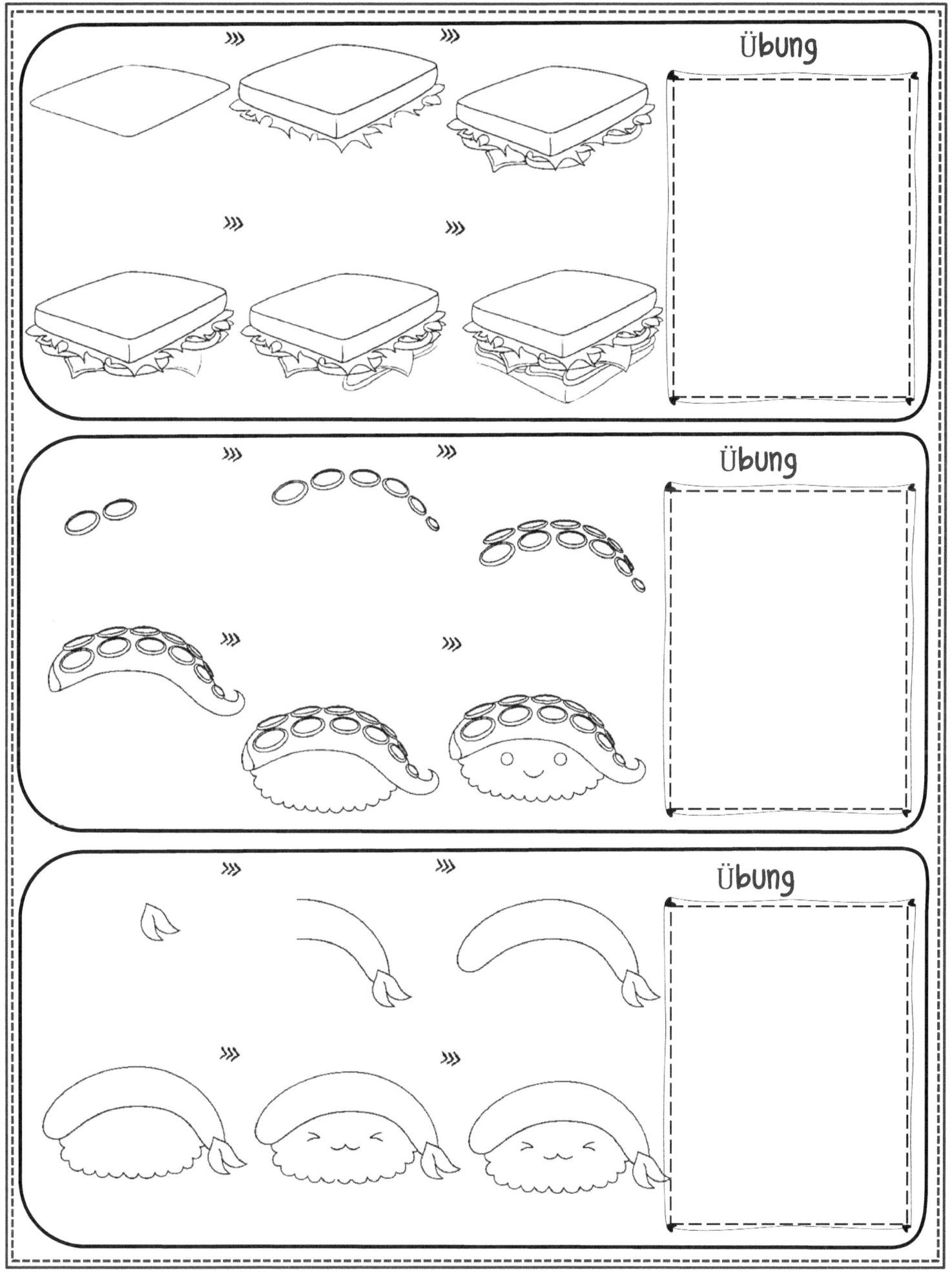

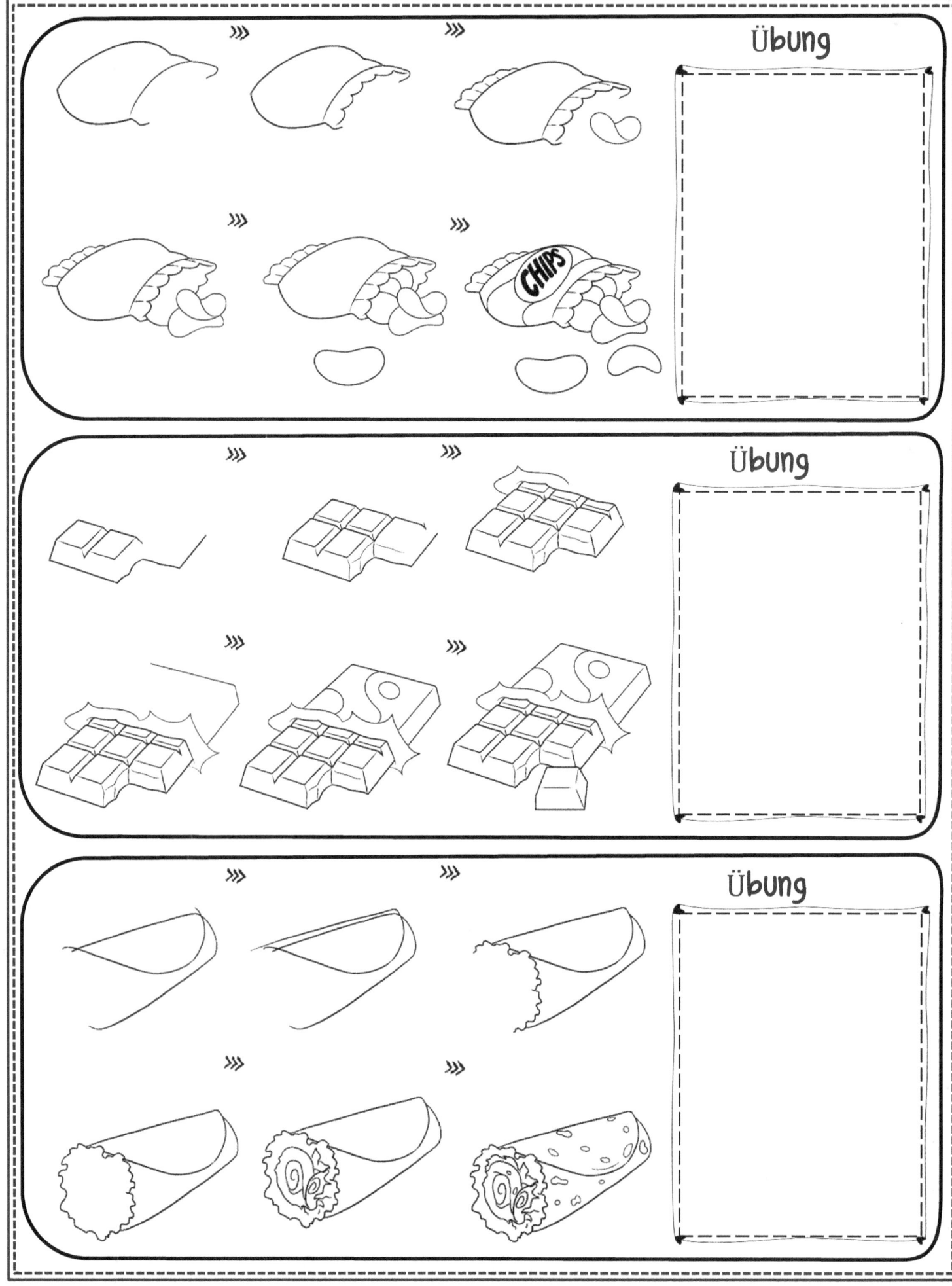

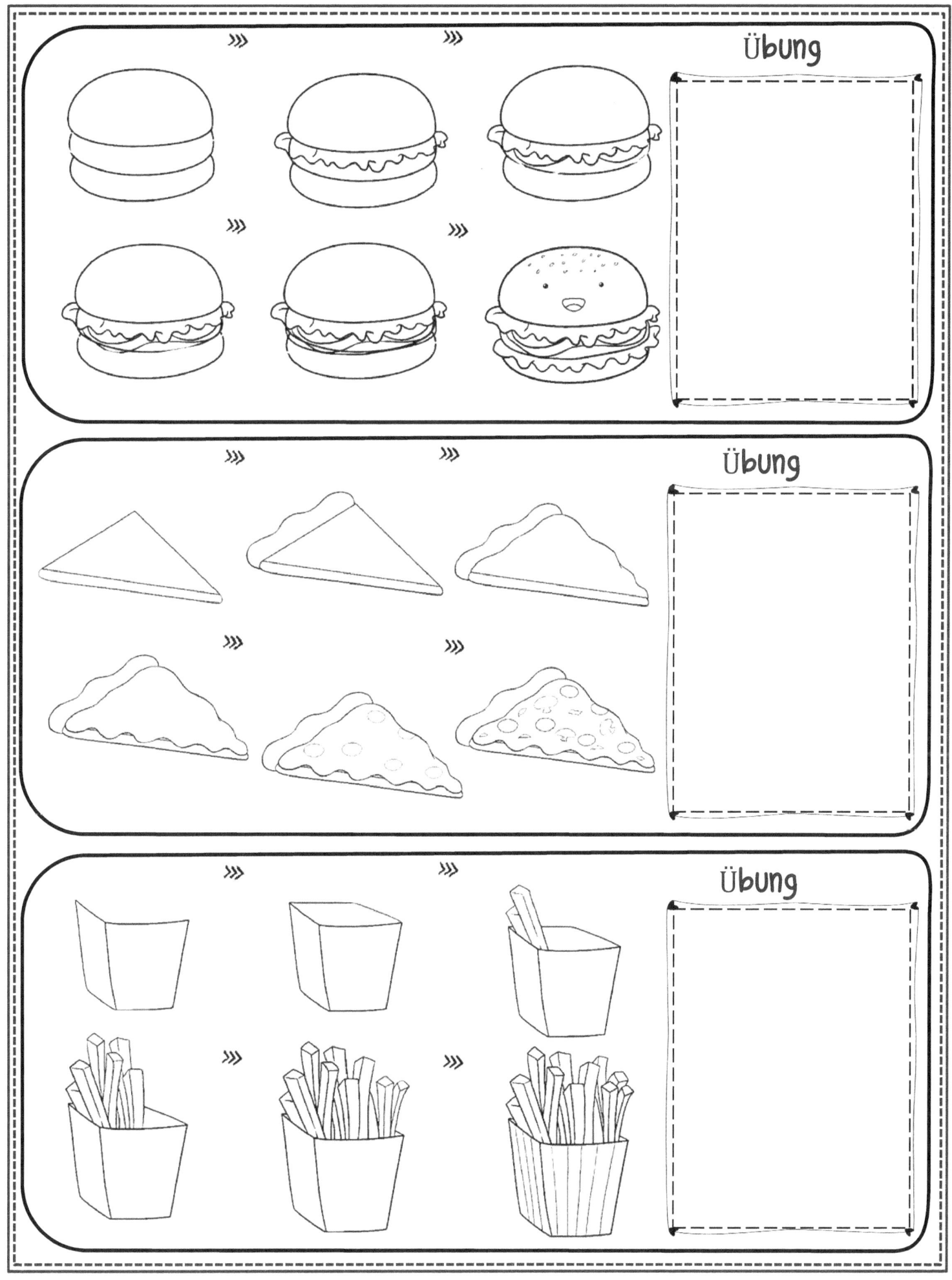

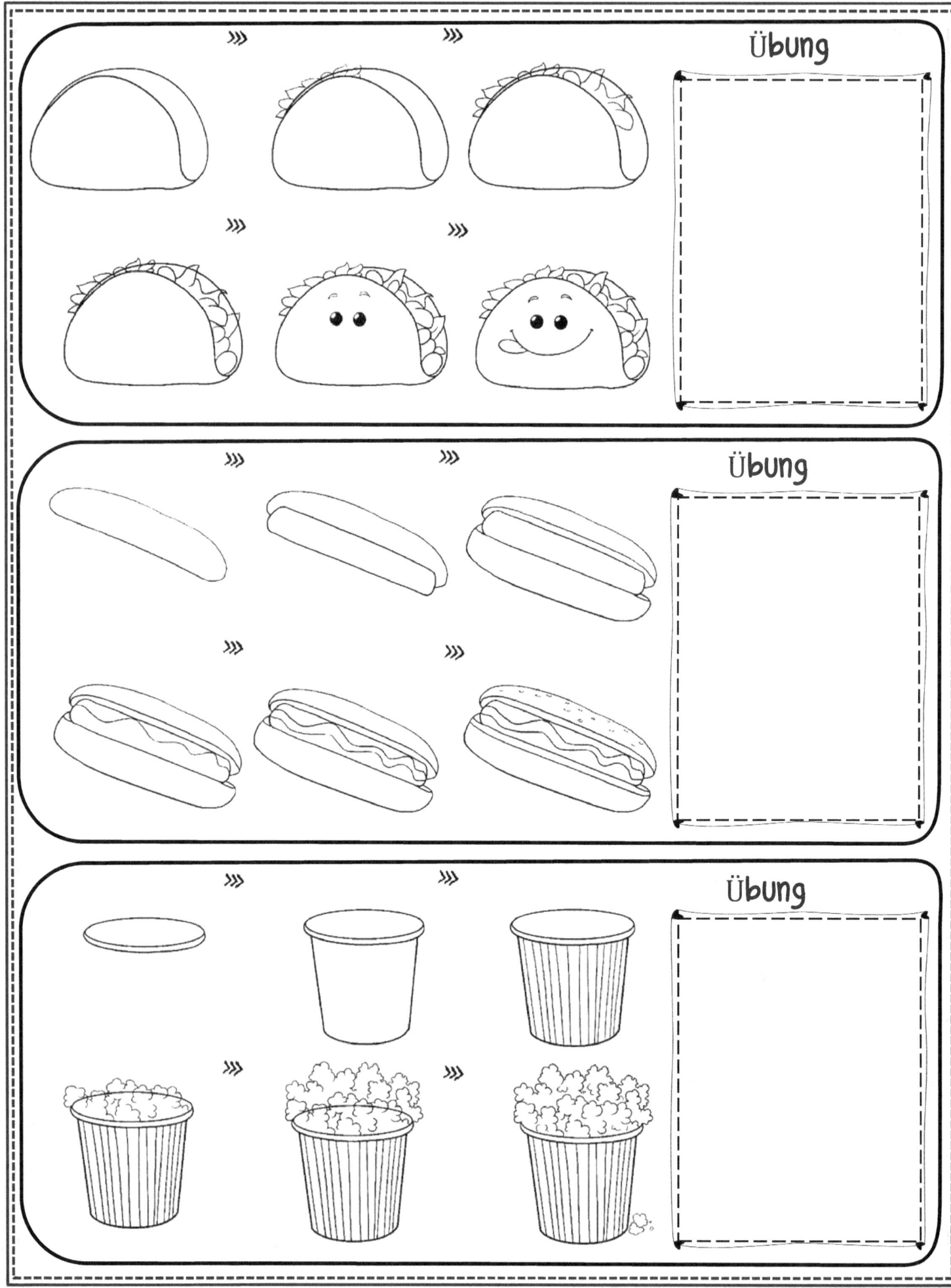

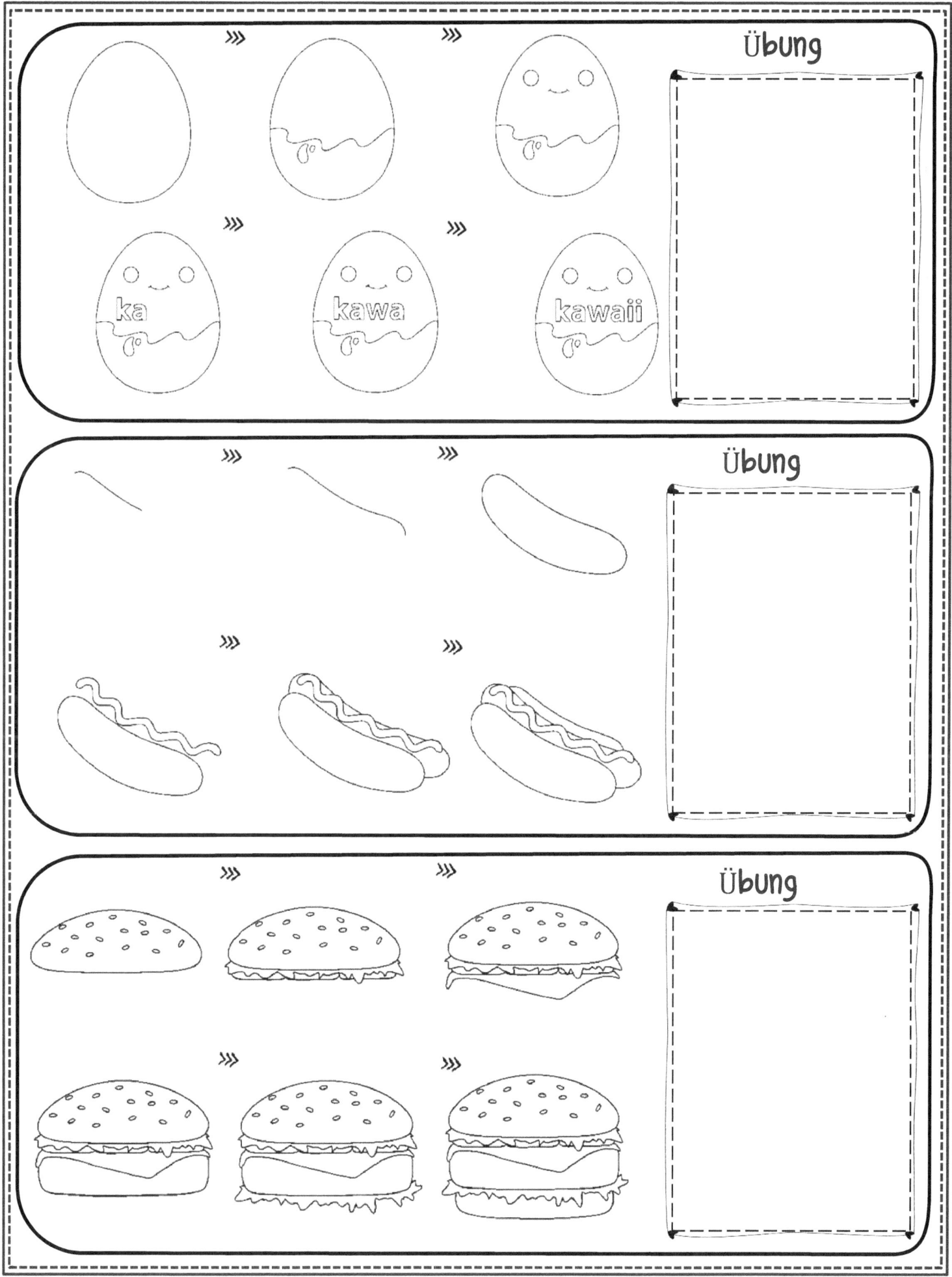

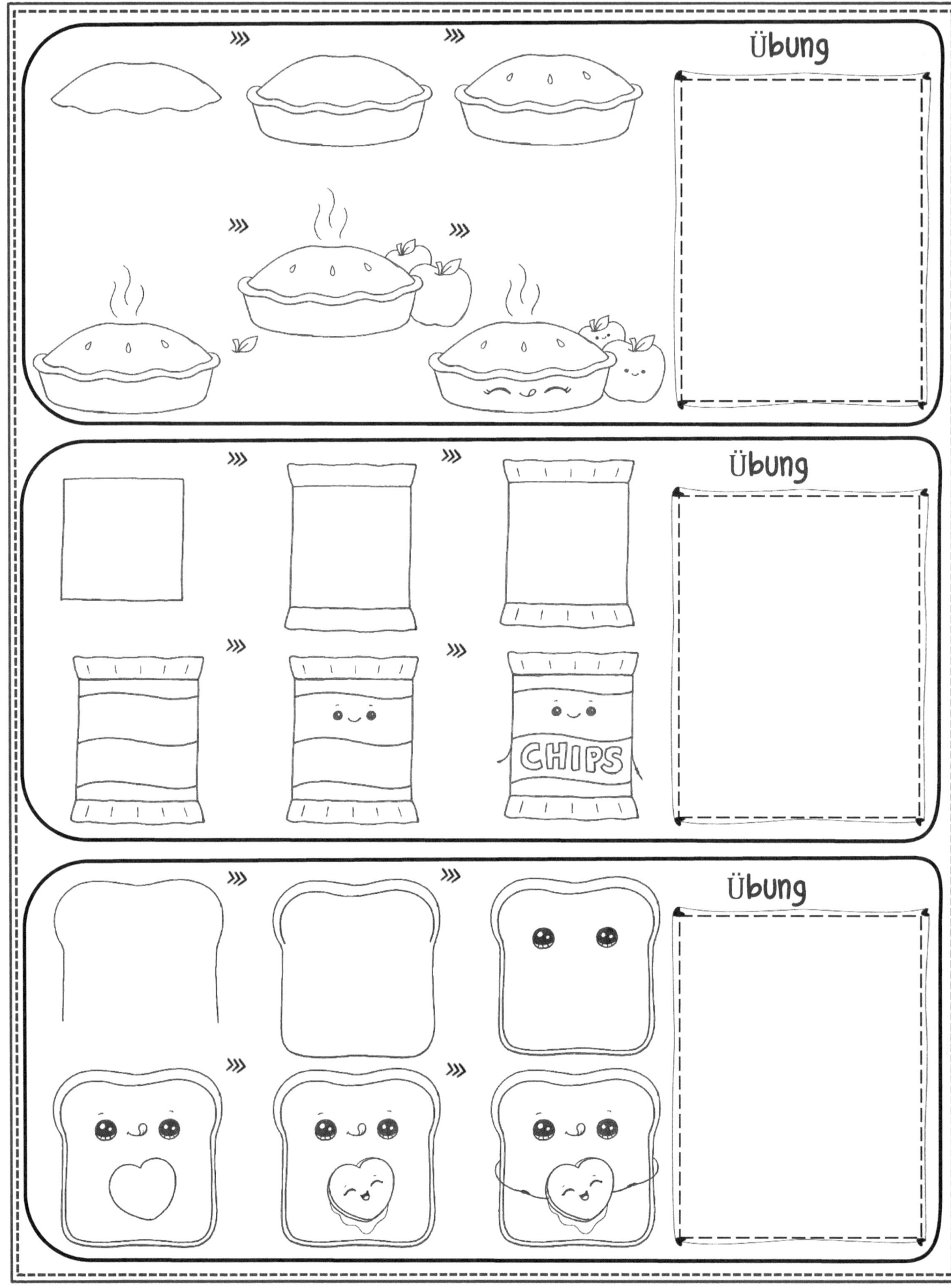

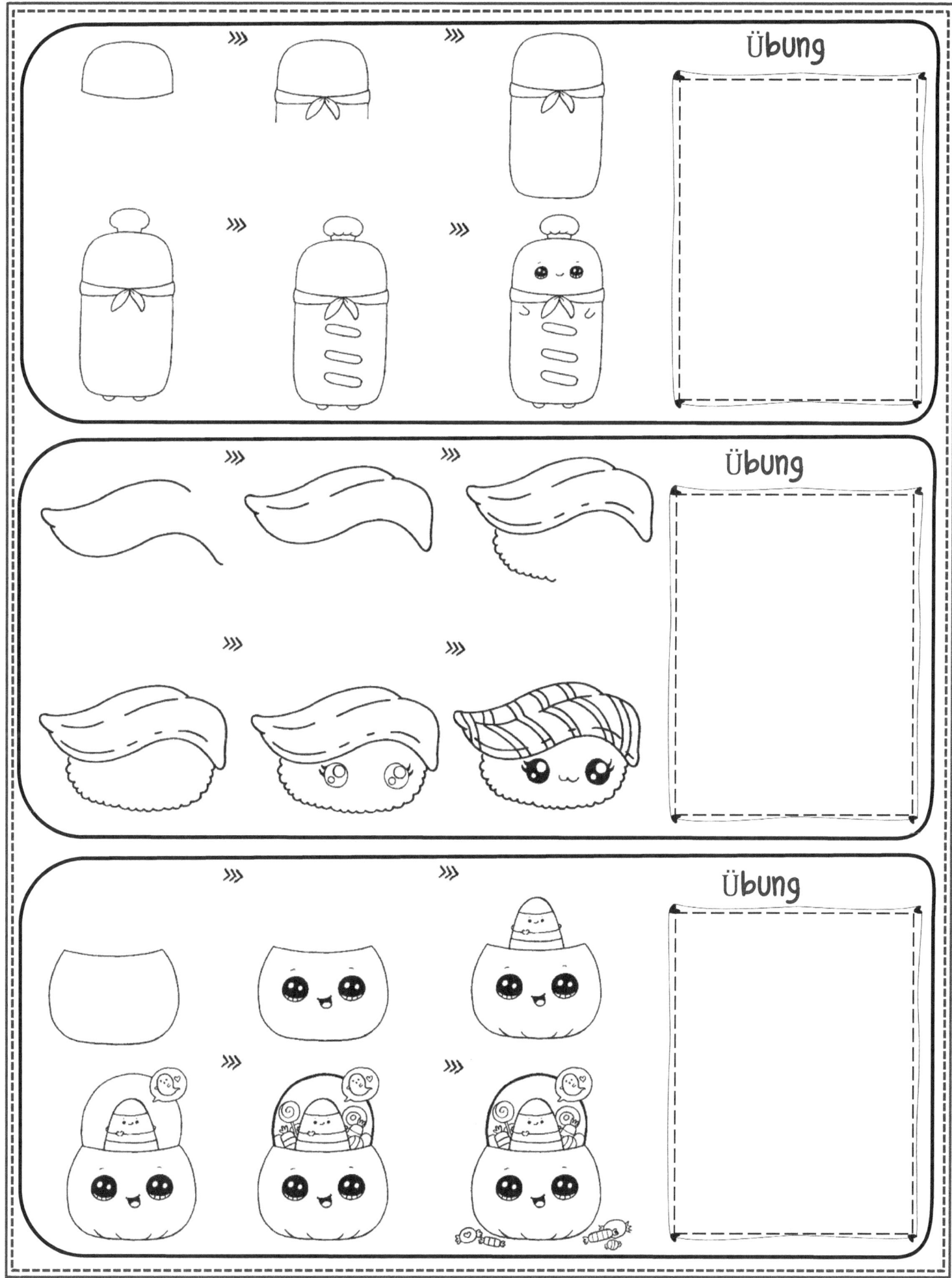

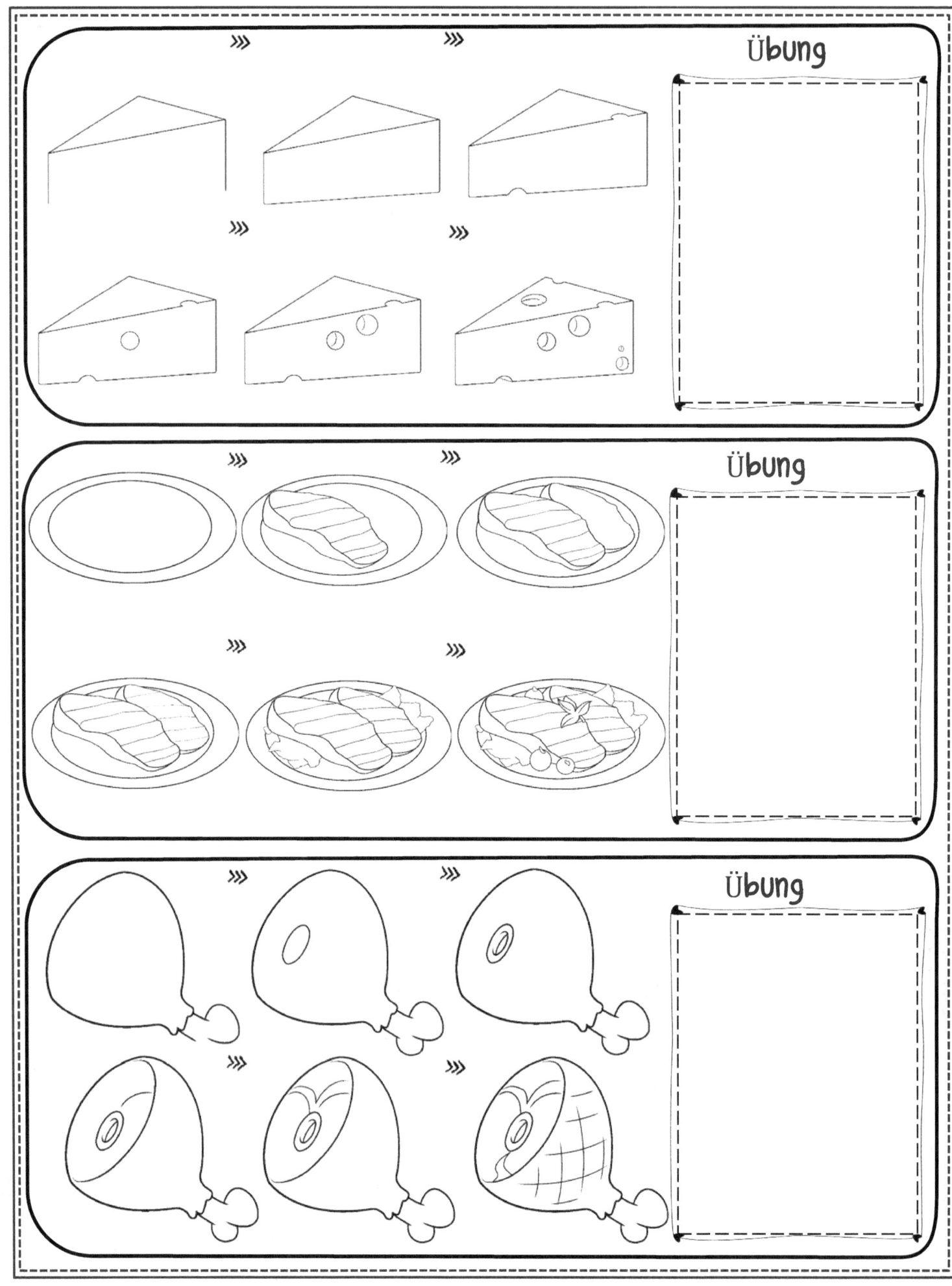

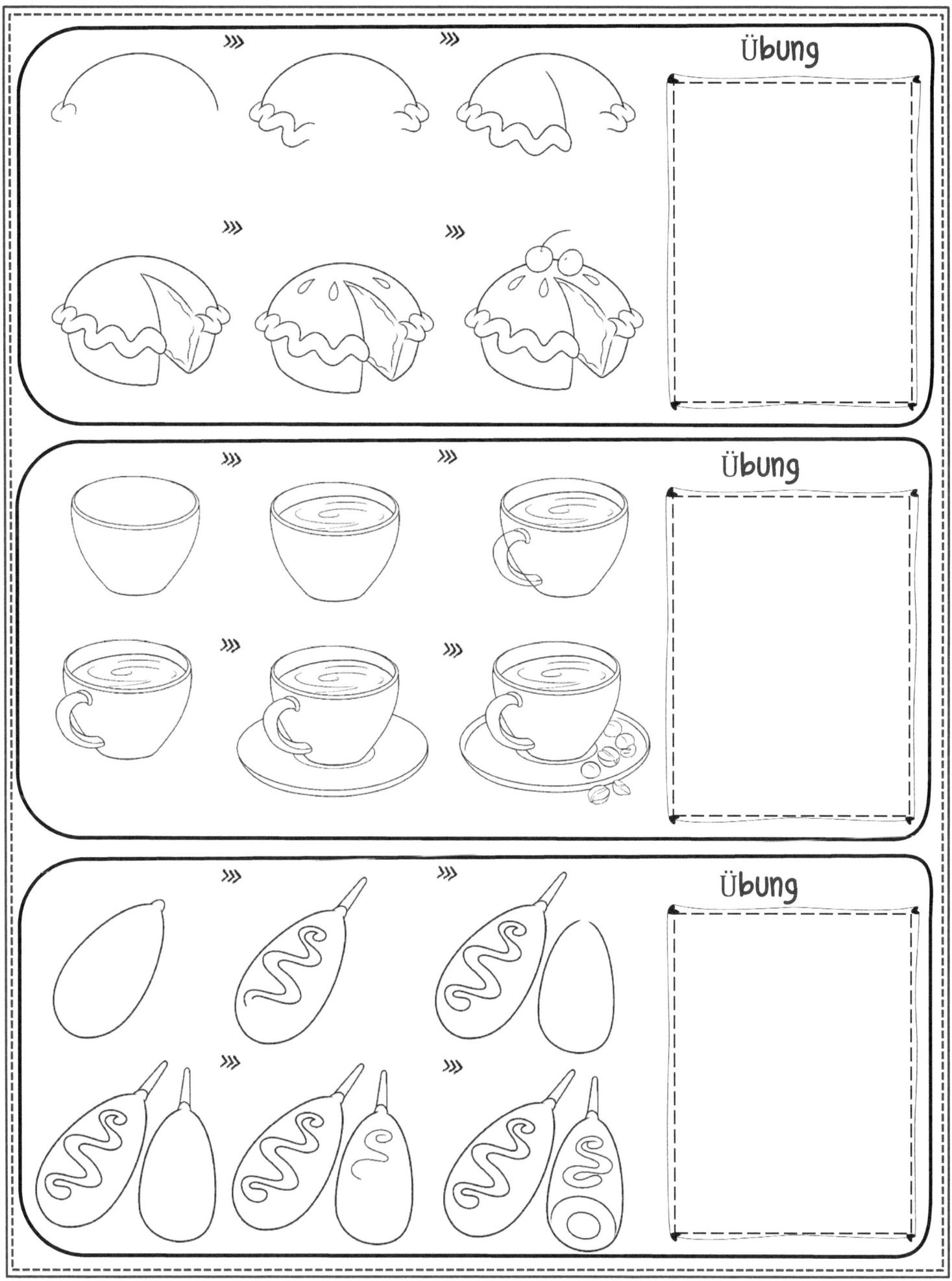

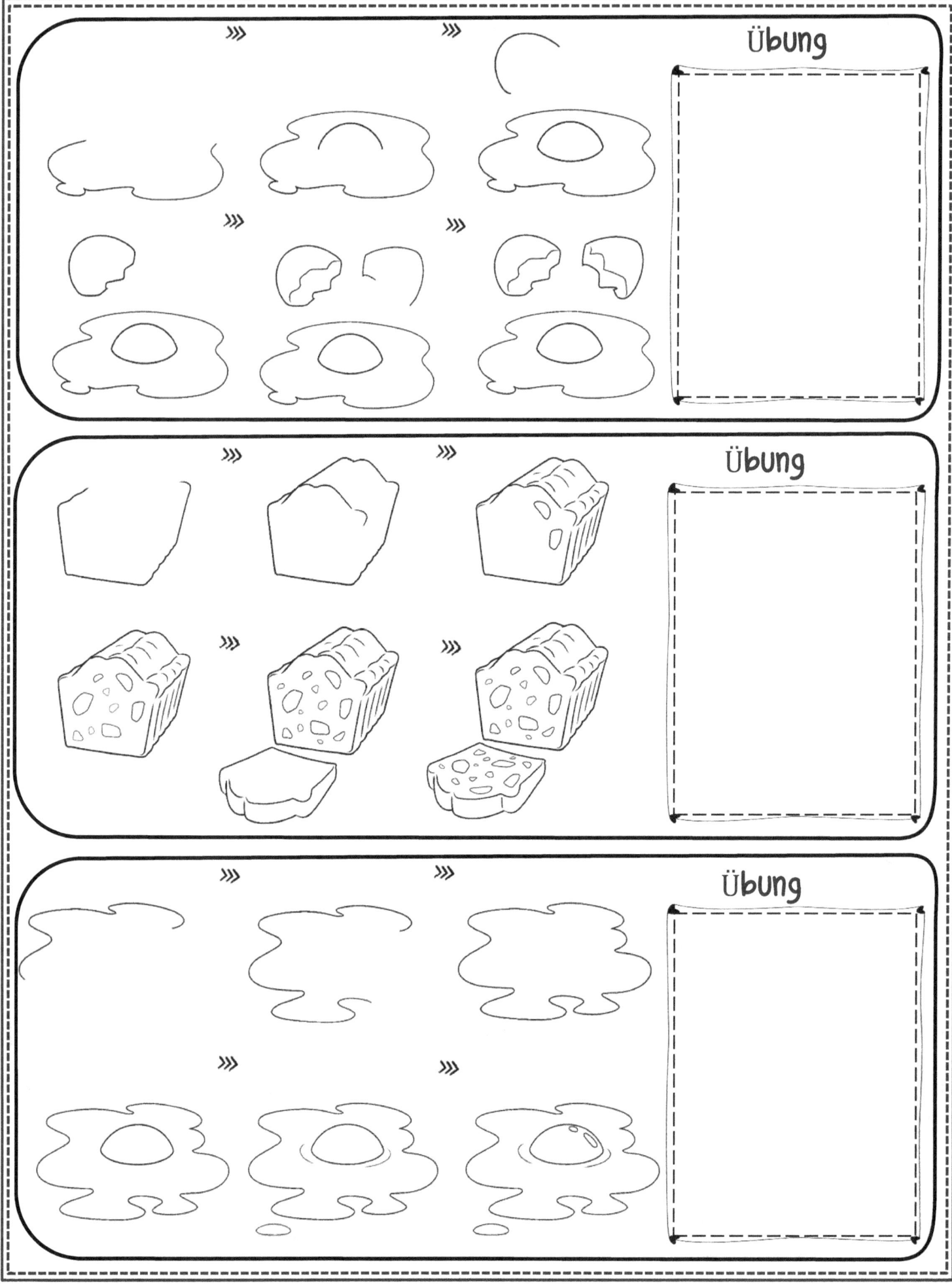

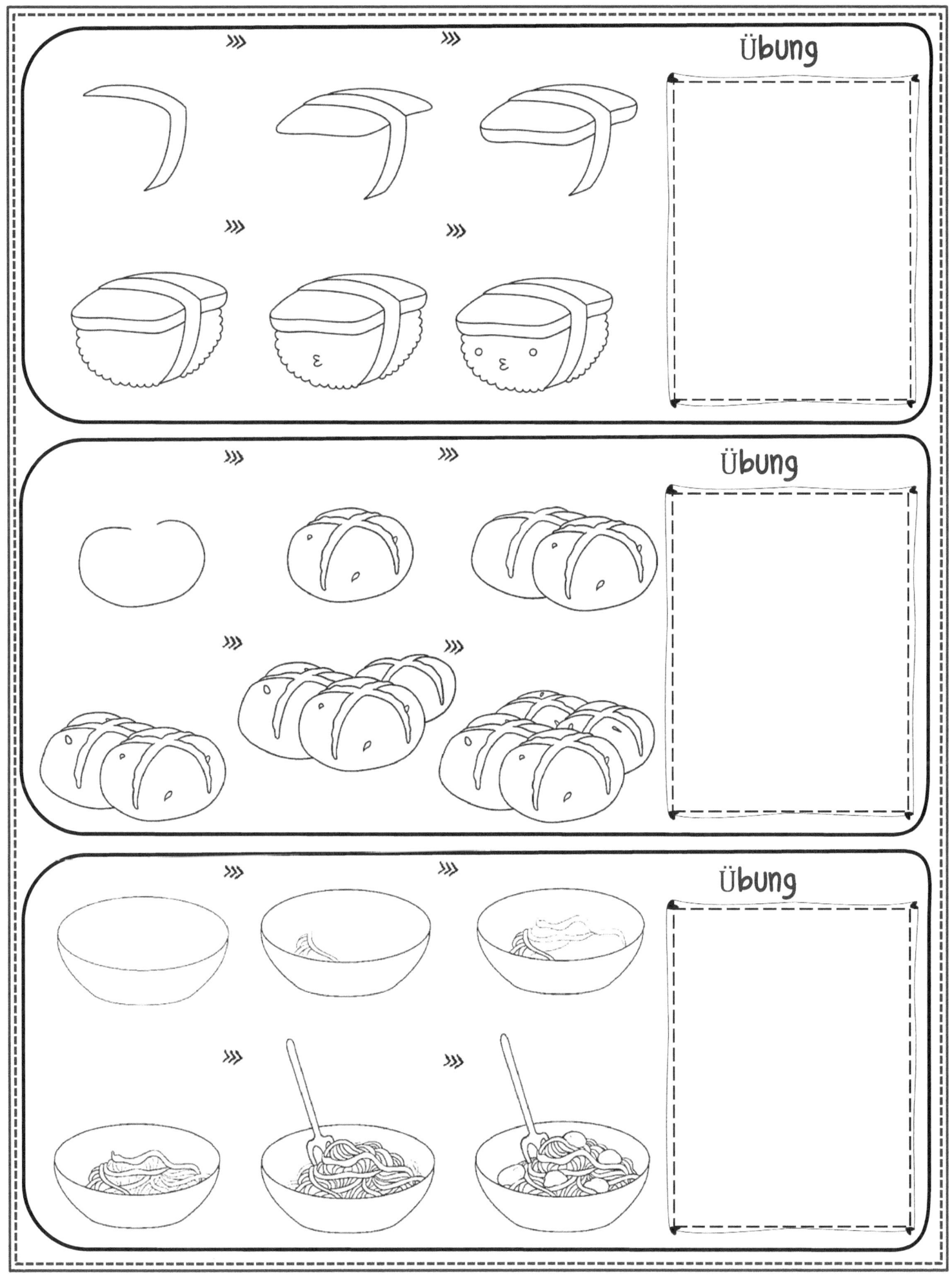

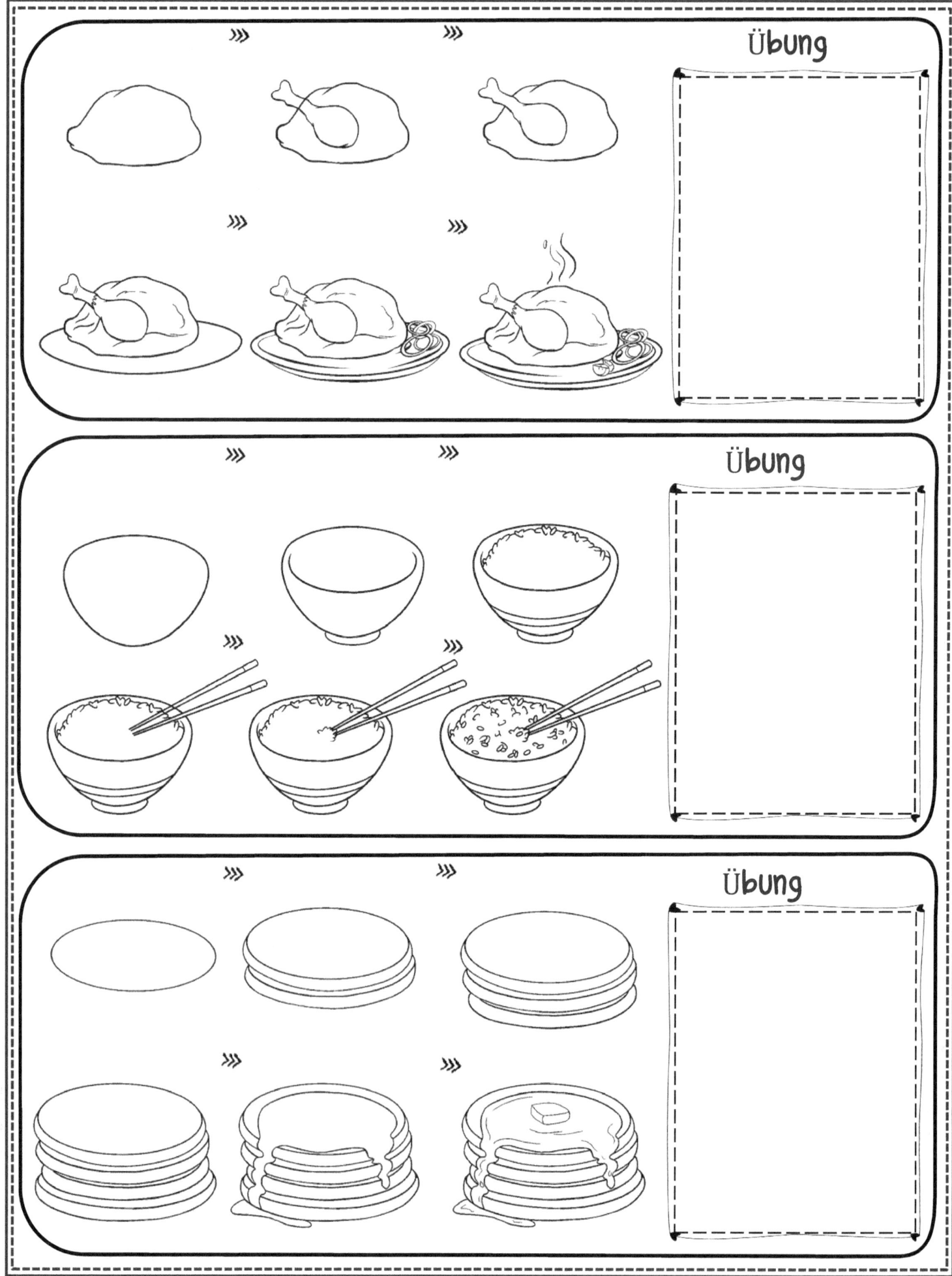

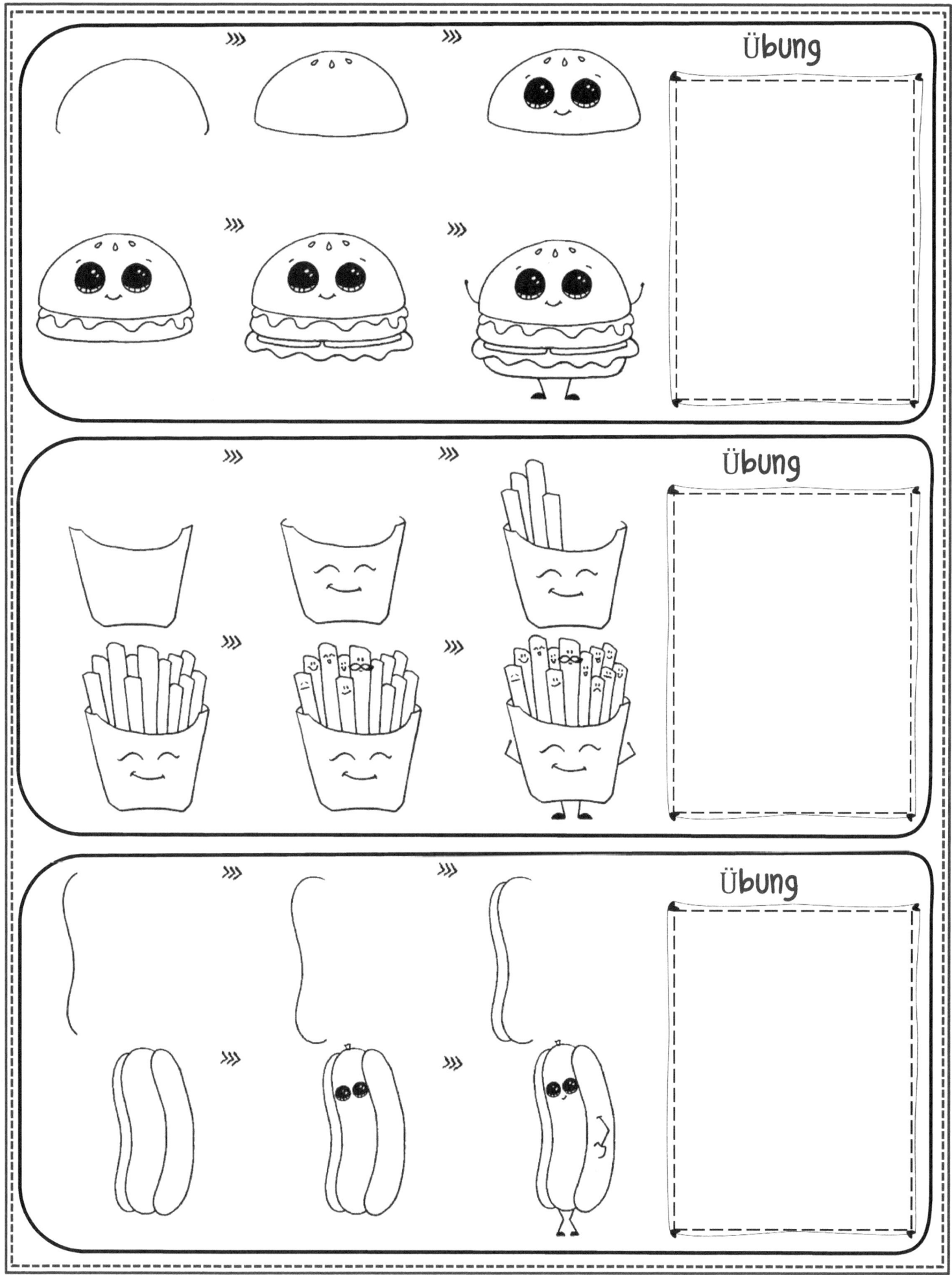

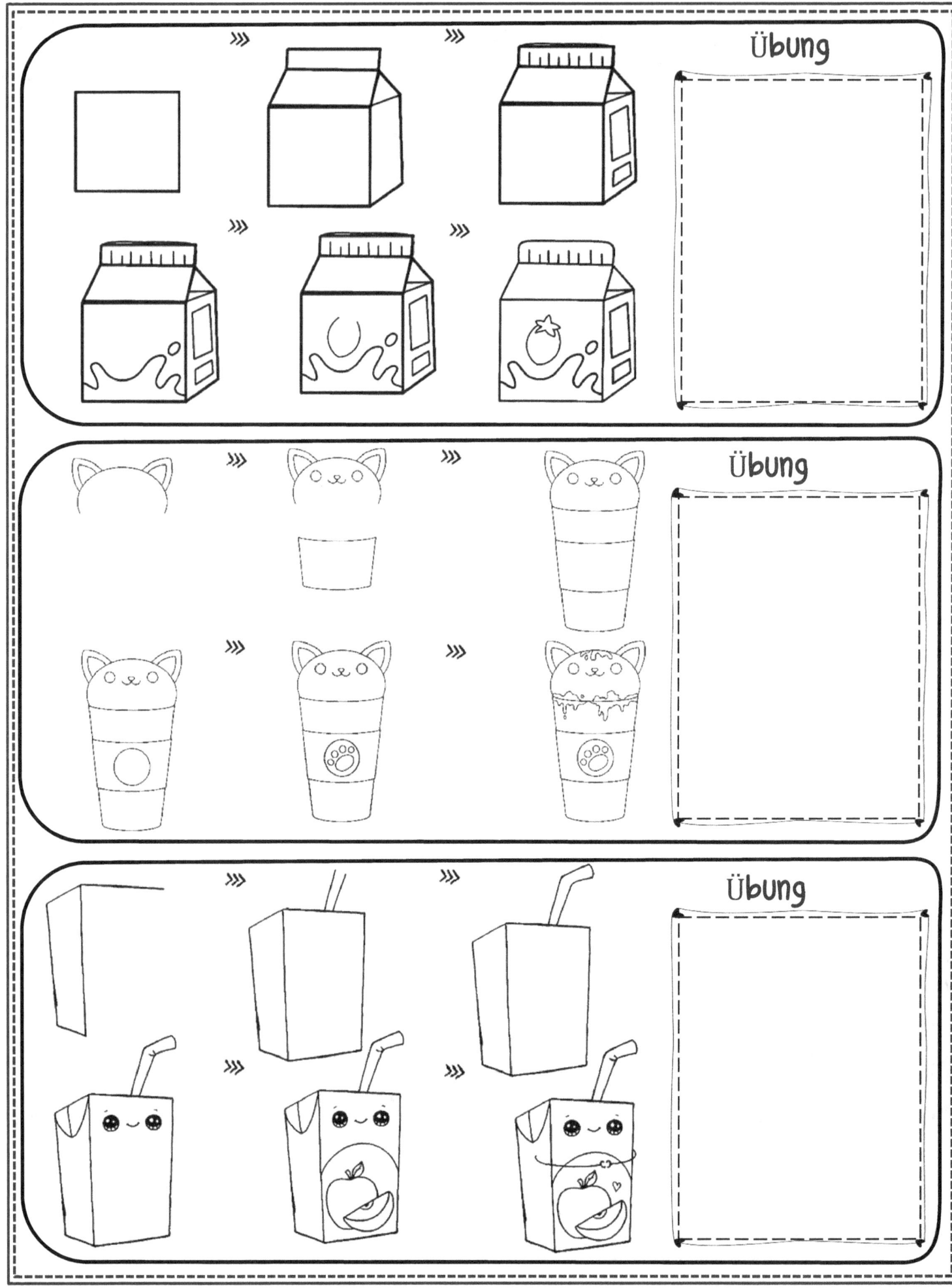

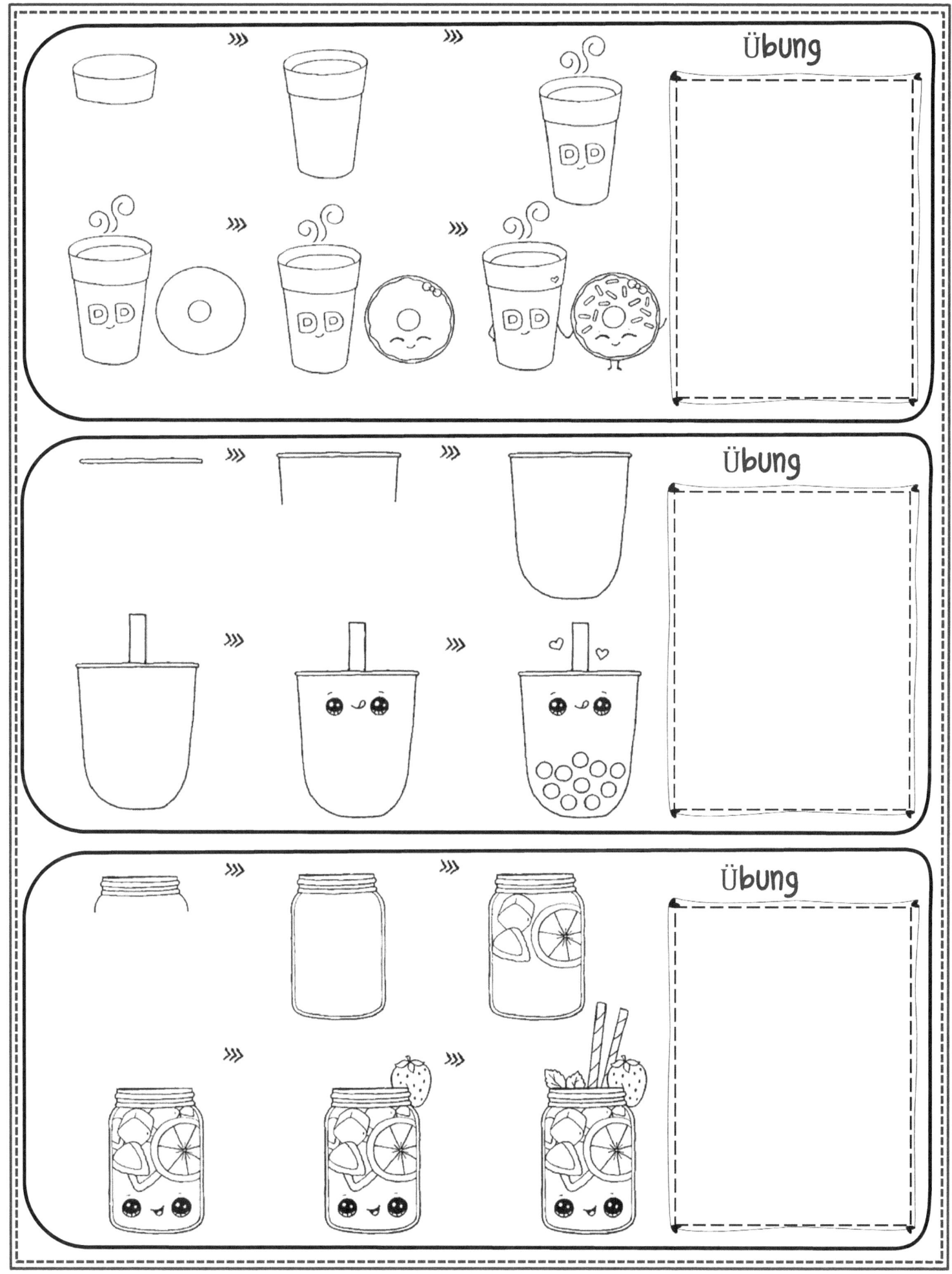

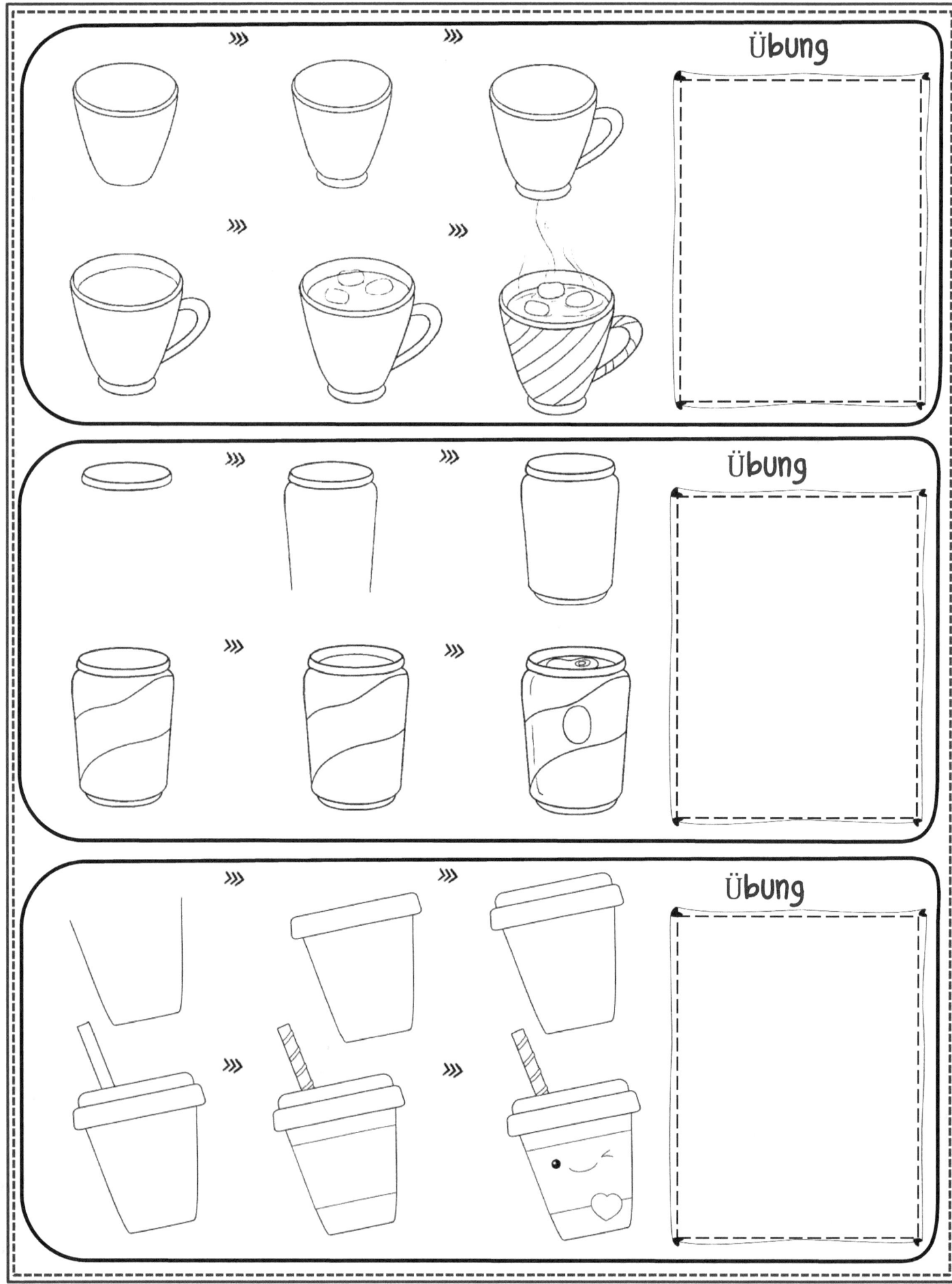

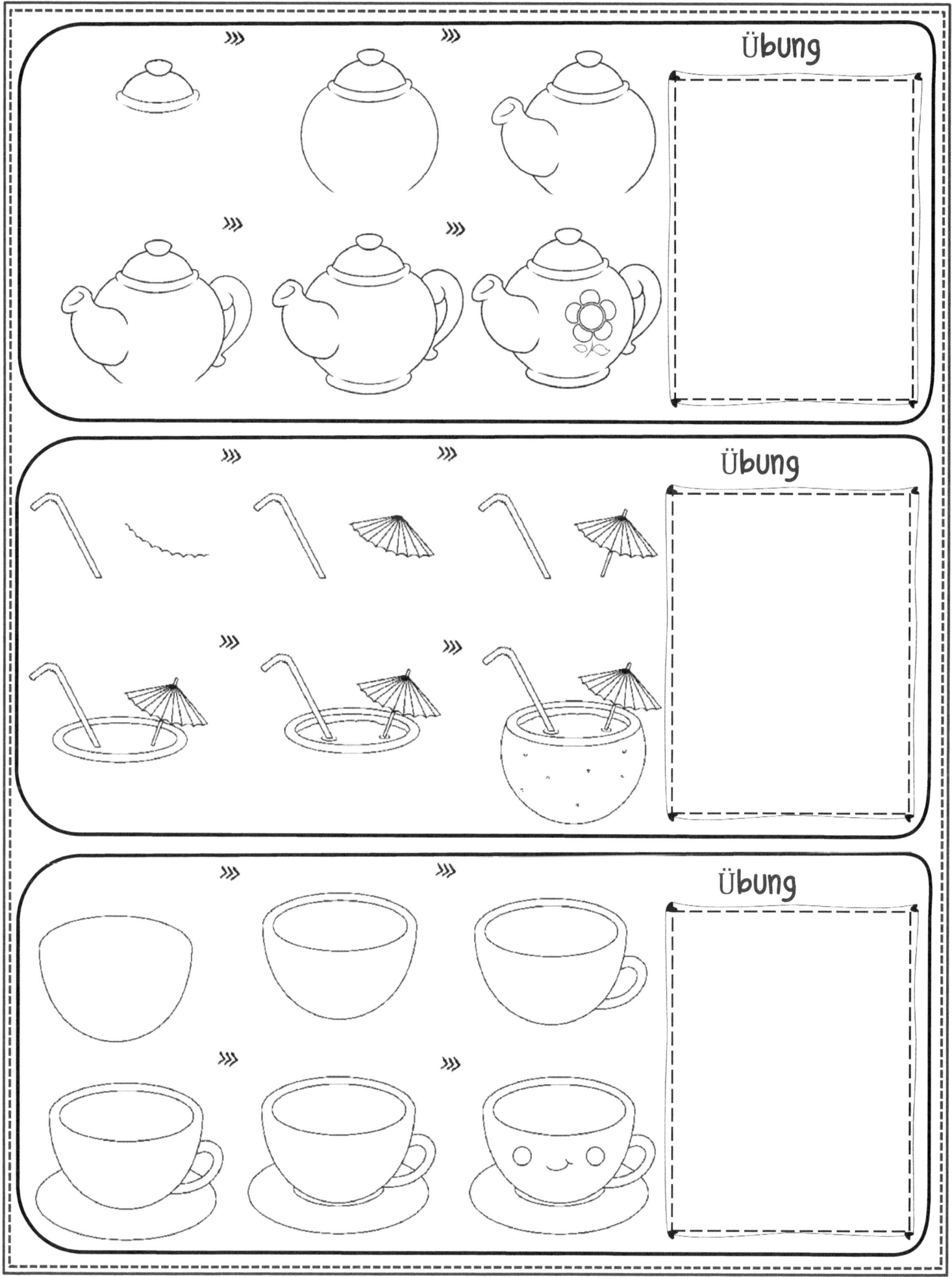

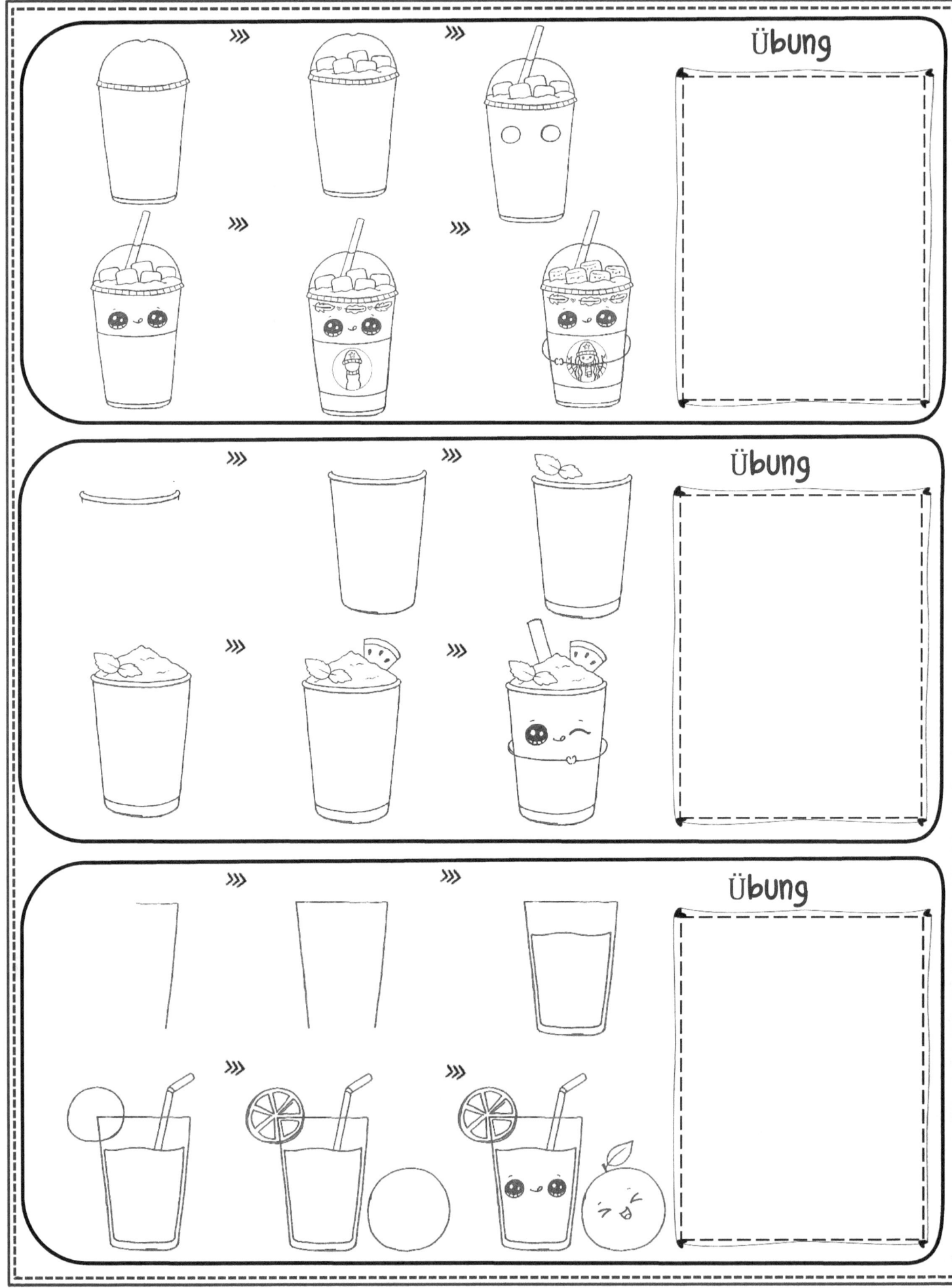

Übung

Übung

Übung

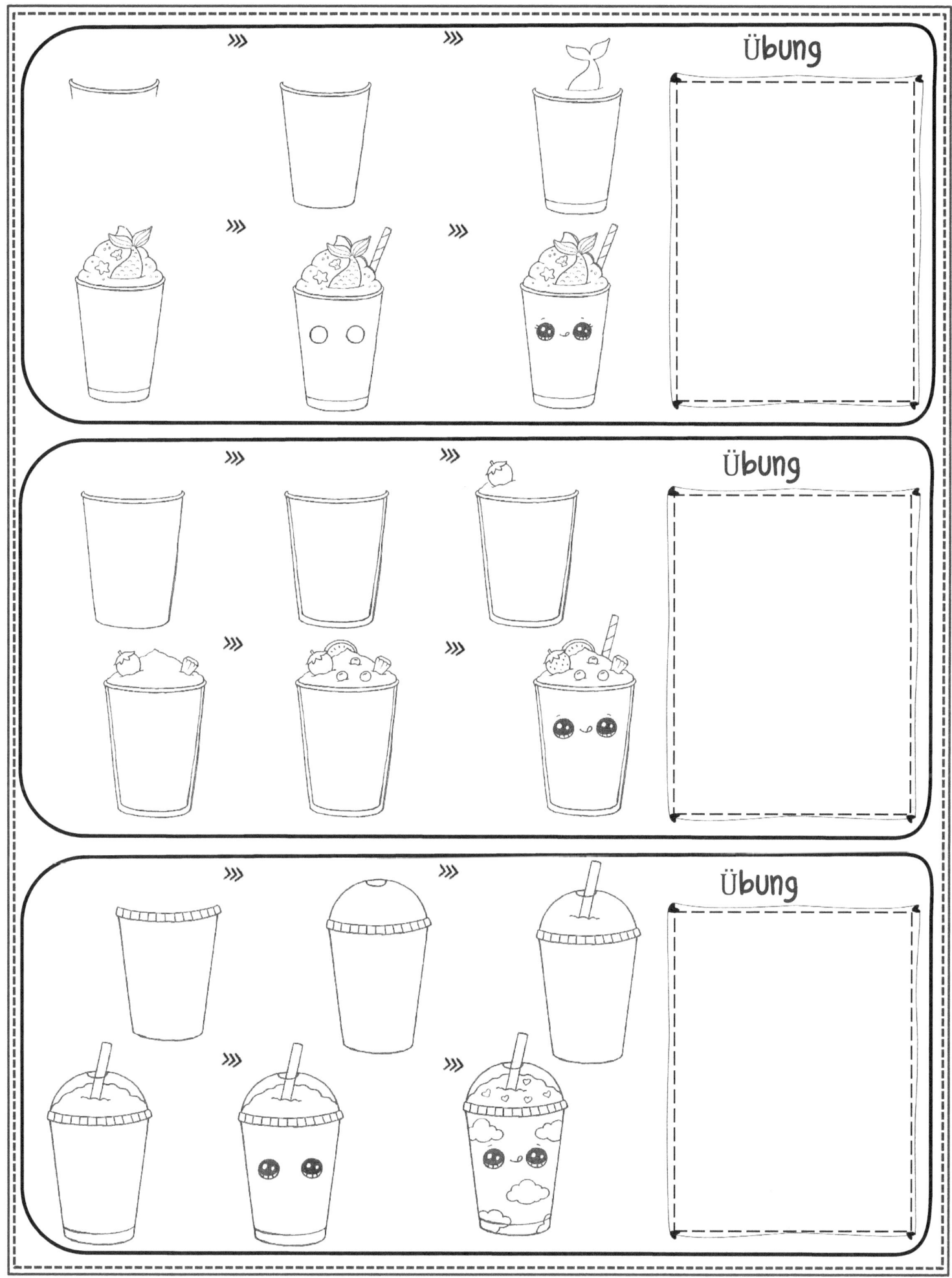

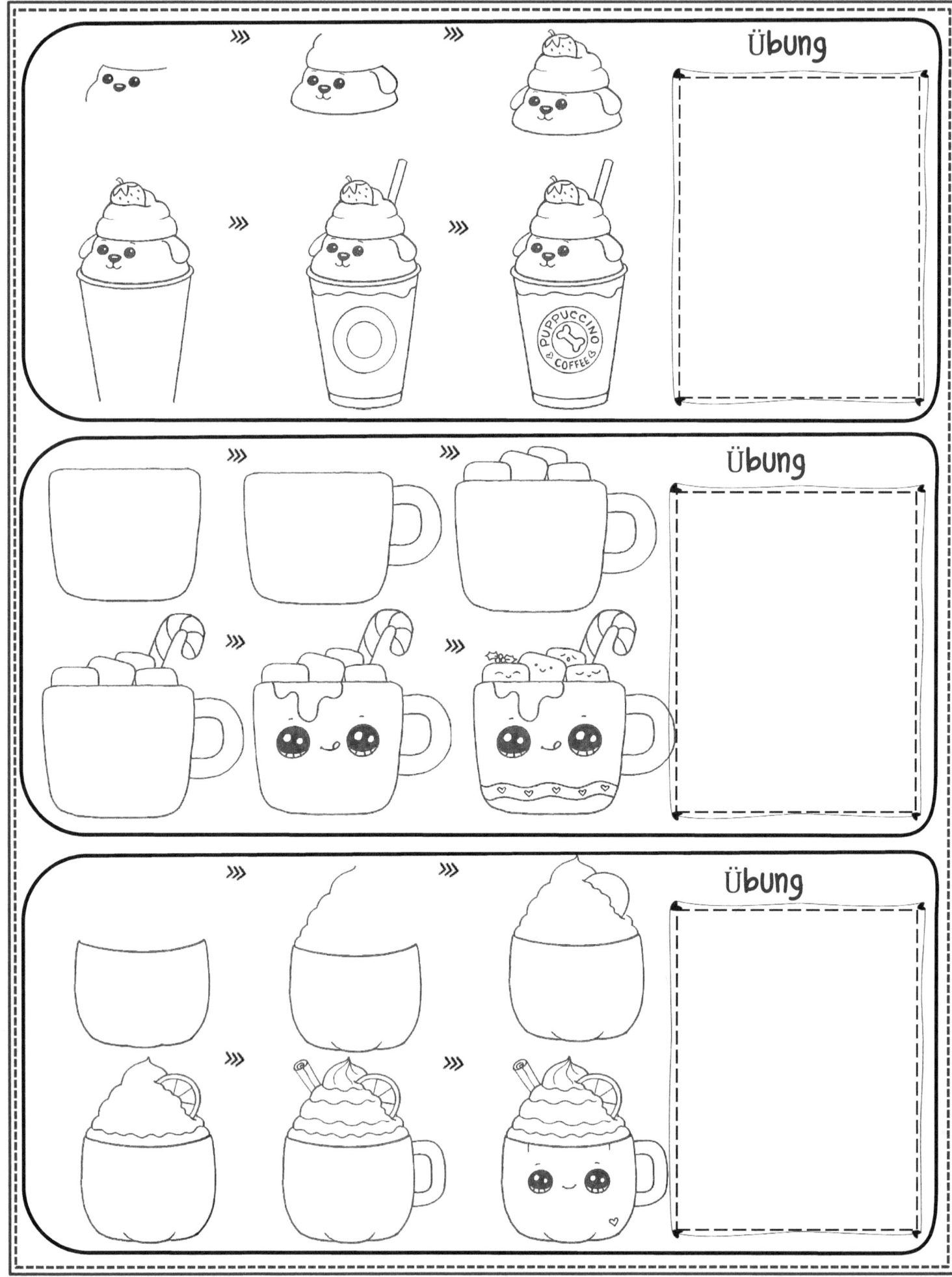

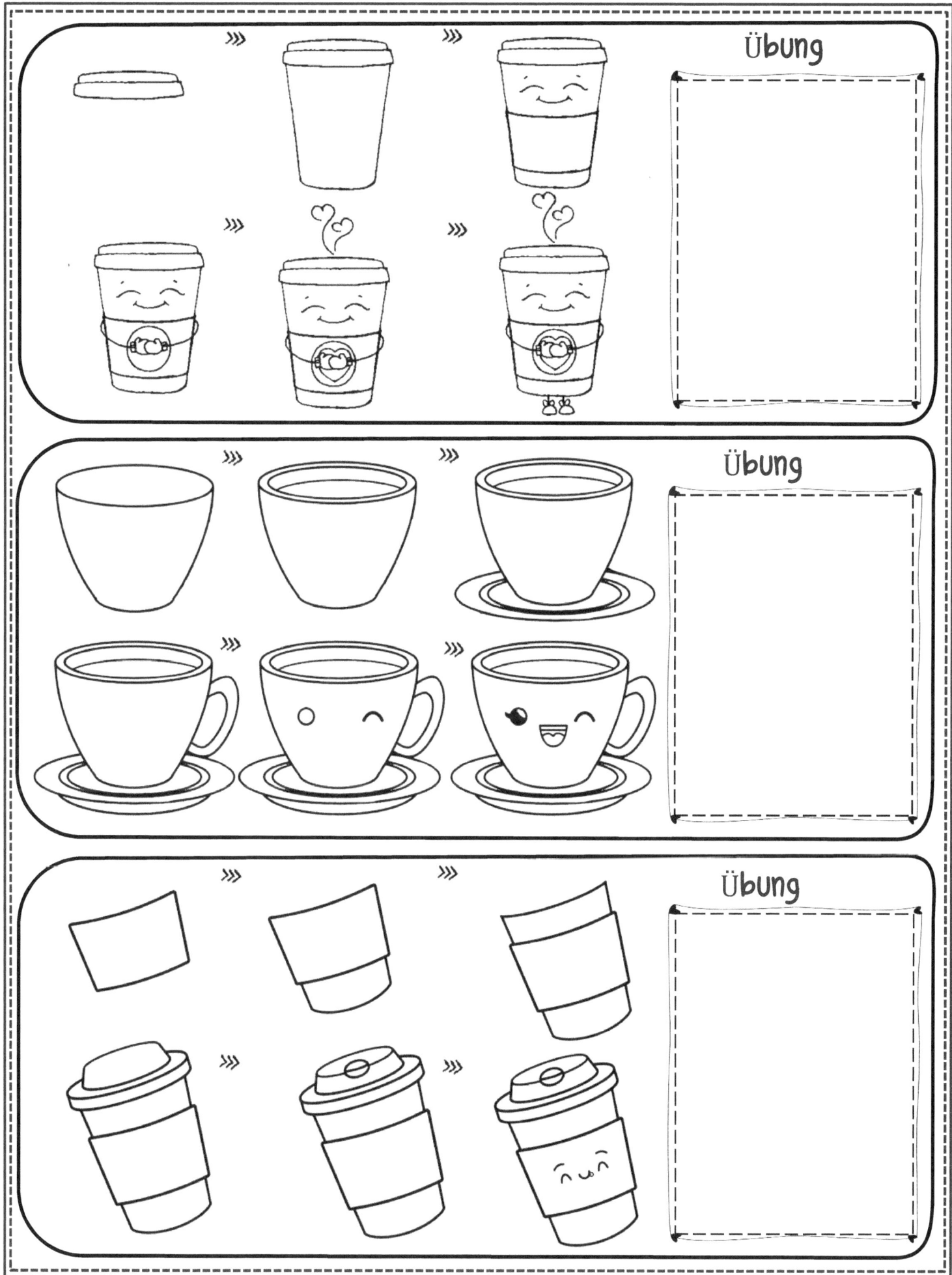

Übung

Übung

Übung

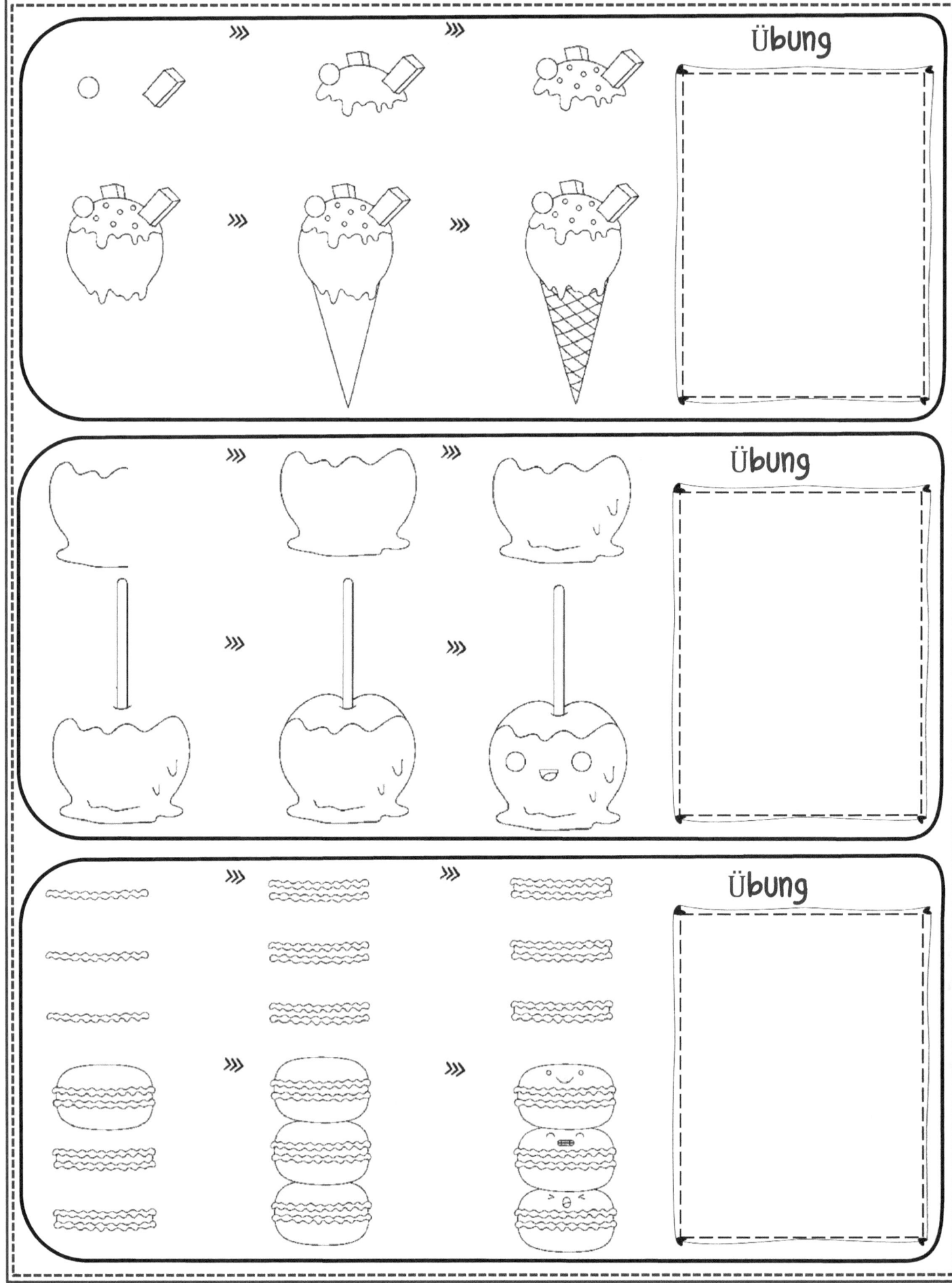

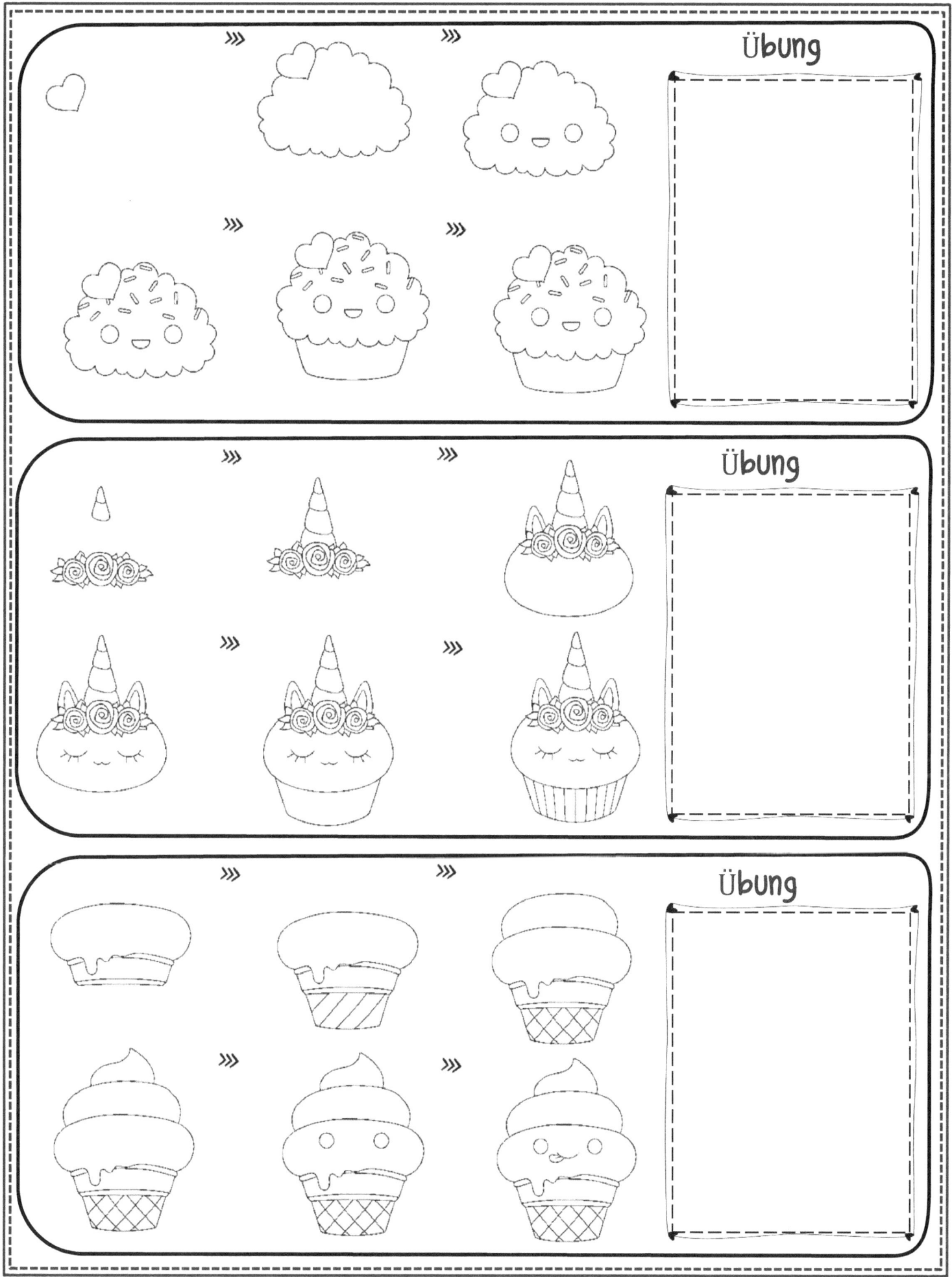

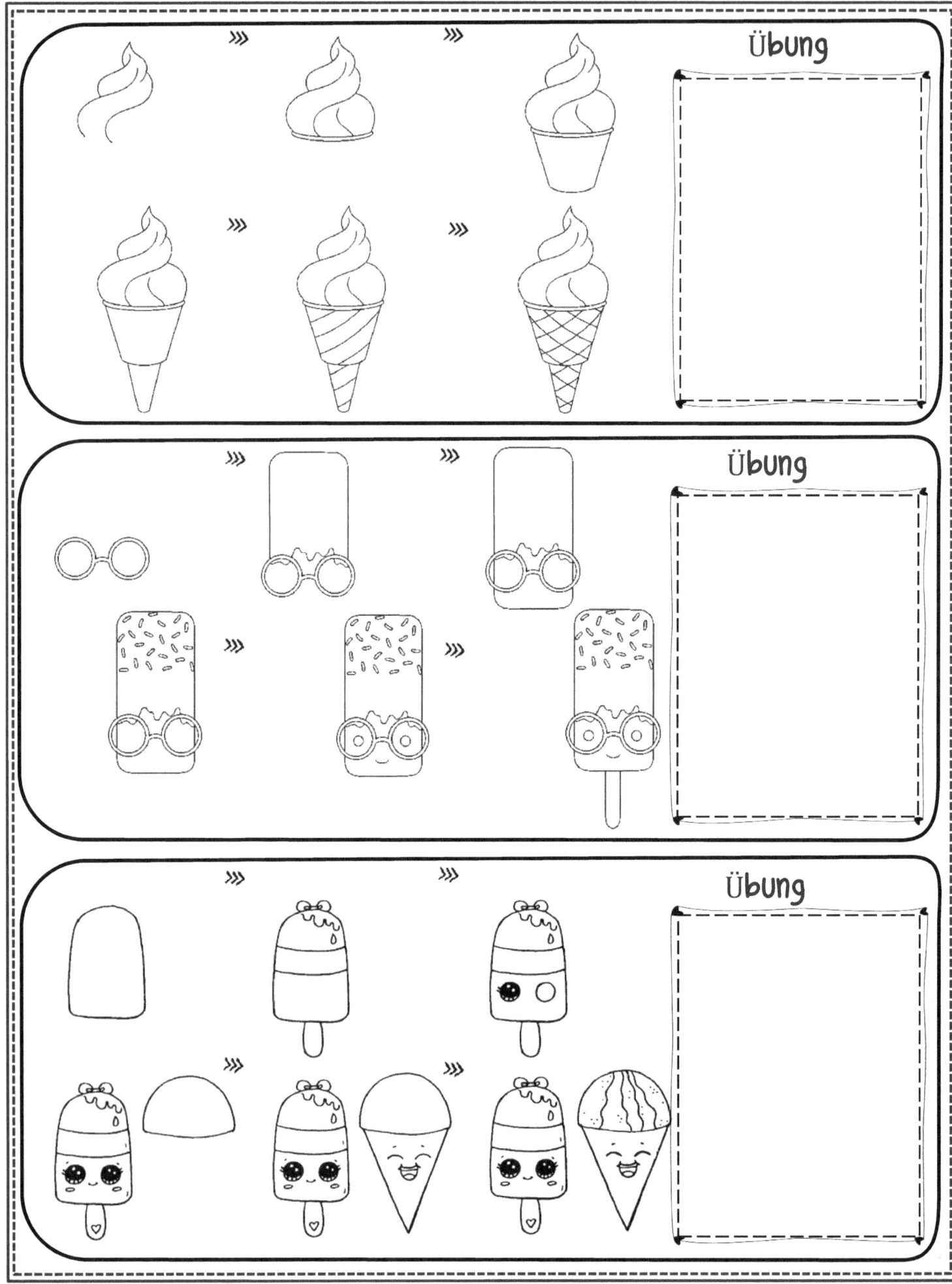

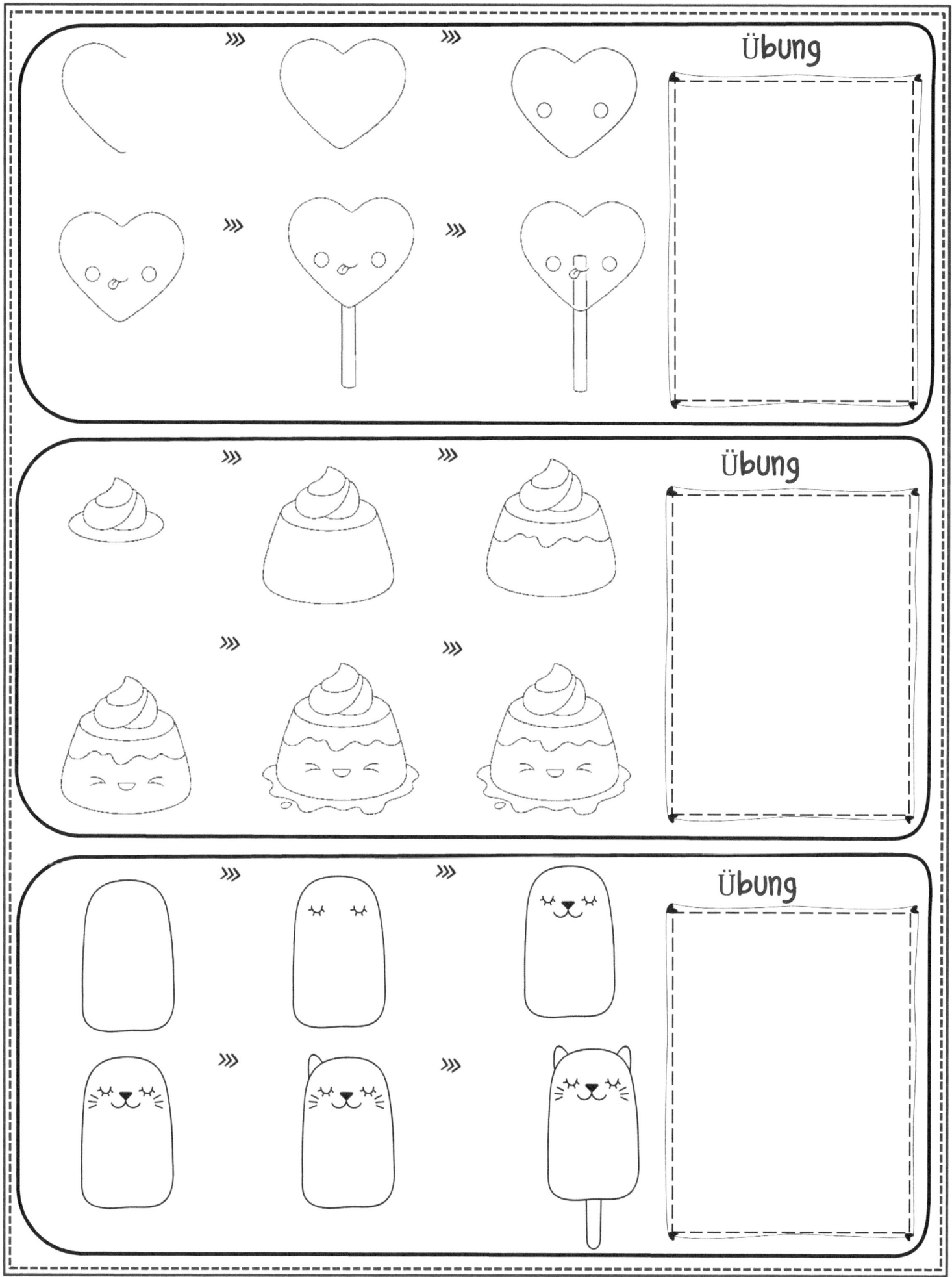

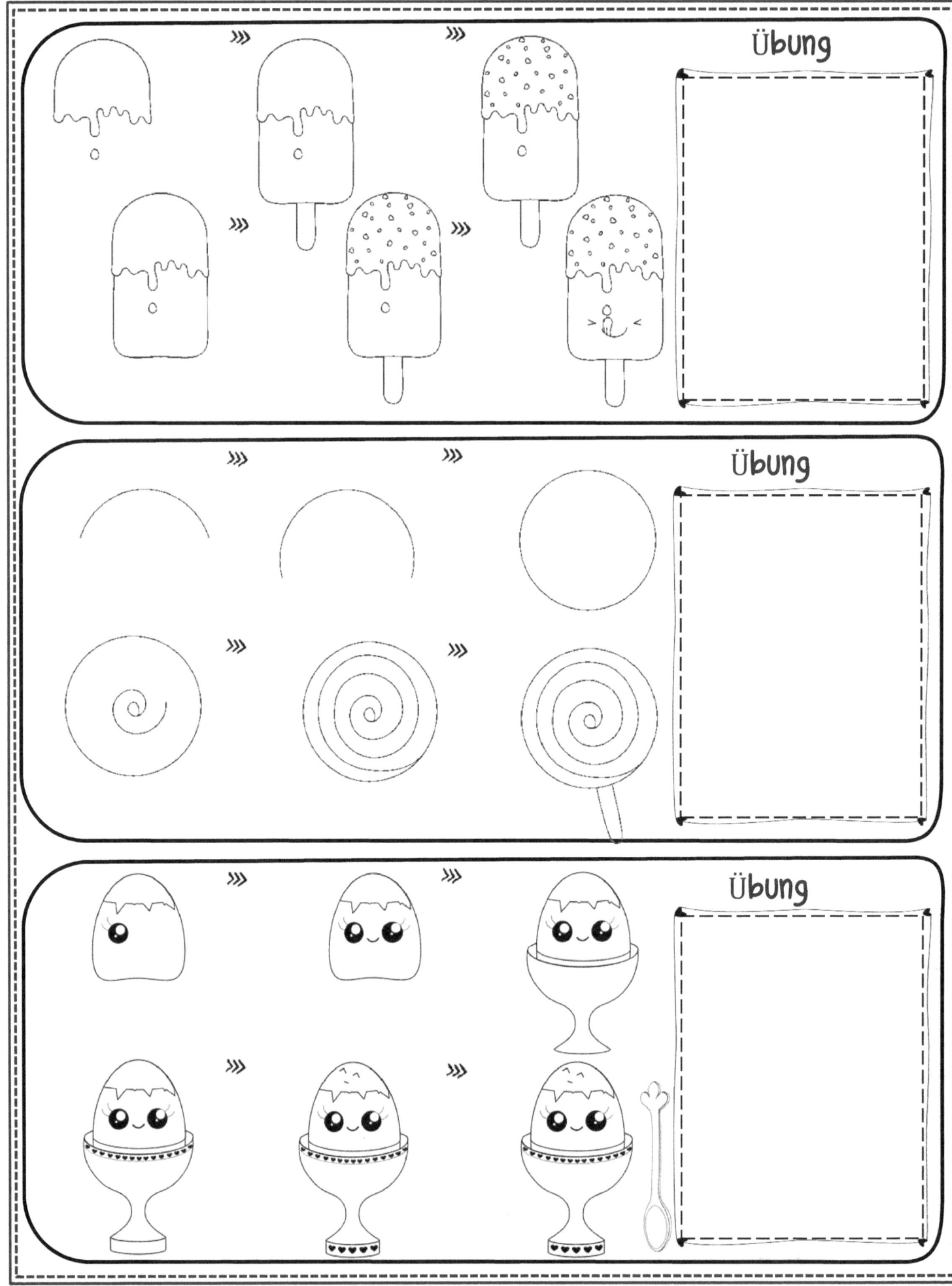

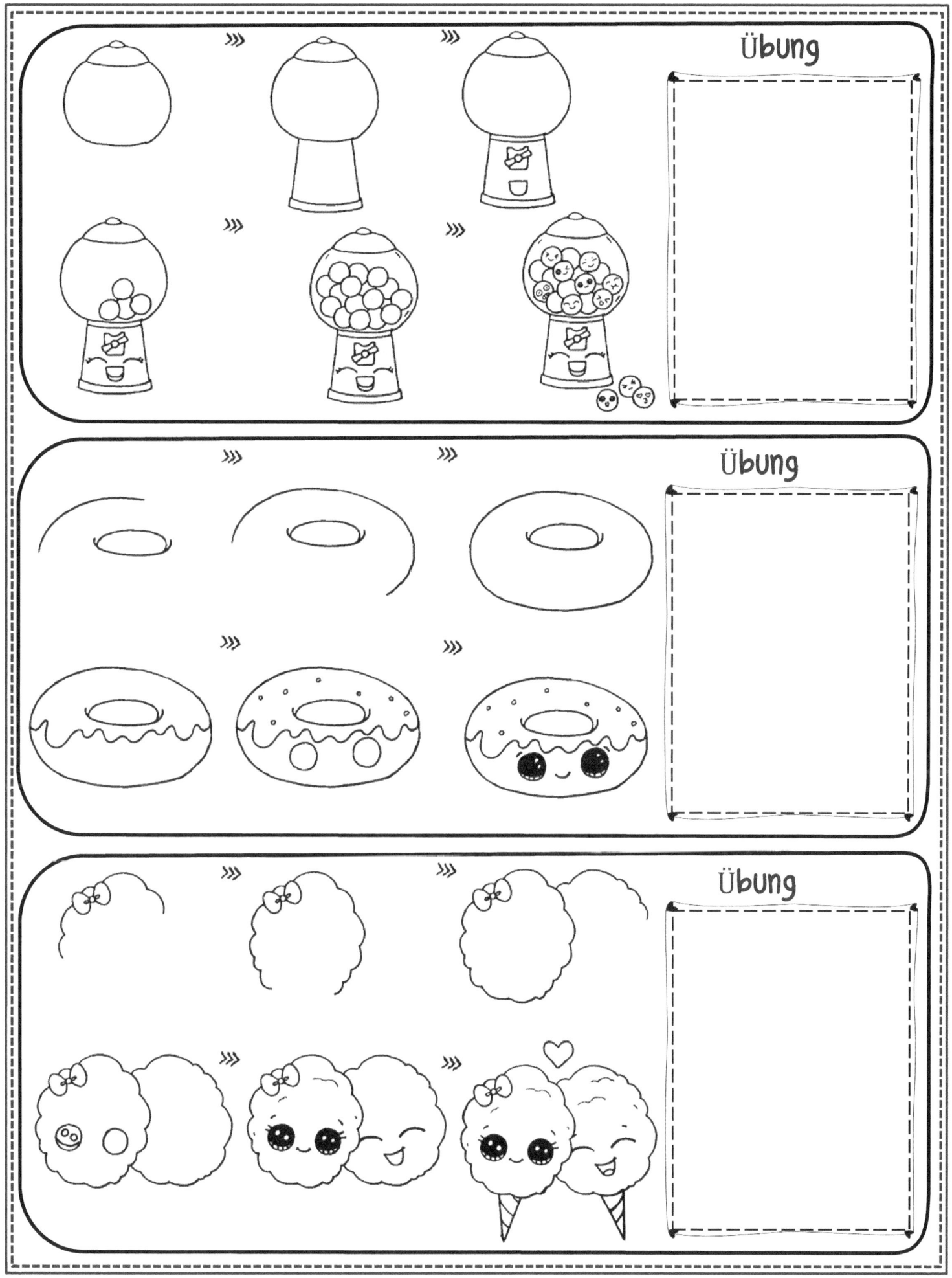

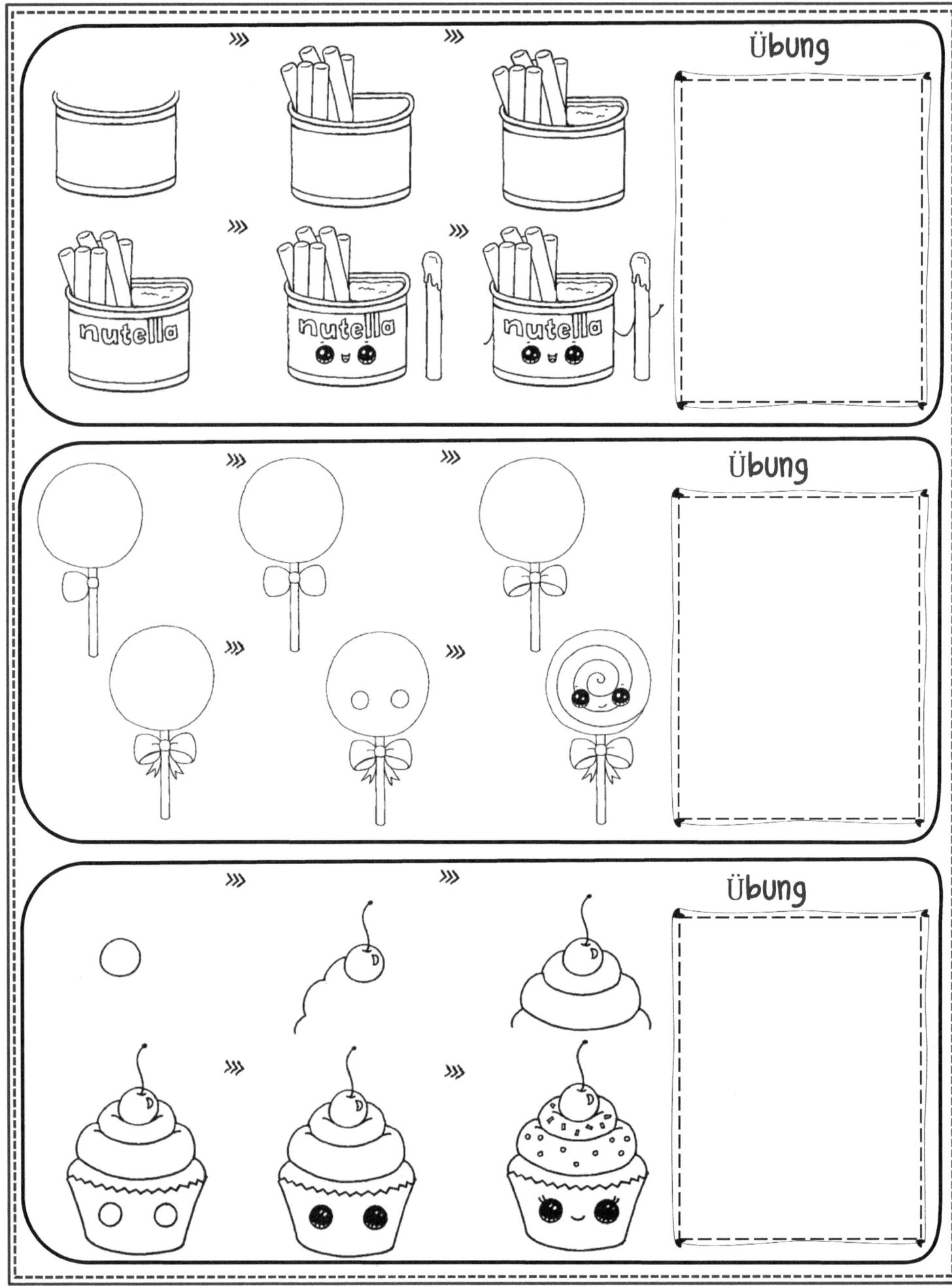

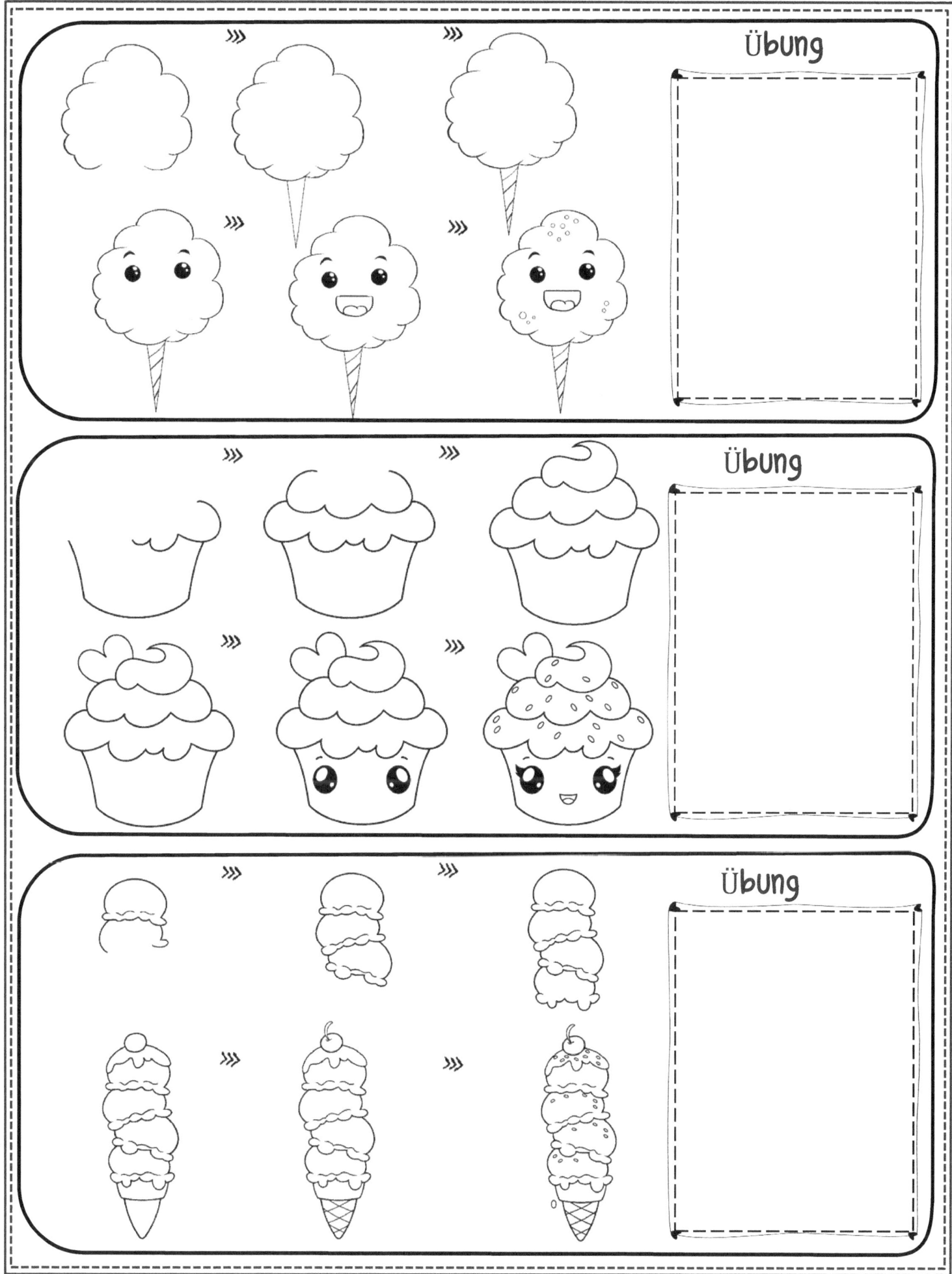

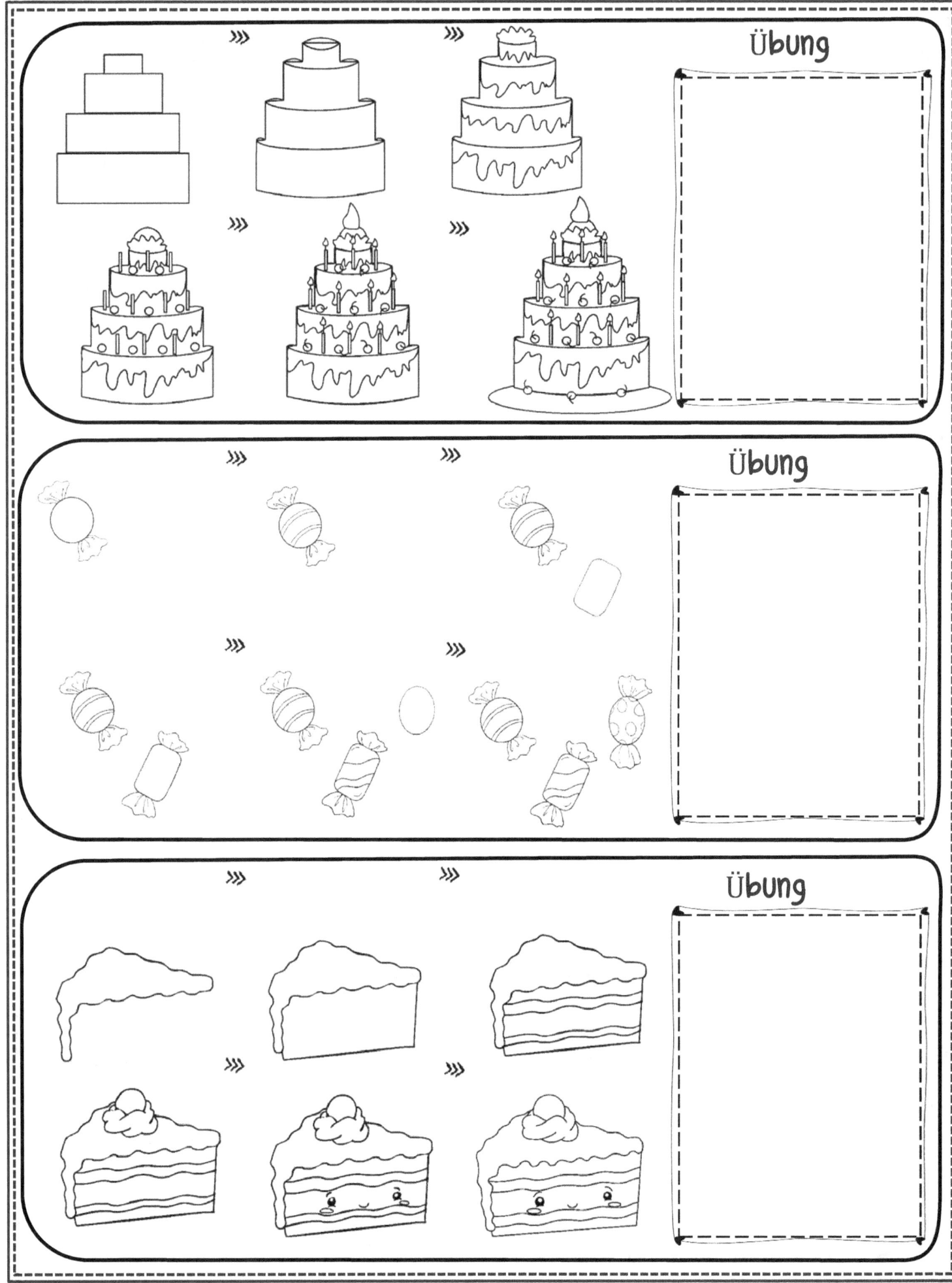

Übung

Übung

Übung

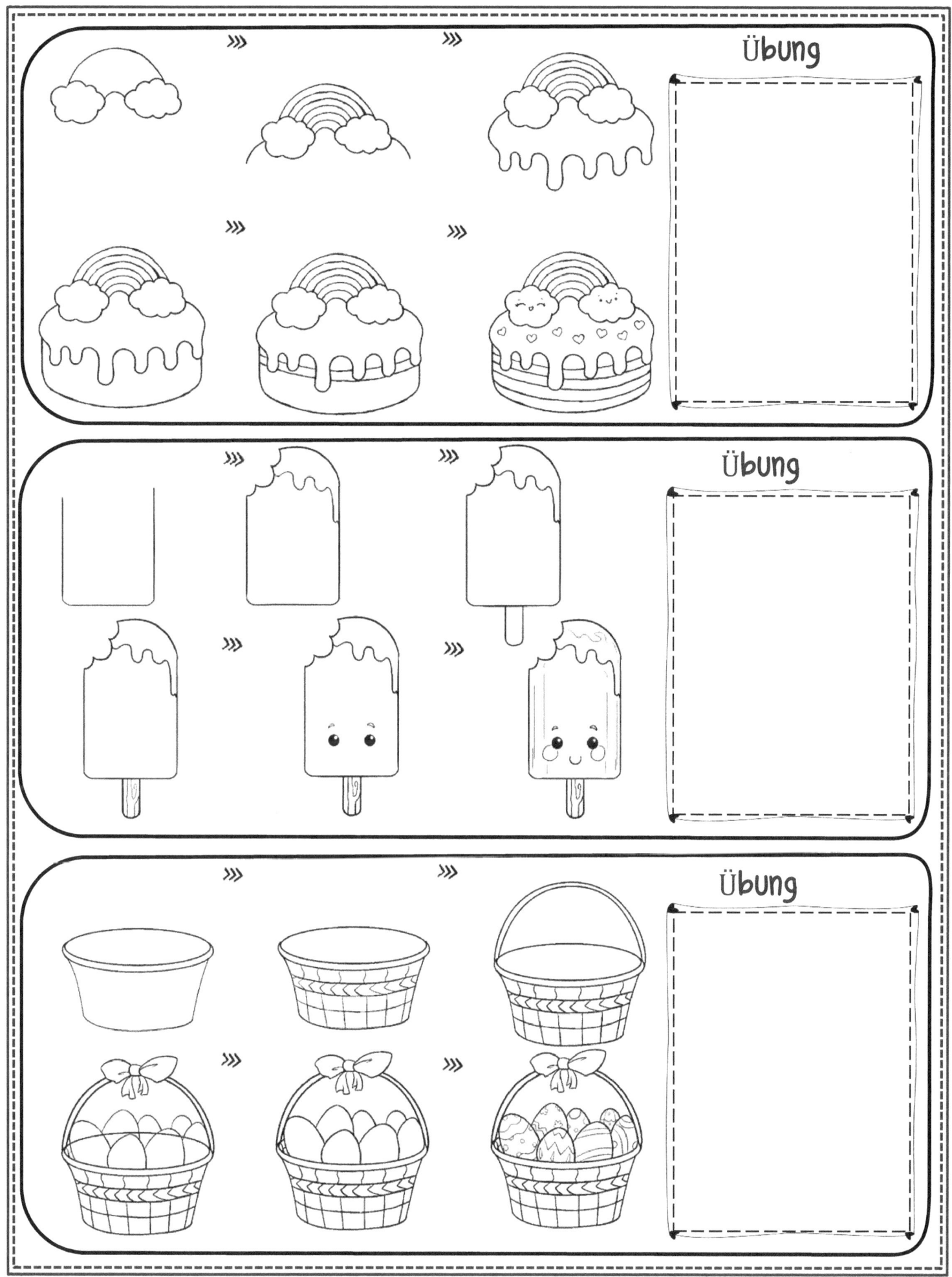

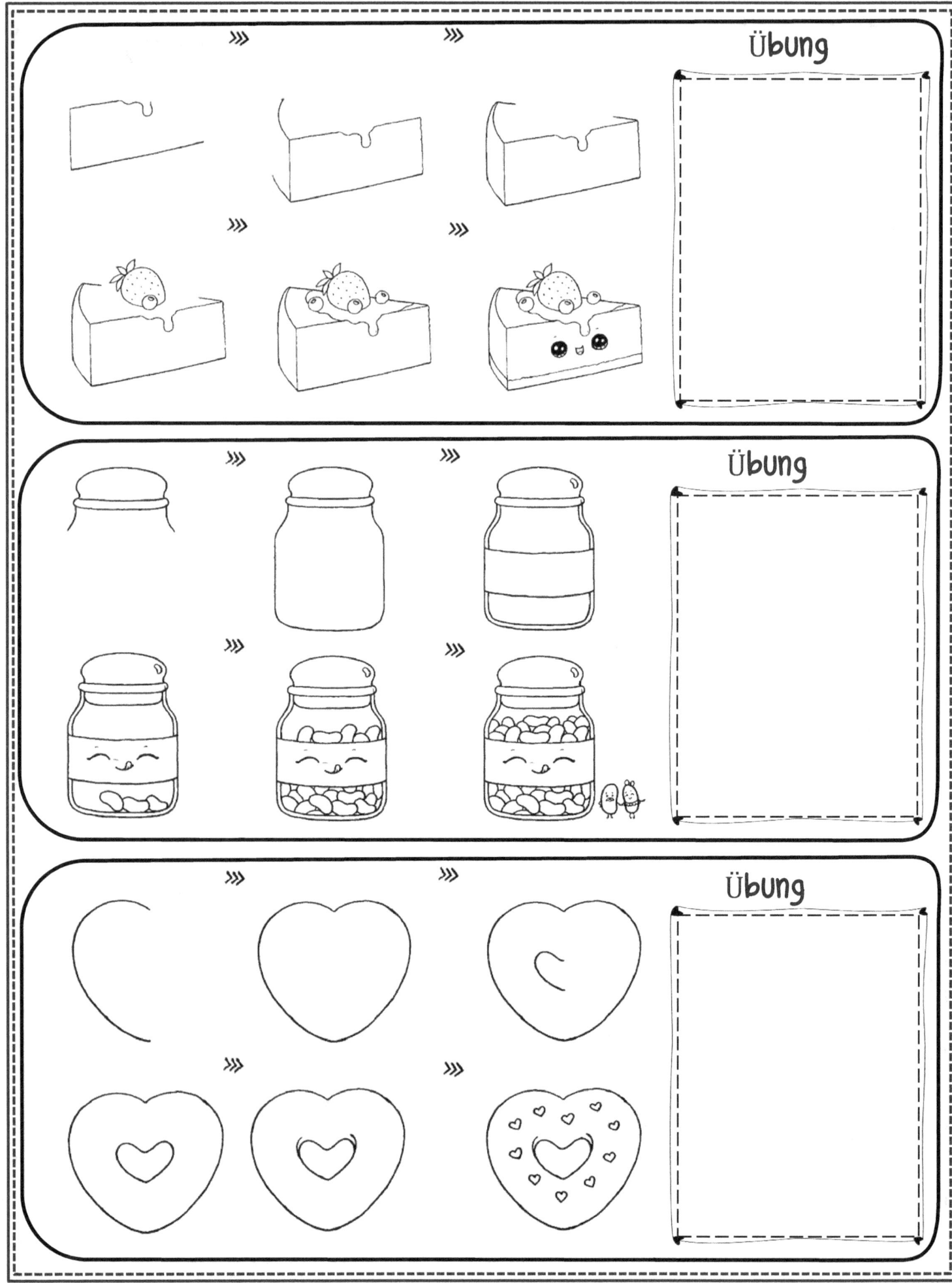

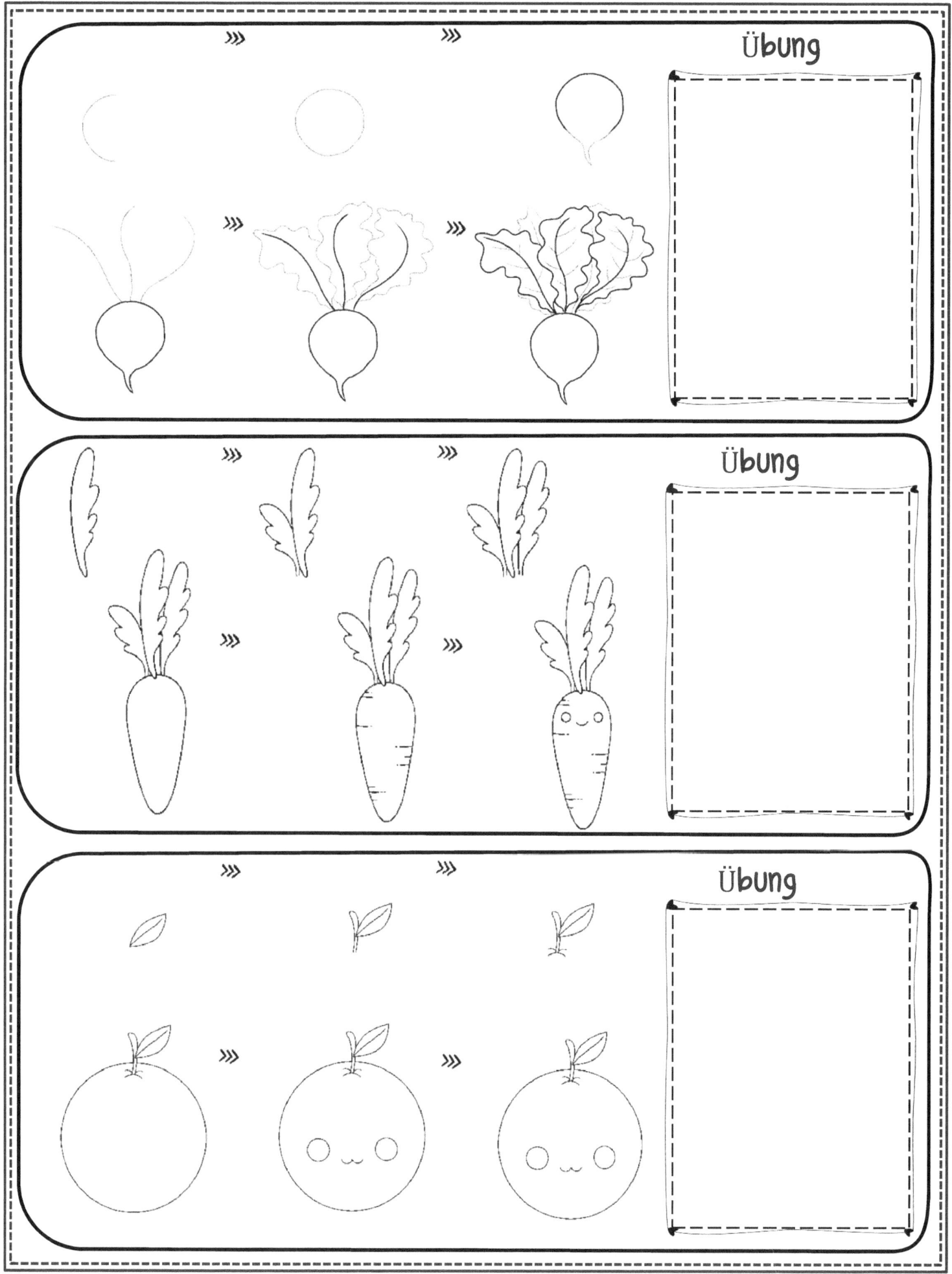

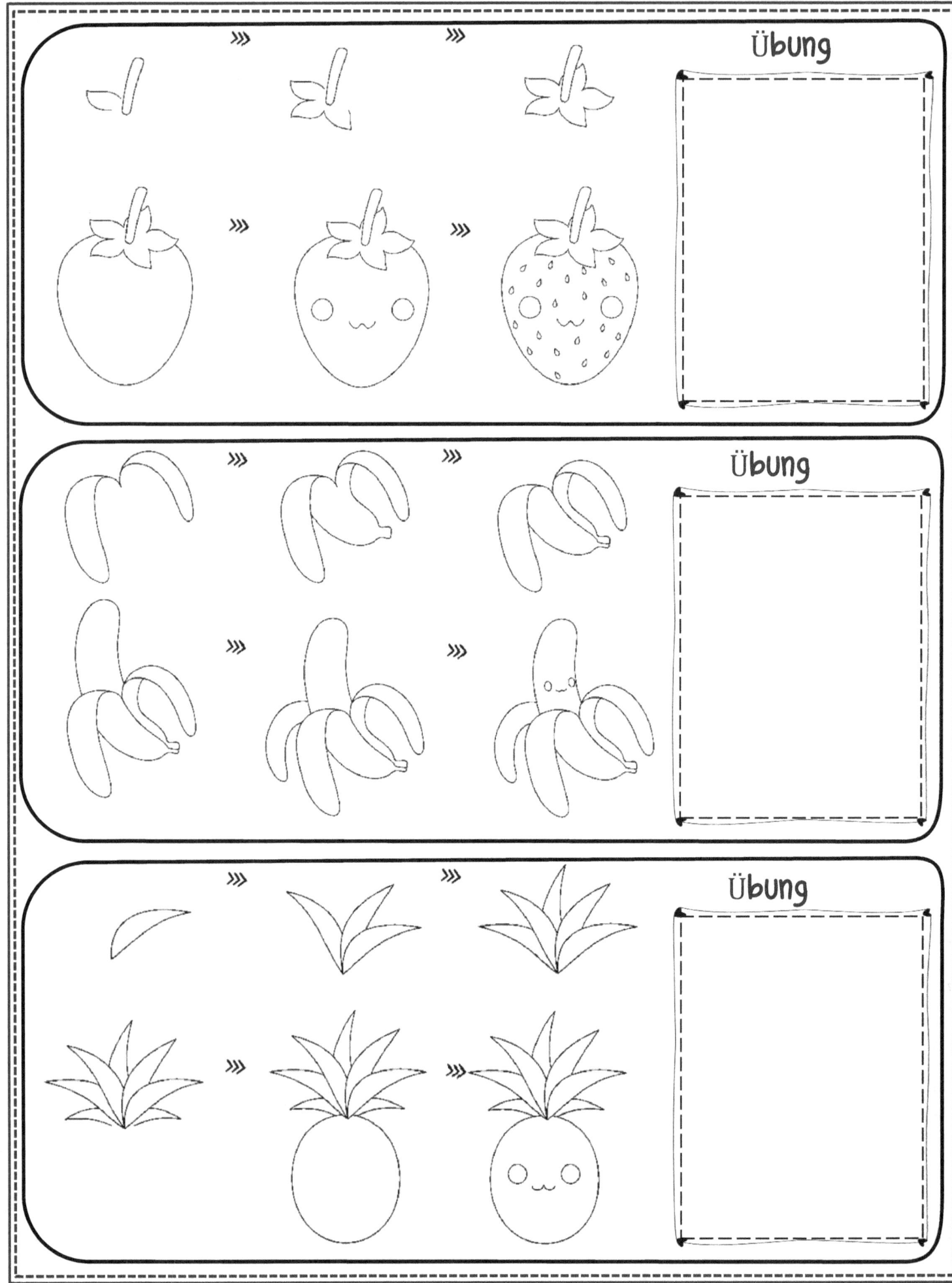

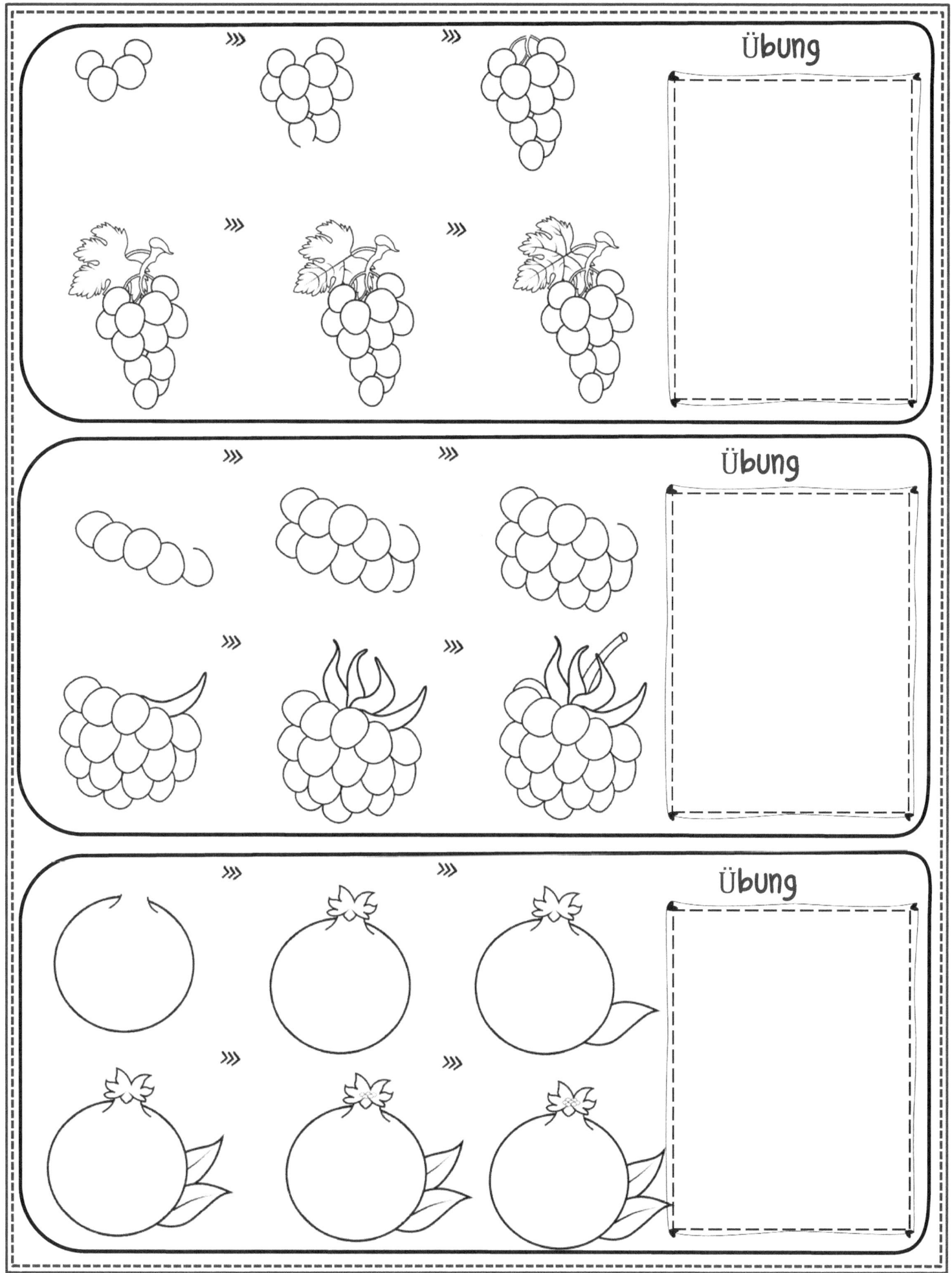

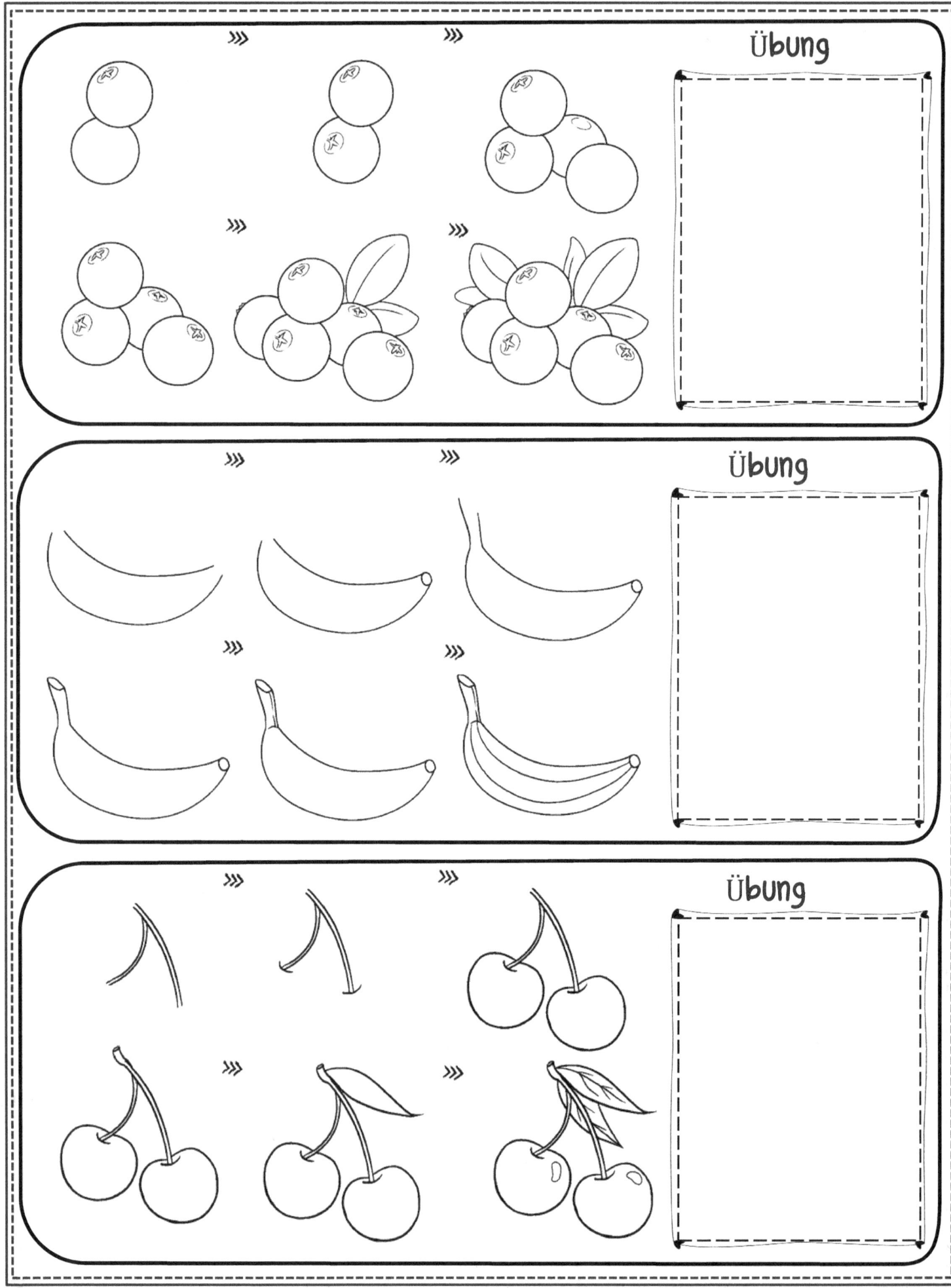

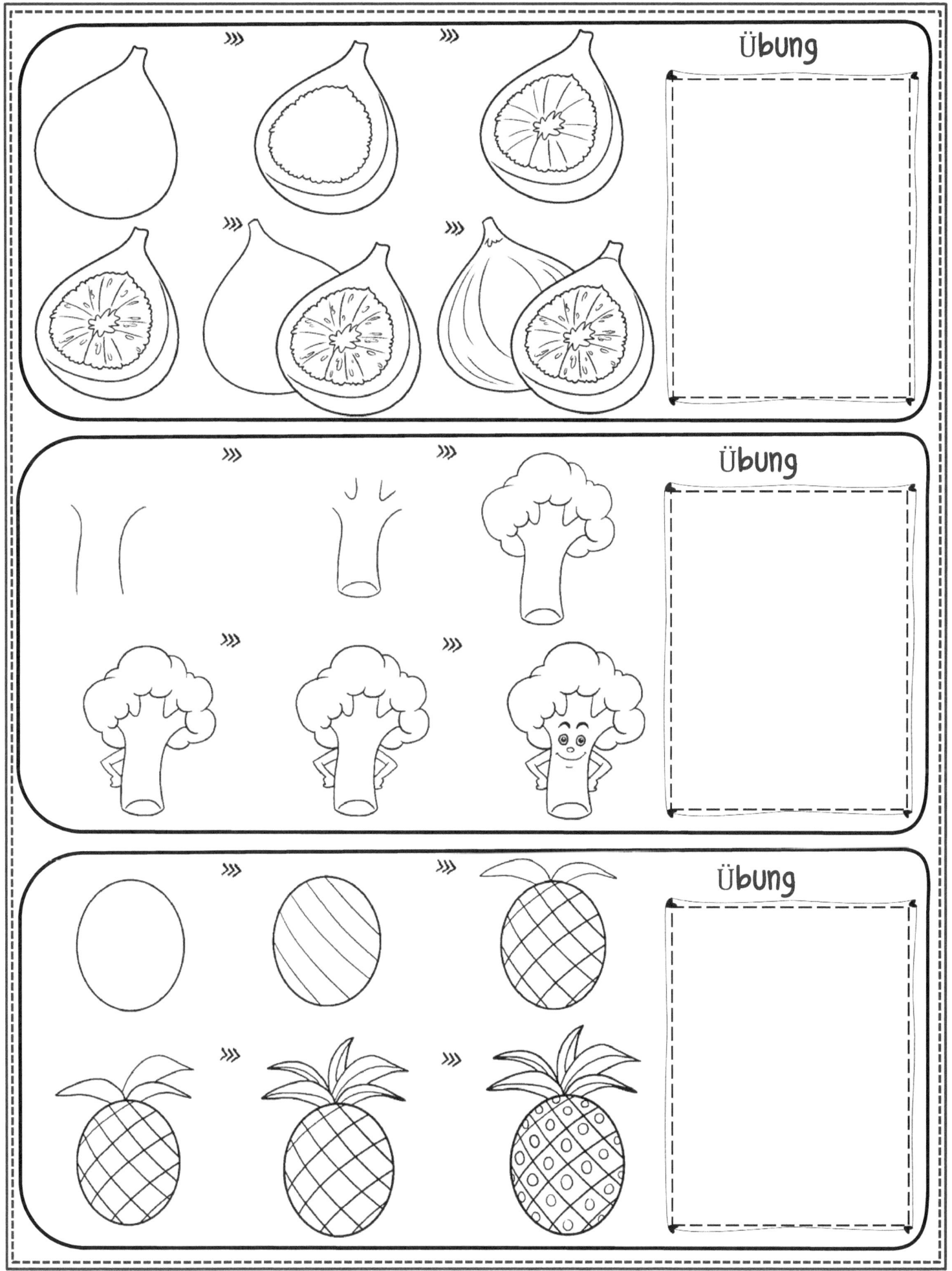

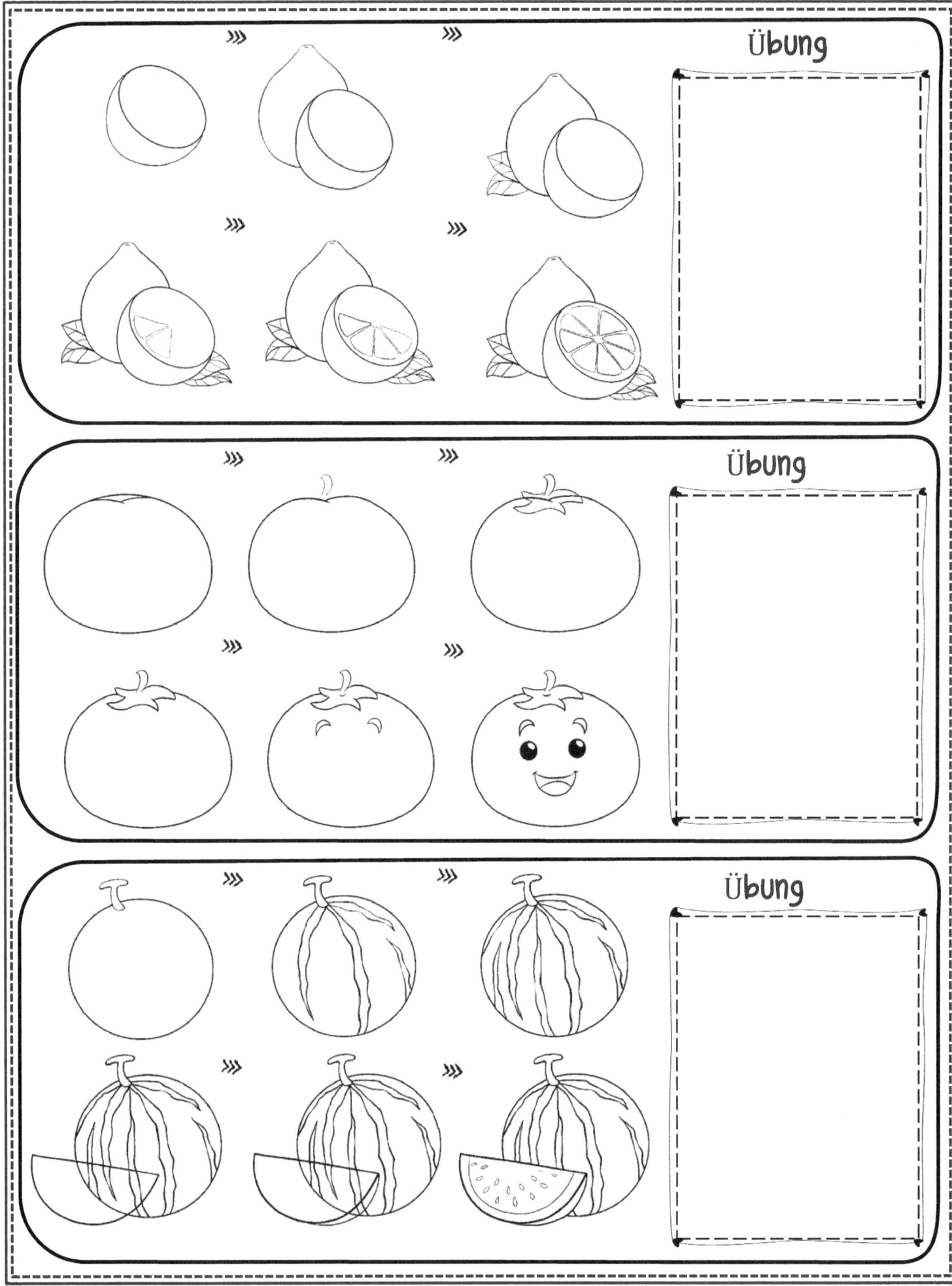

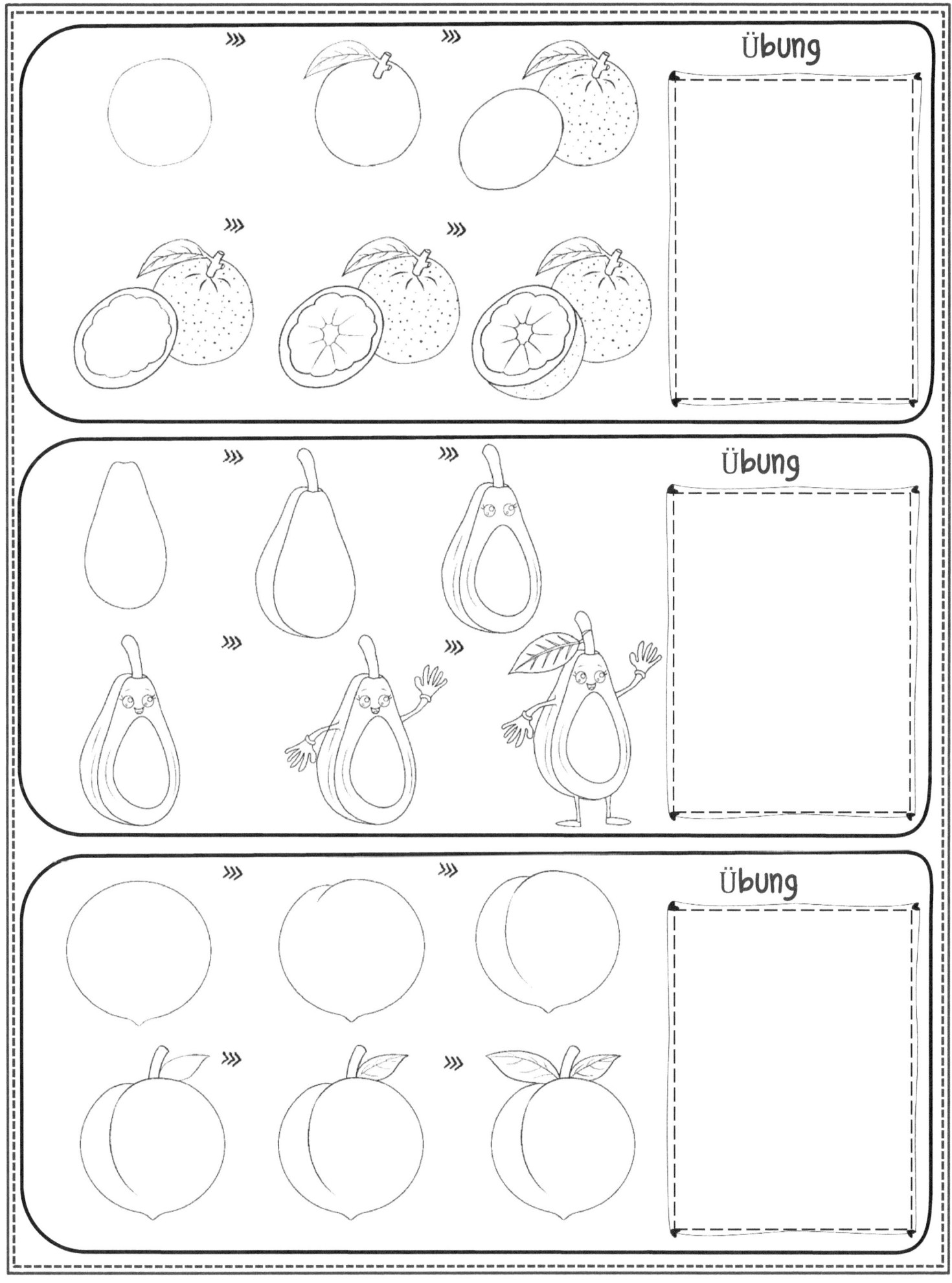

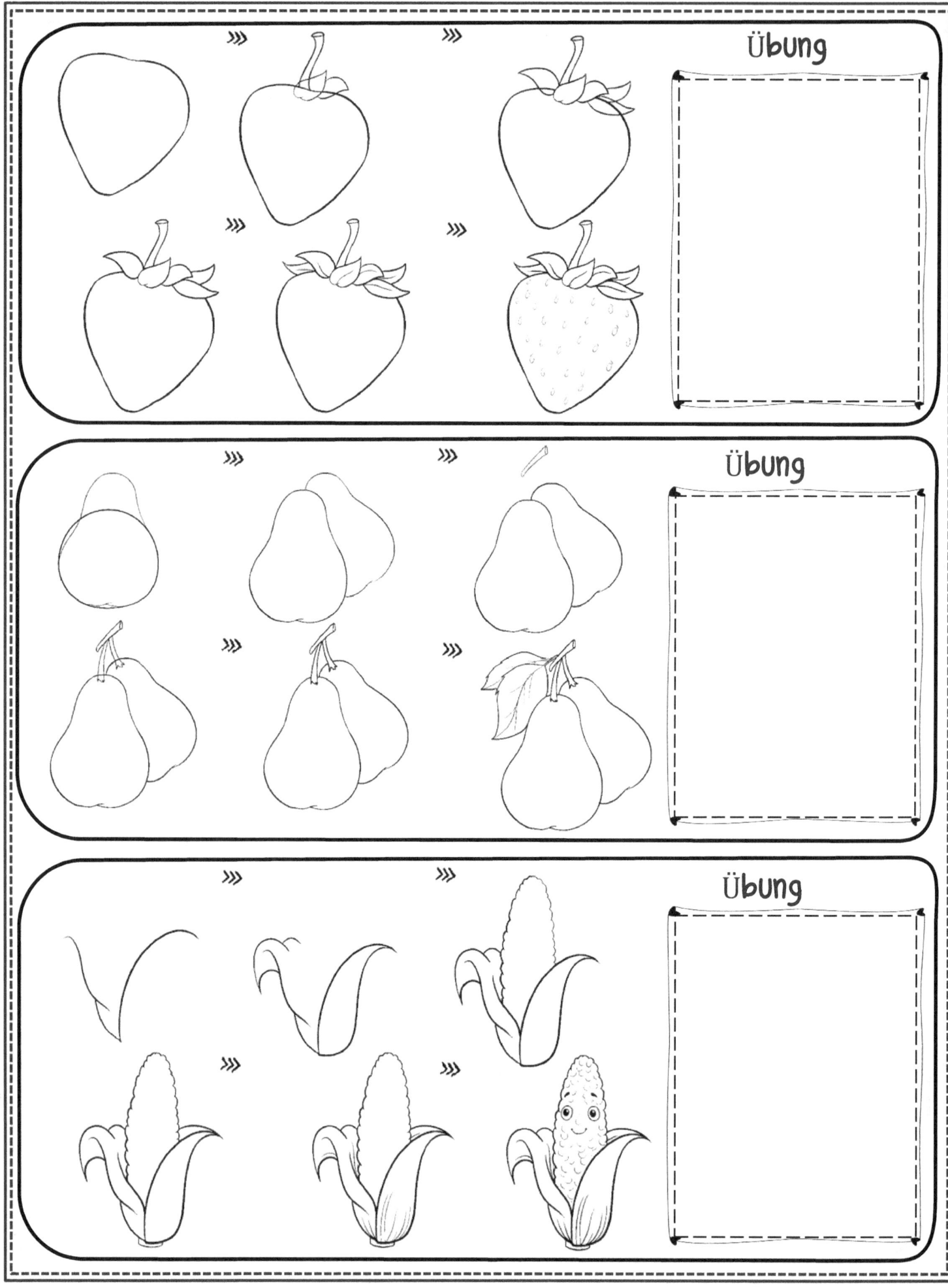

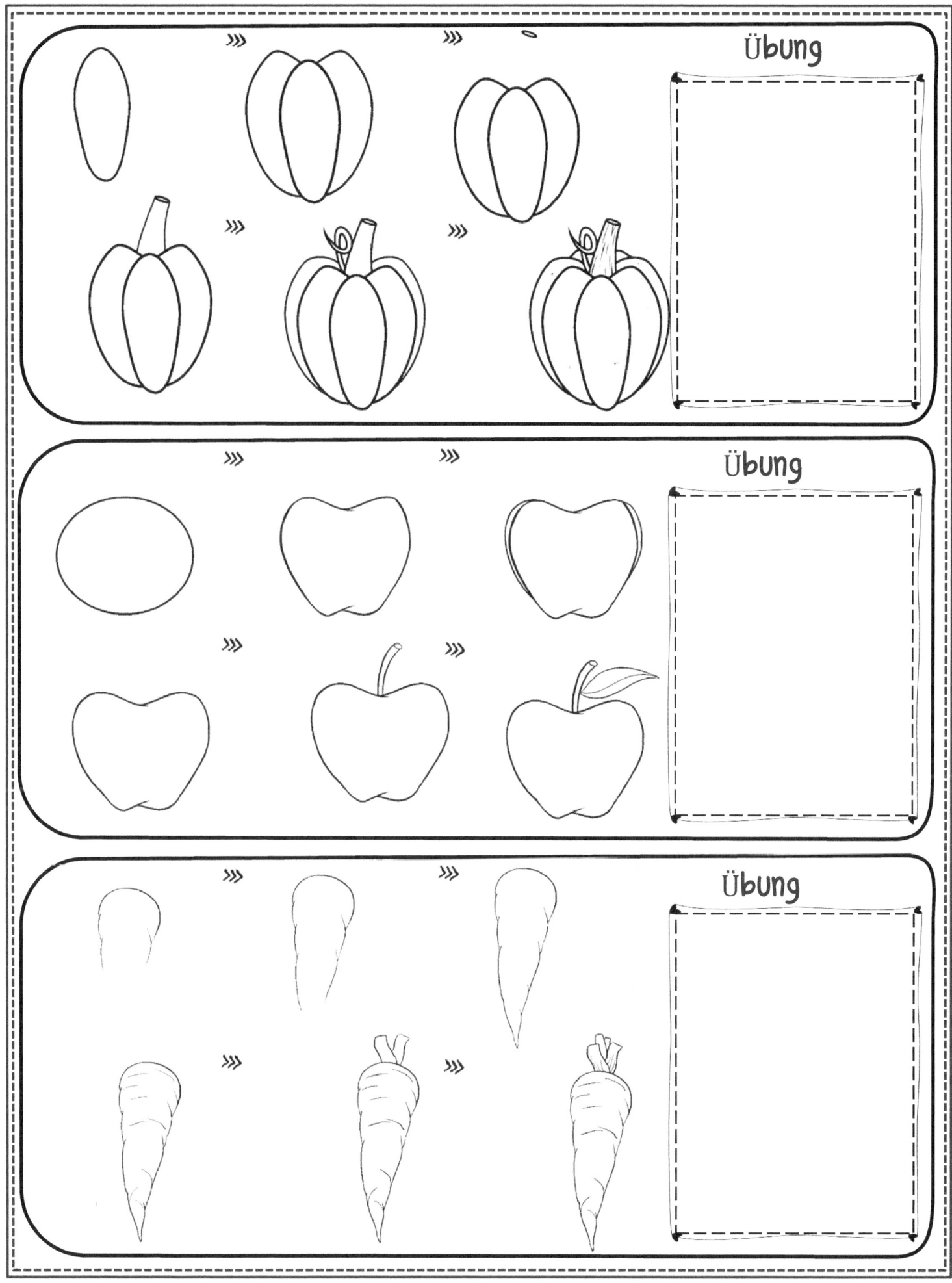

Übung

Übung

Übung

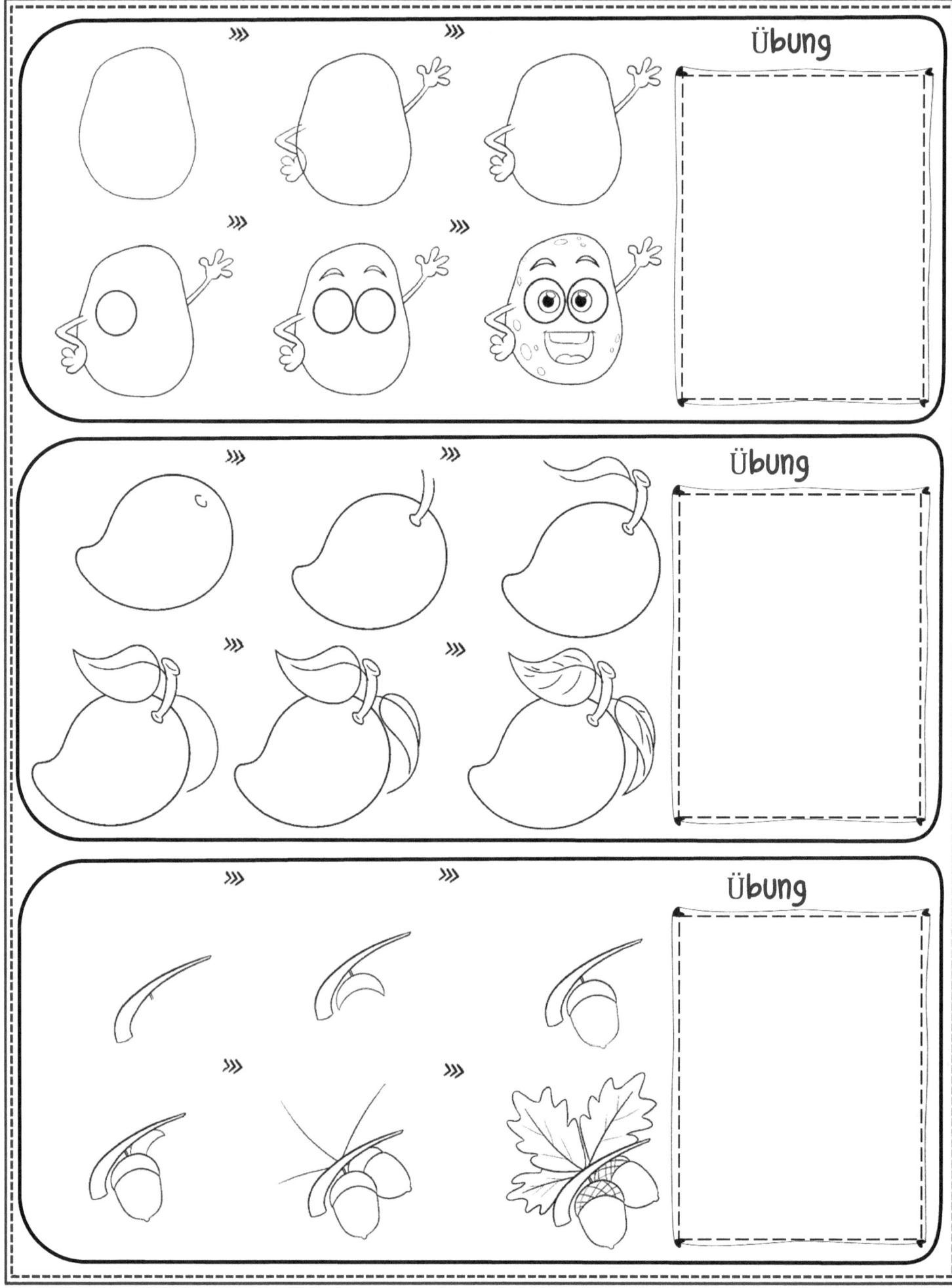

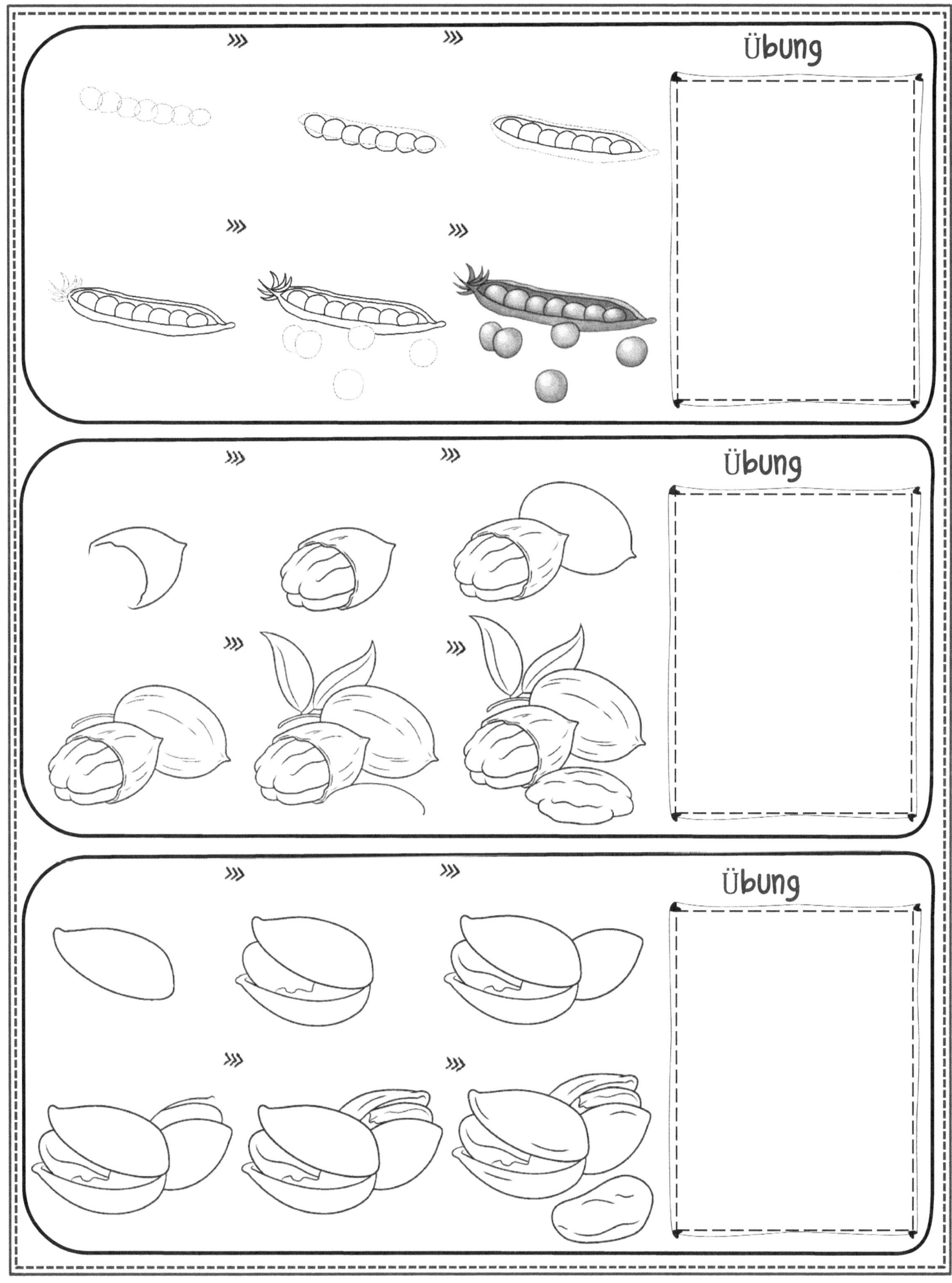

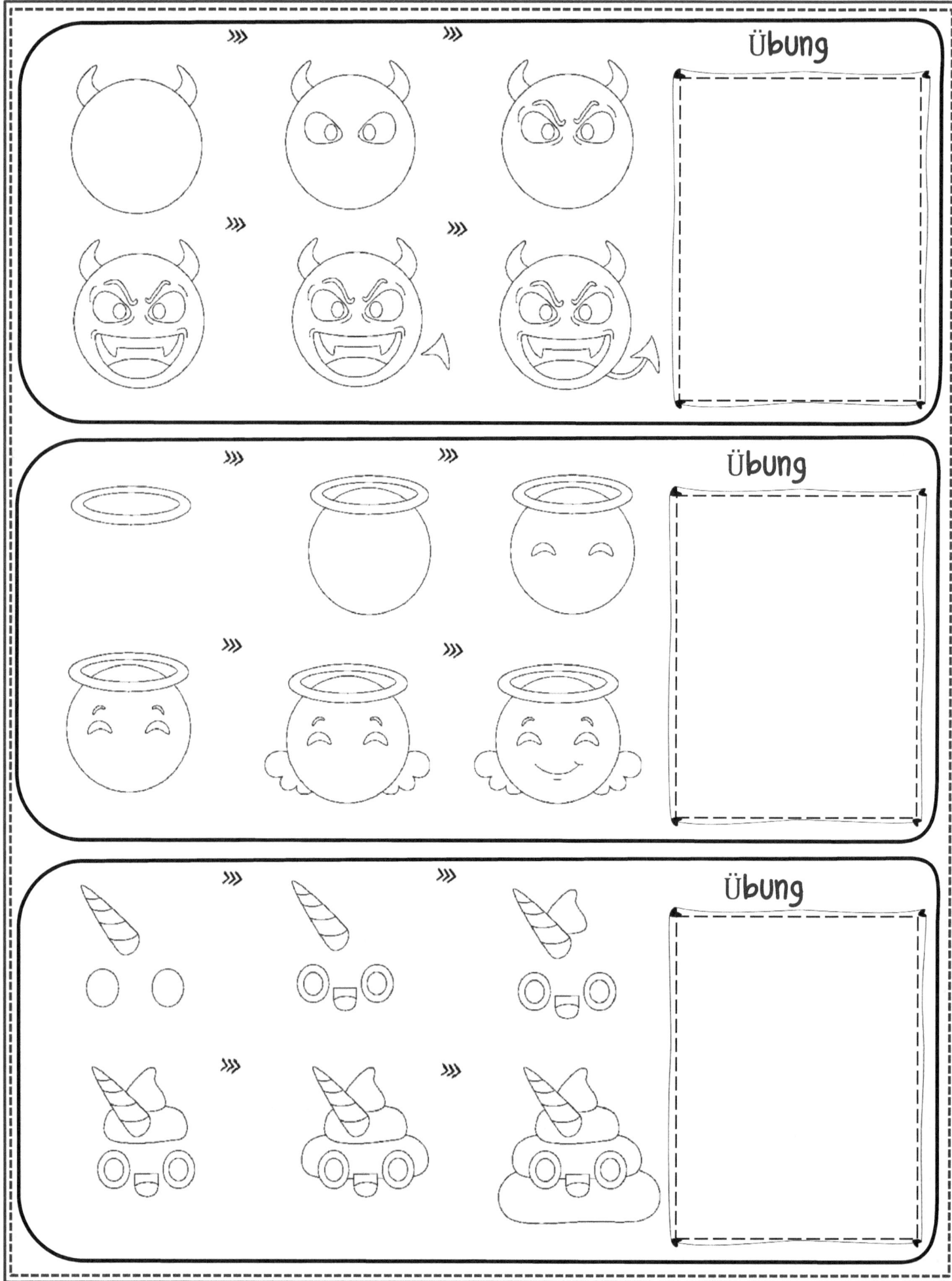

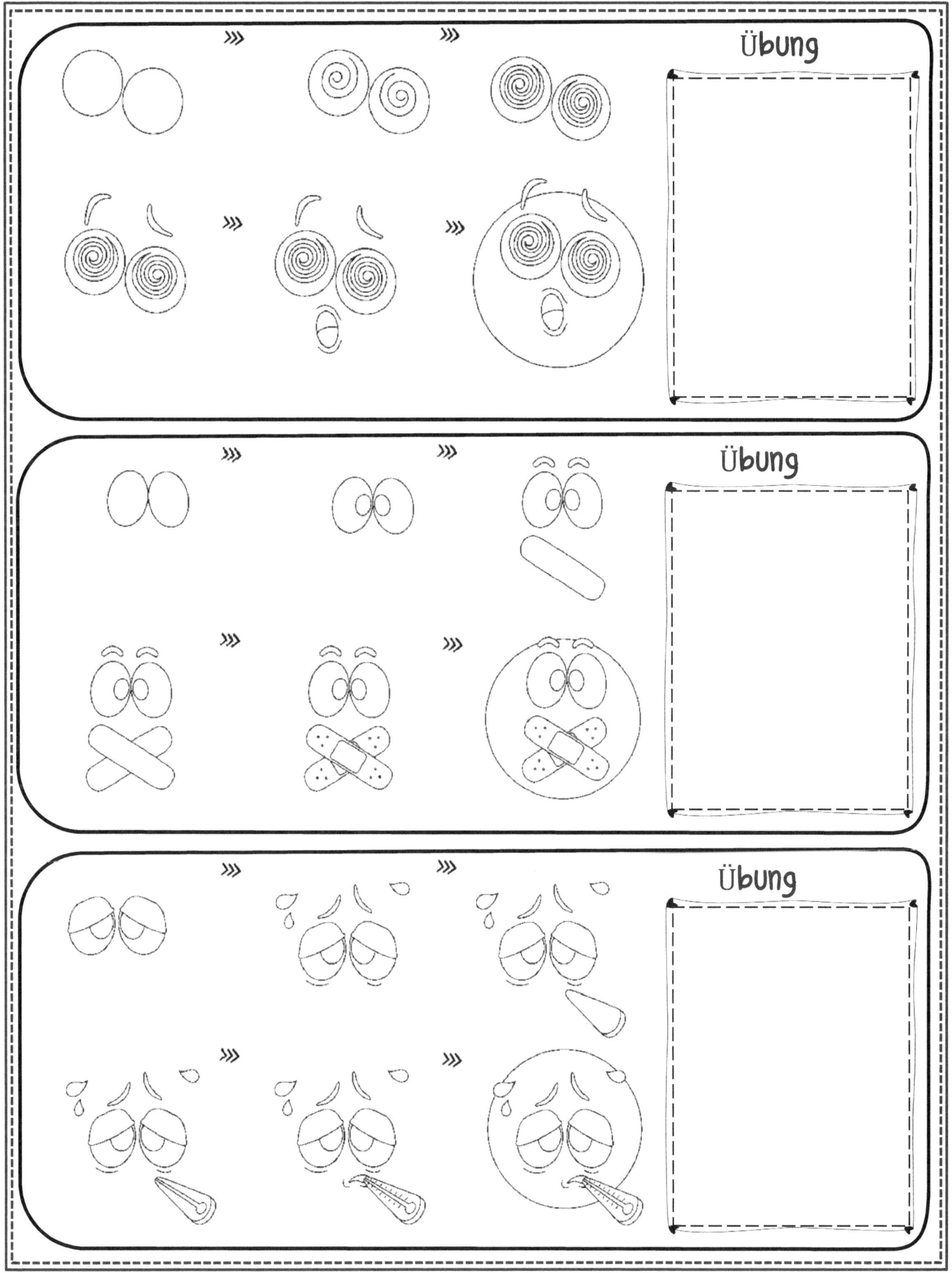

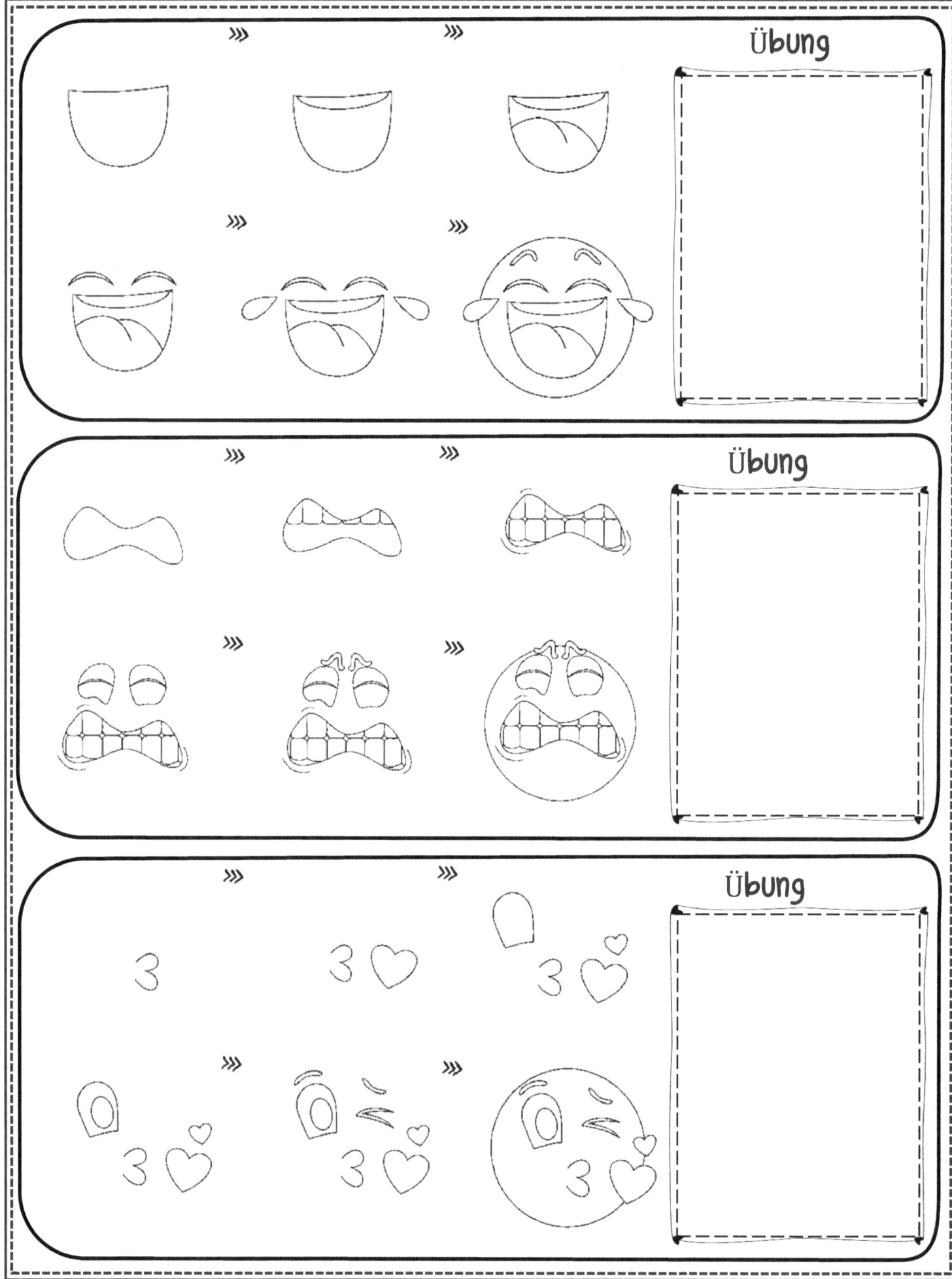

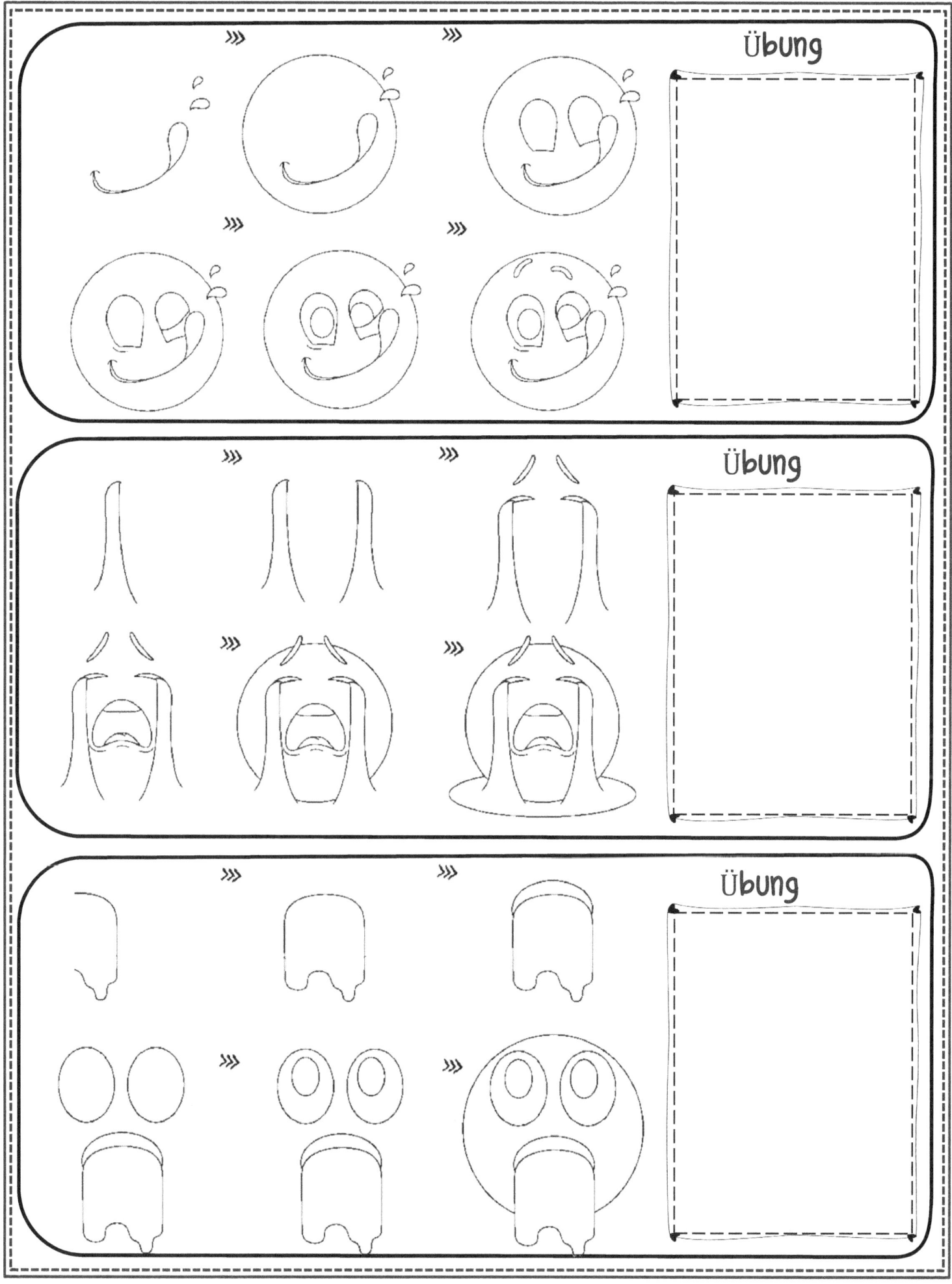

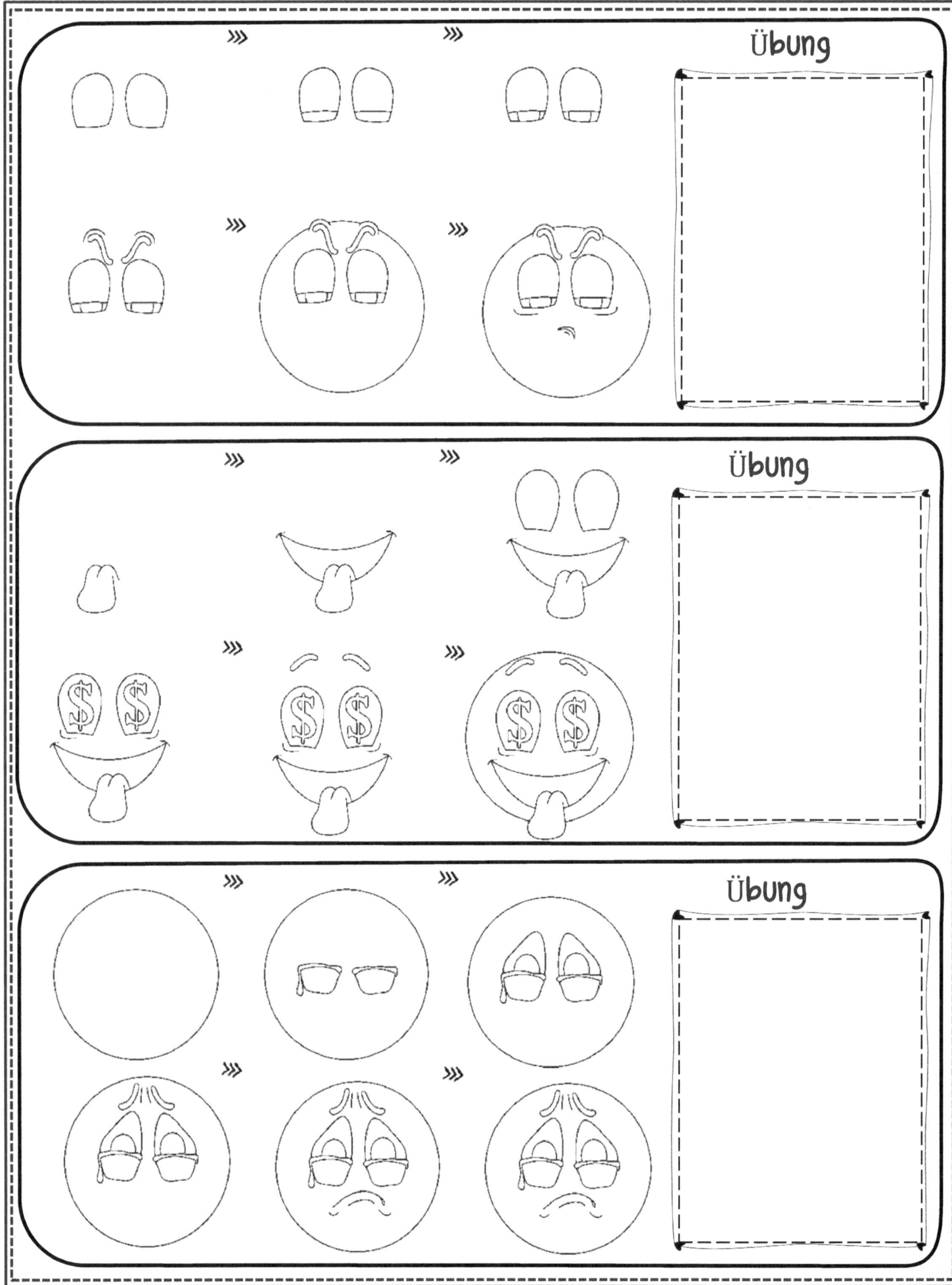

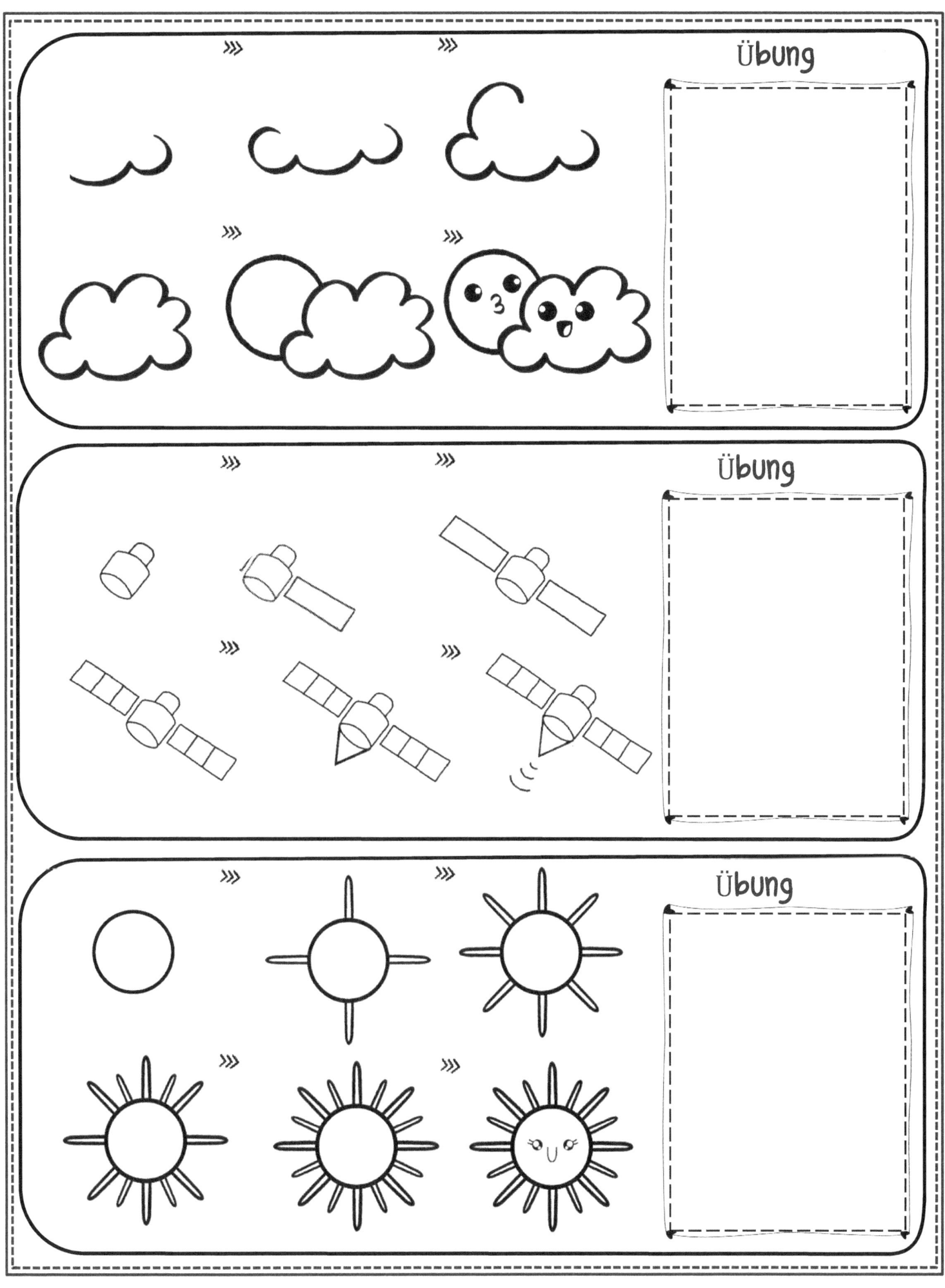

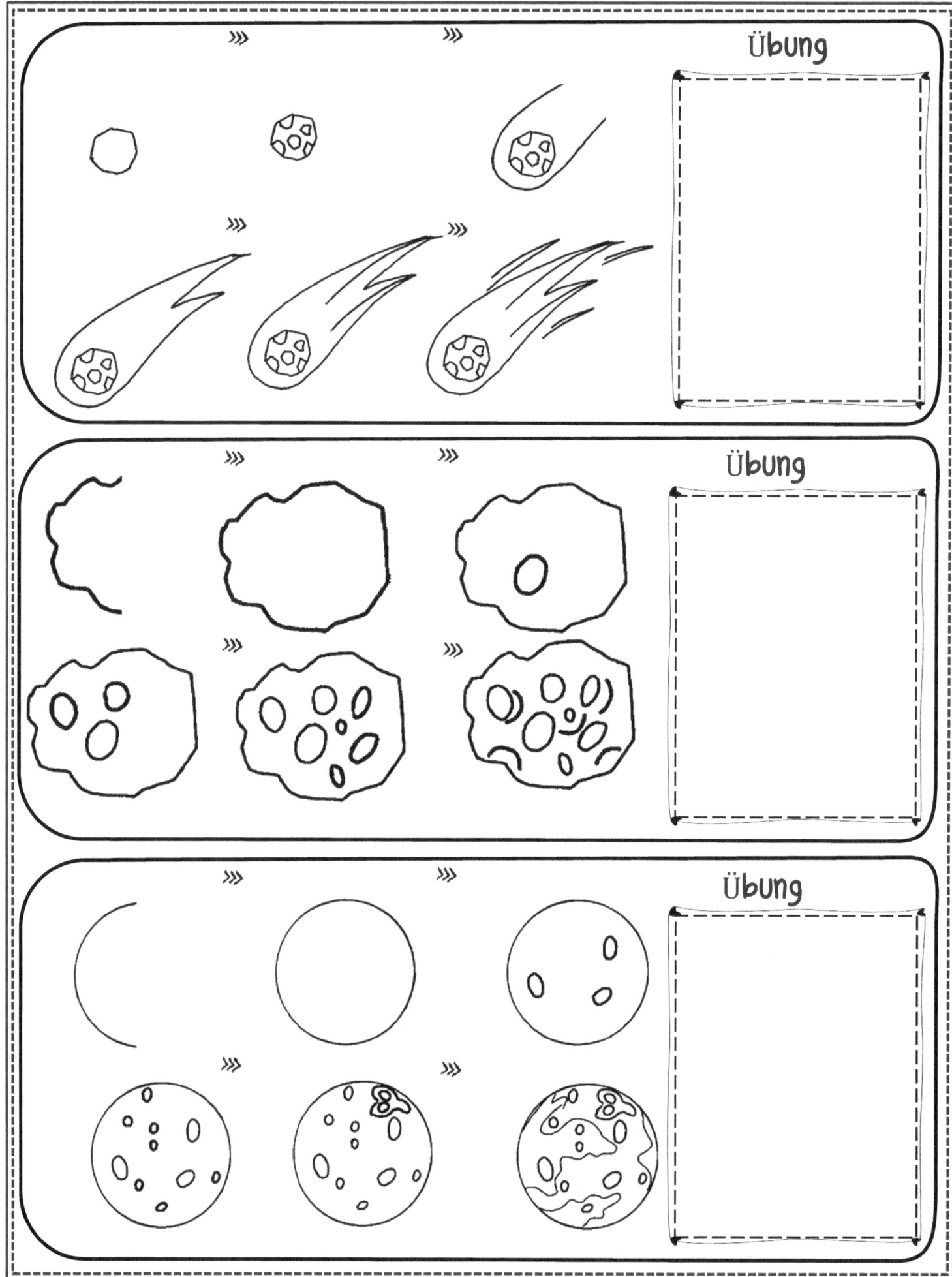

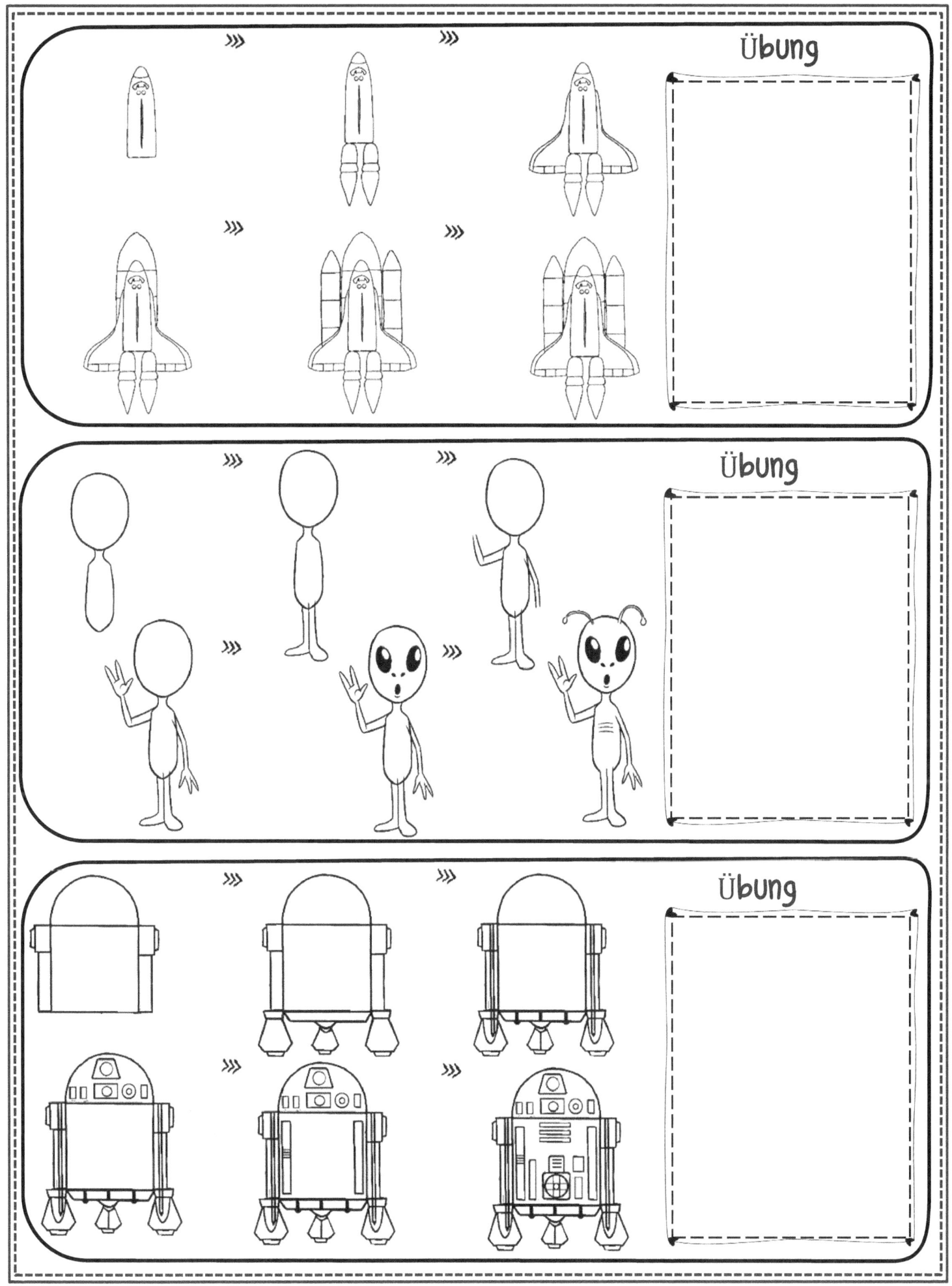

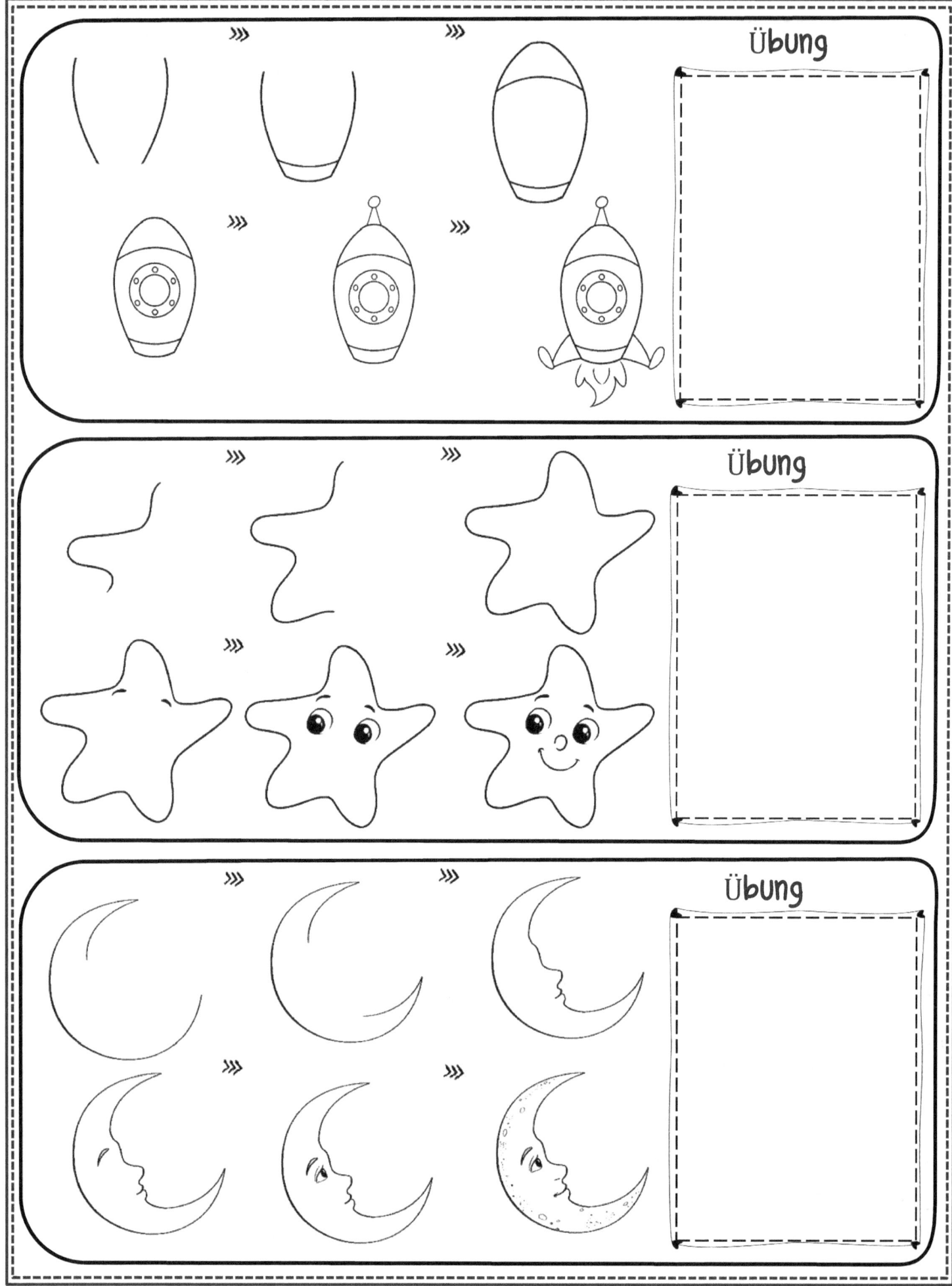

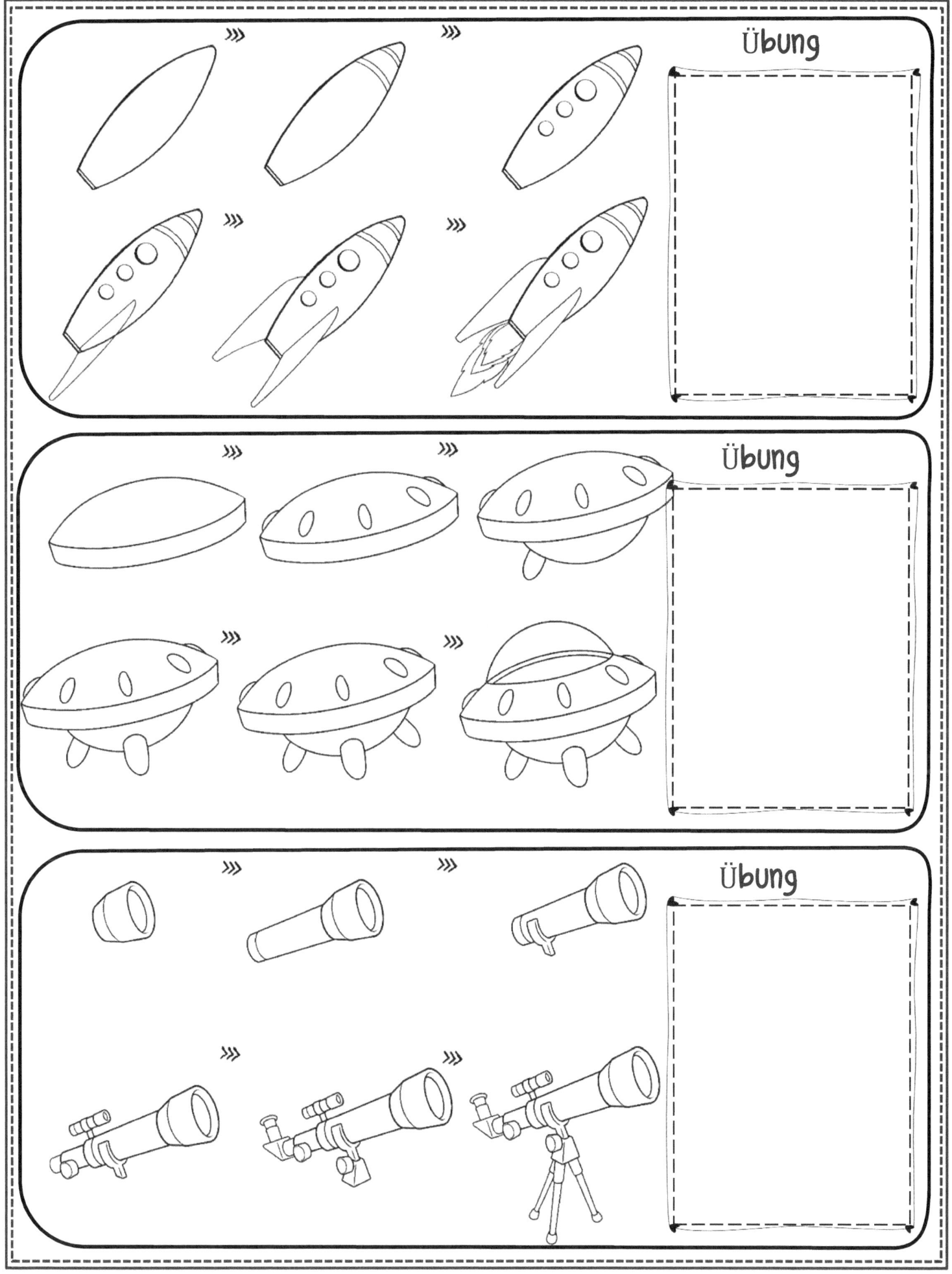

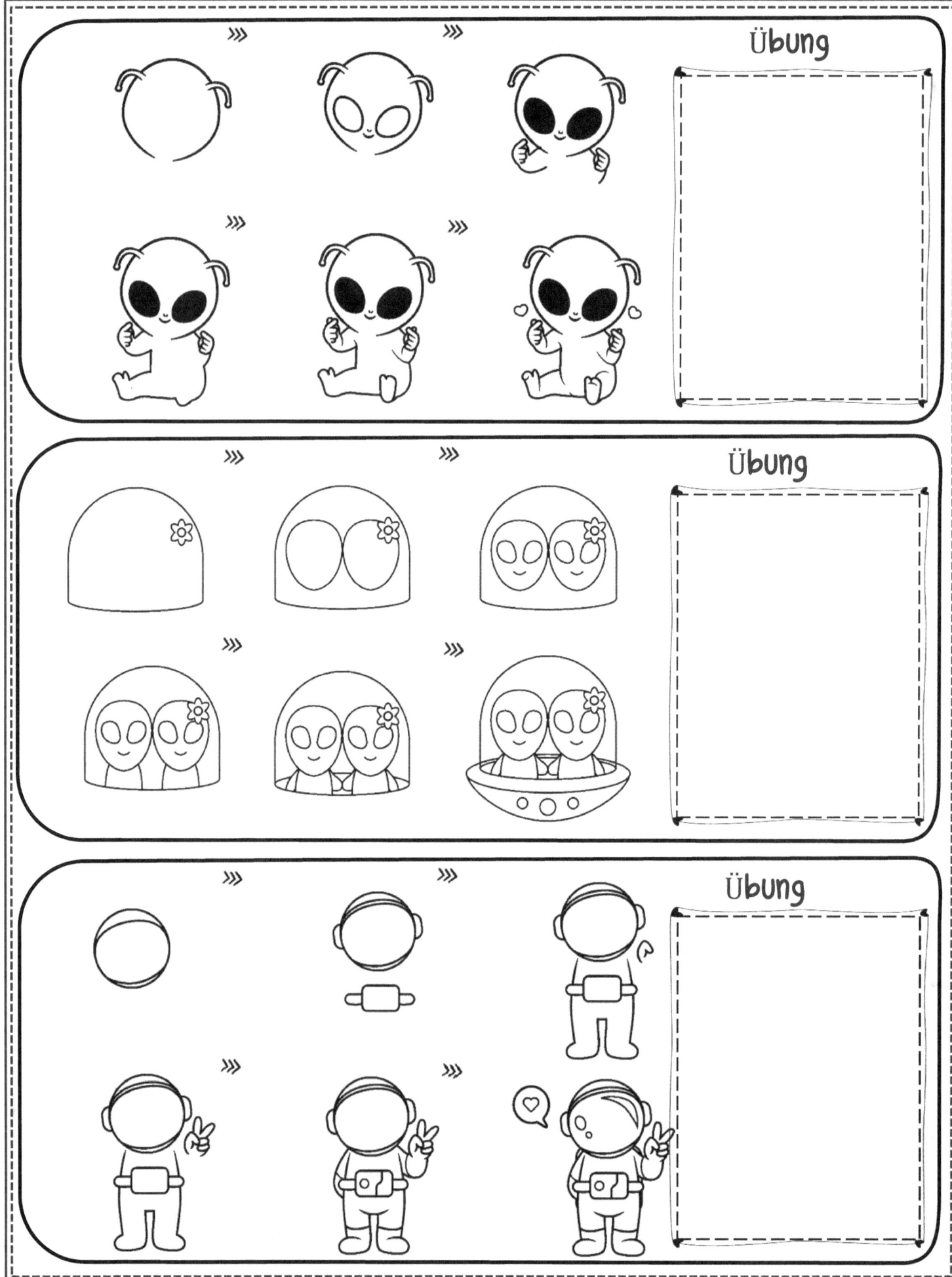

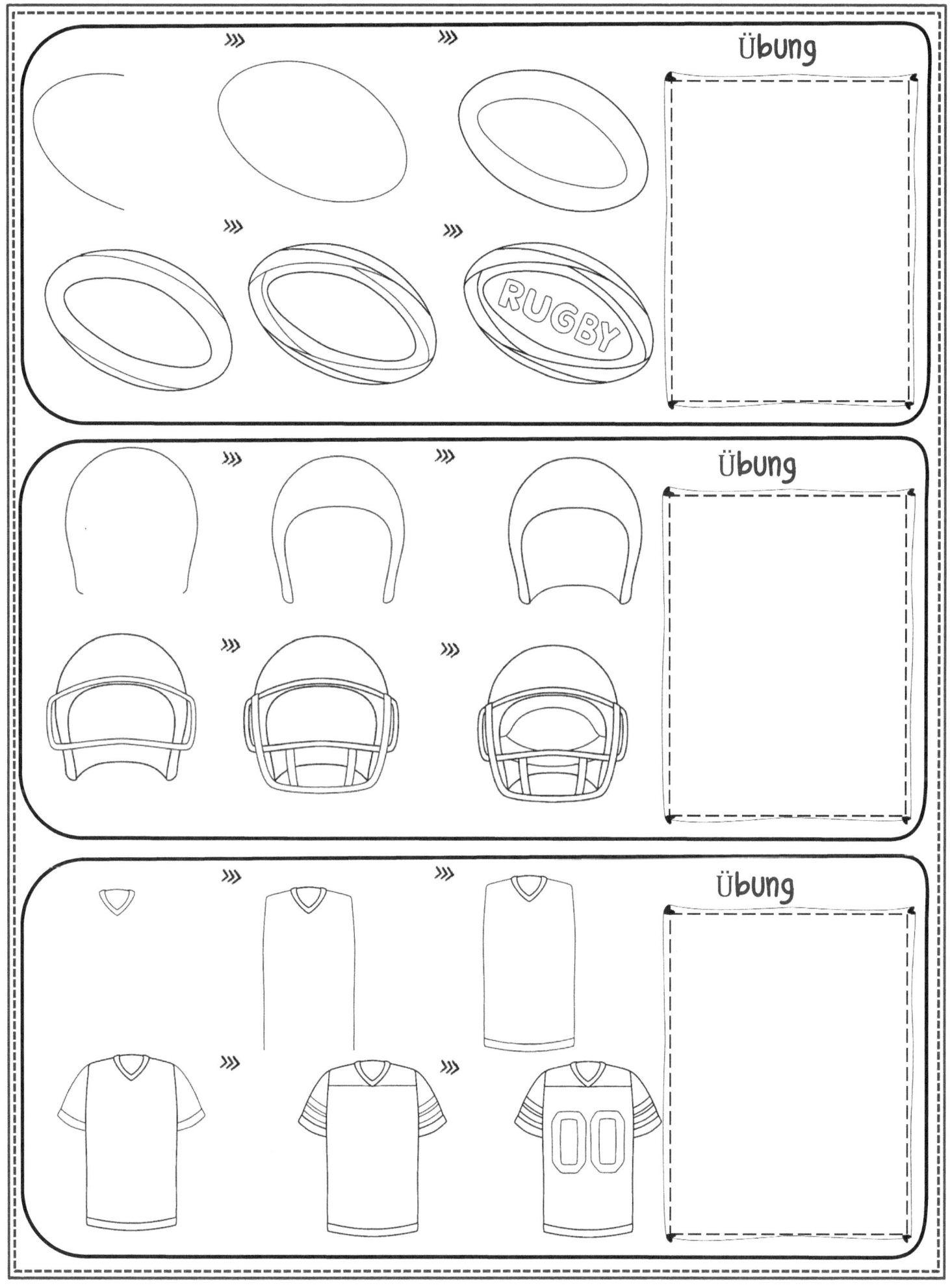

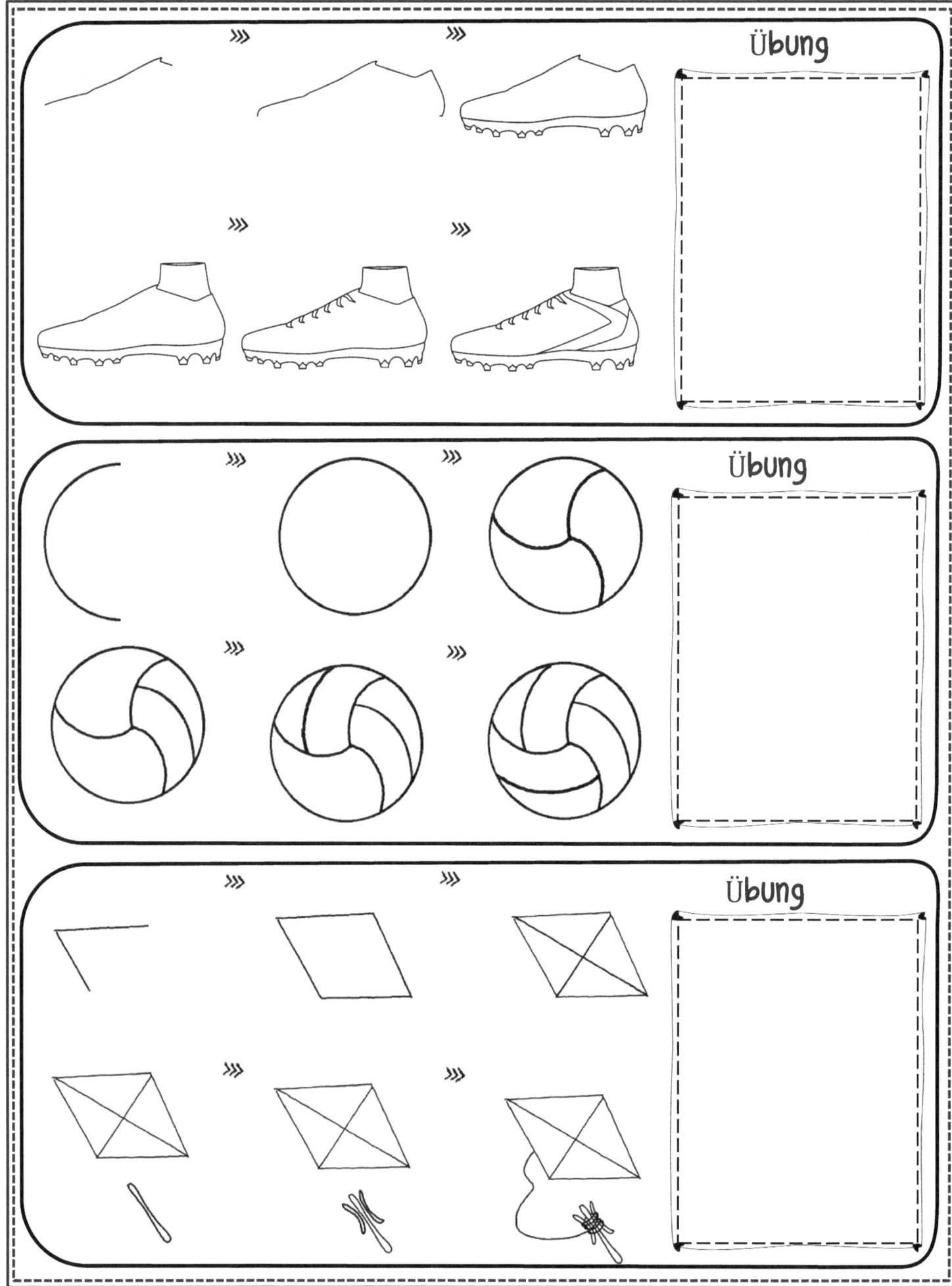

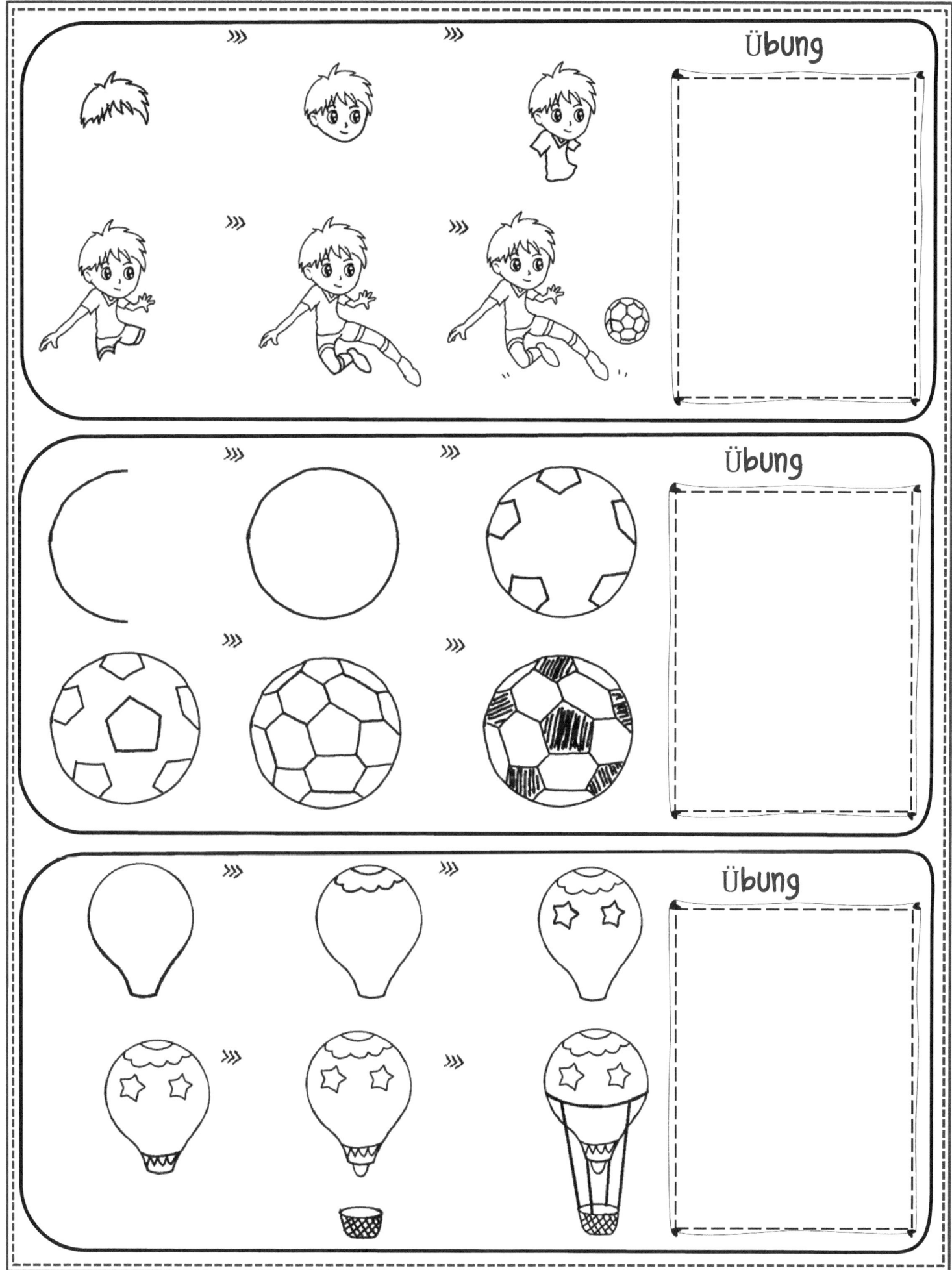

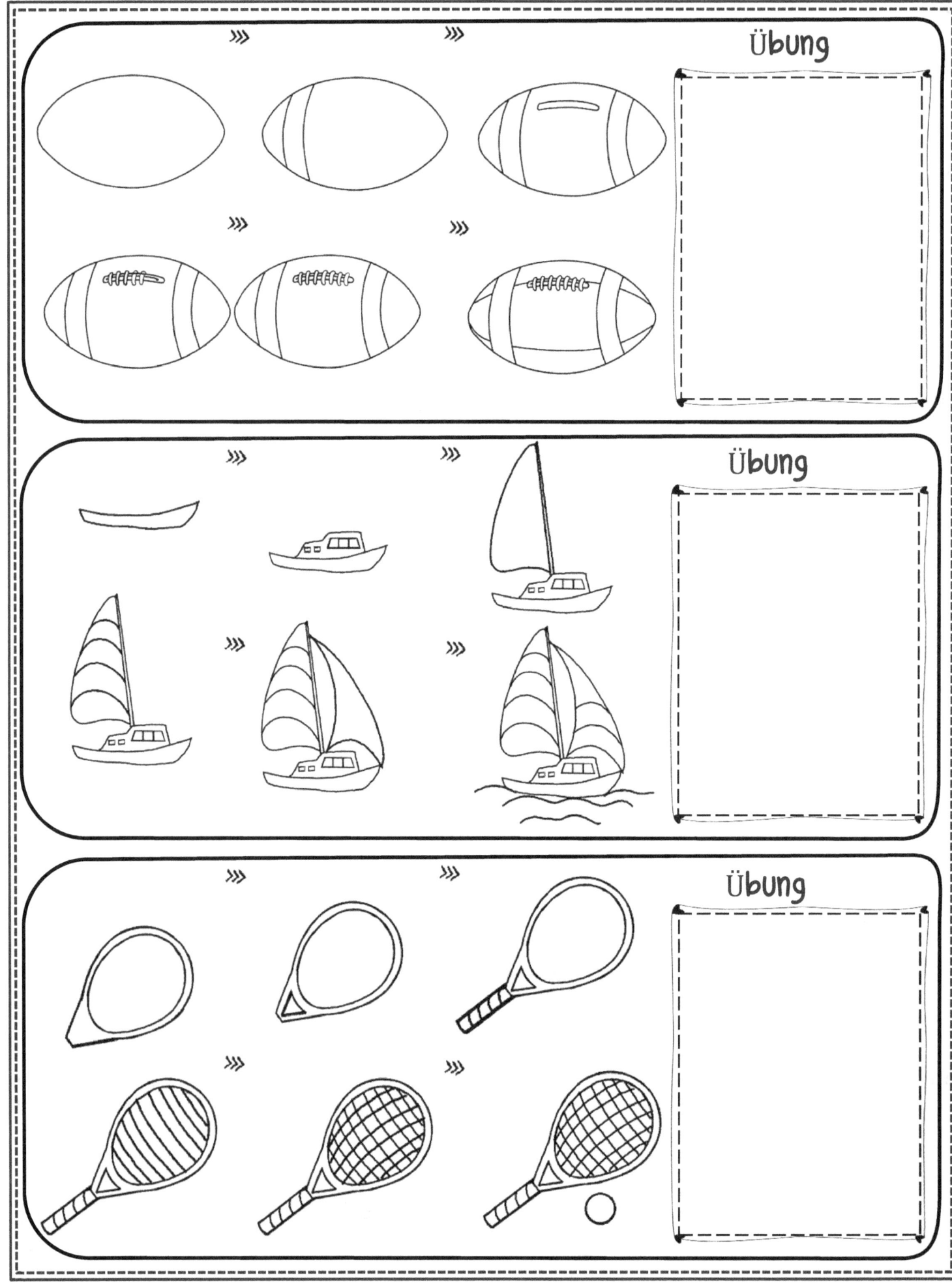

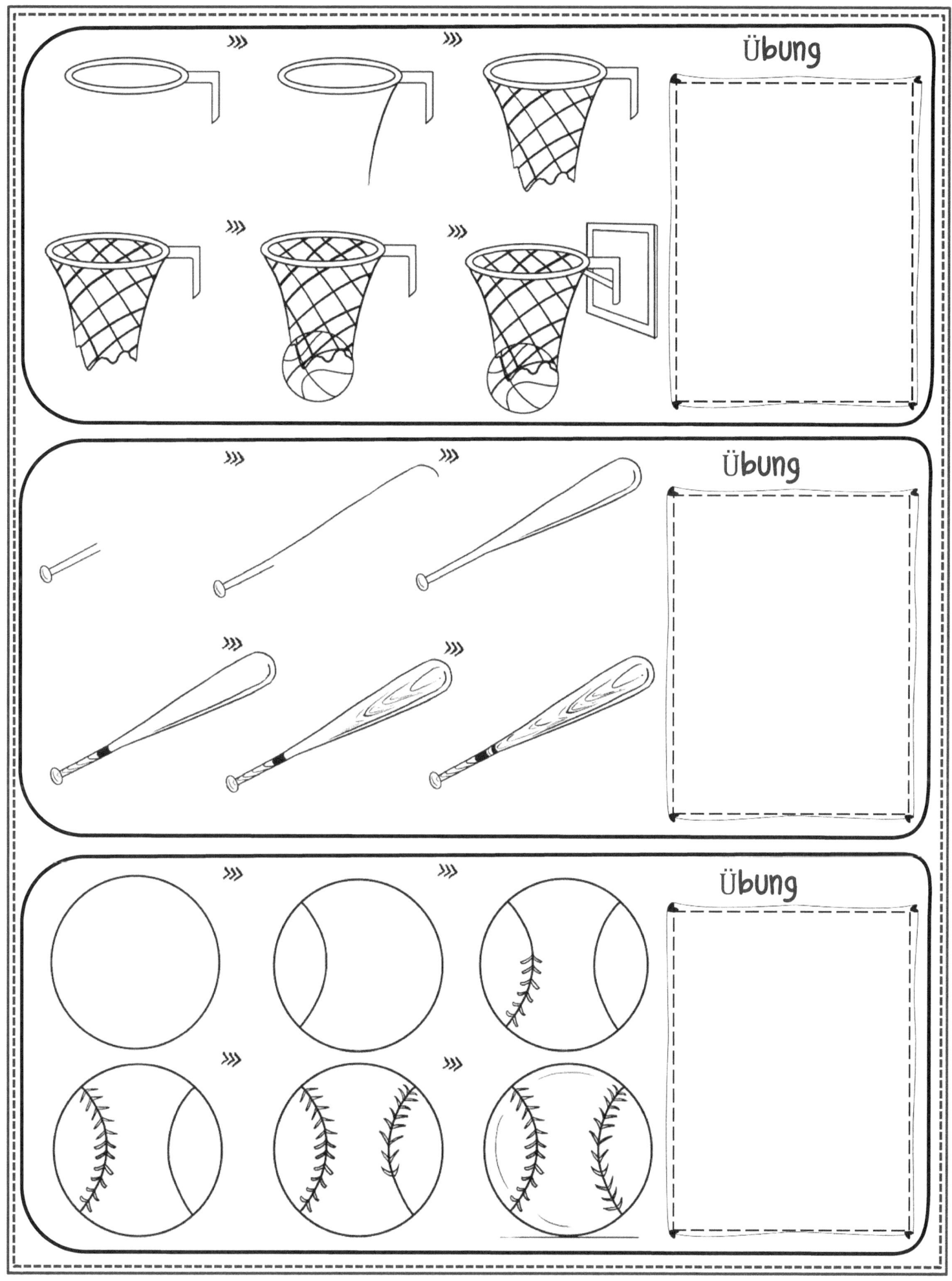

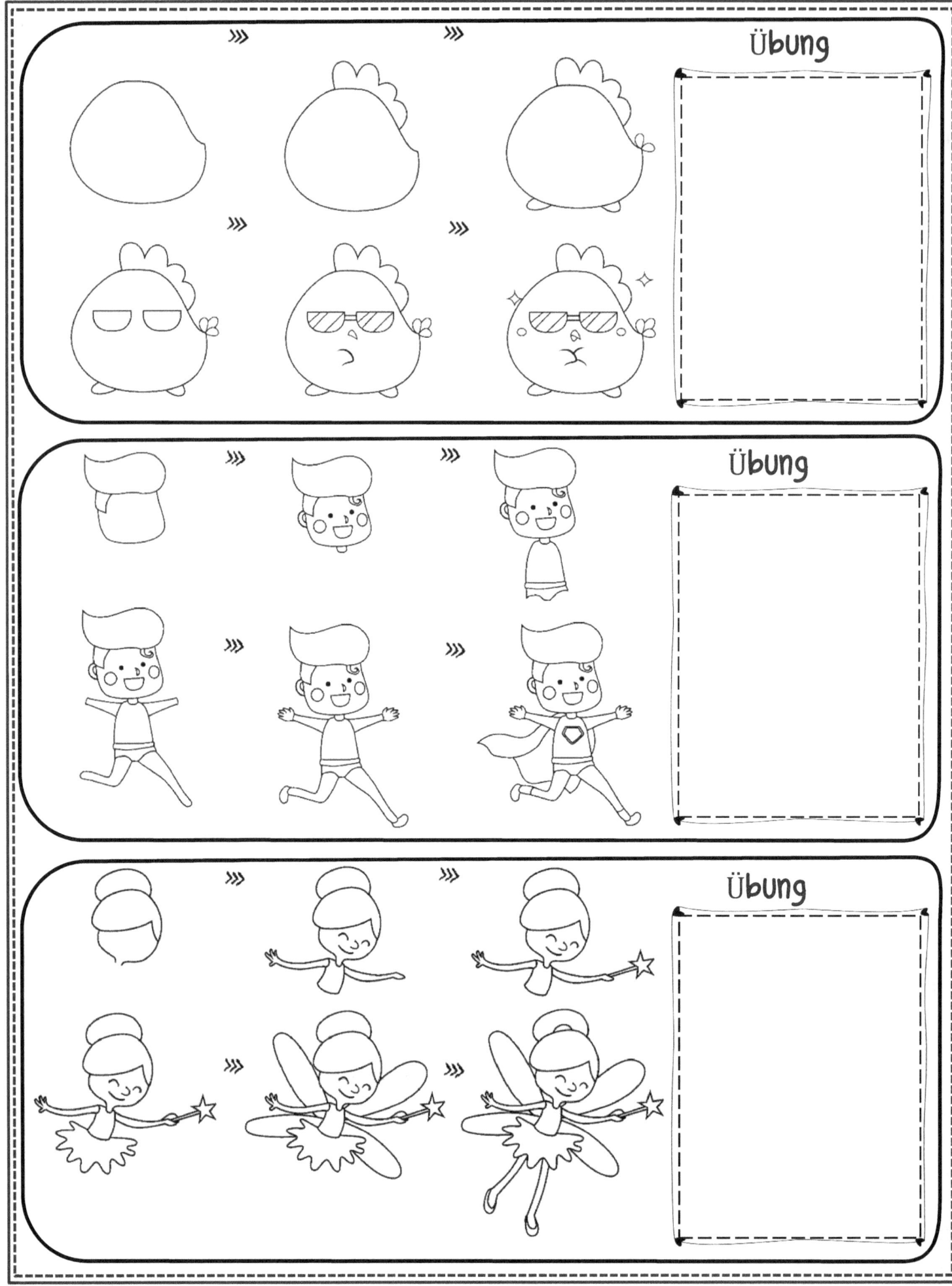

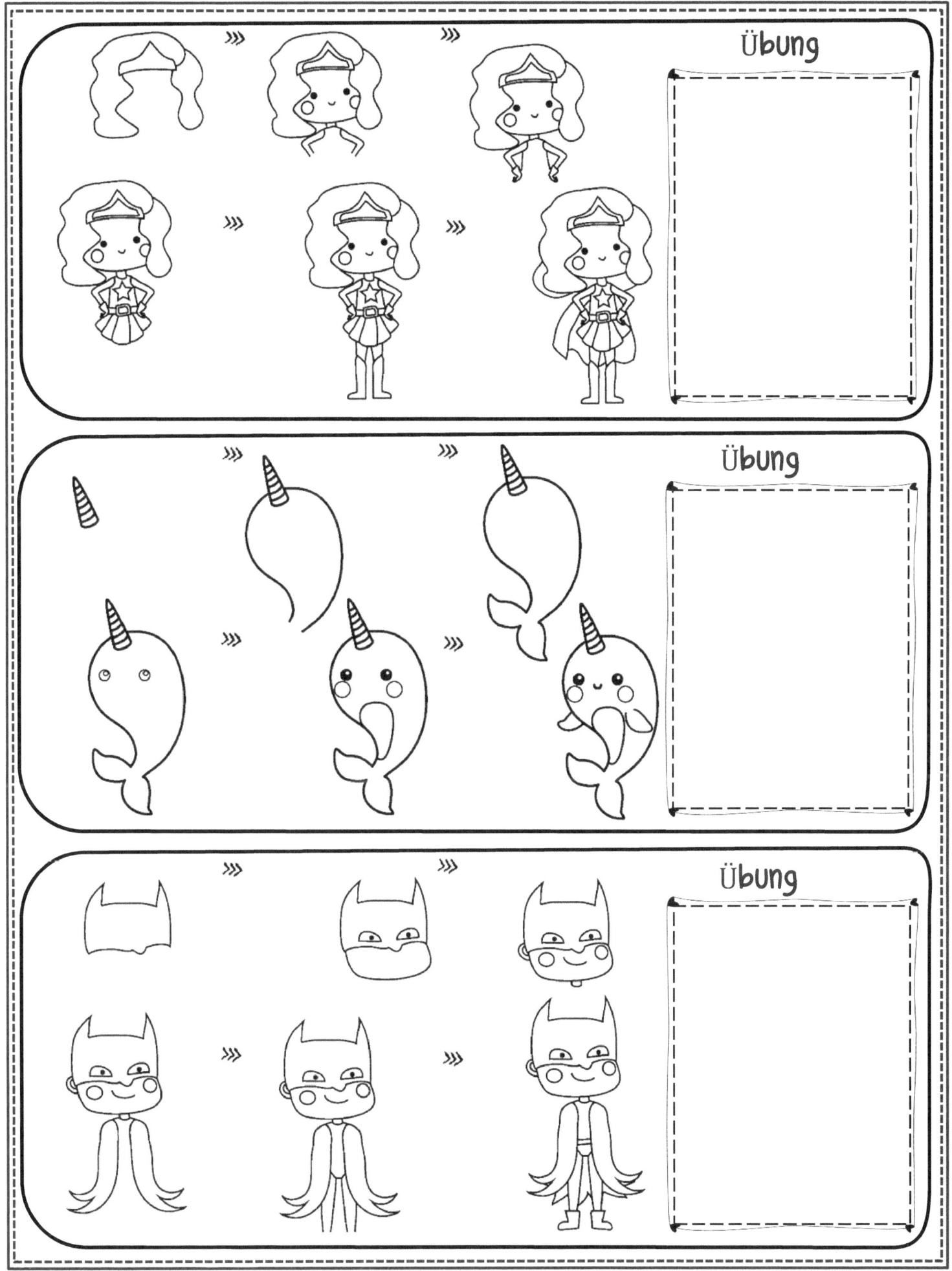

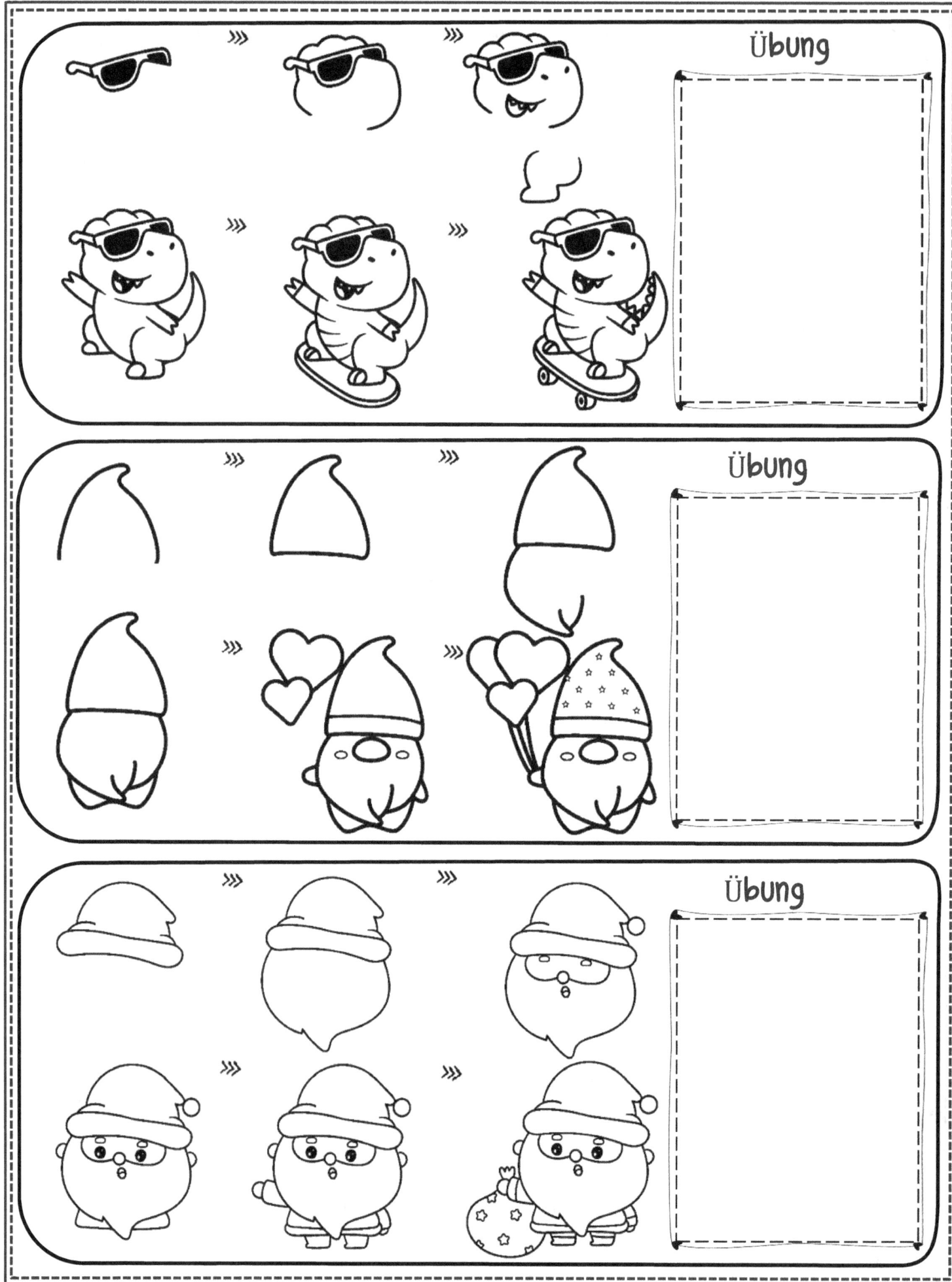

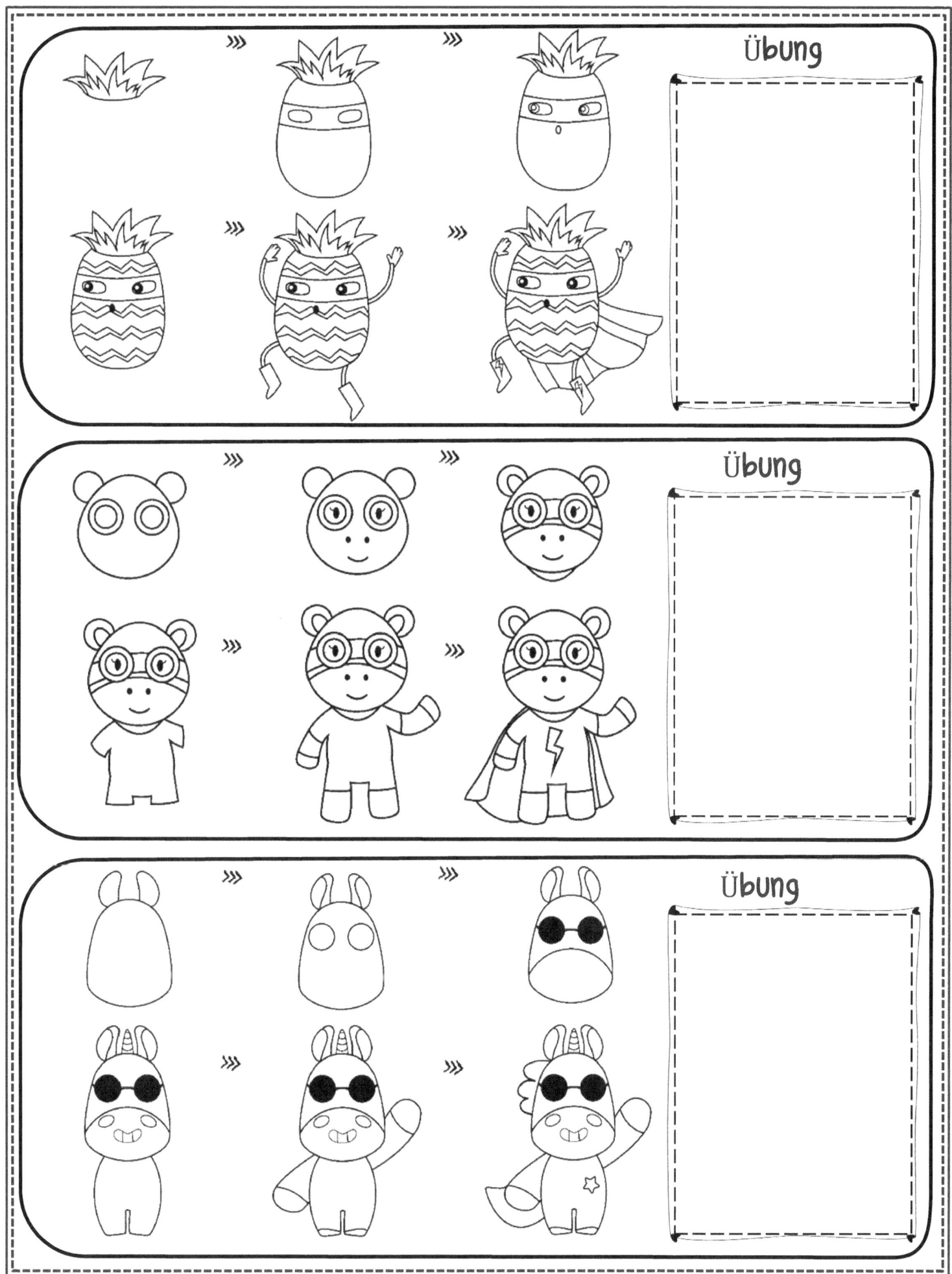

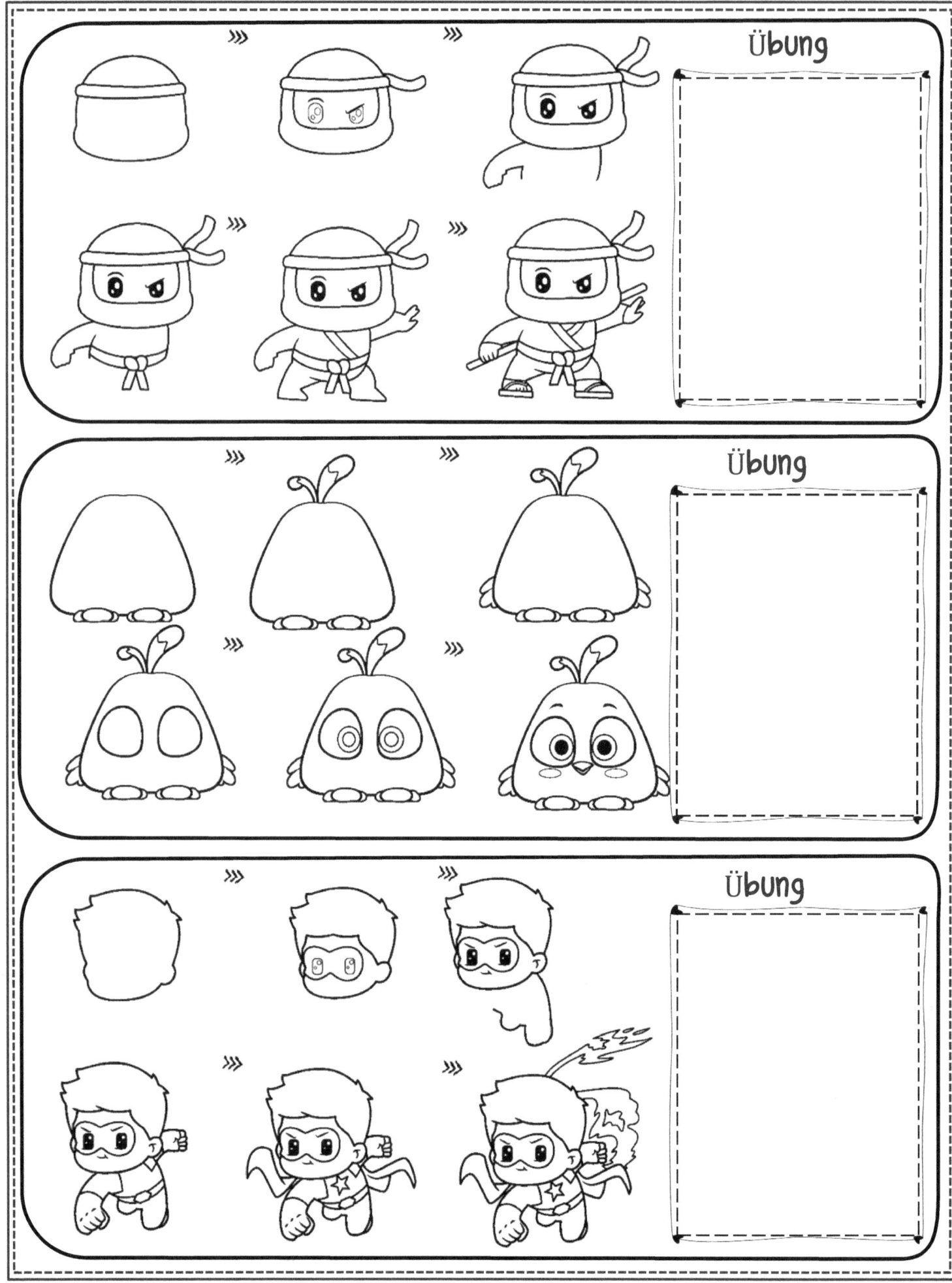

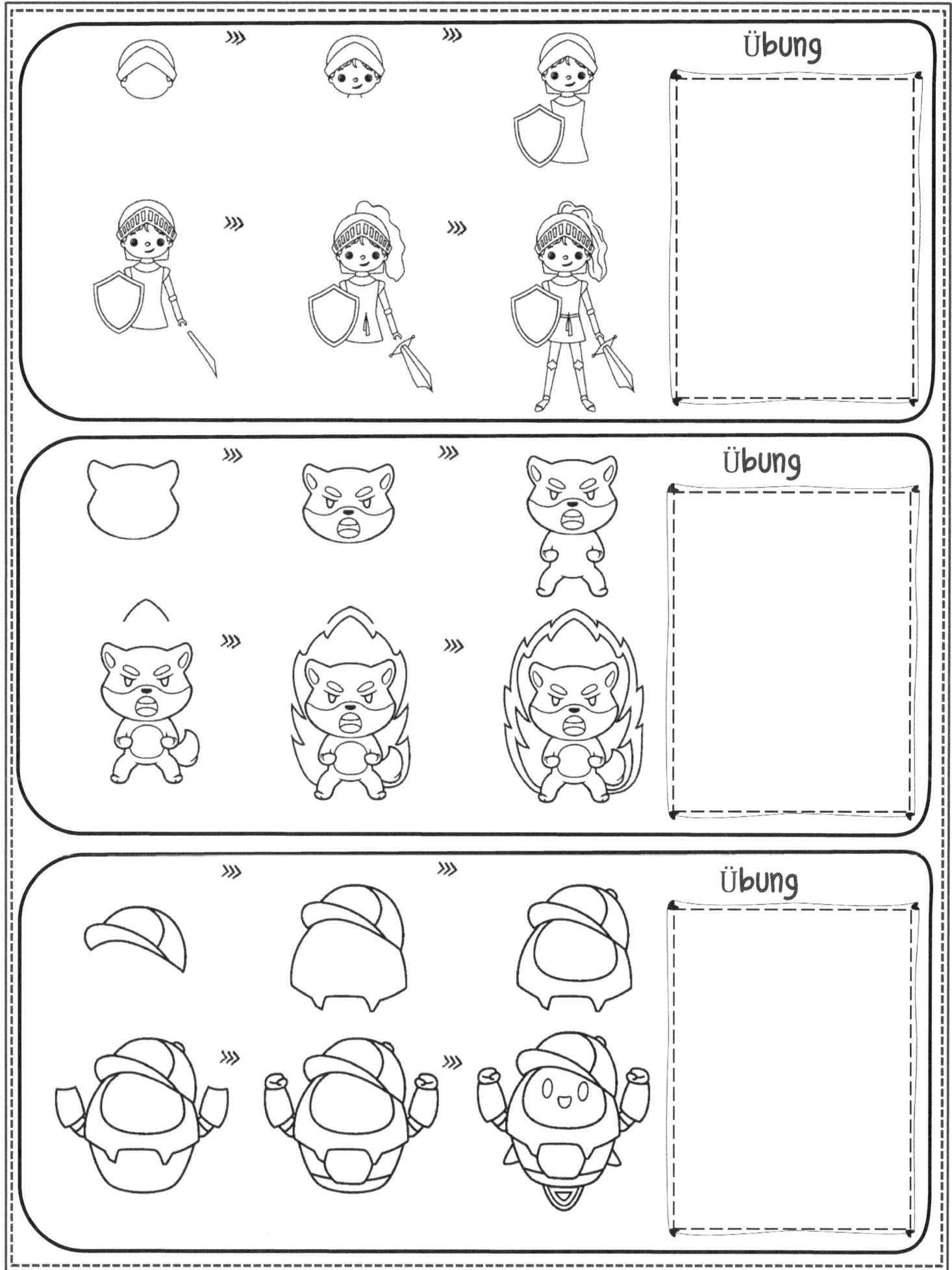

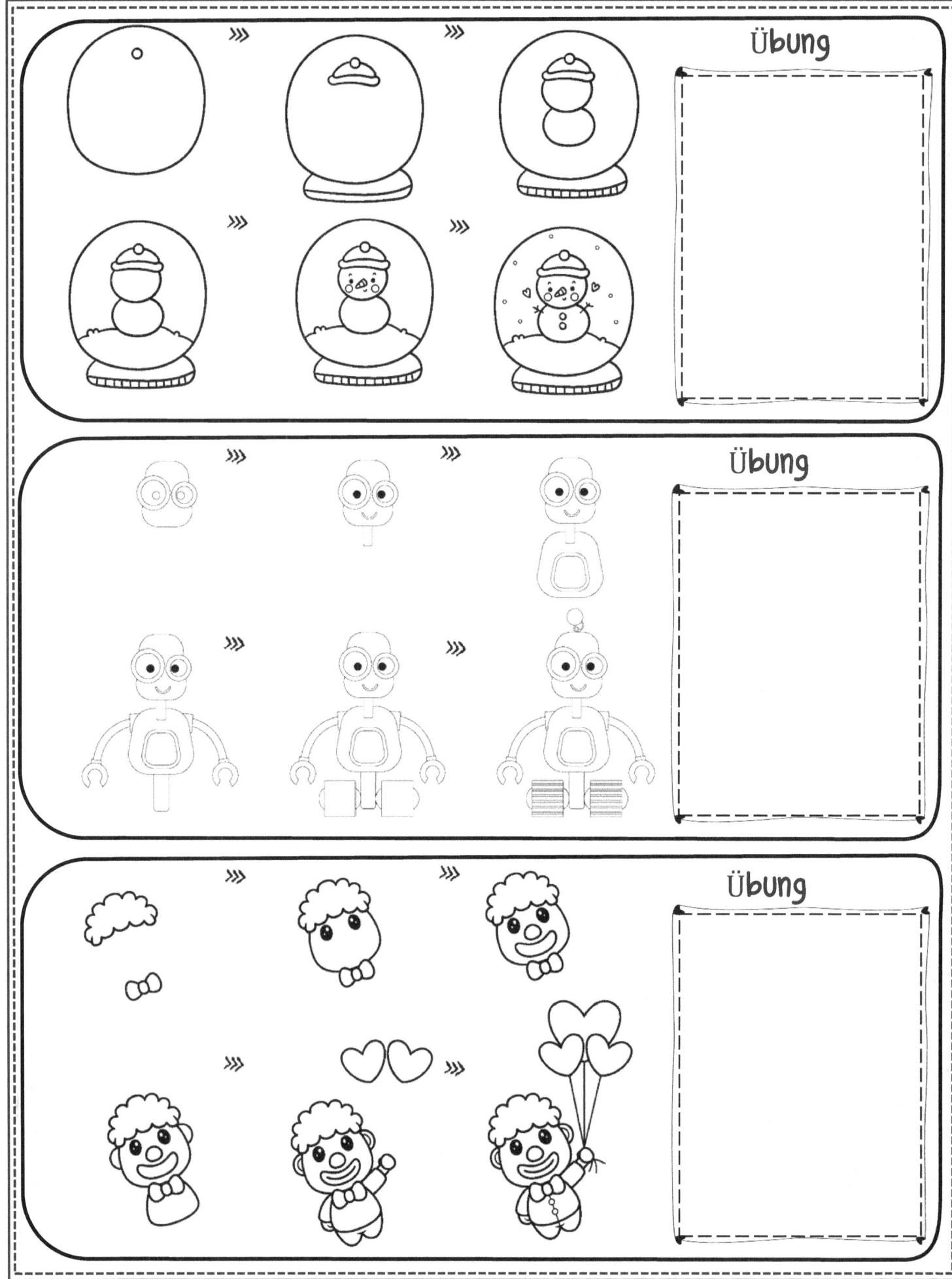

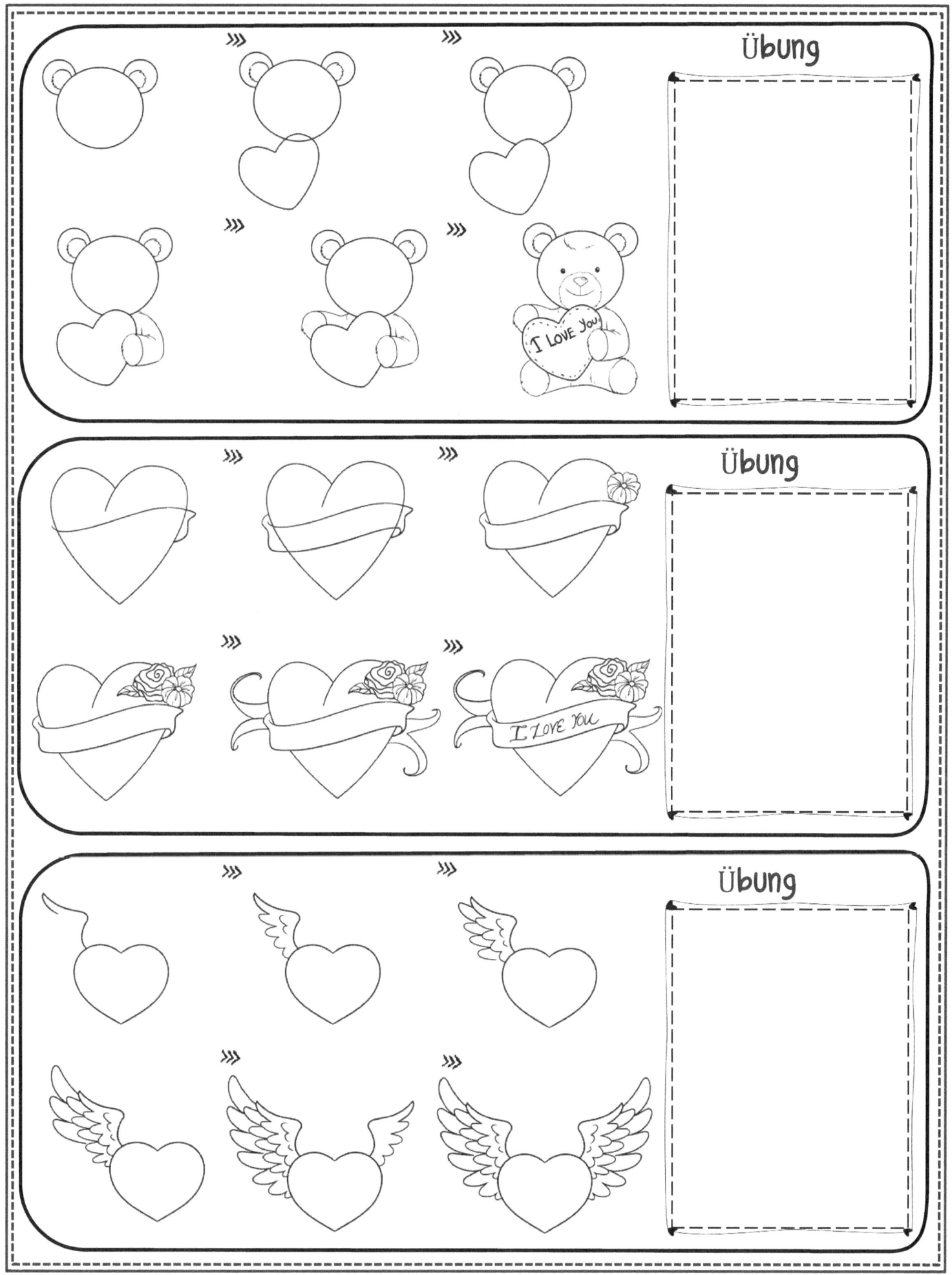

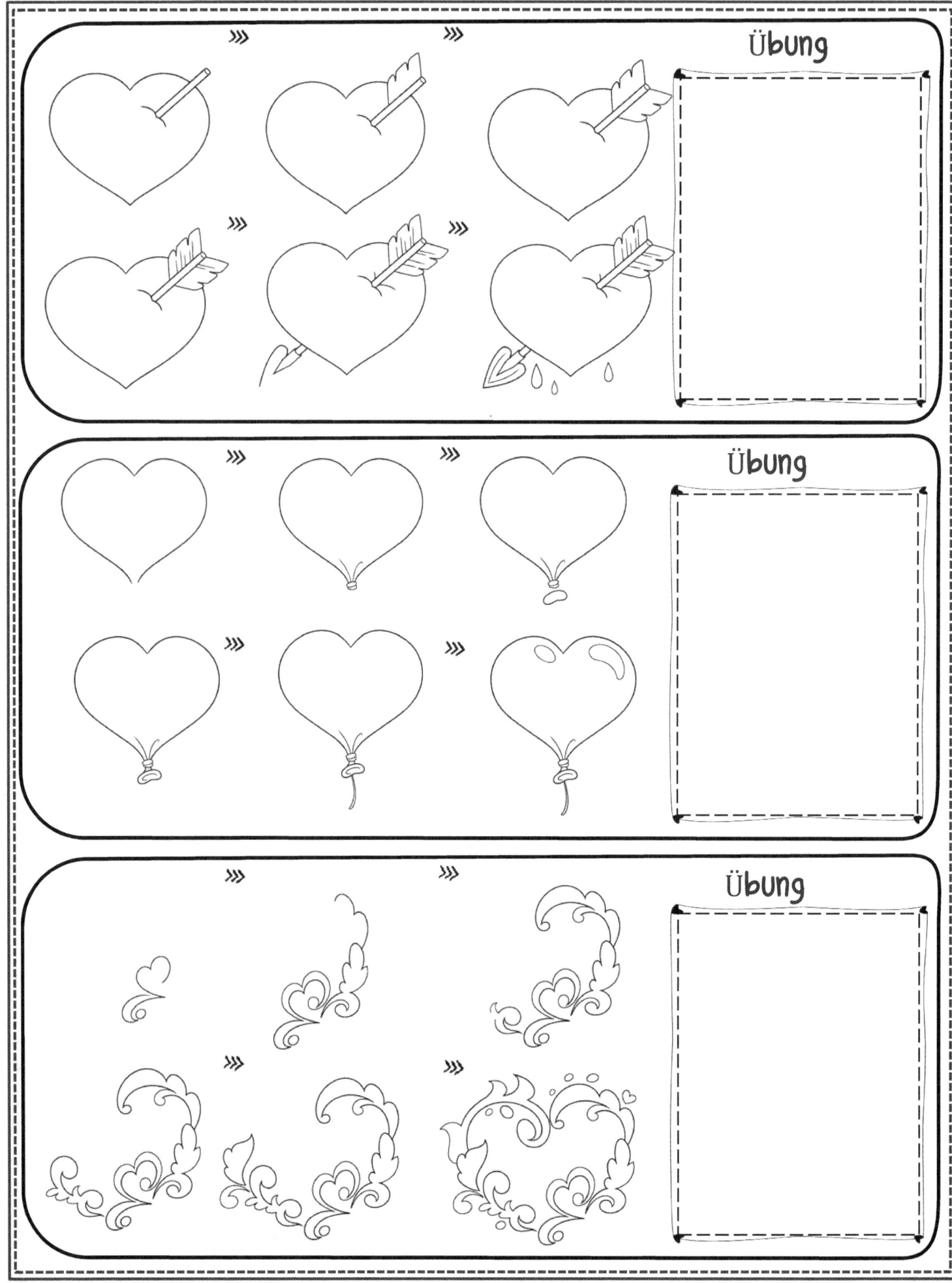

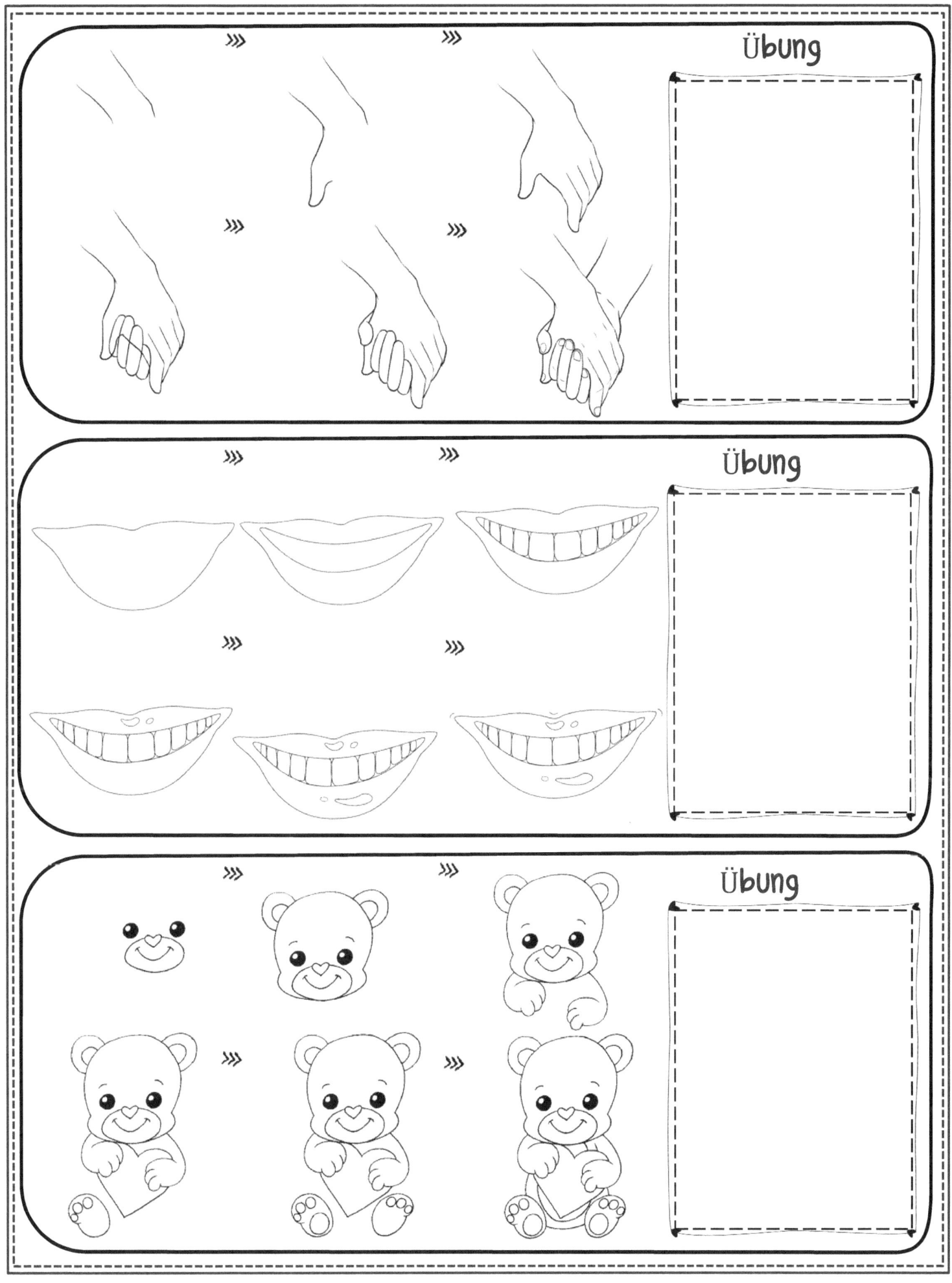

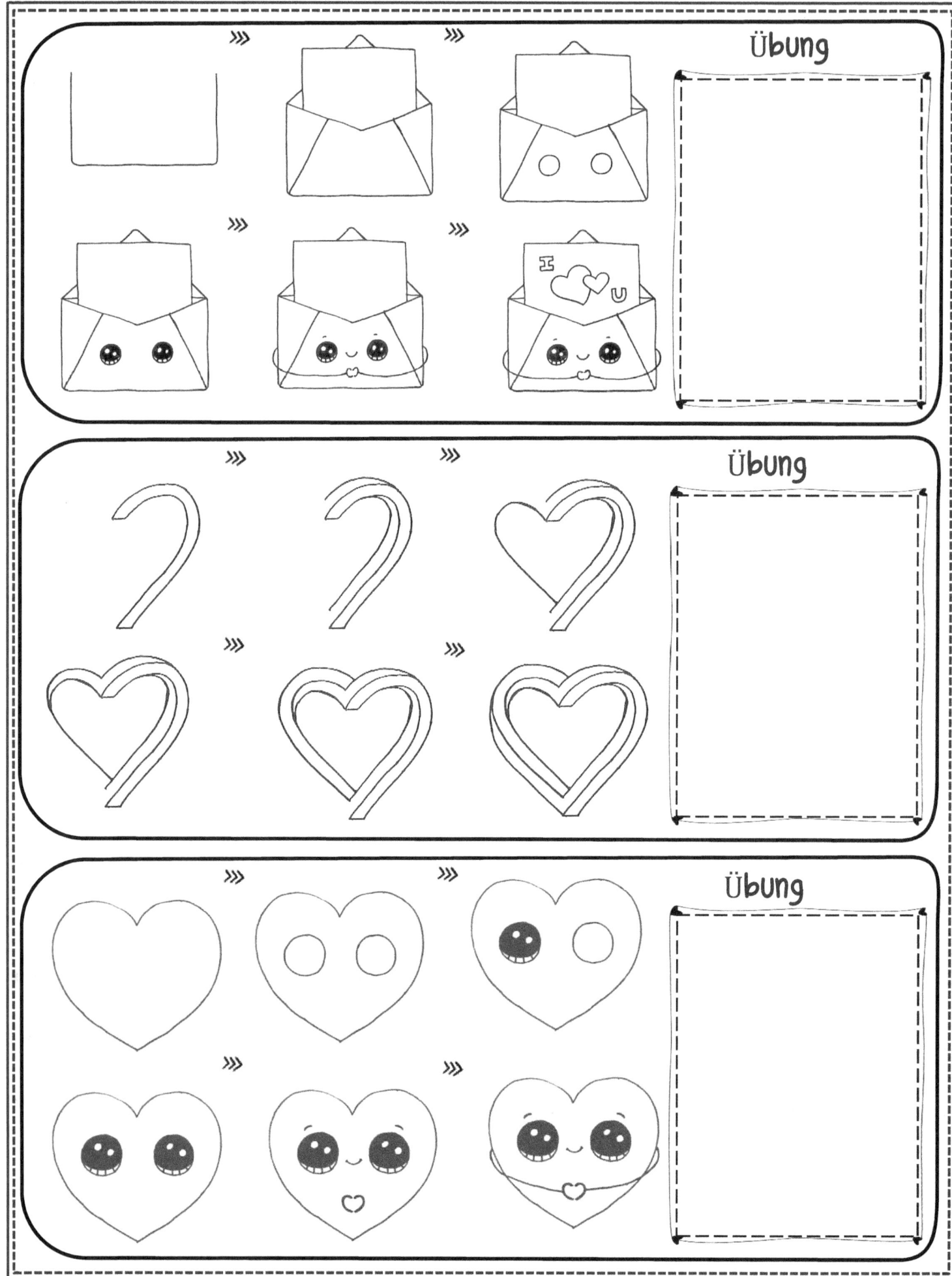

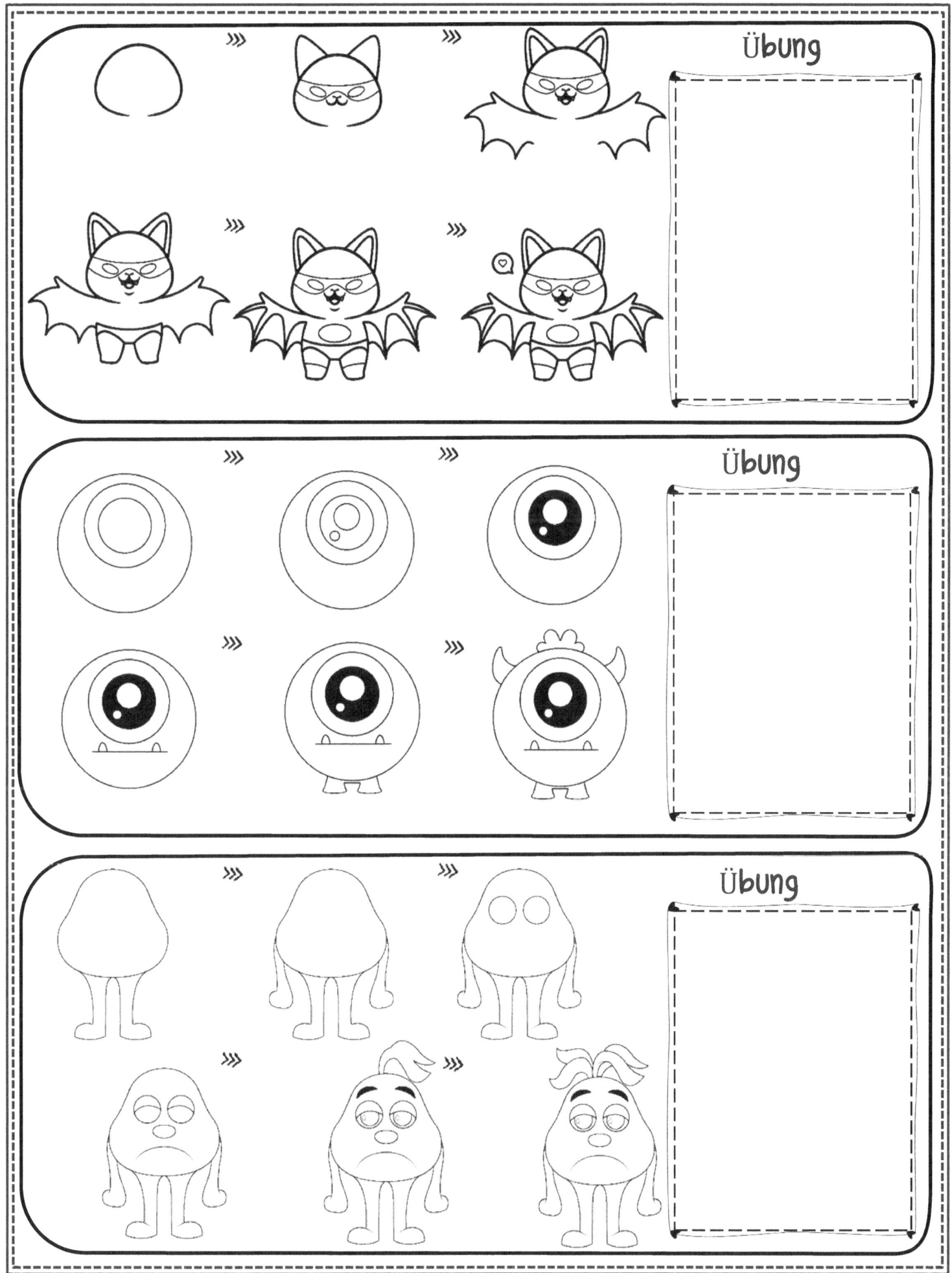

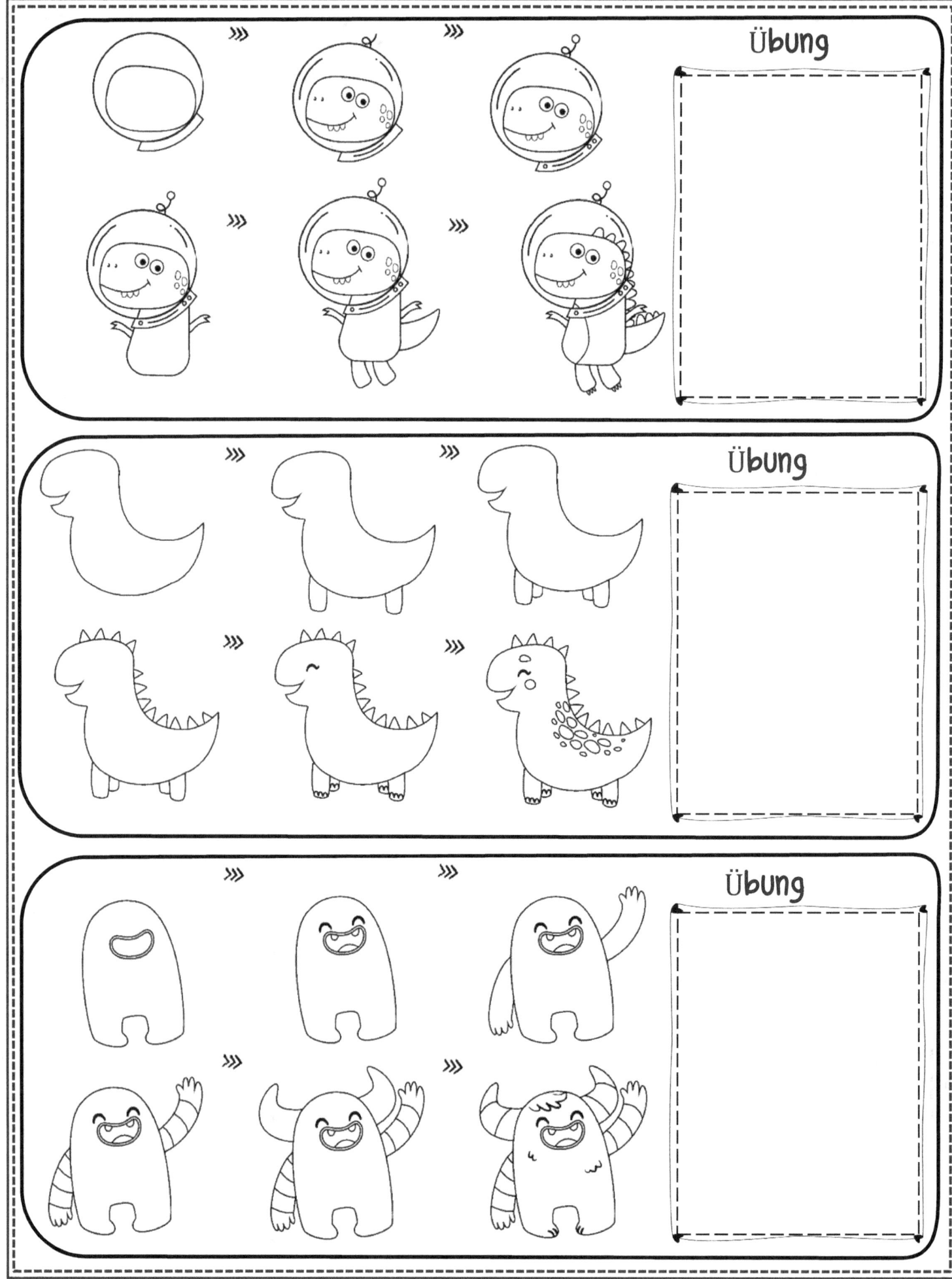

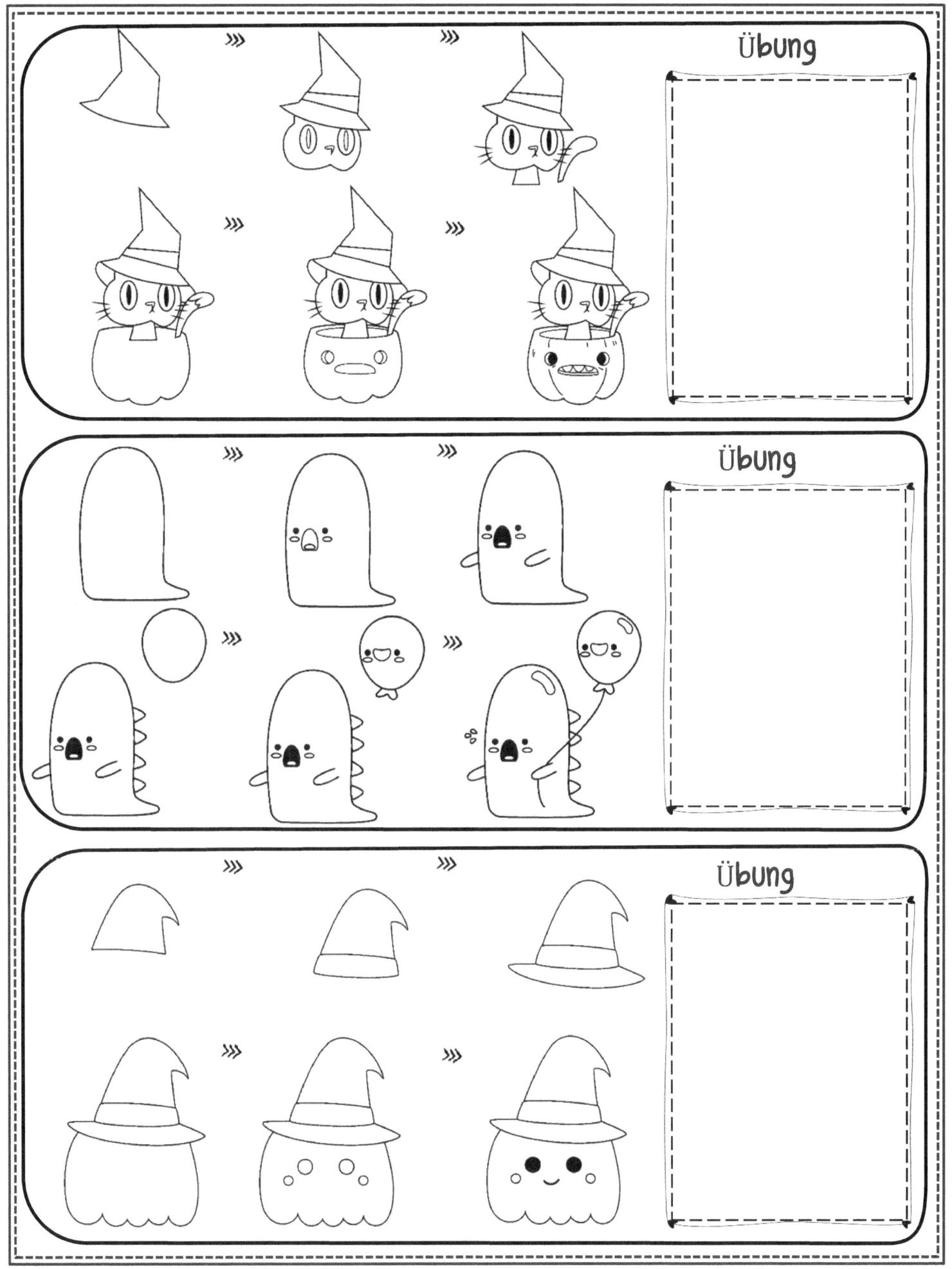

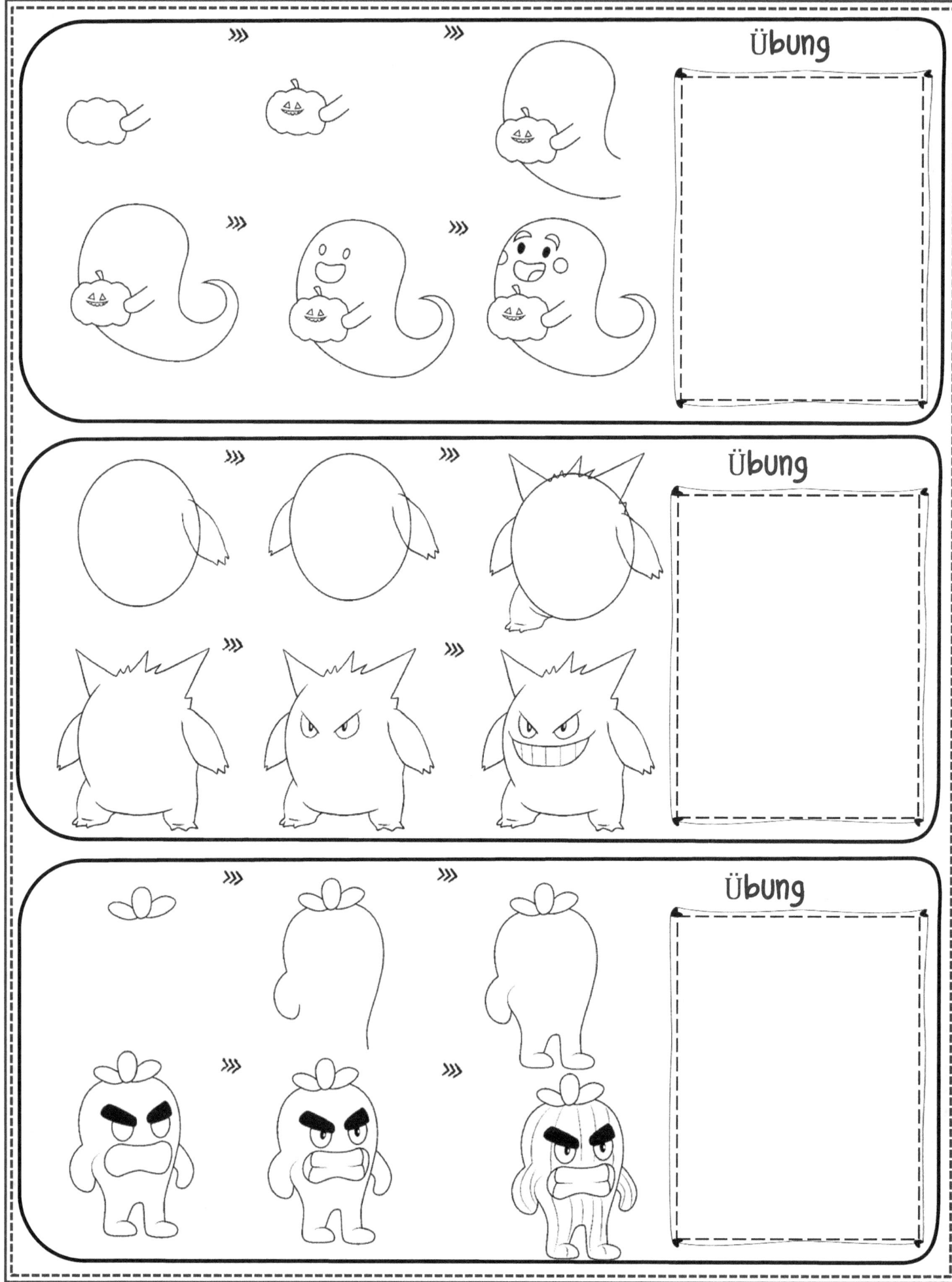

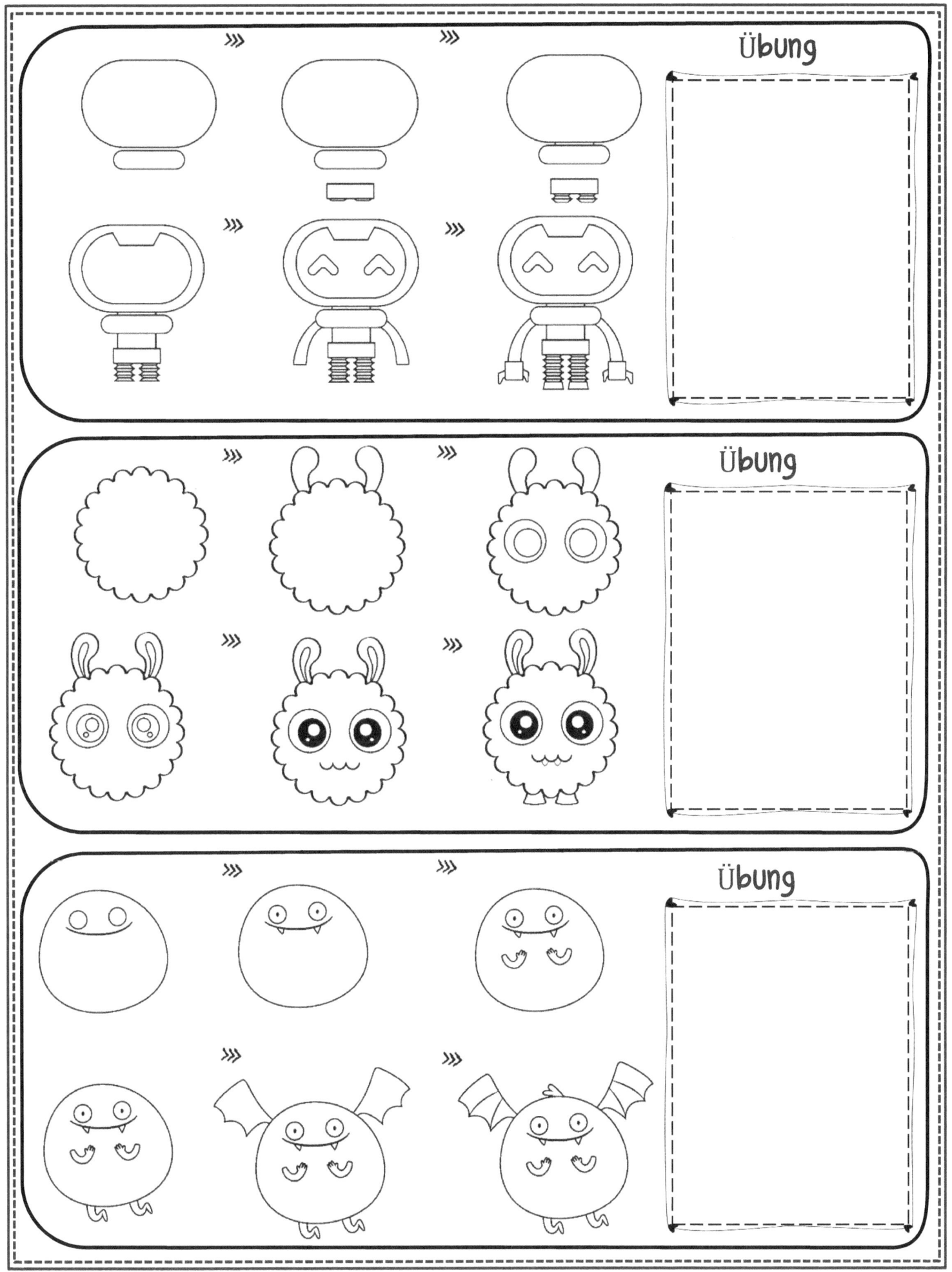

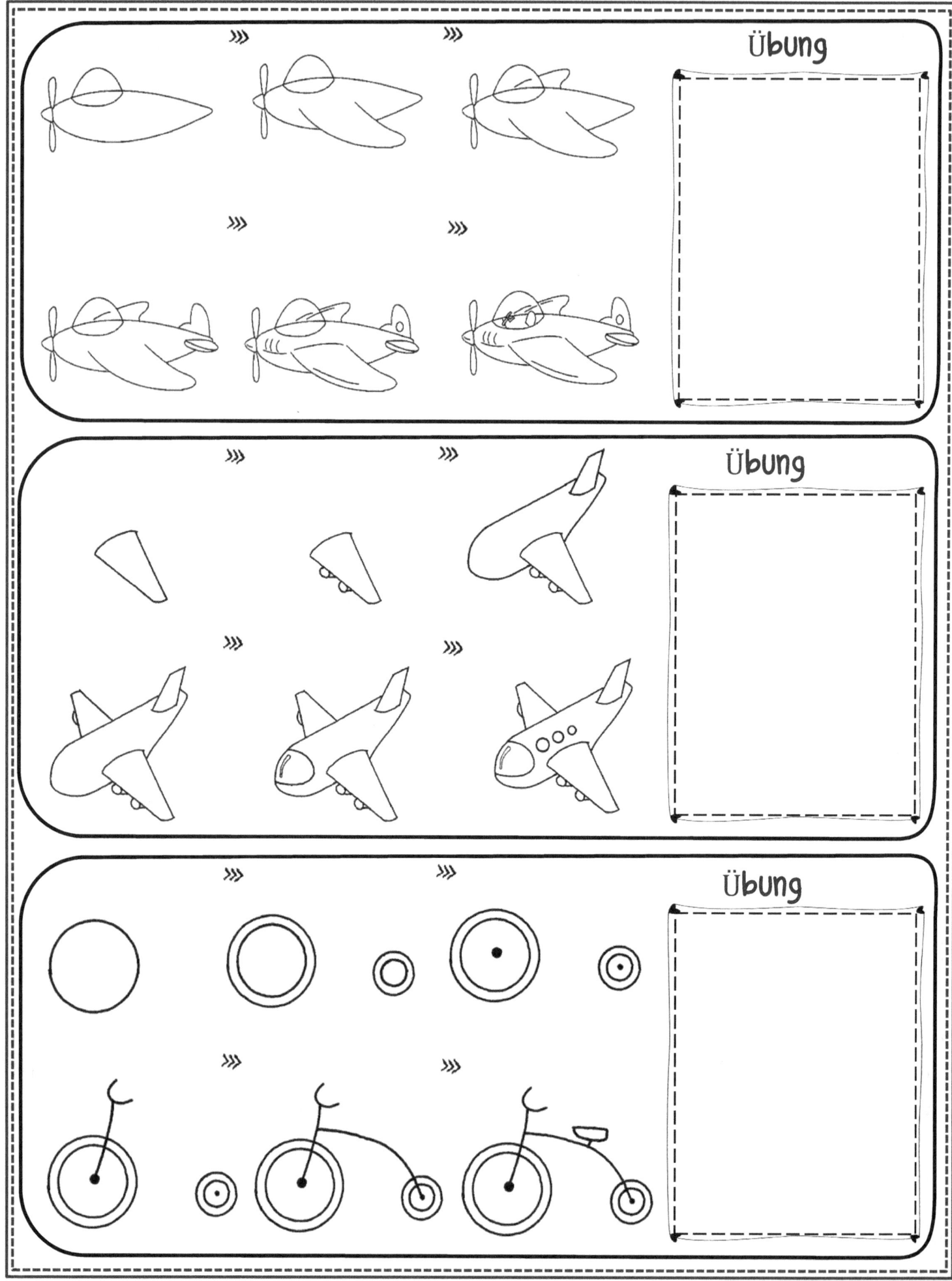

Übung

Übung

Übung

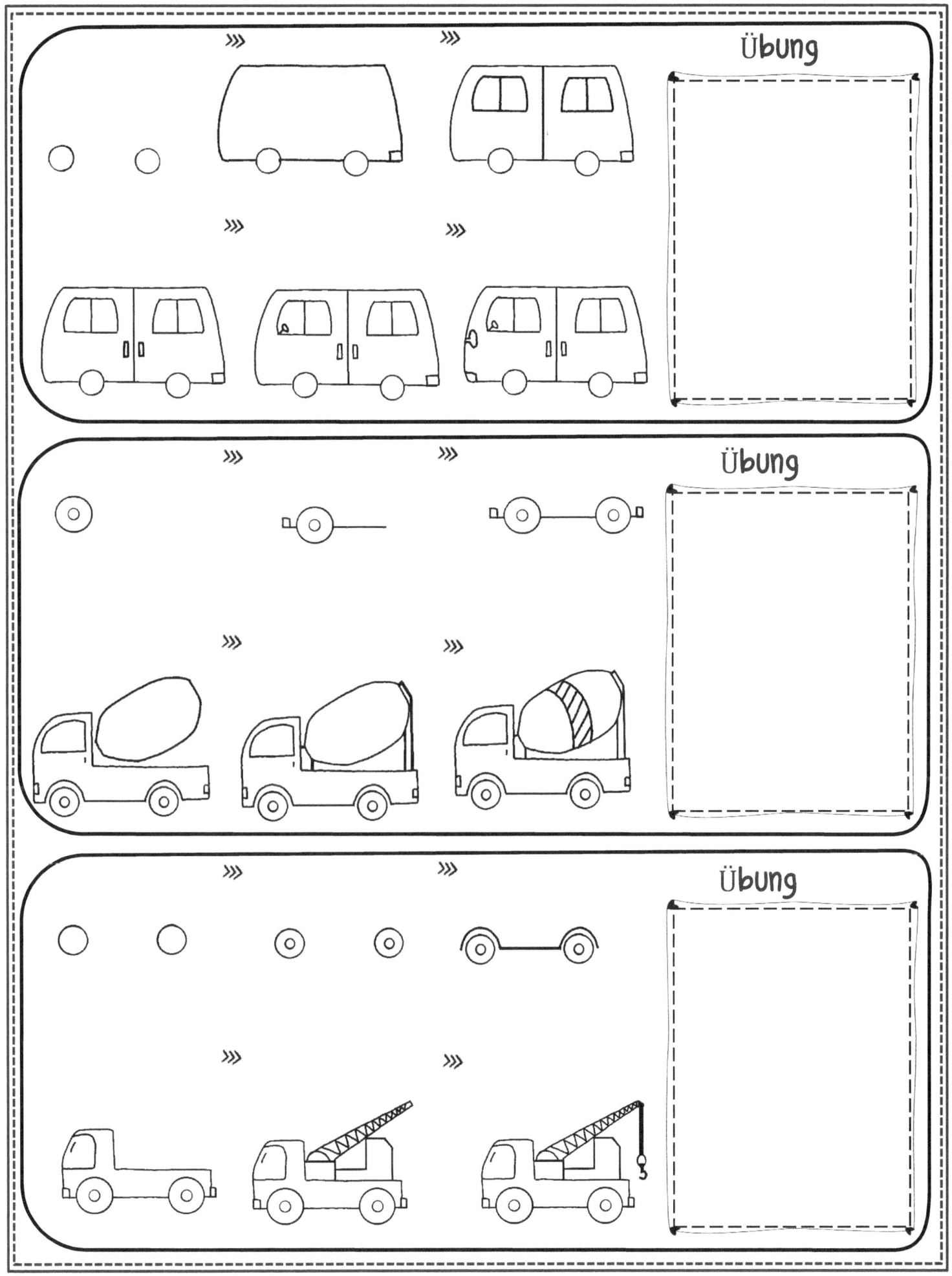

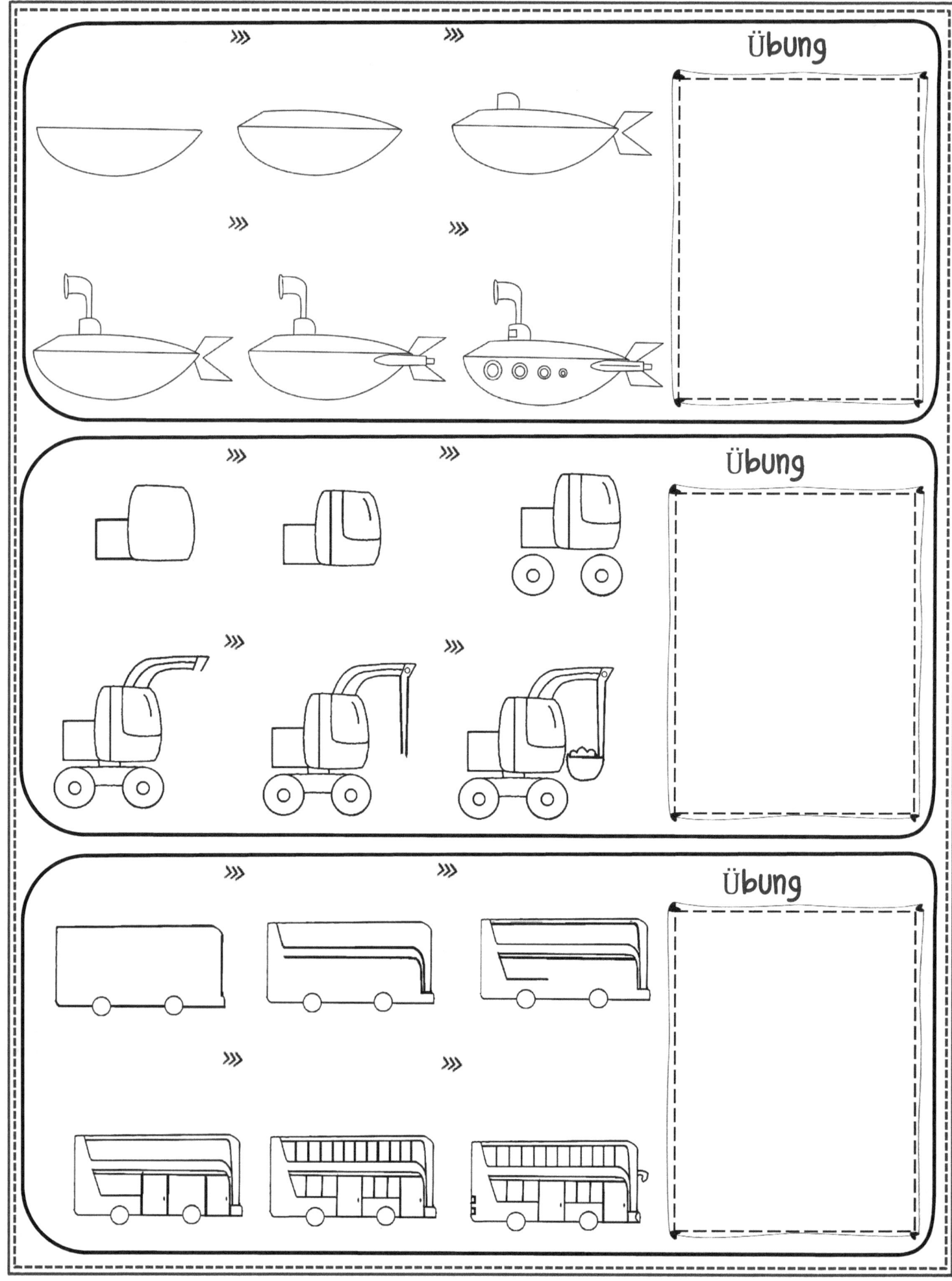

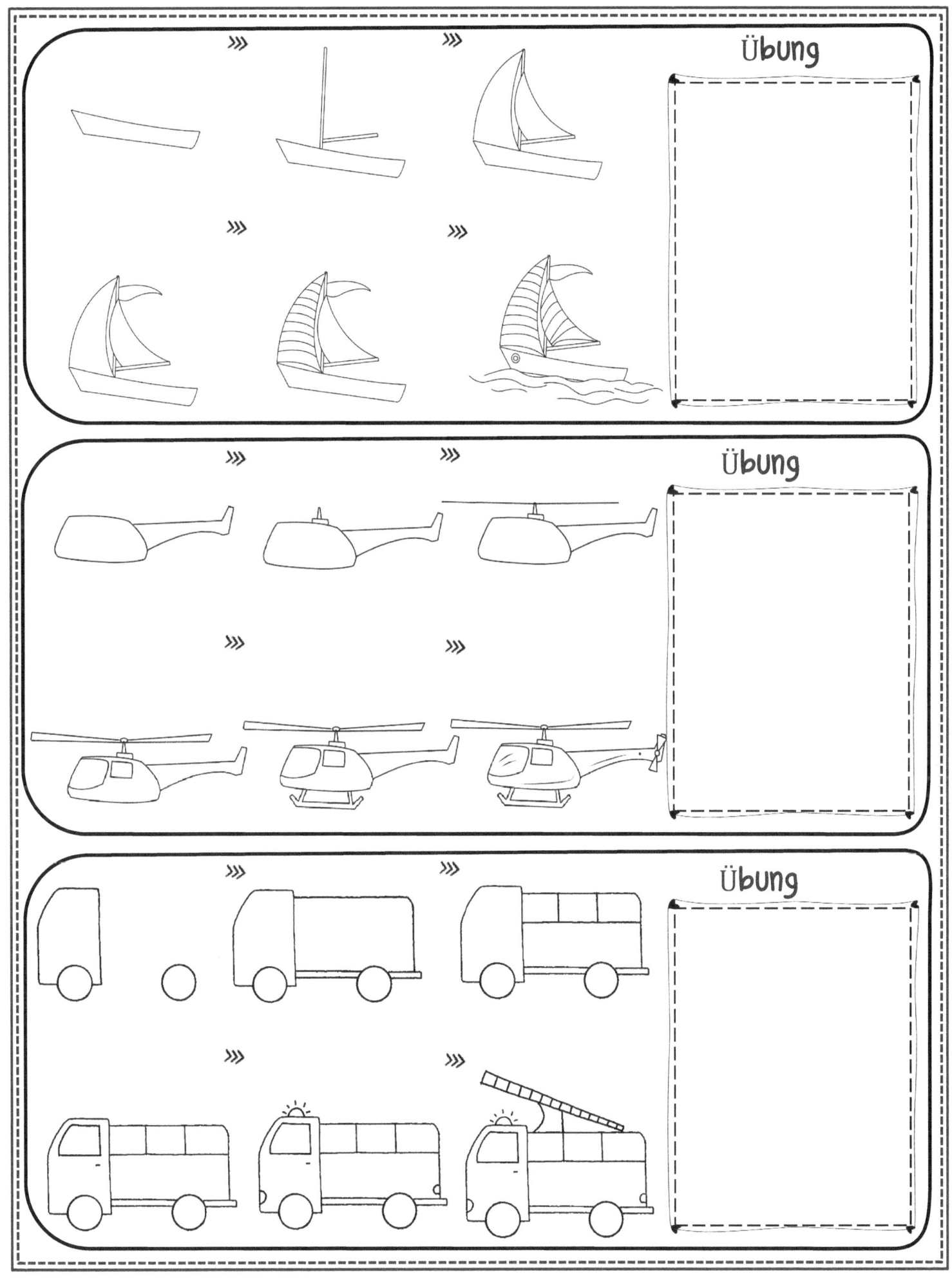

Übung

Übung

Übung

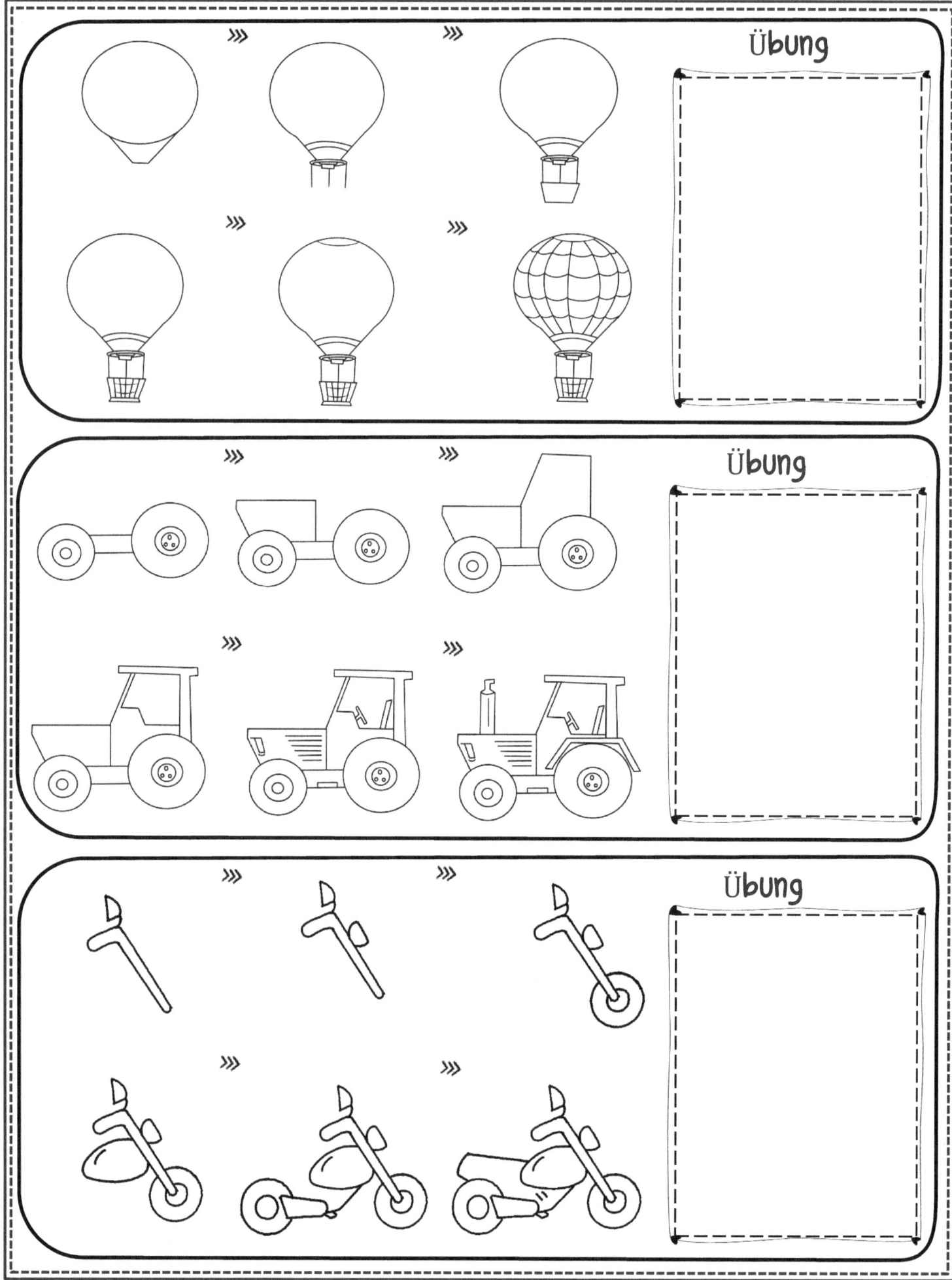

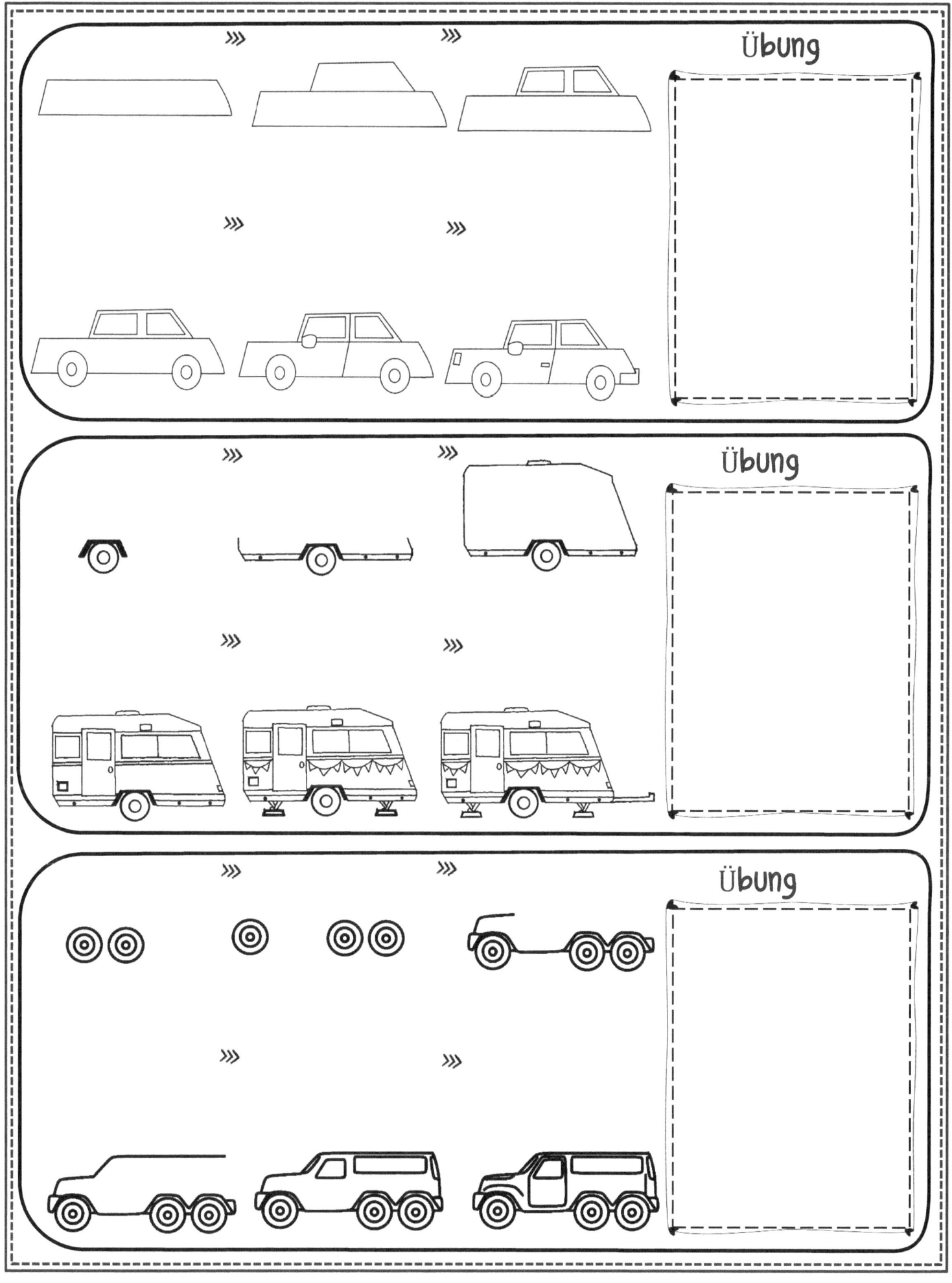

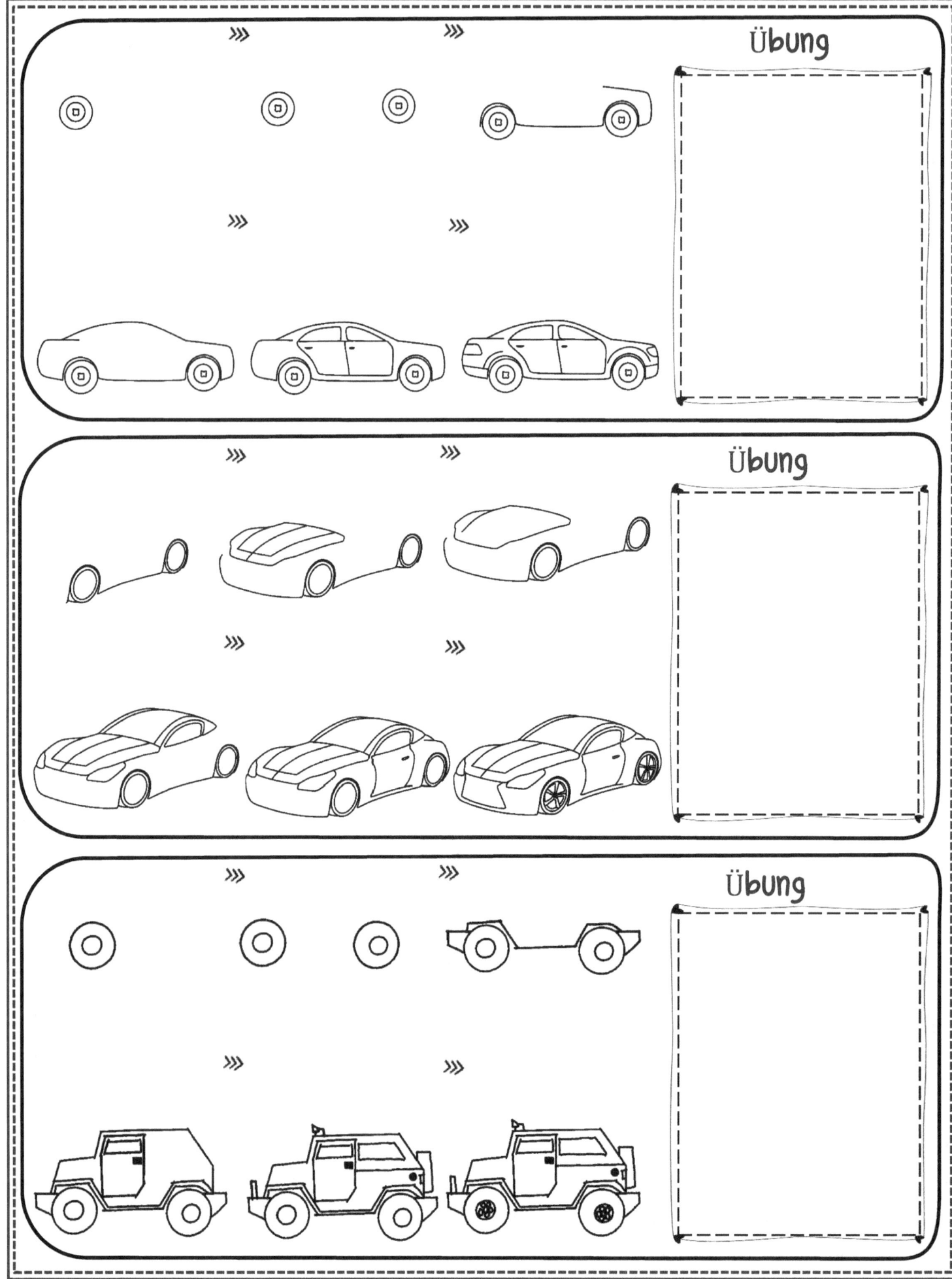

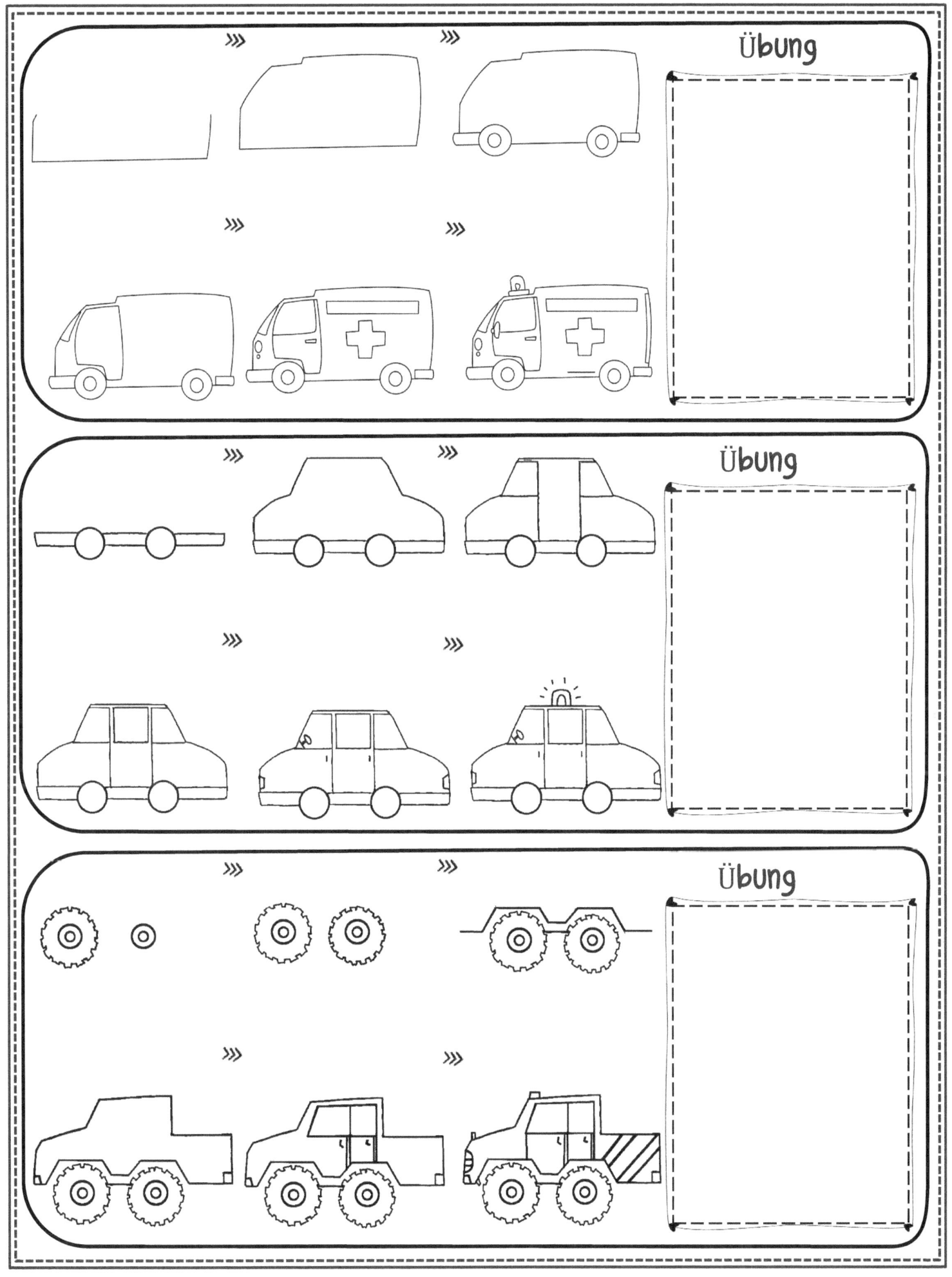

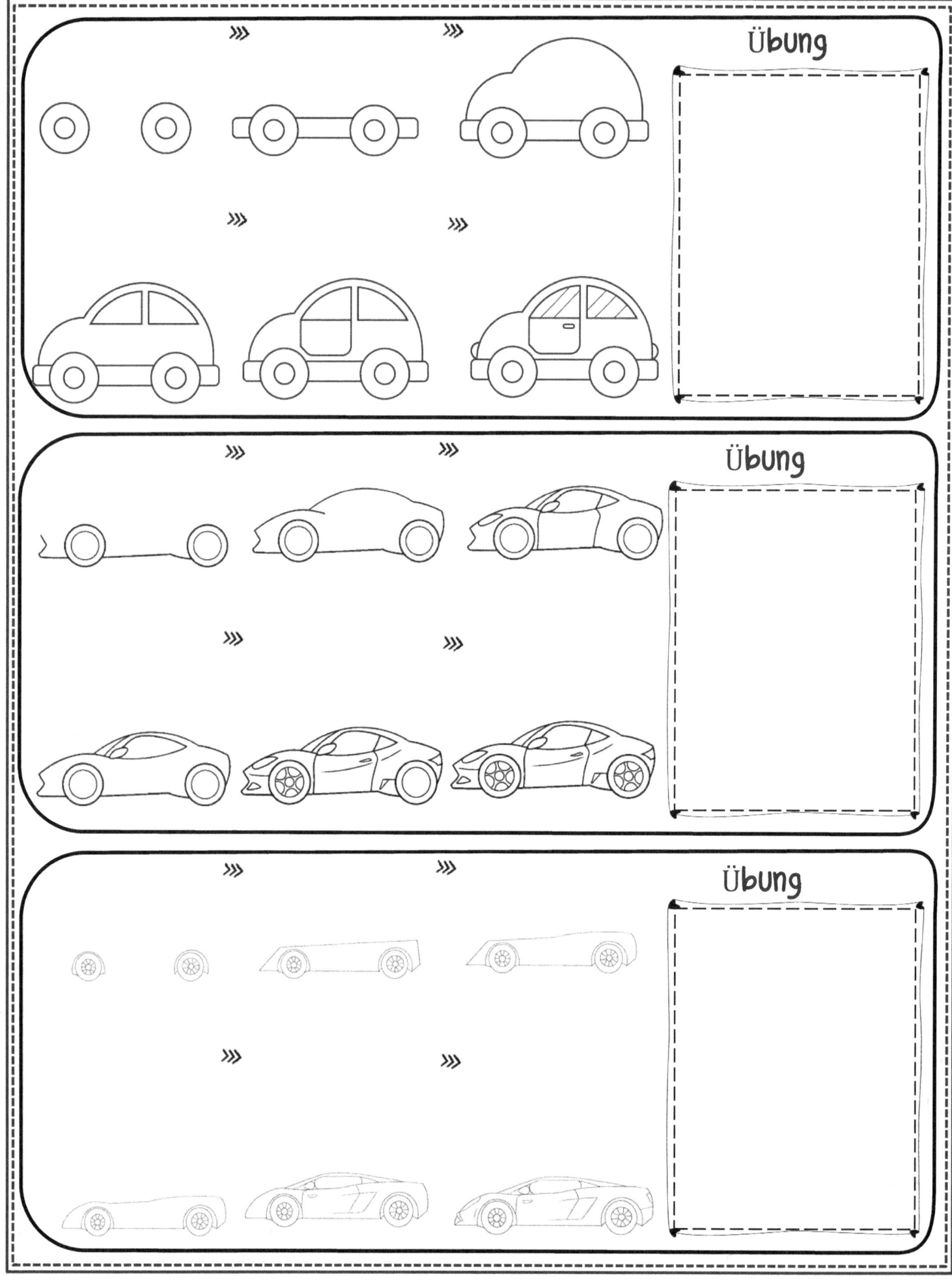

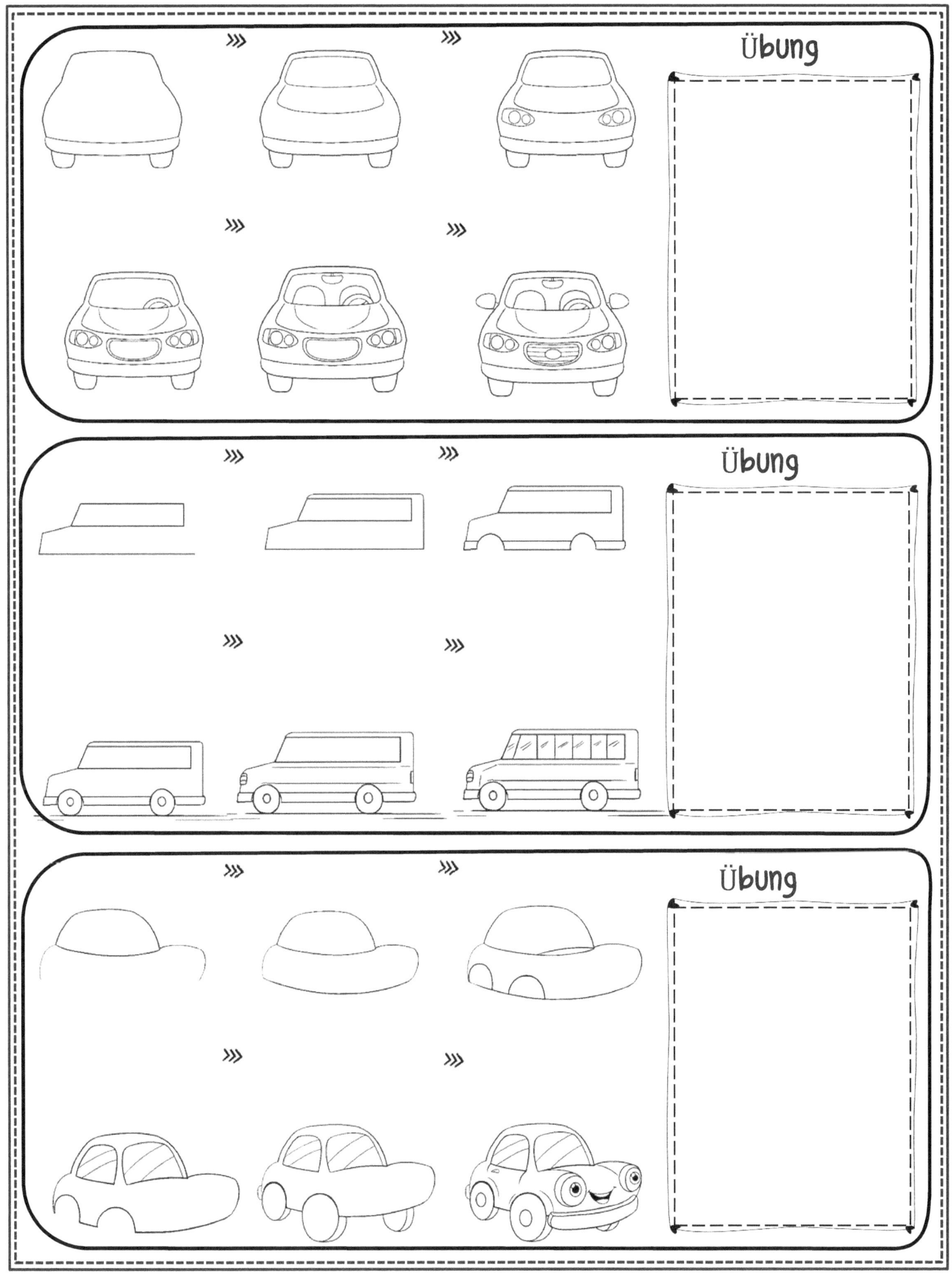

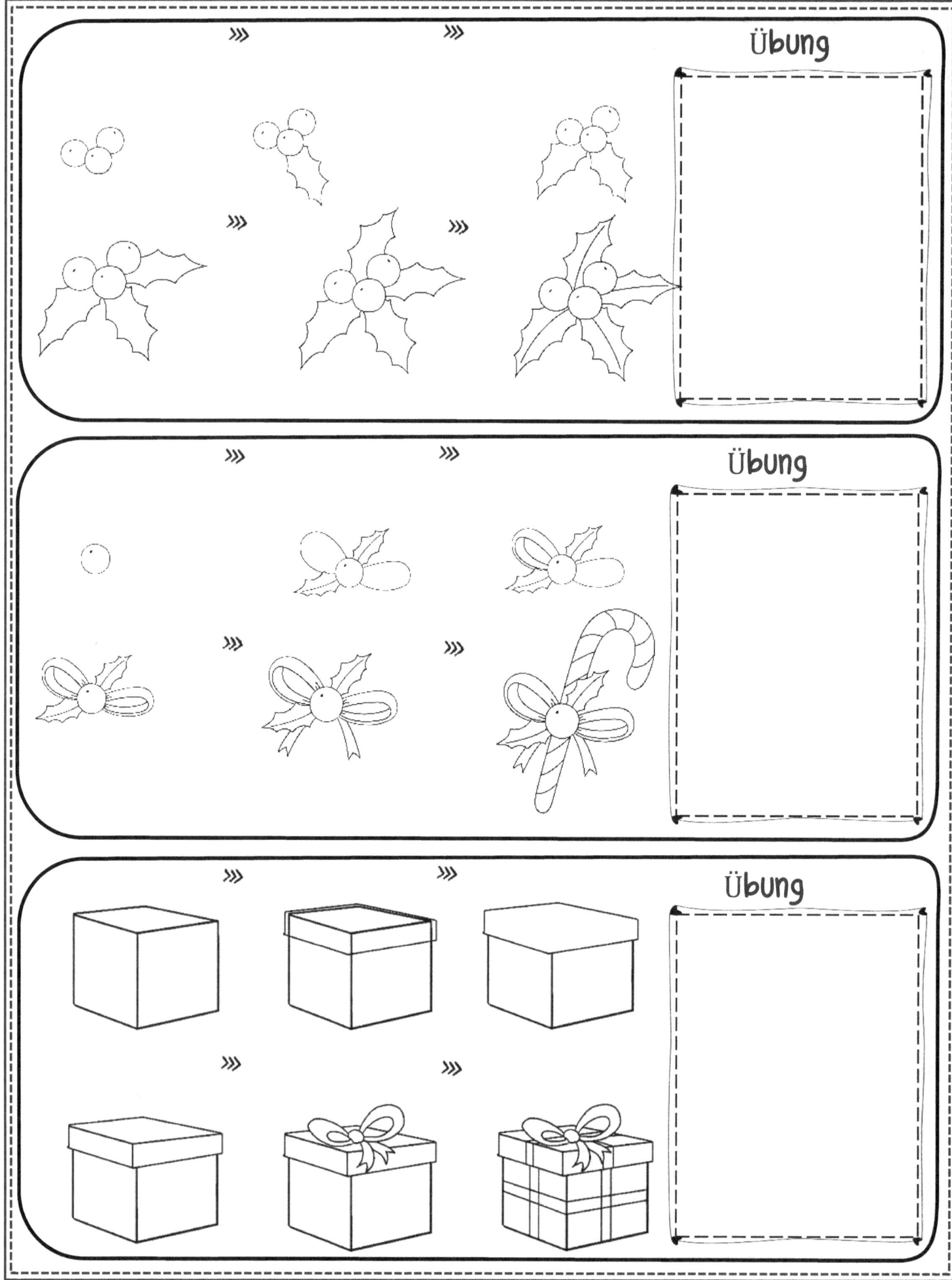

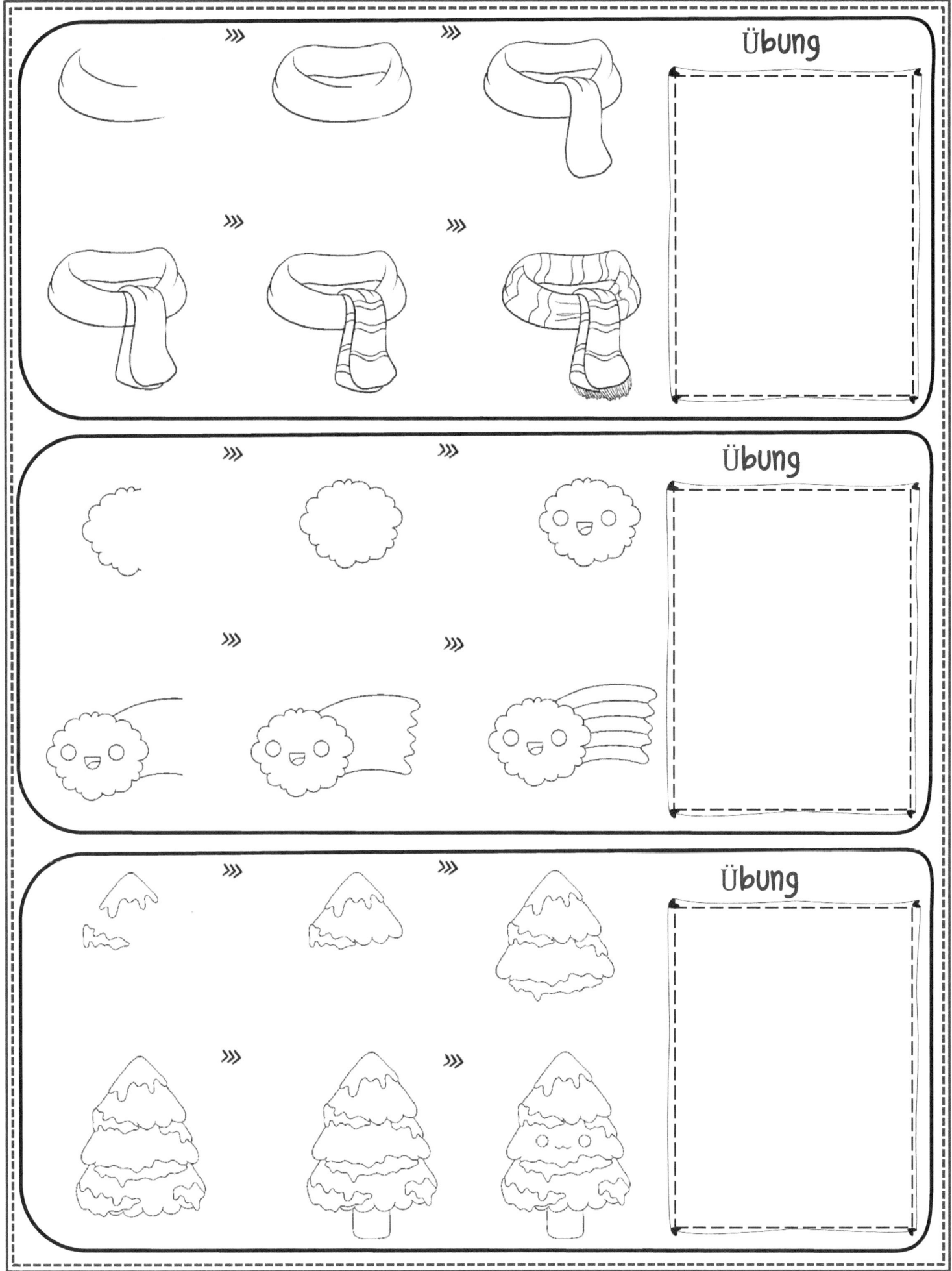

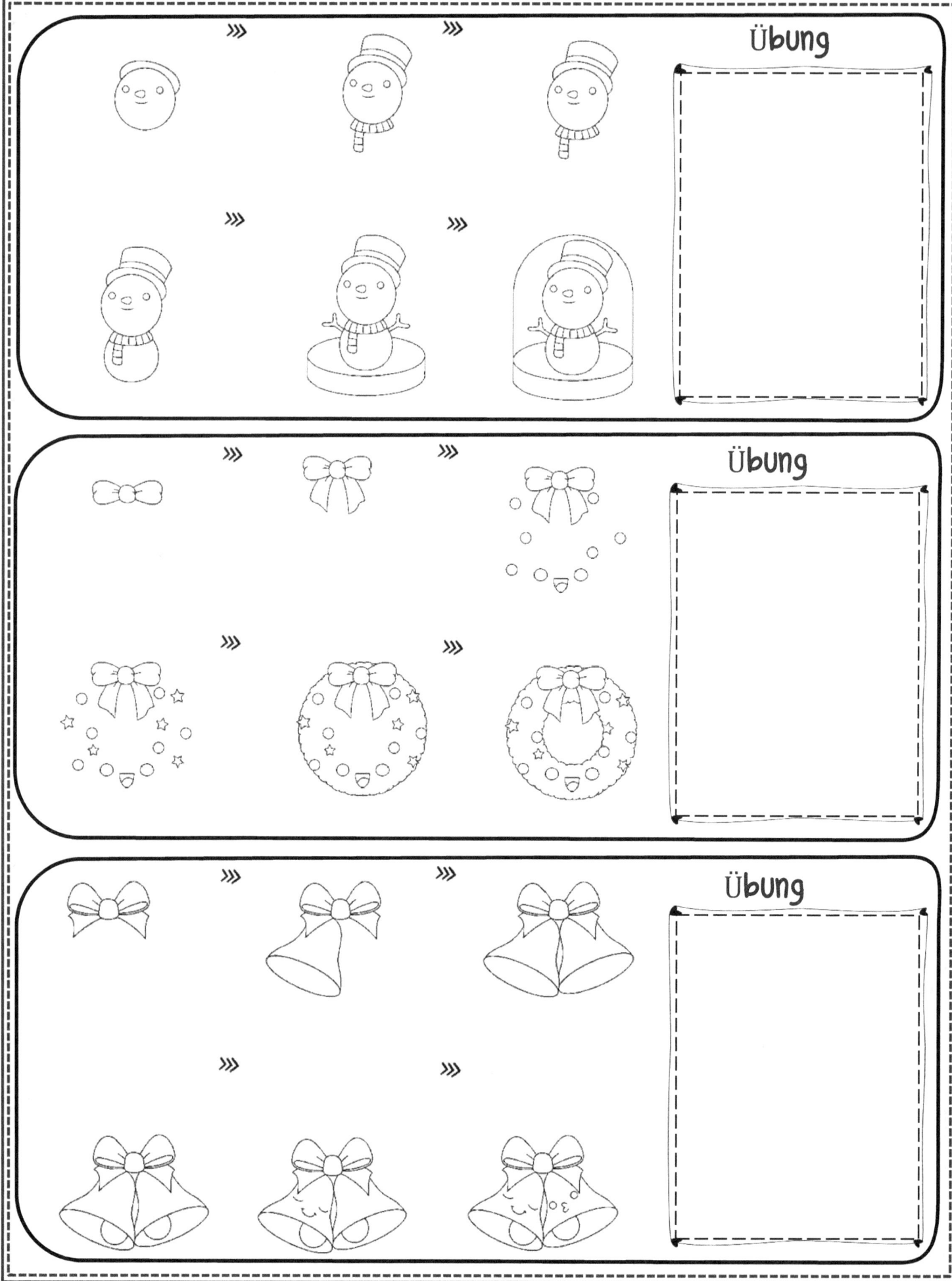

Übung

Übung

Übung

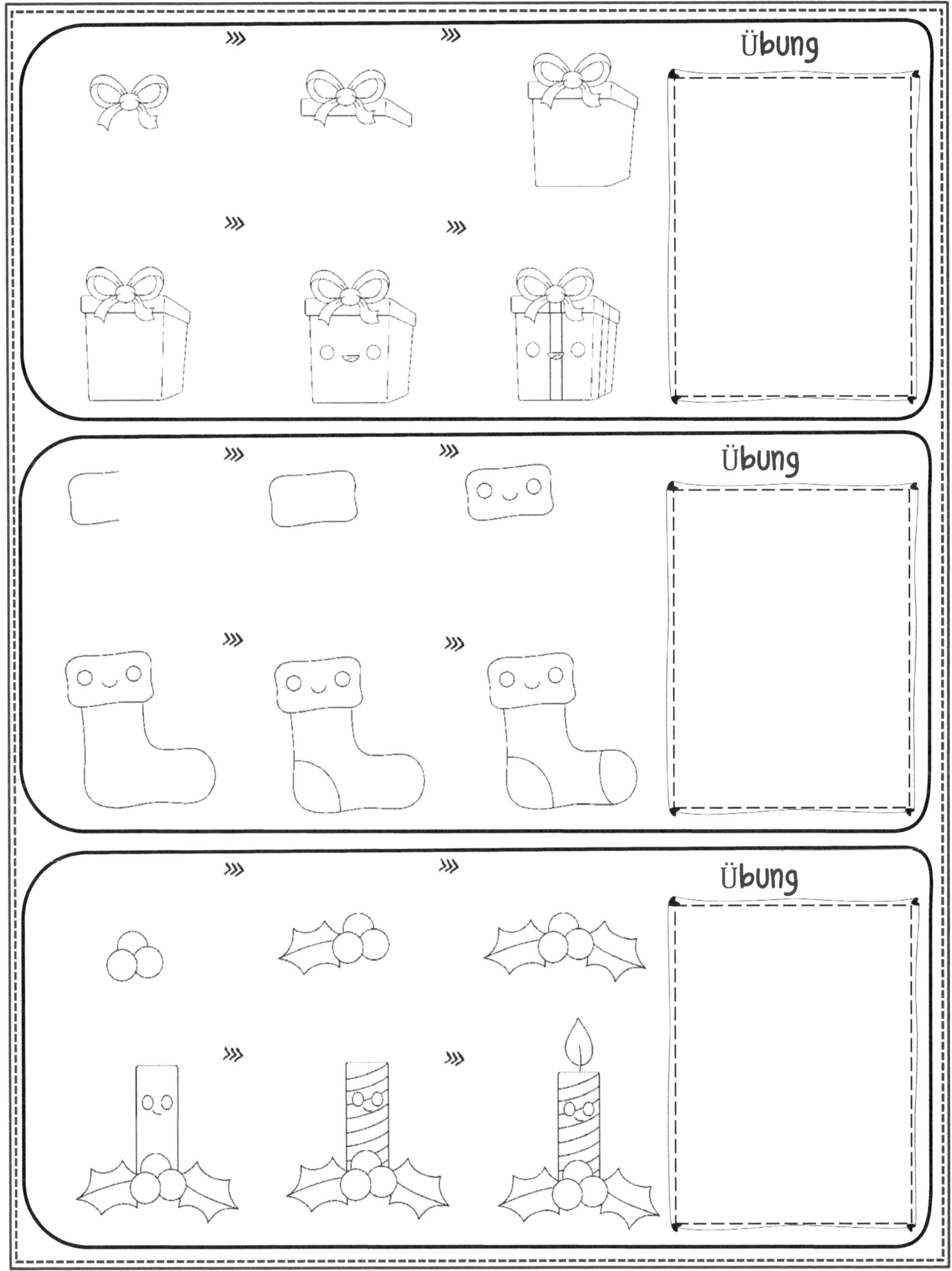

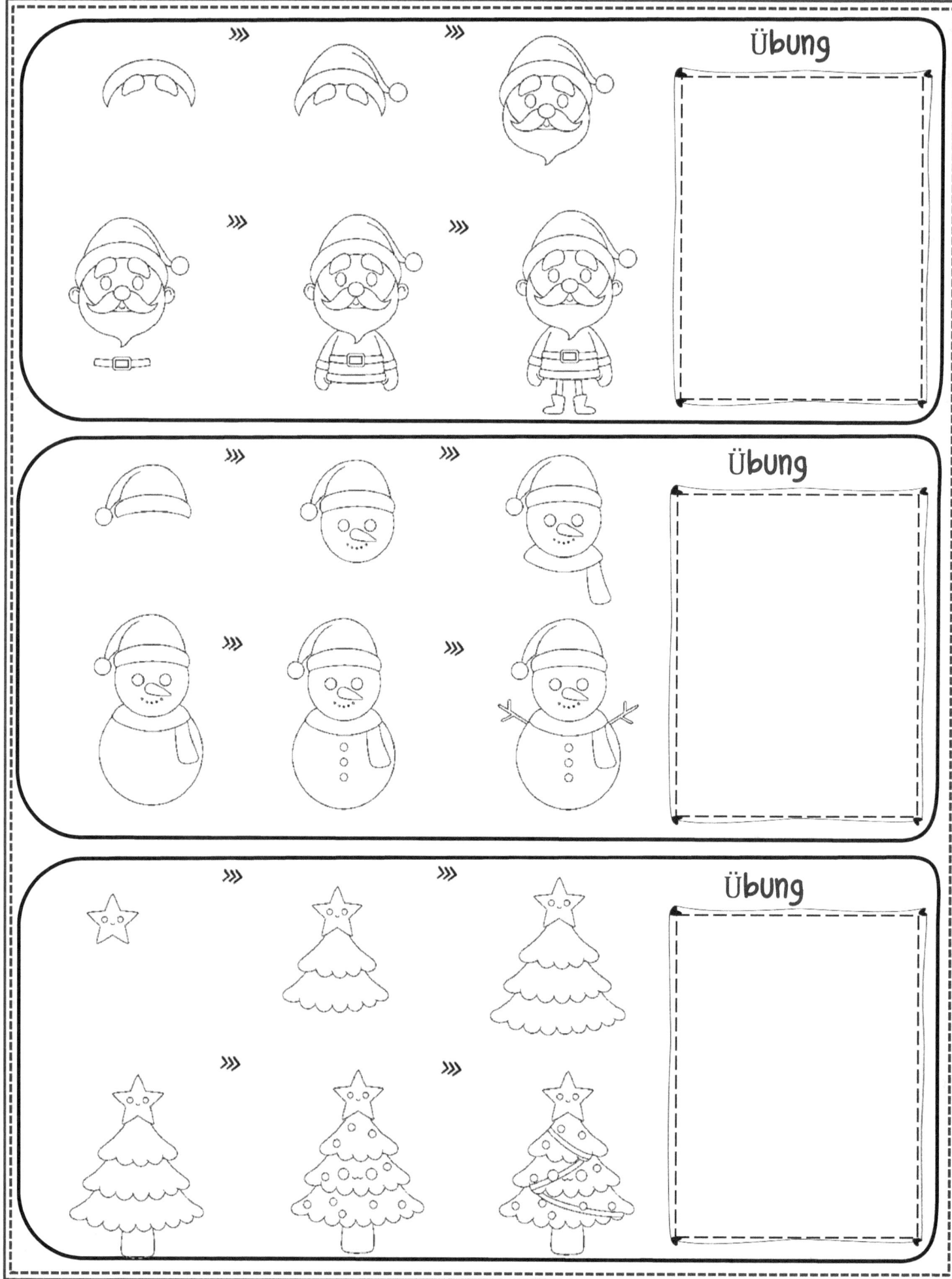

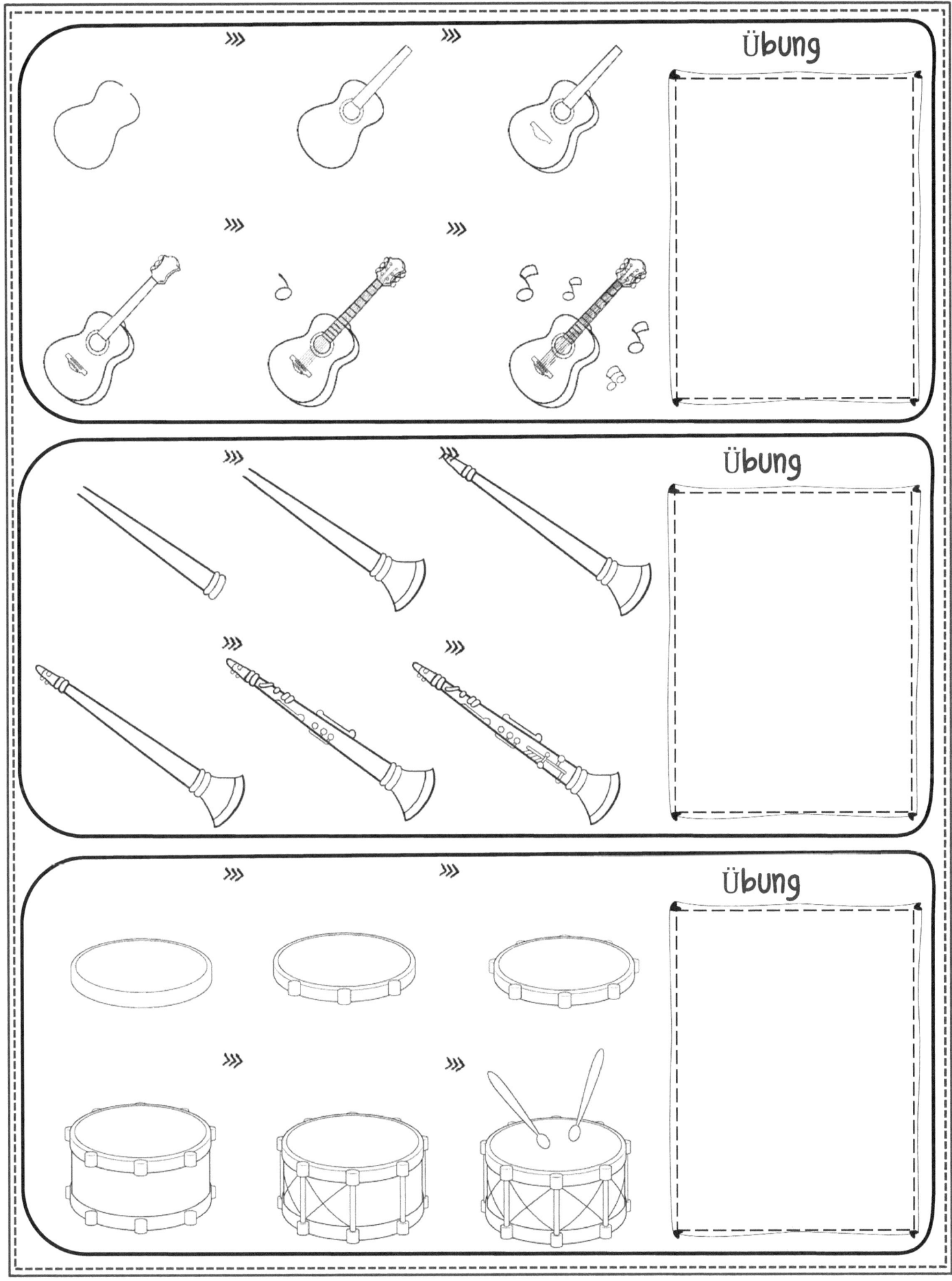

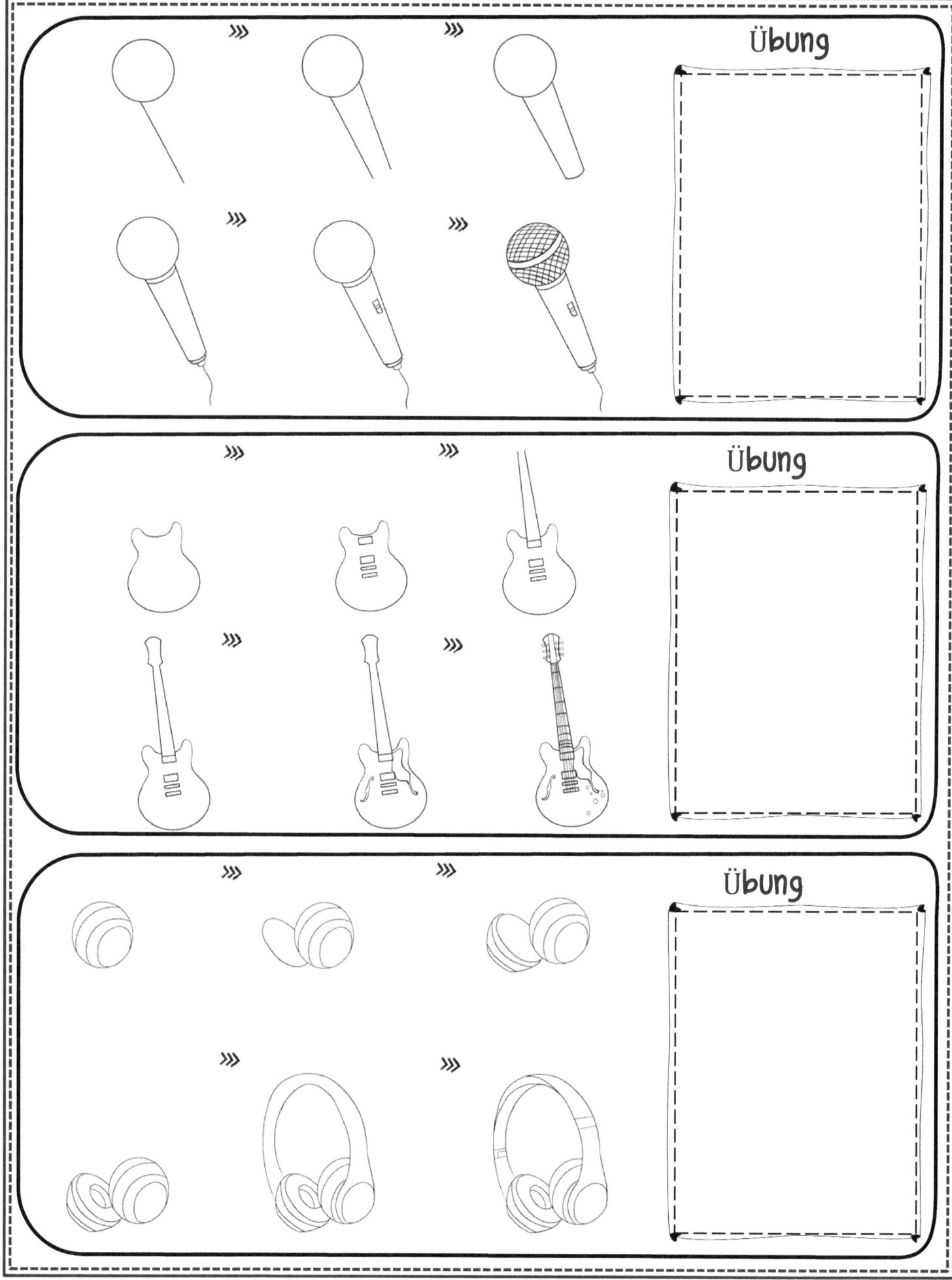

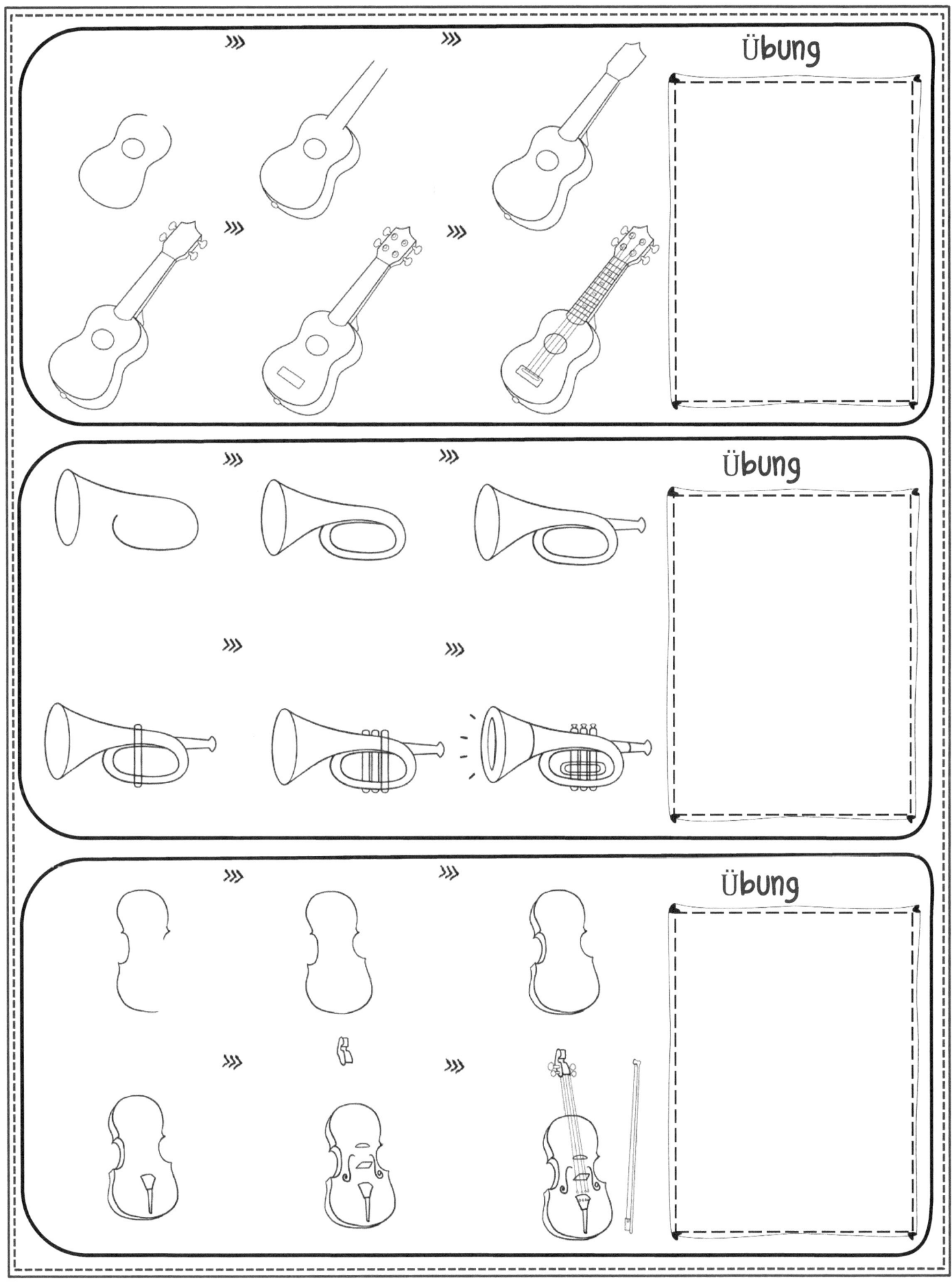

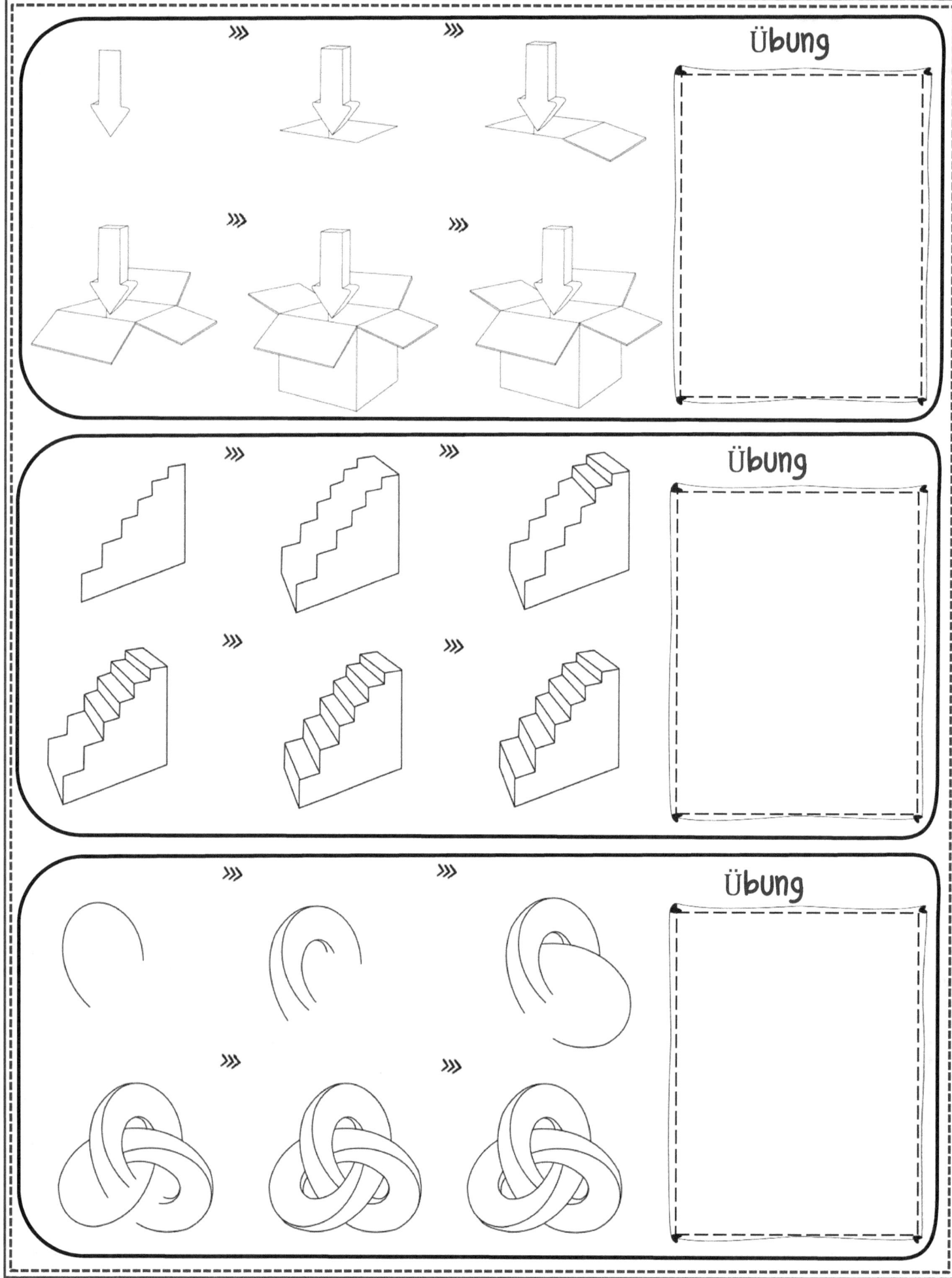

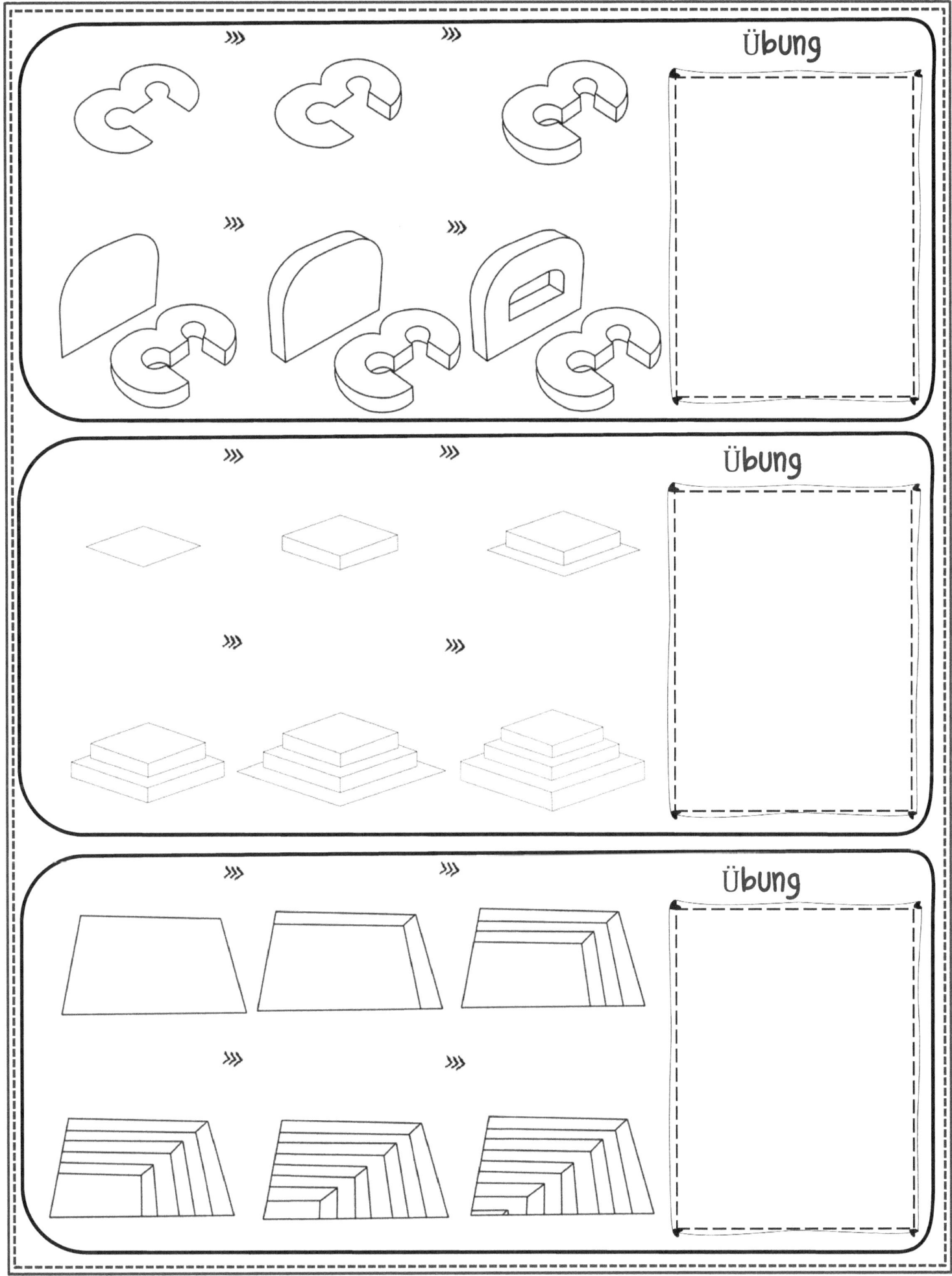

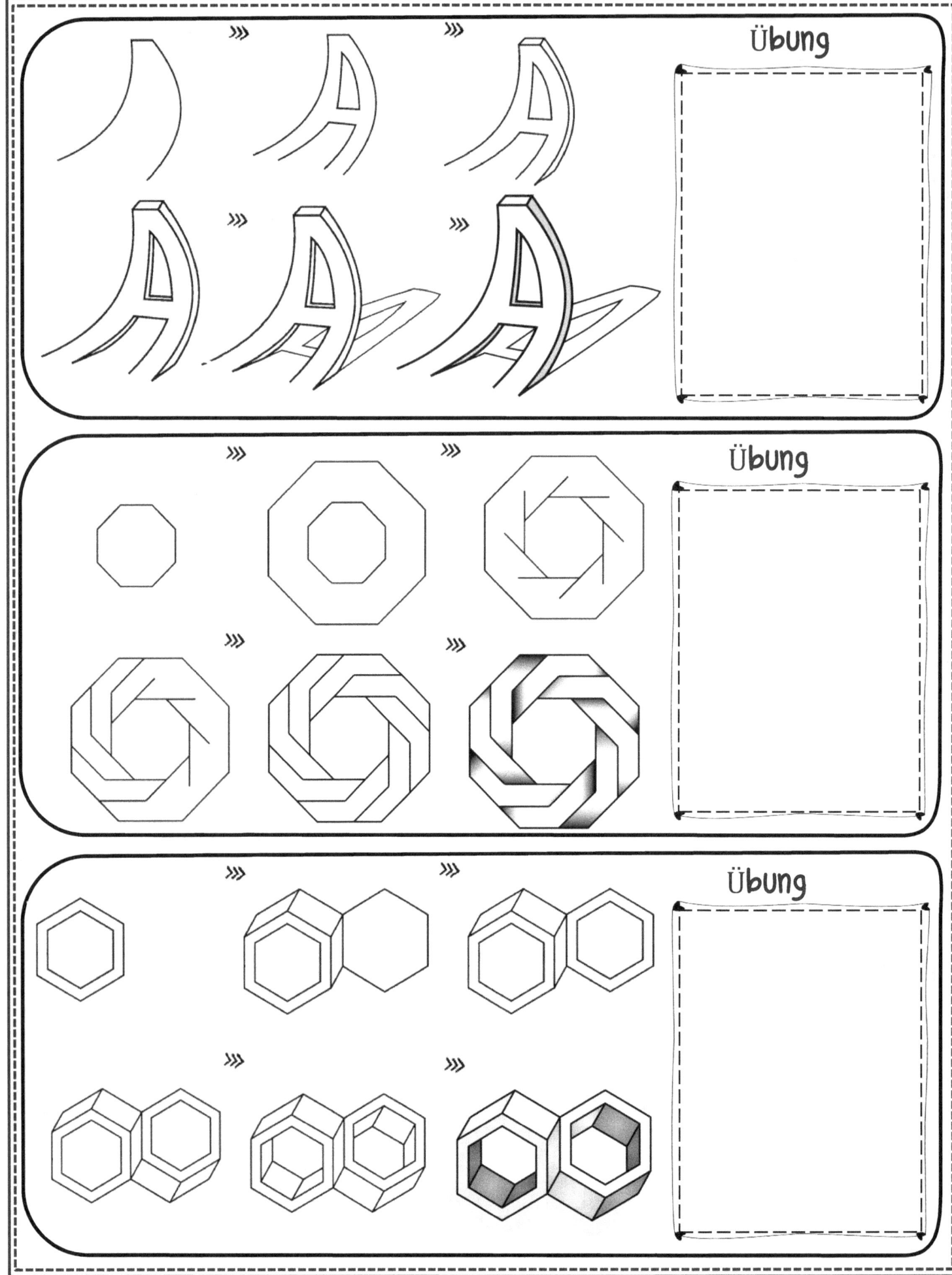

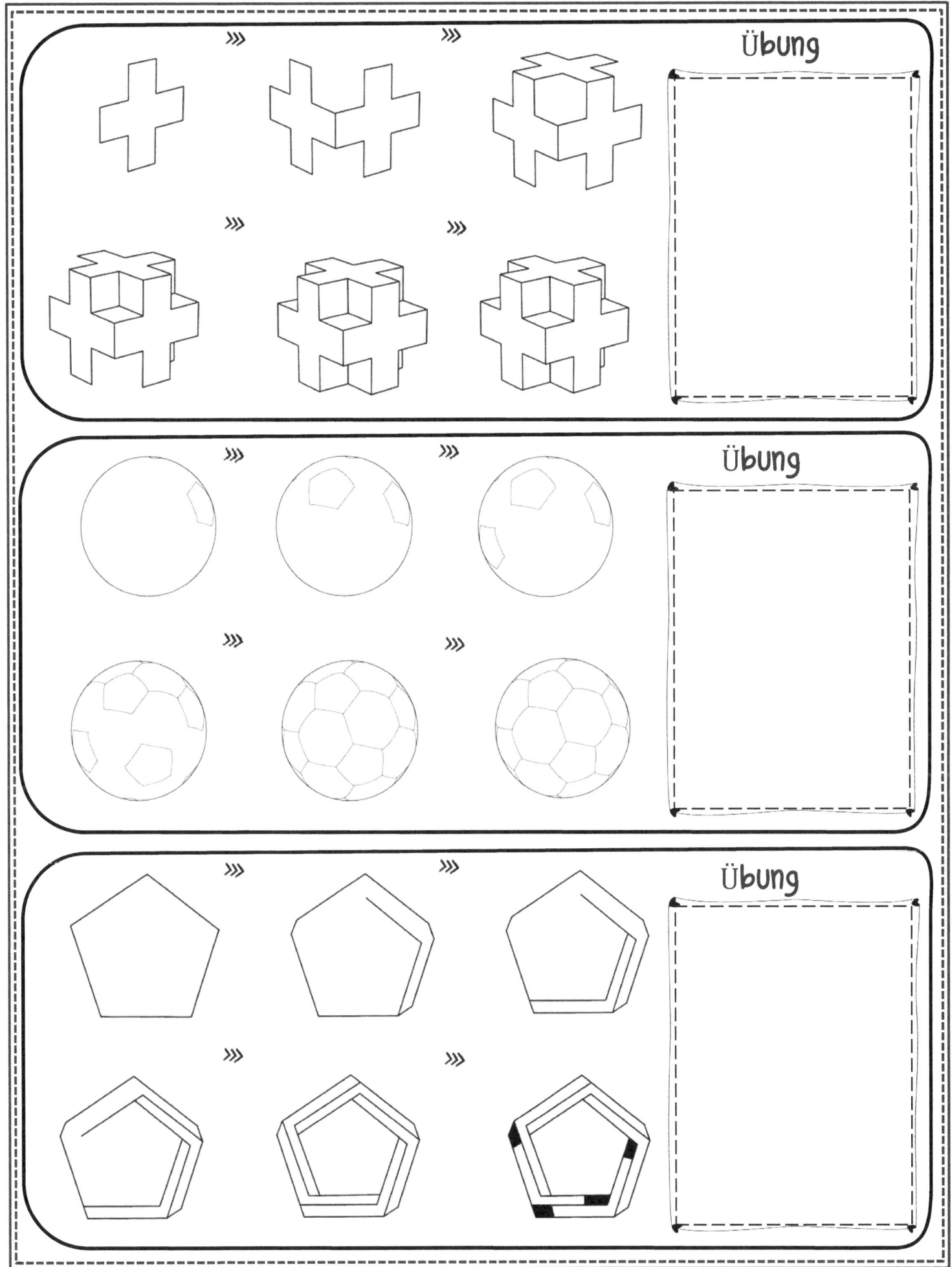

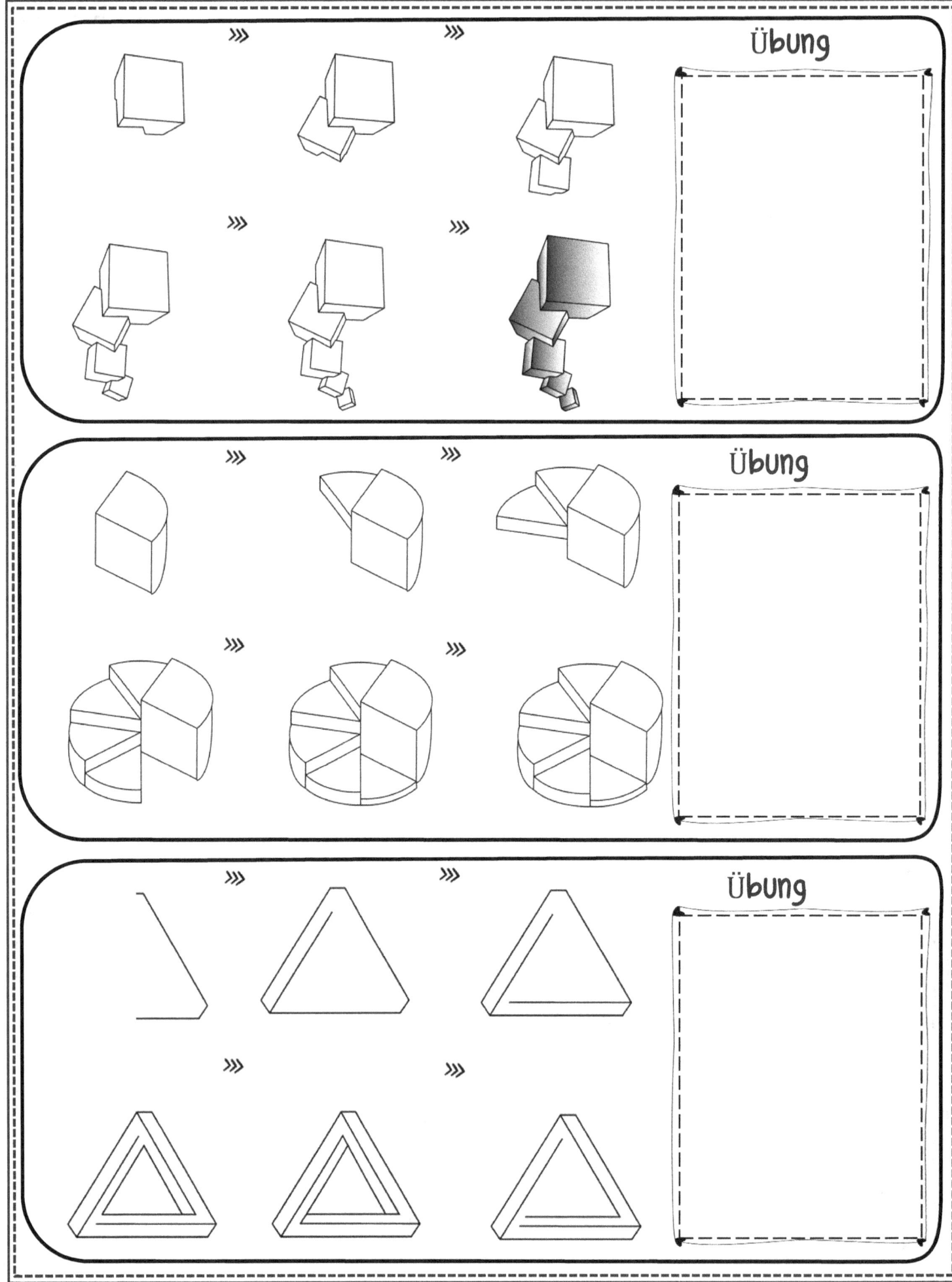

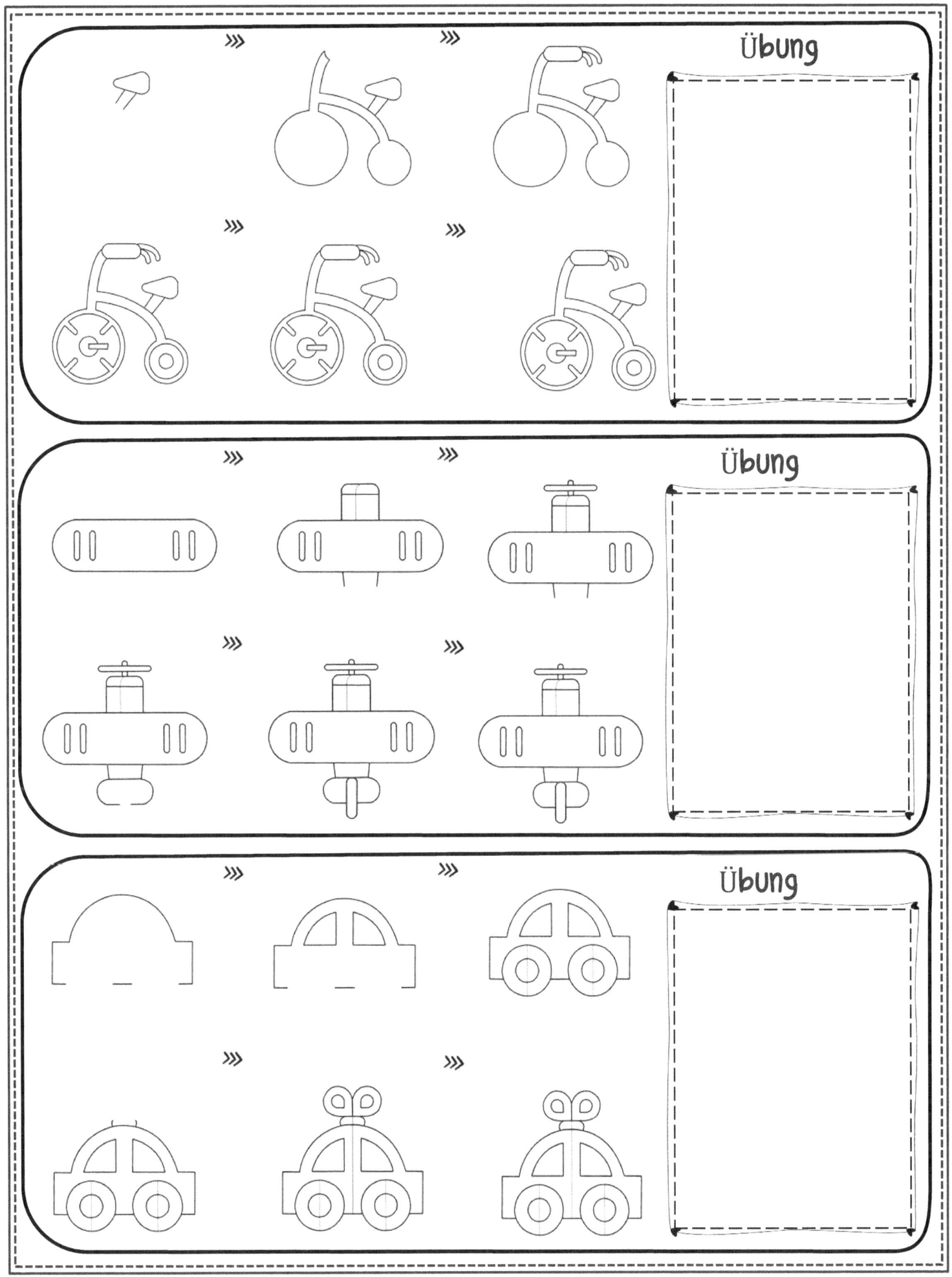

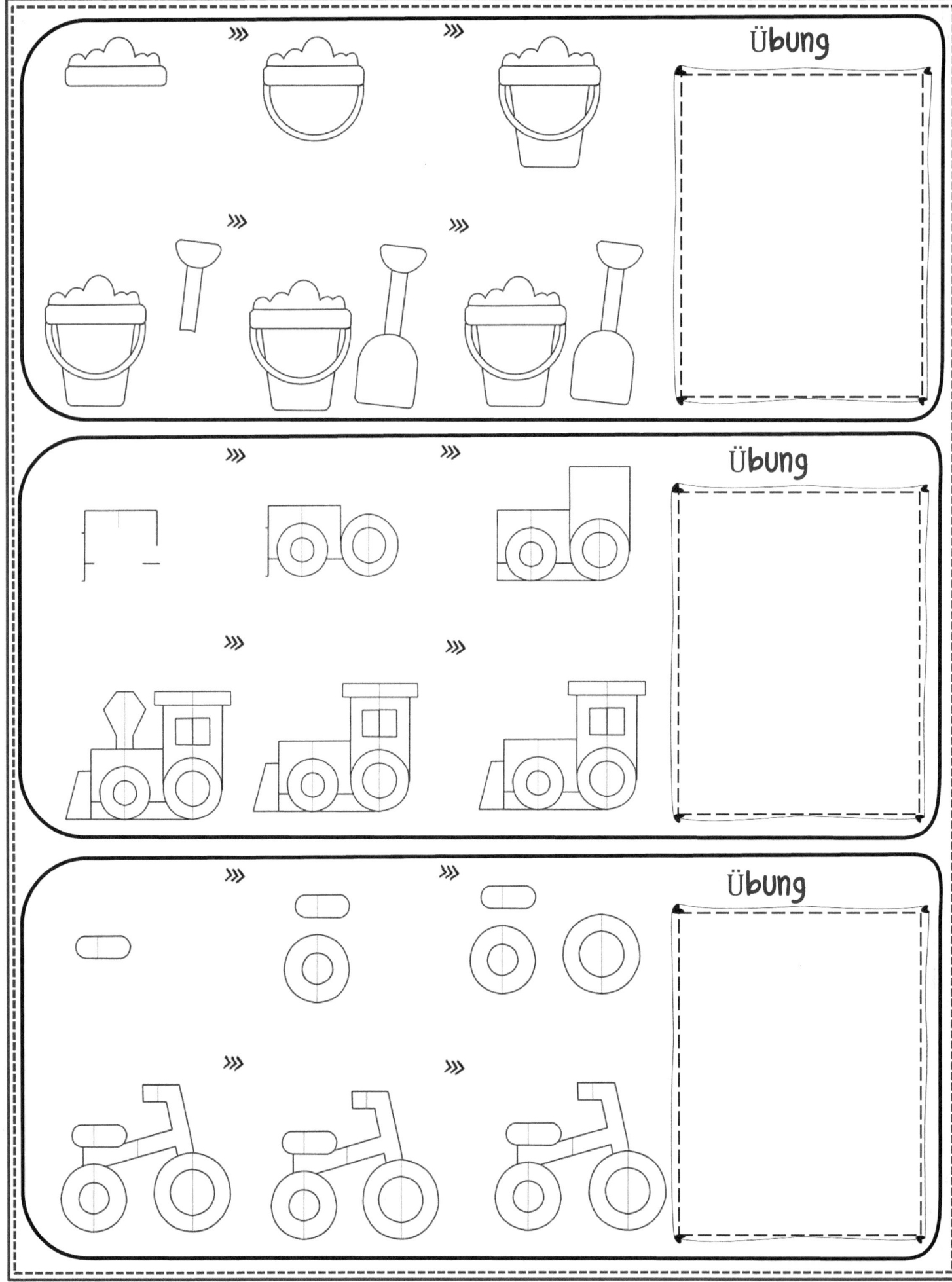

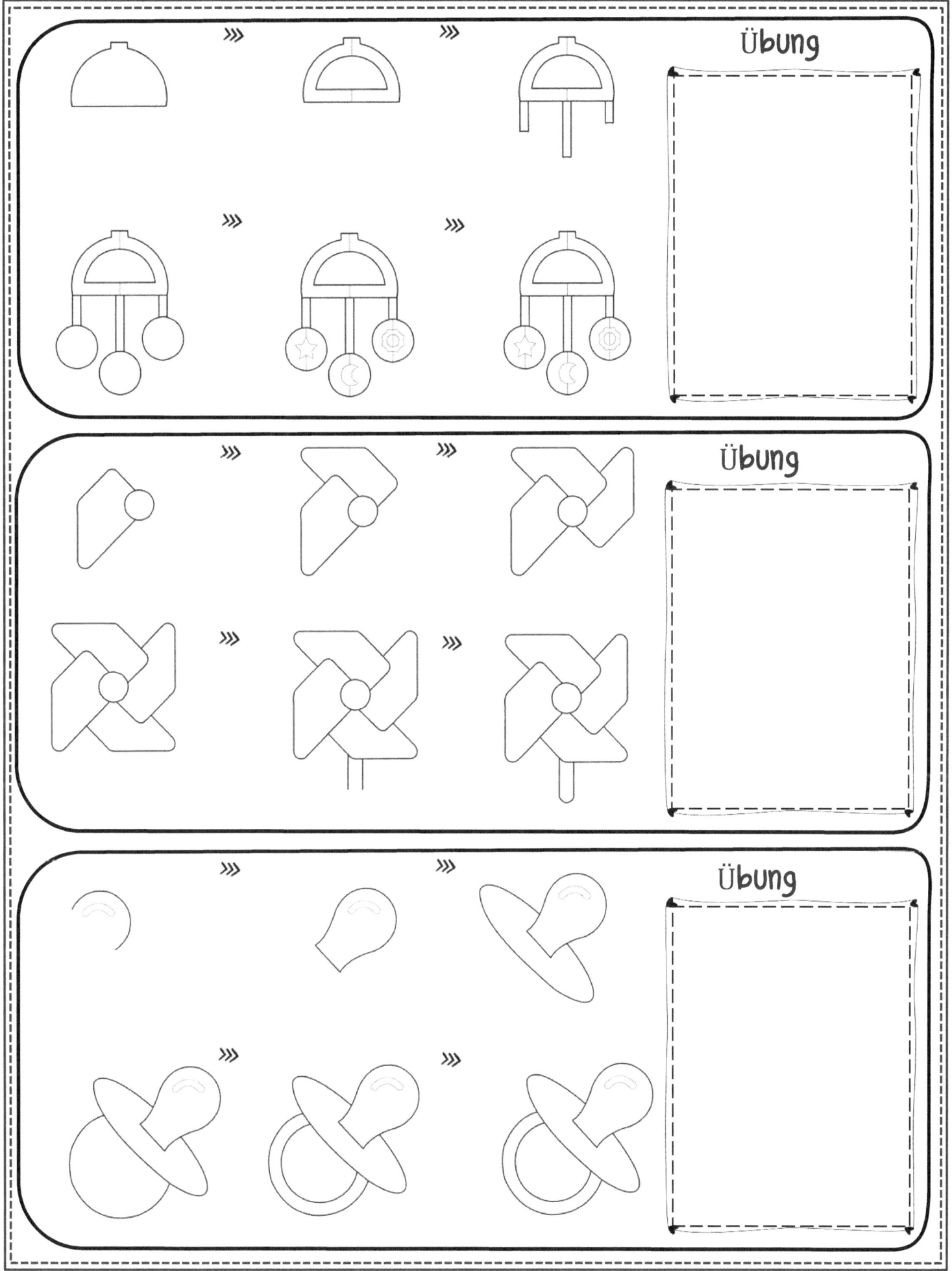

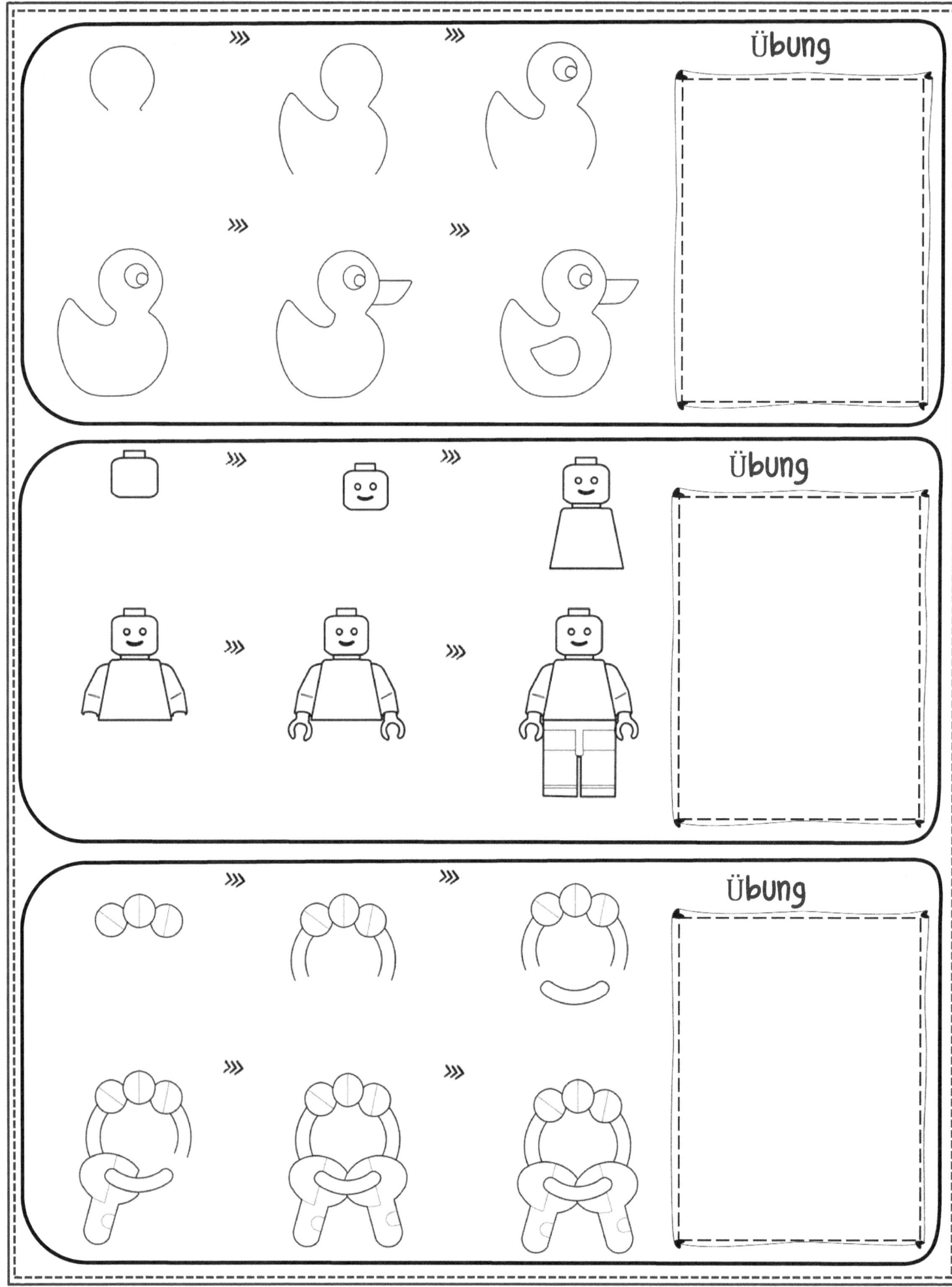

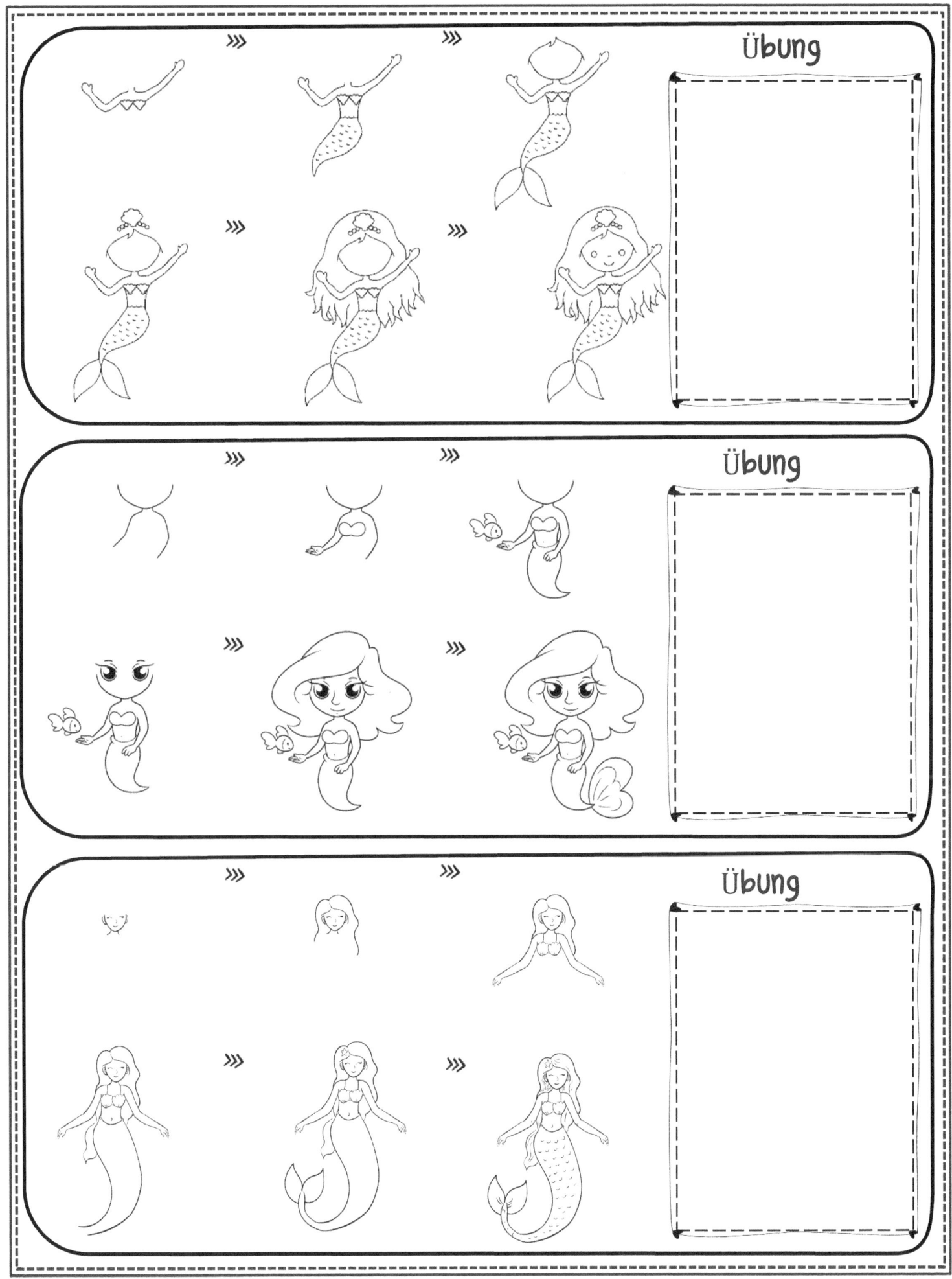

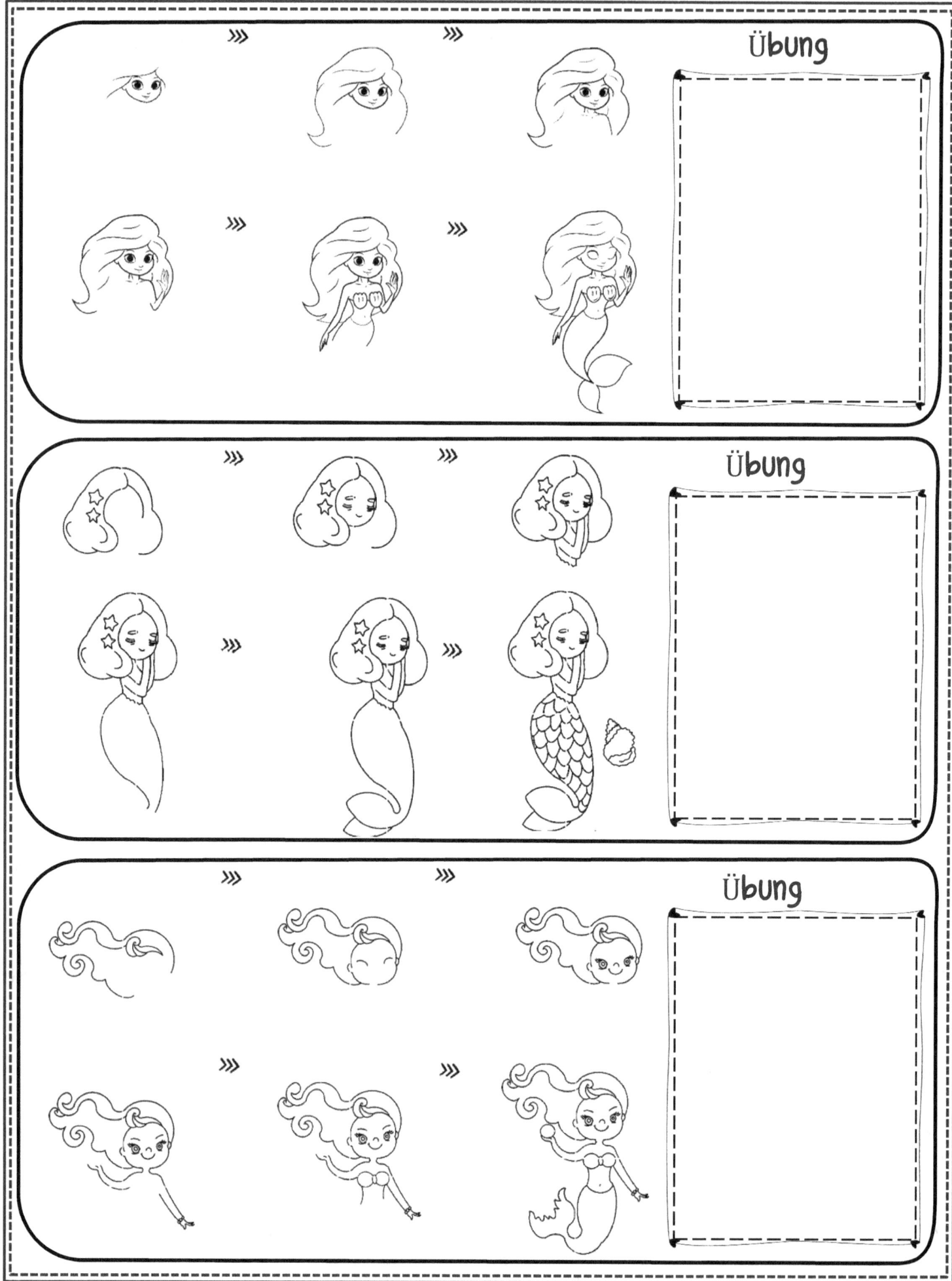

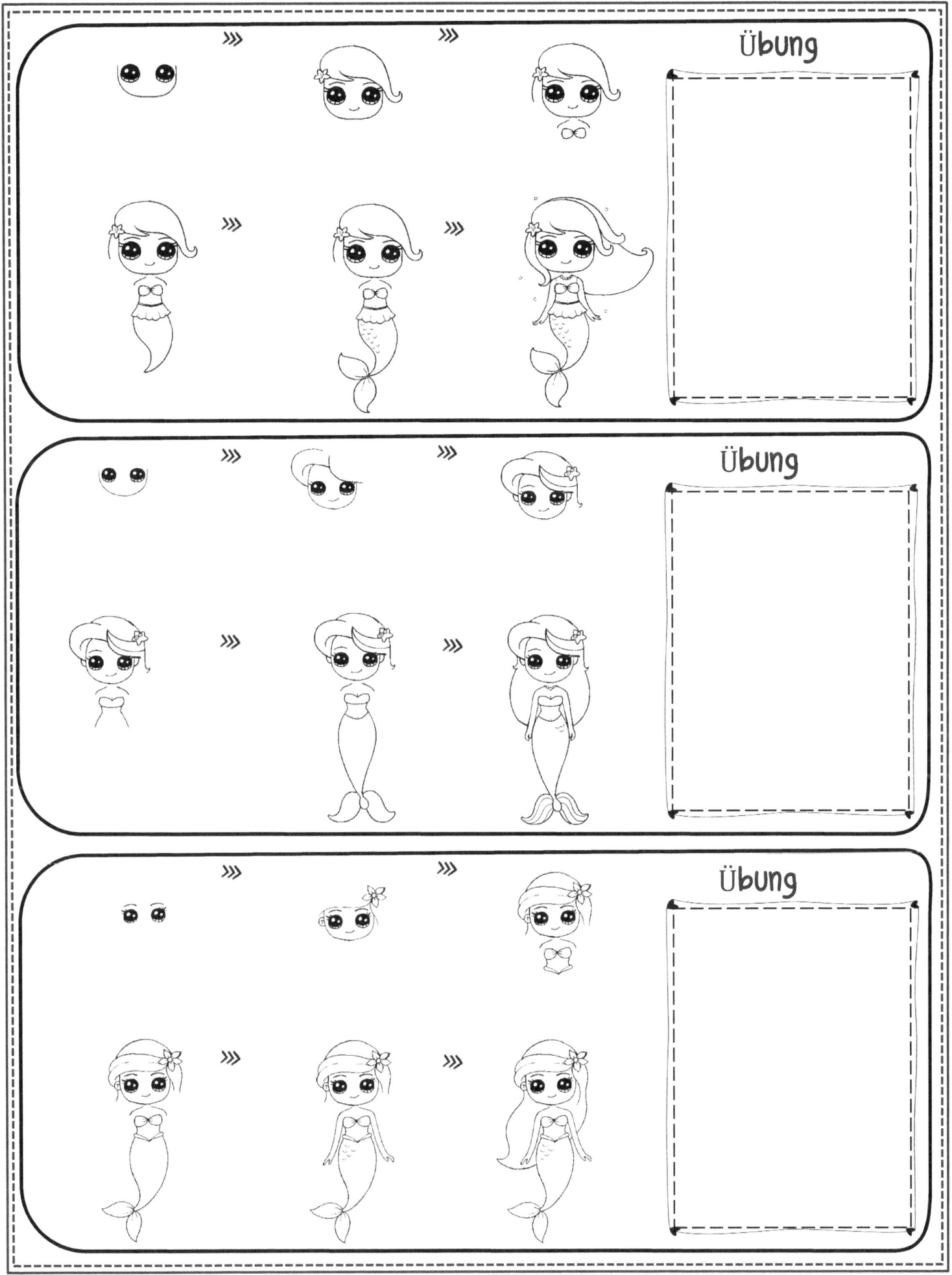

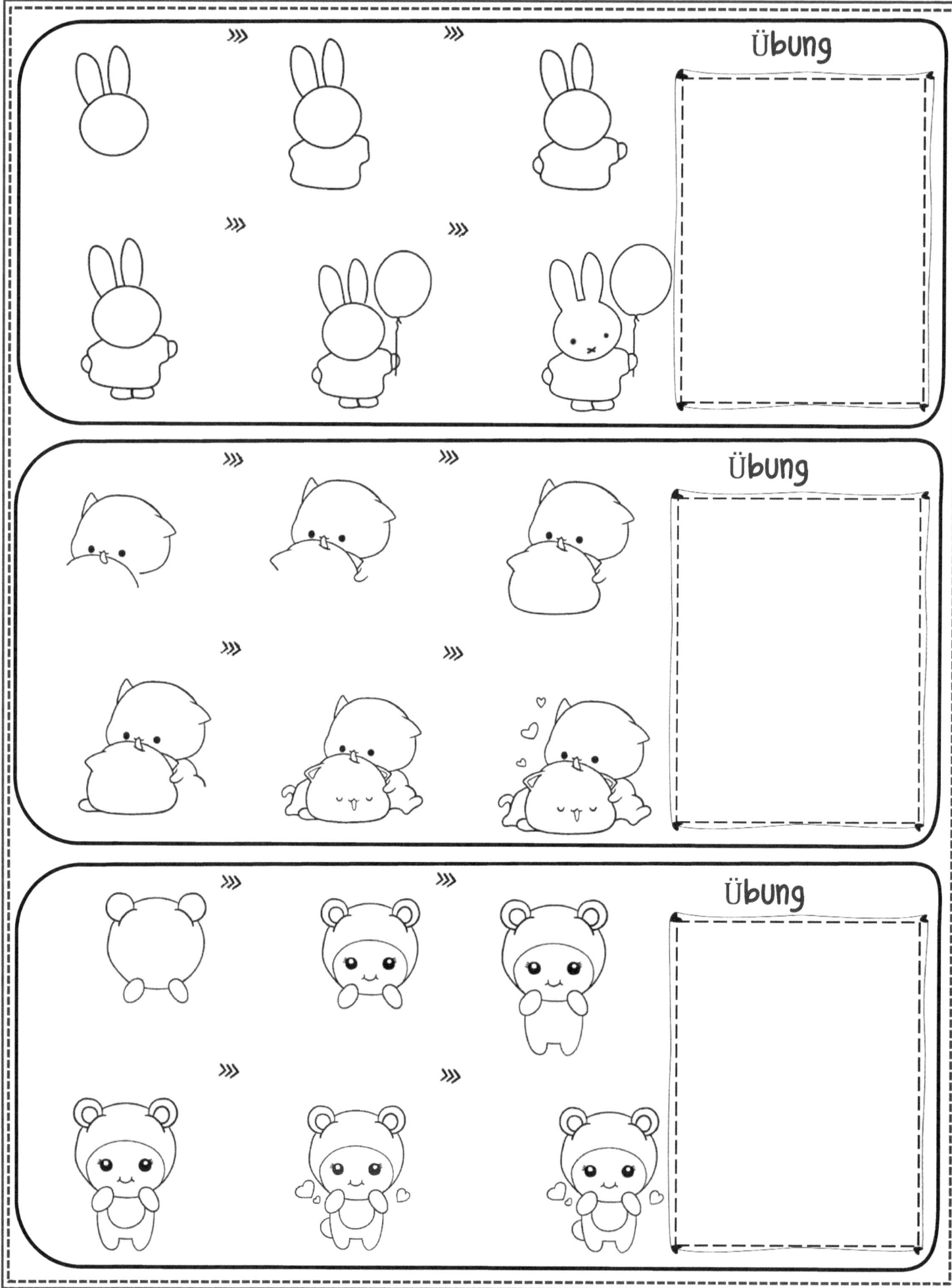

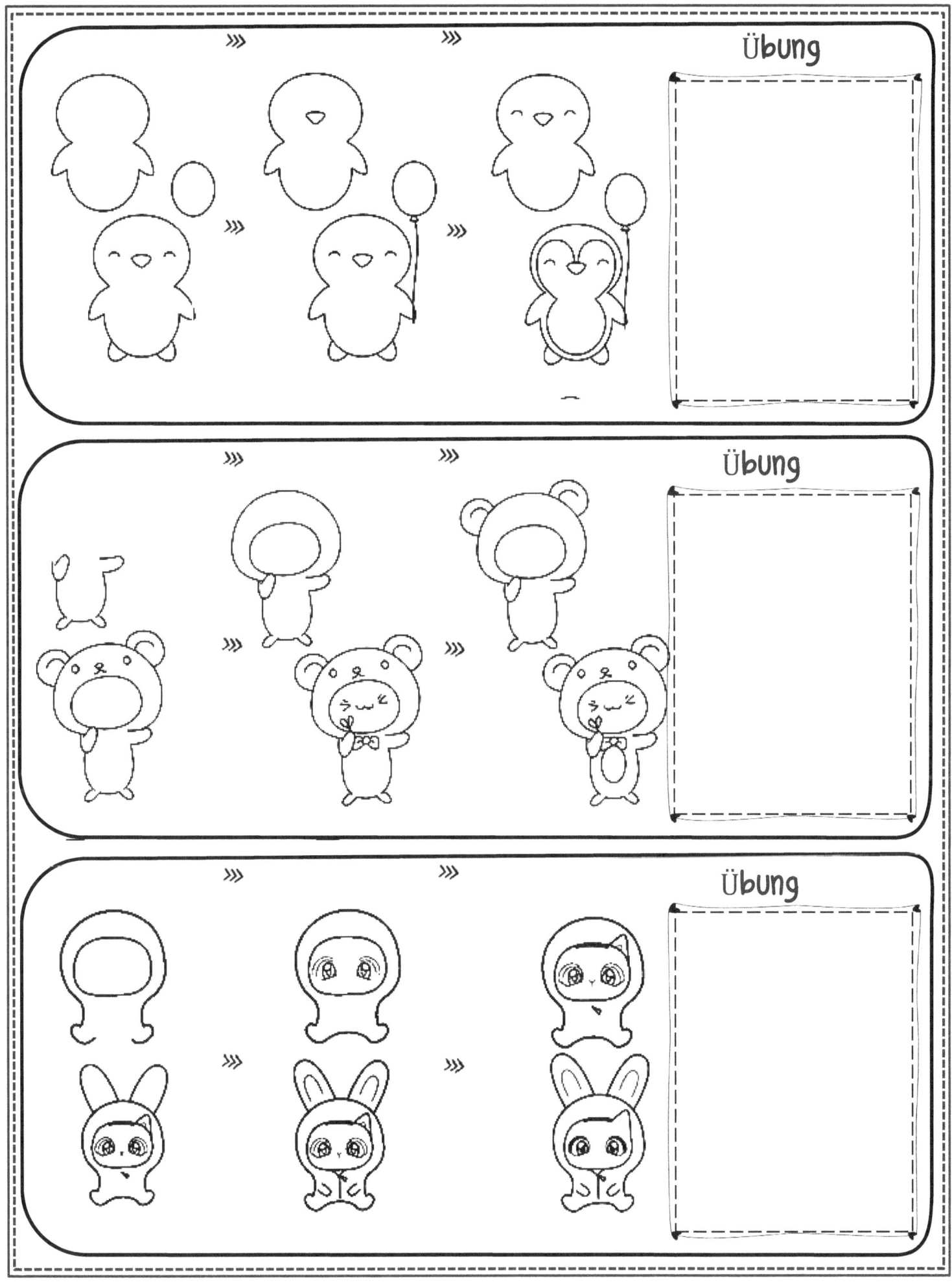

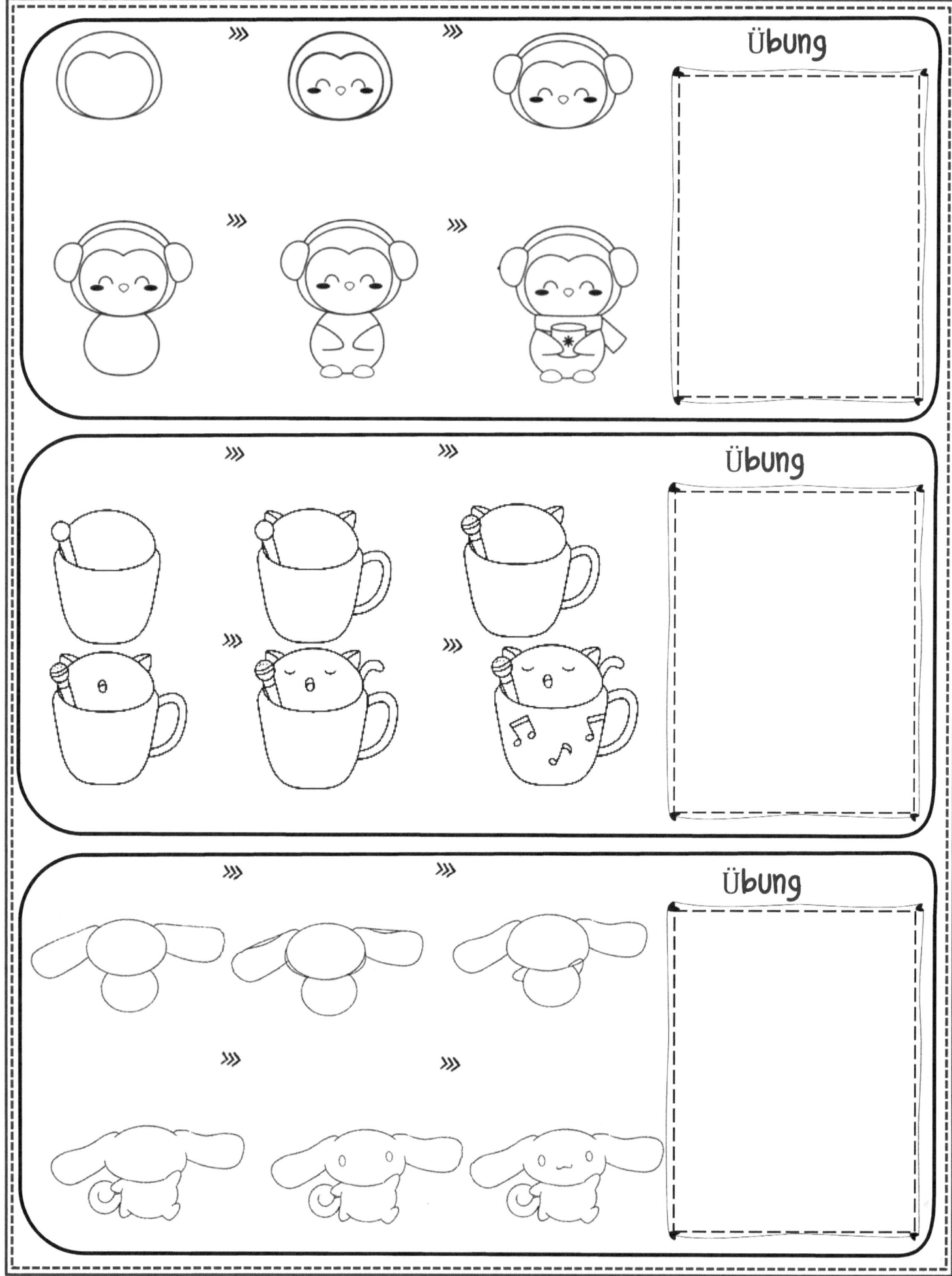

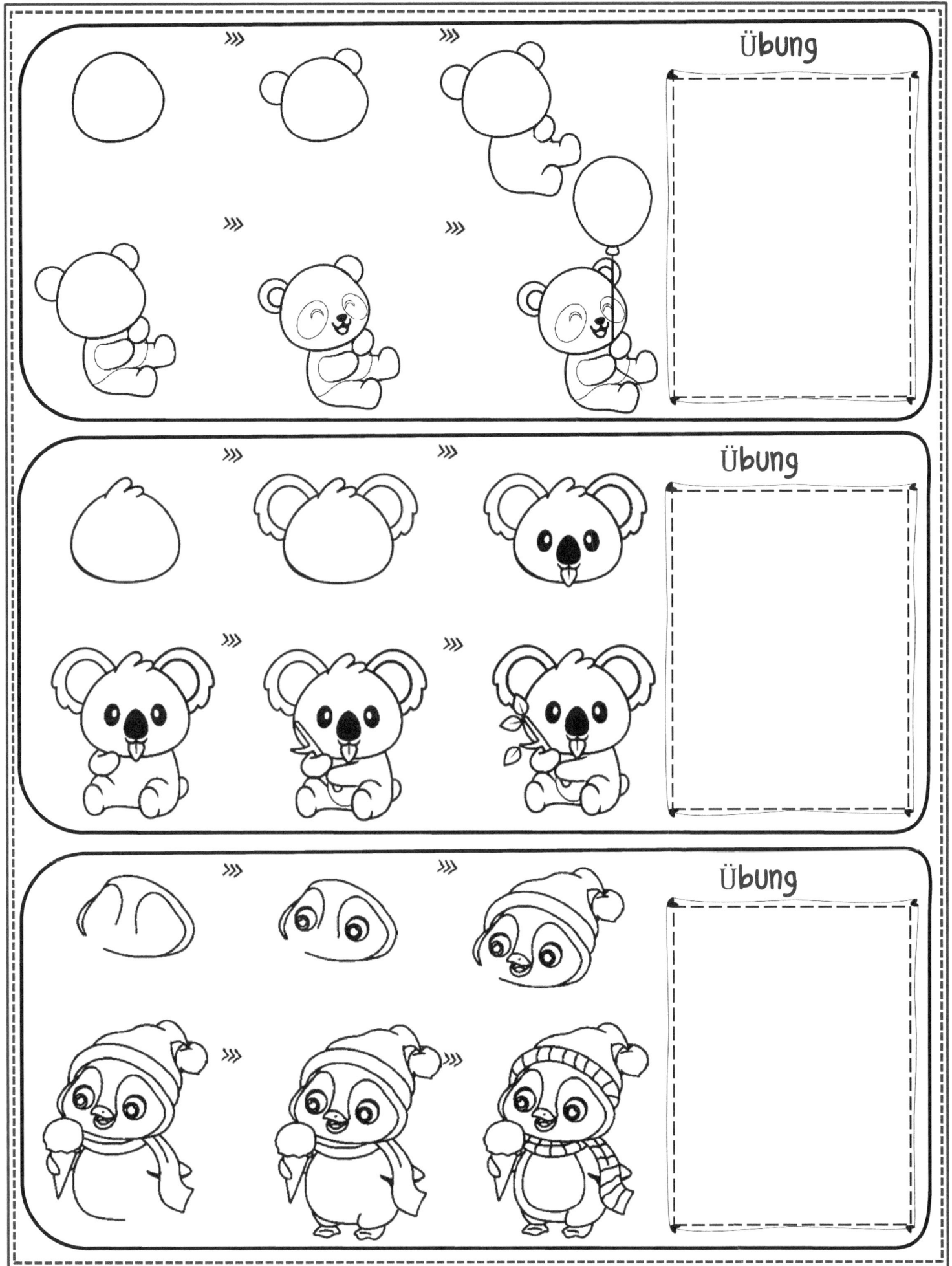

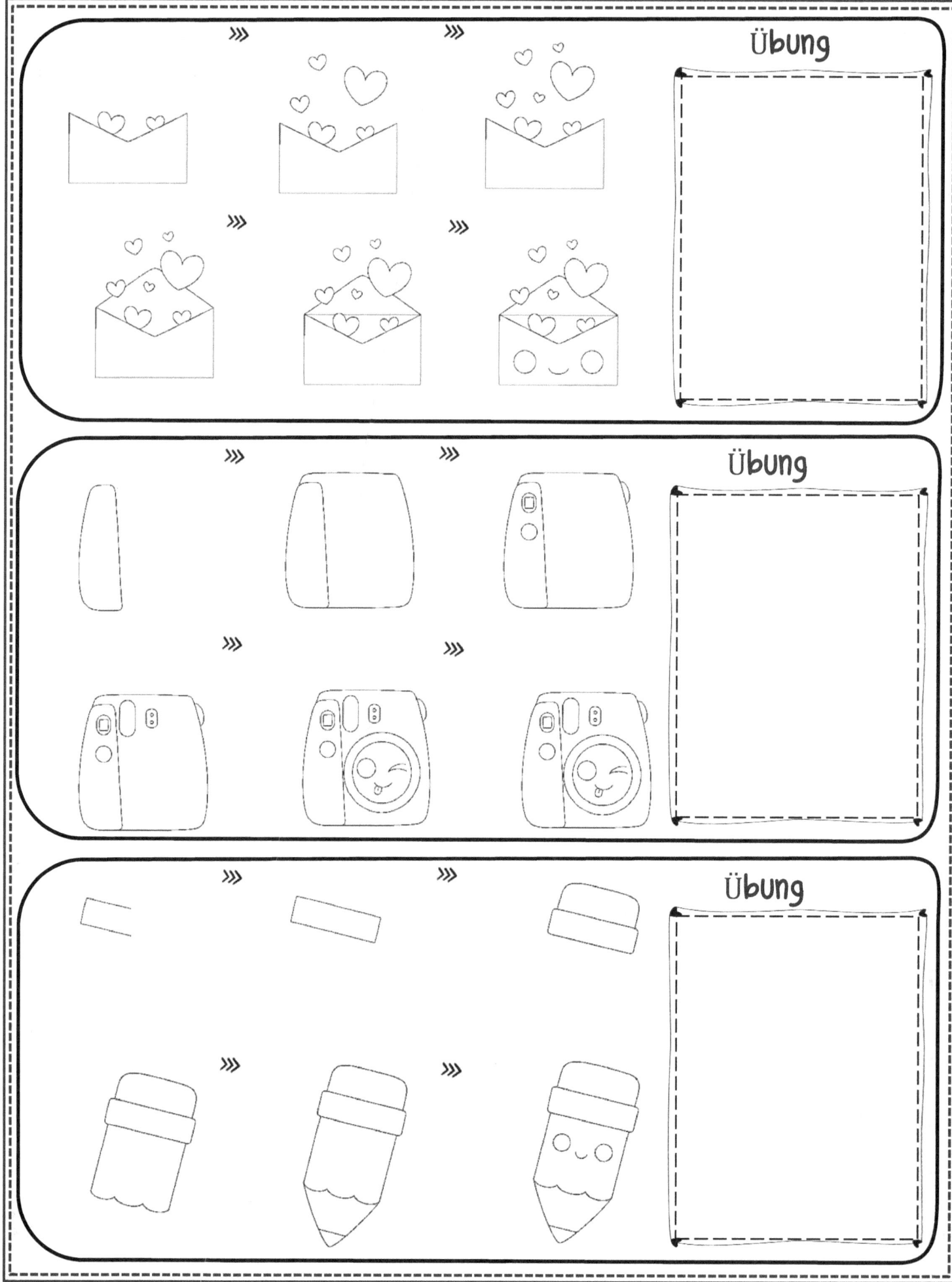

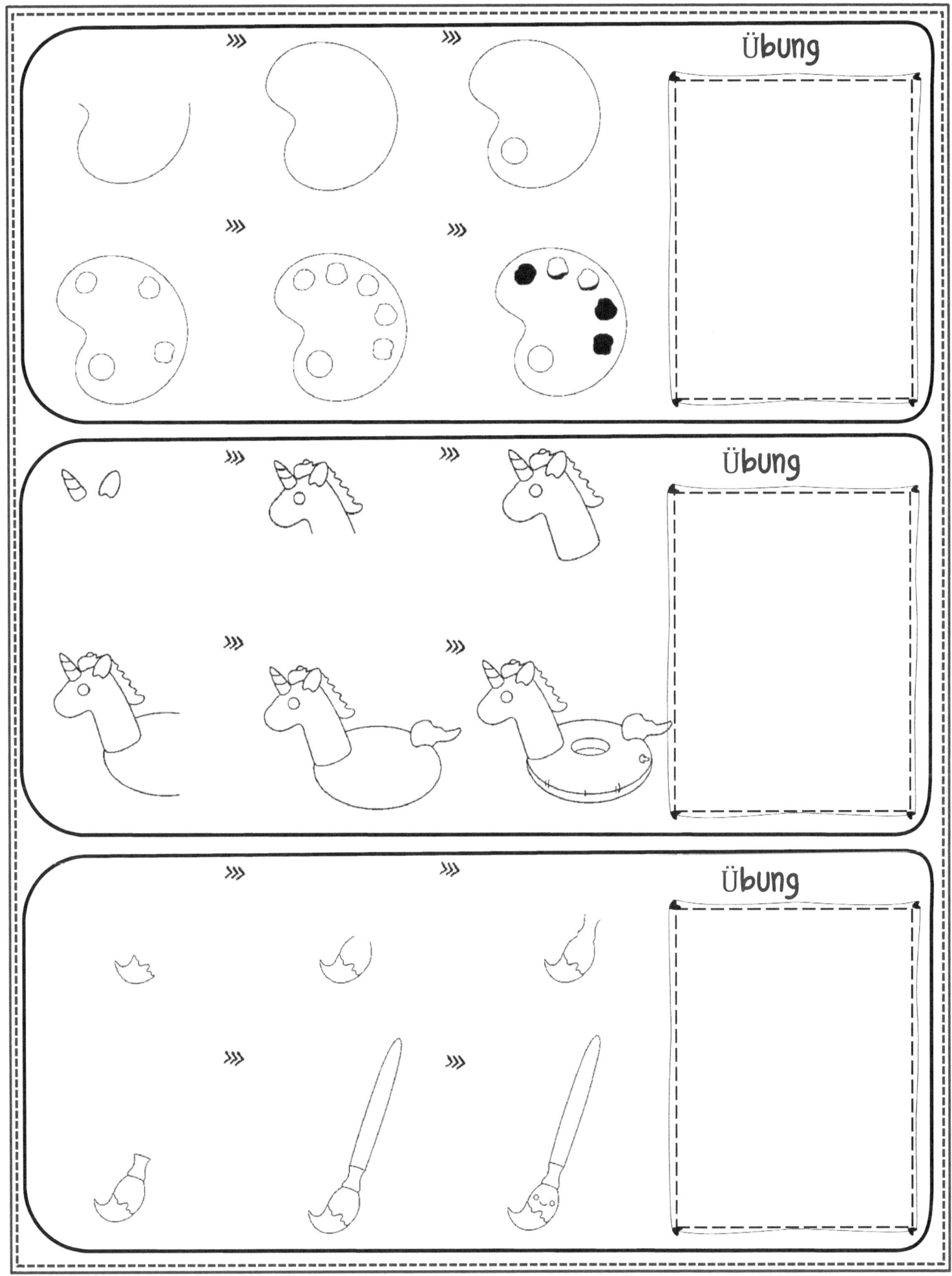

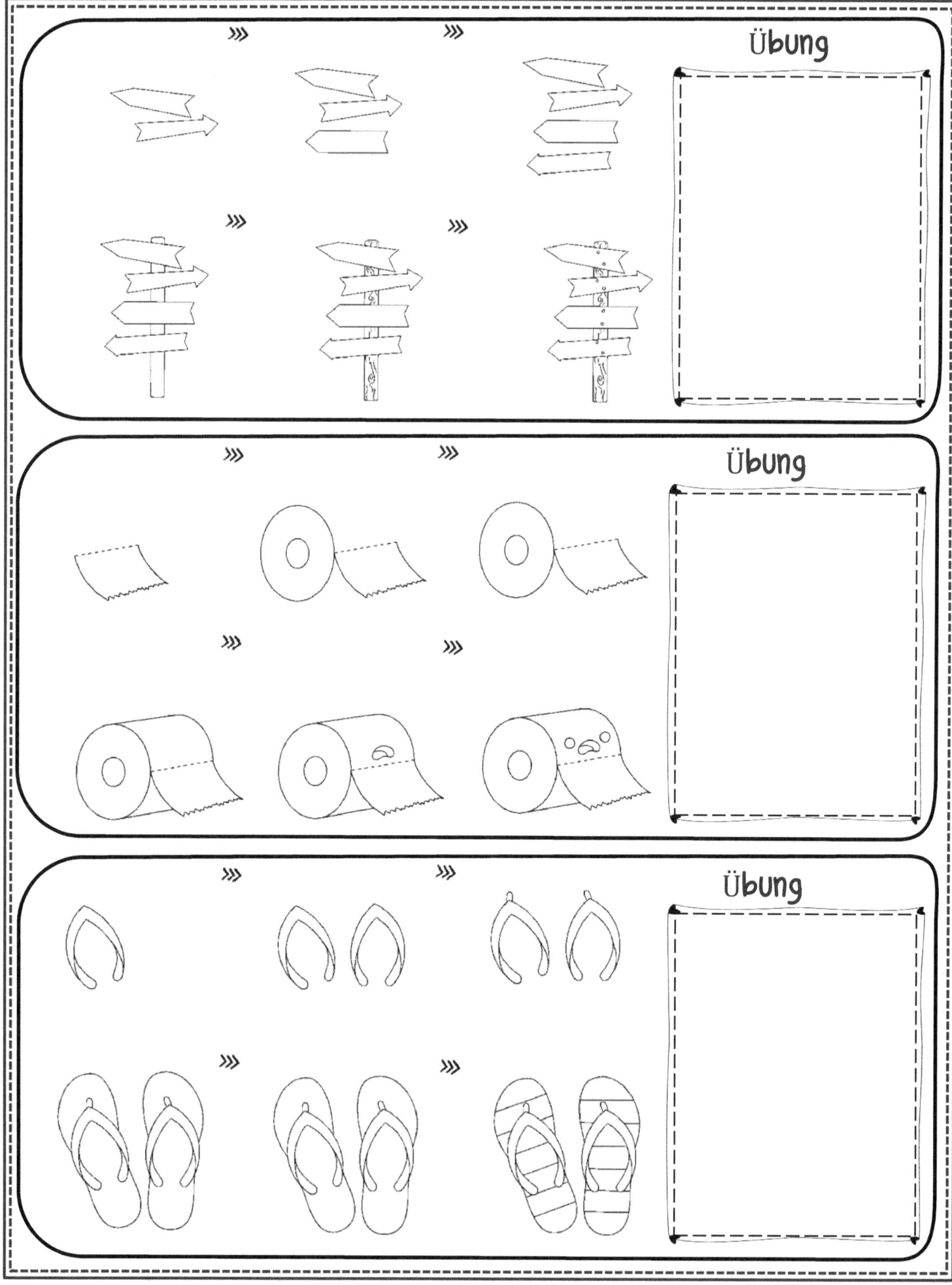

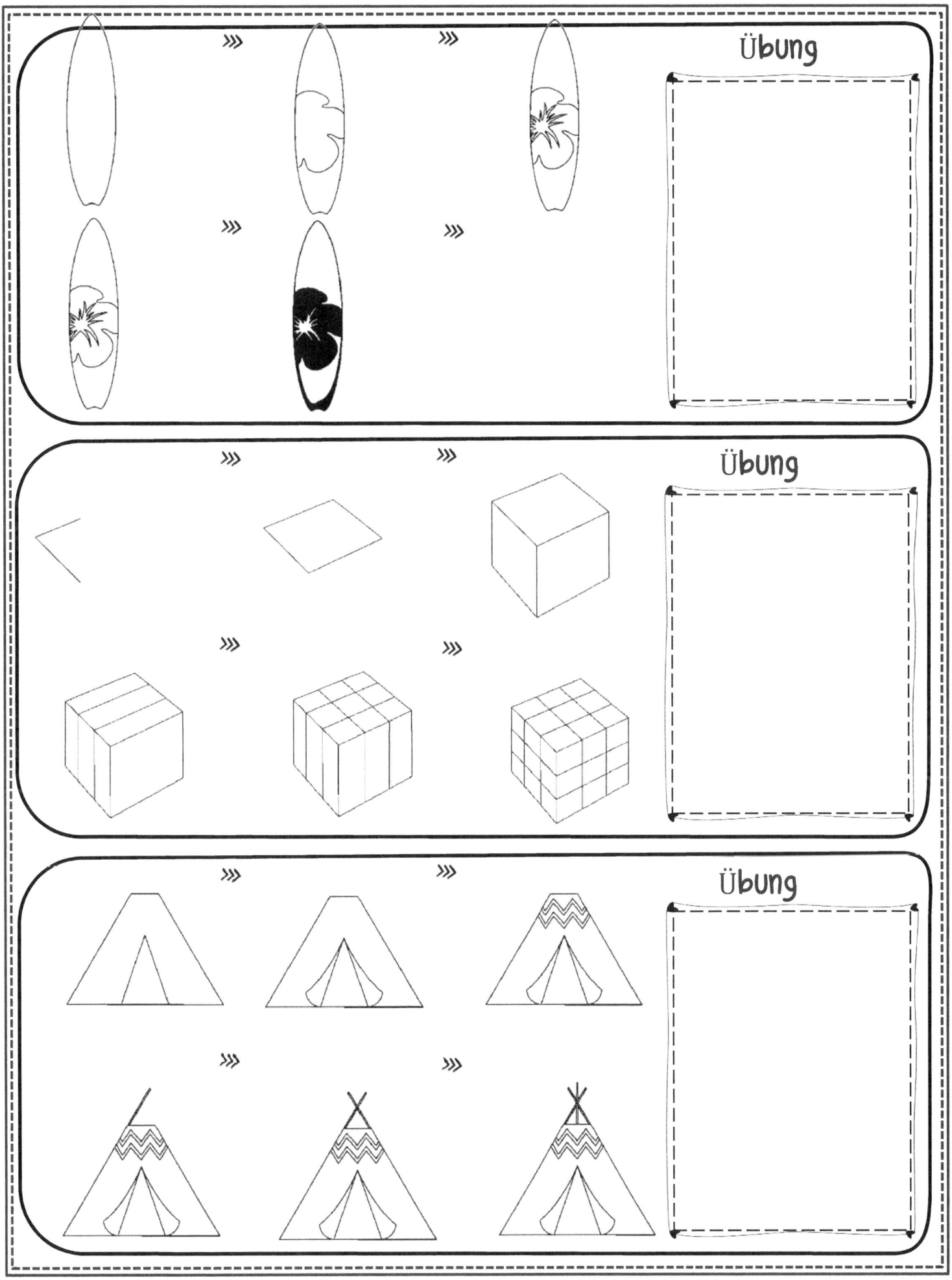

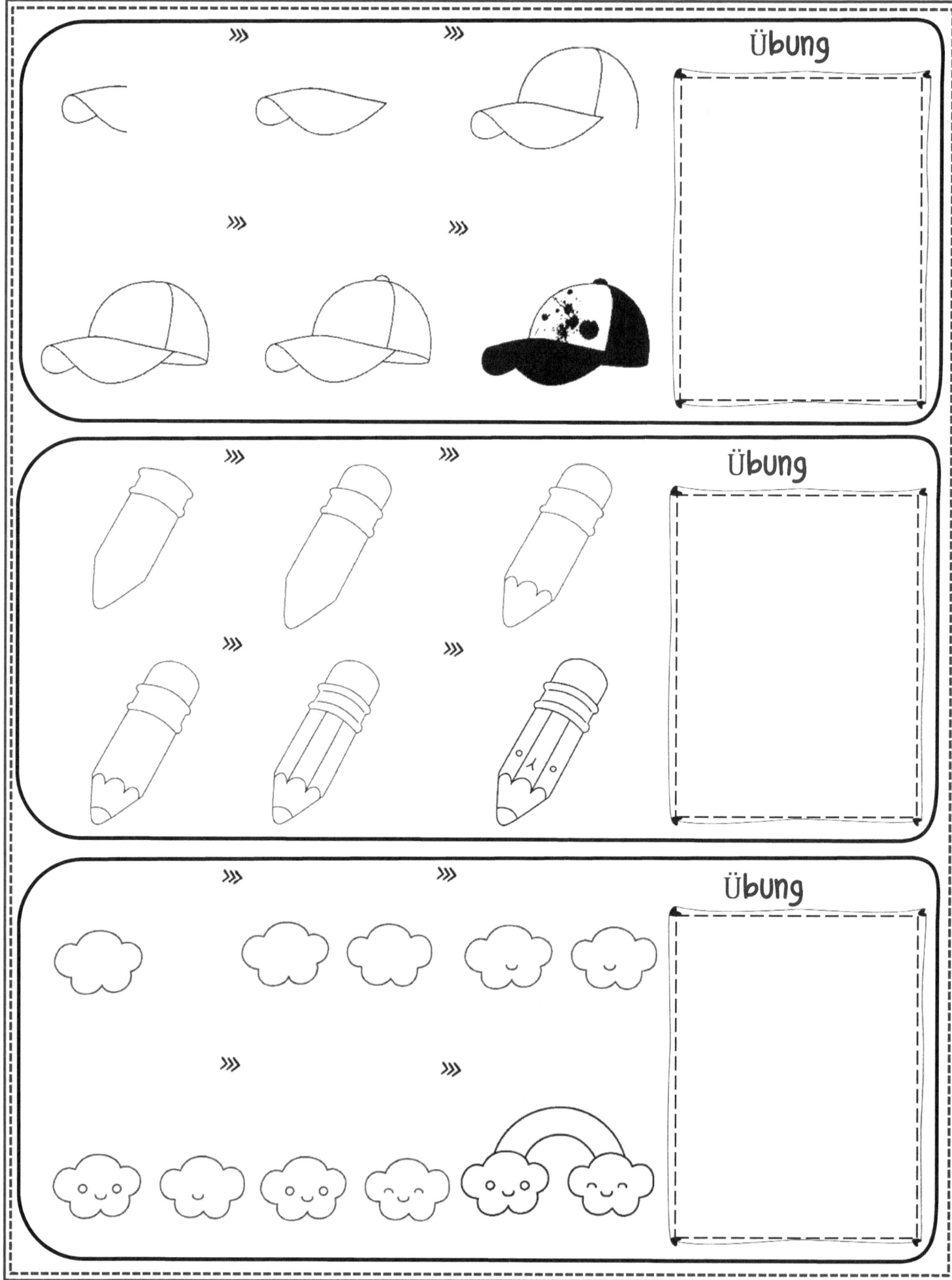

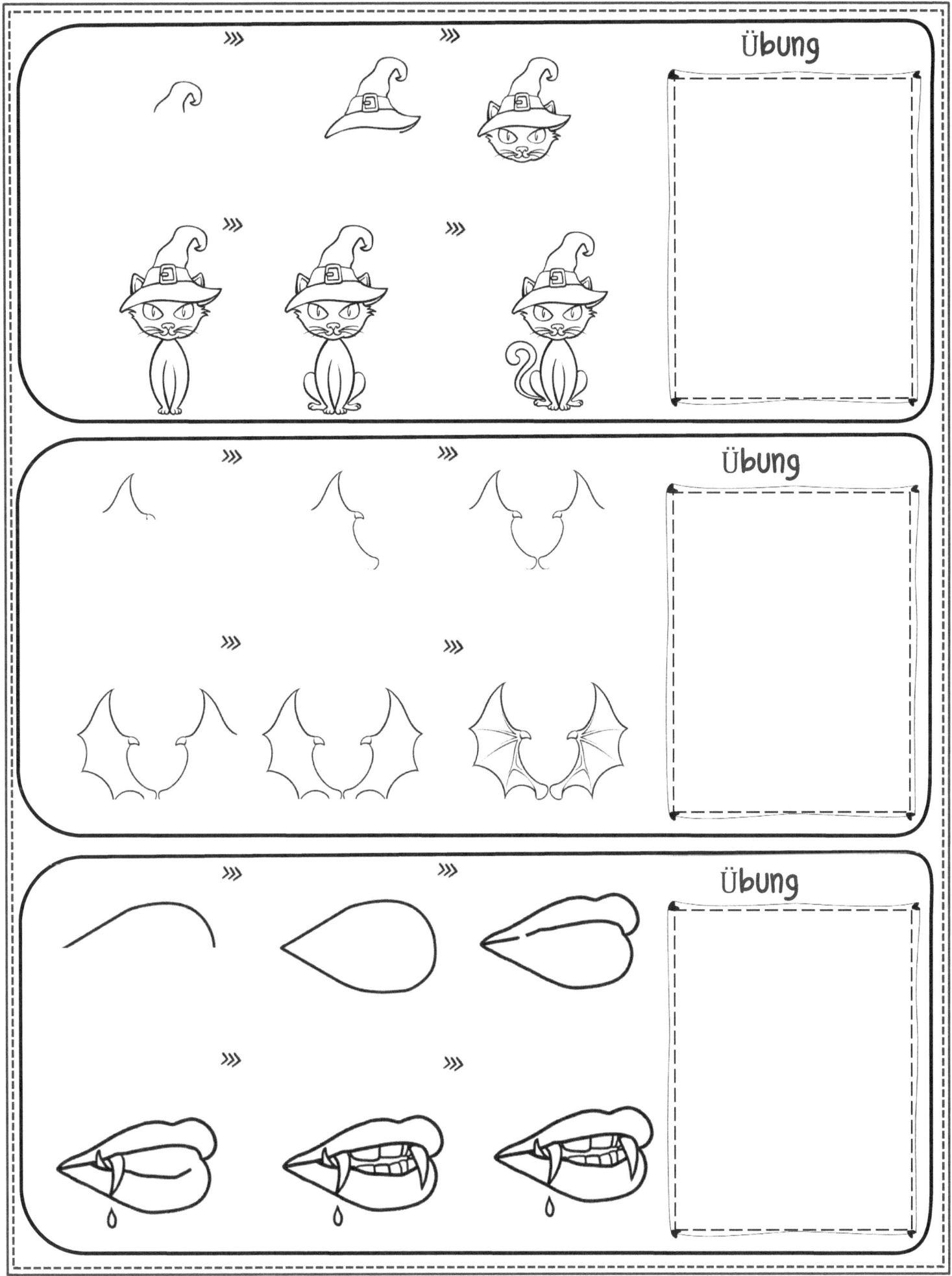

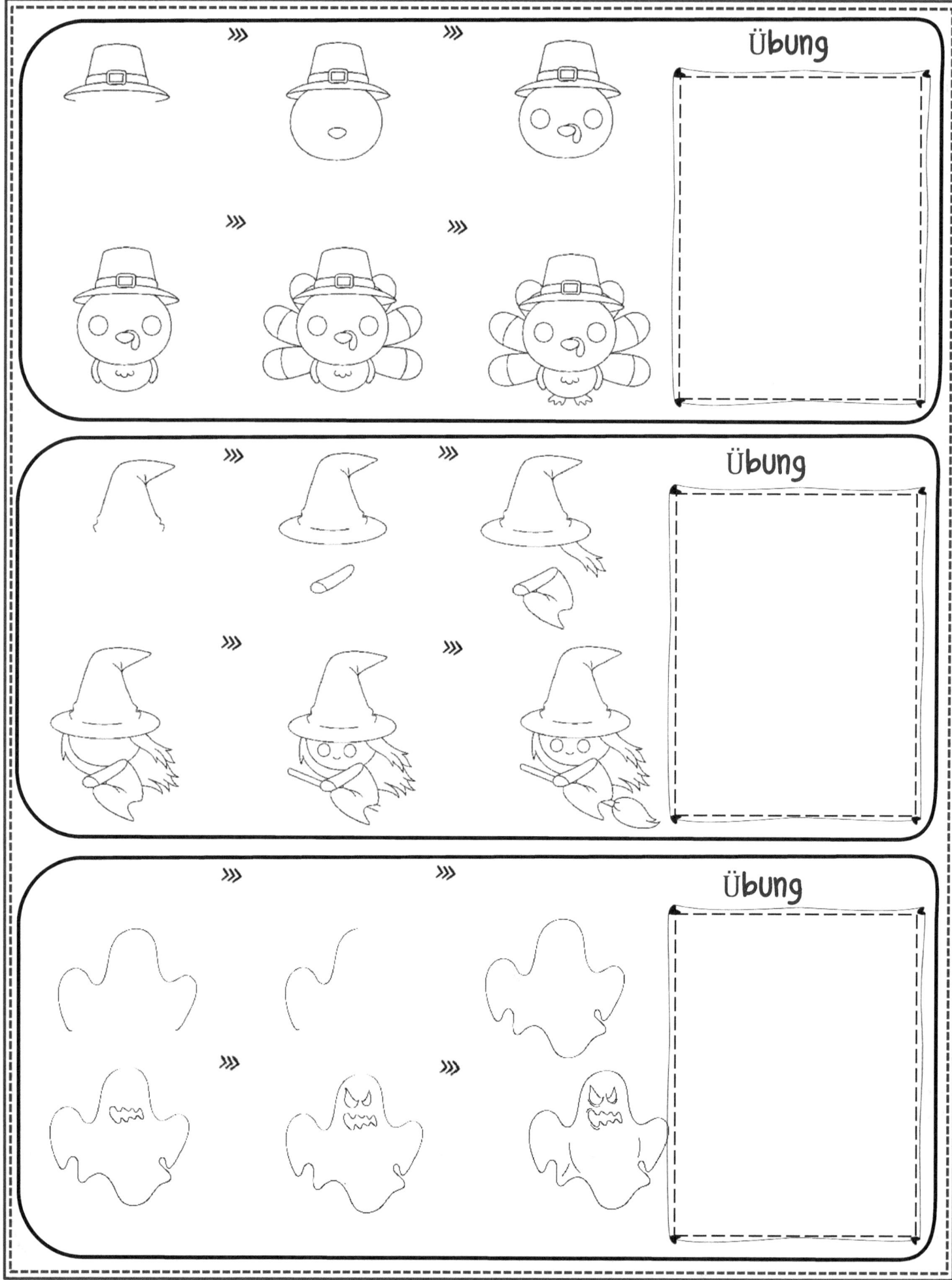

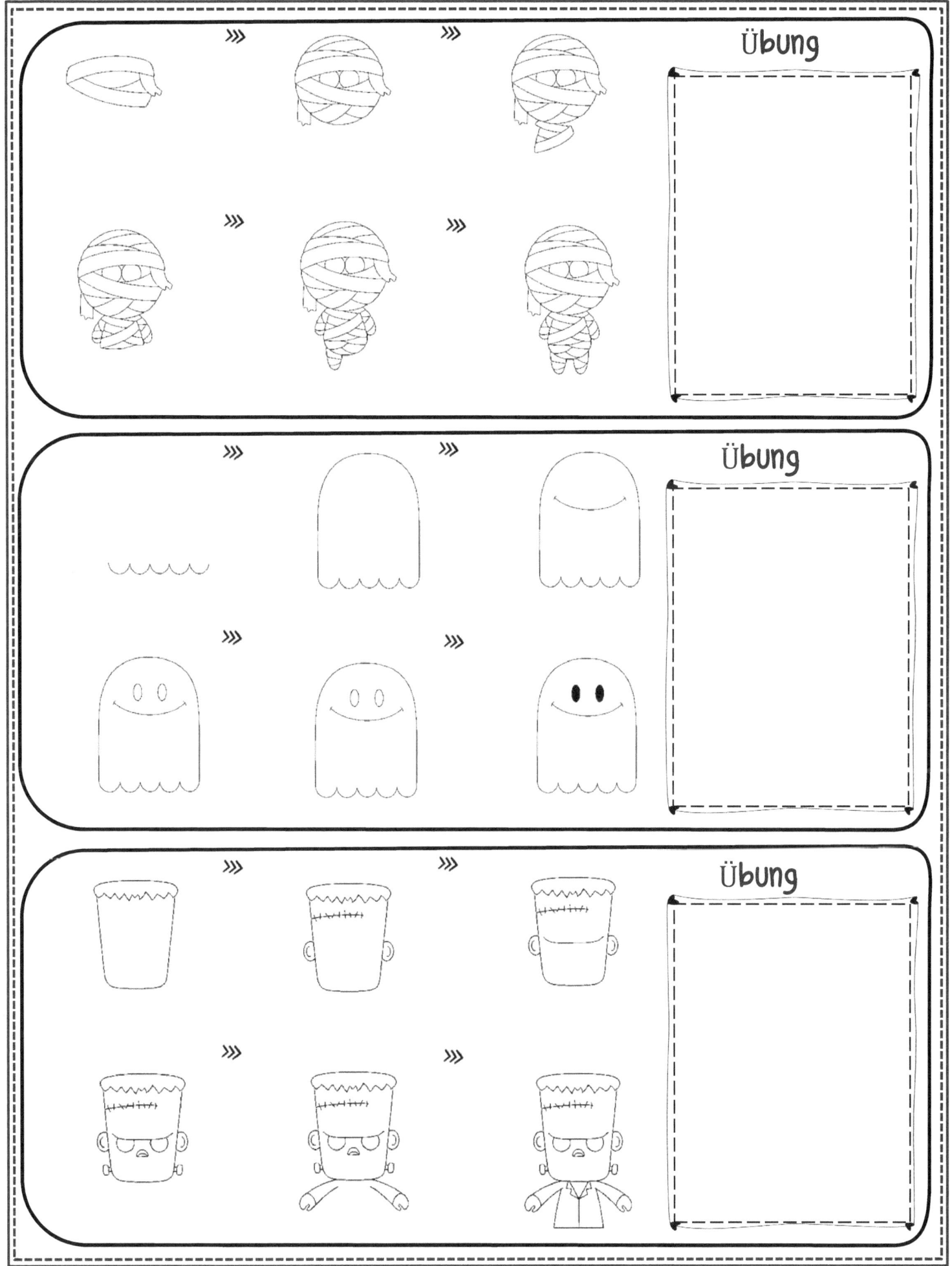

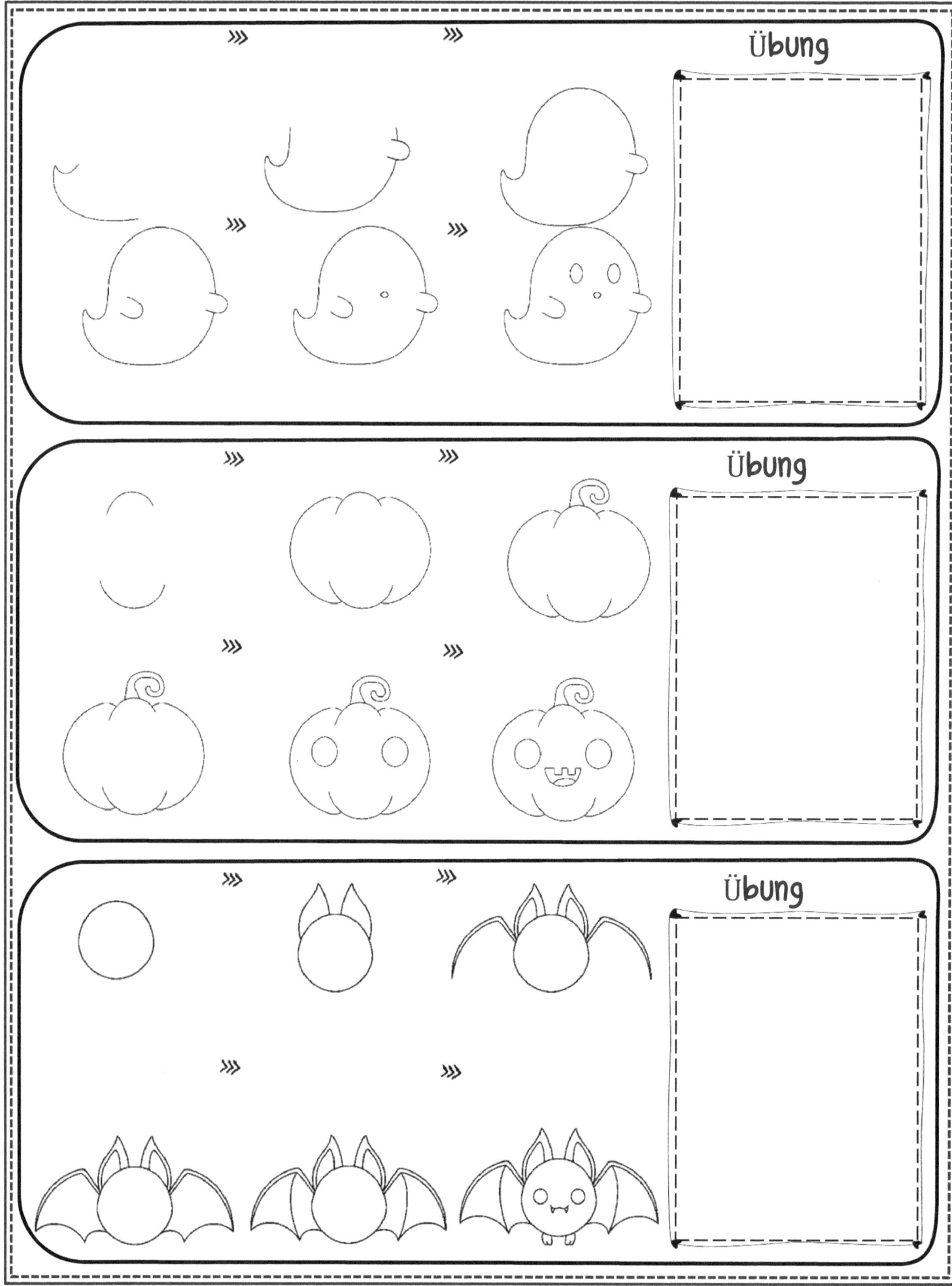

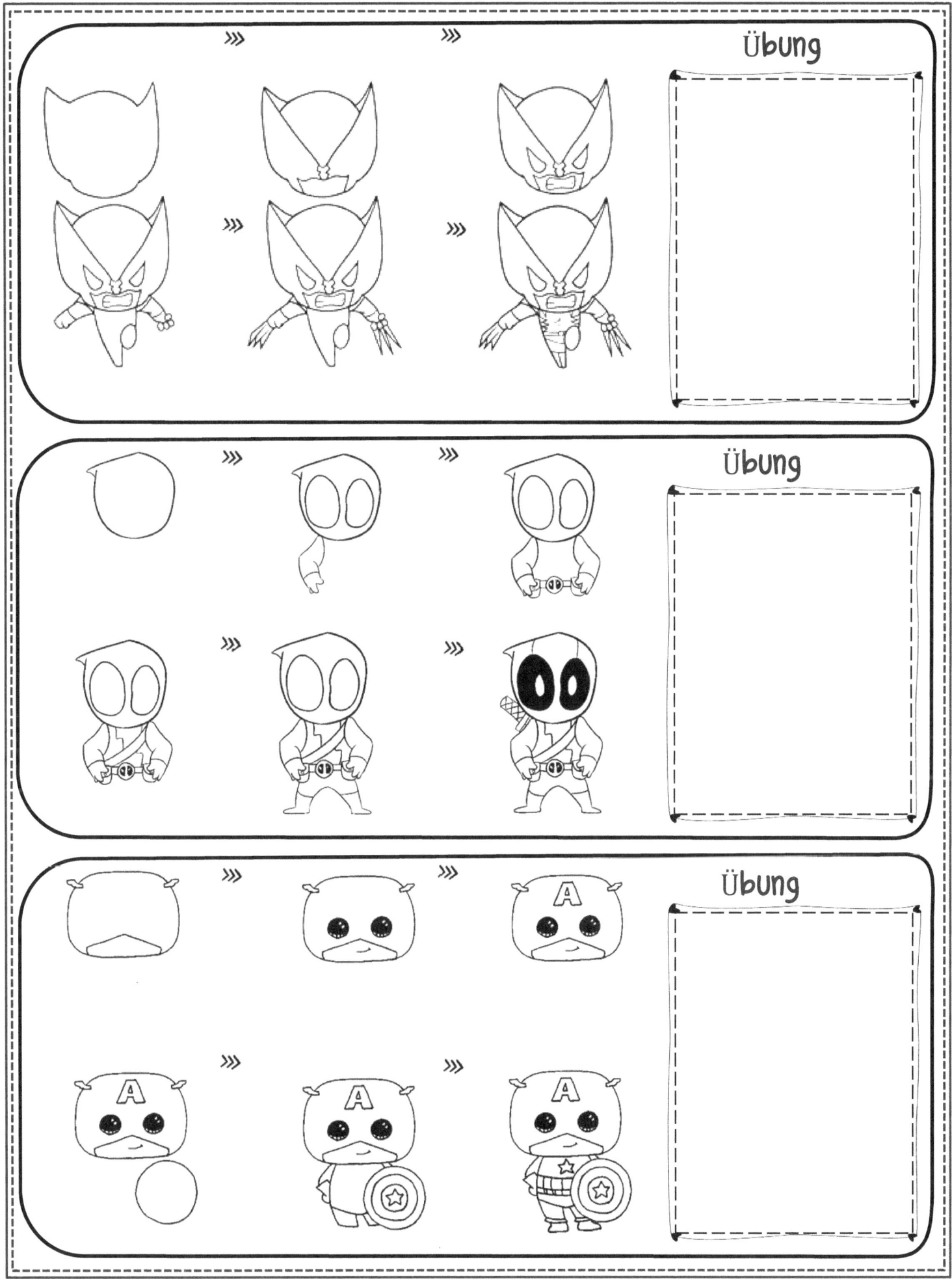

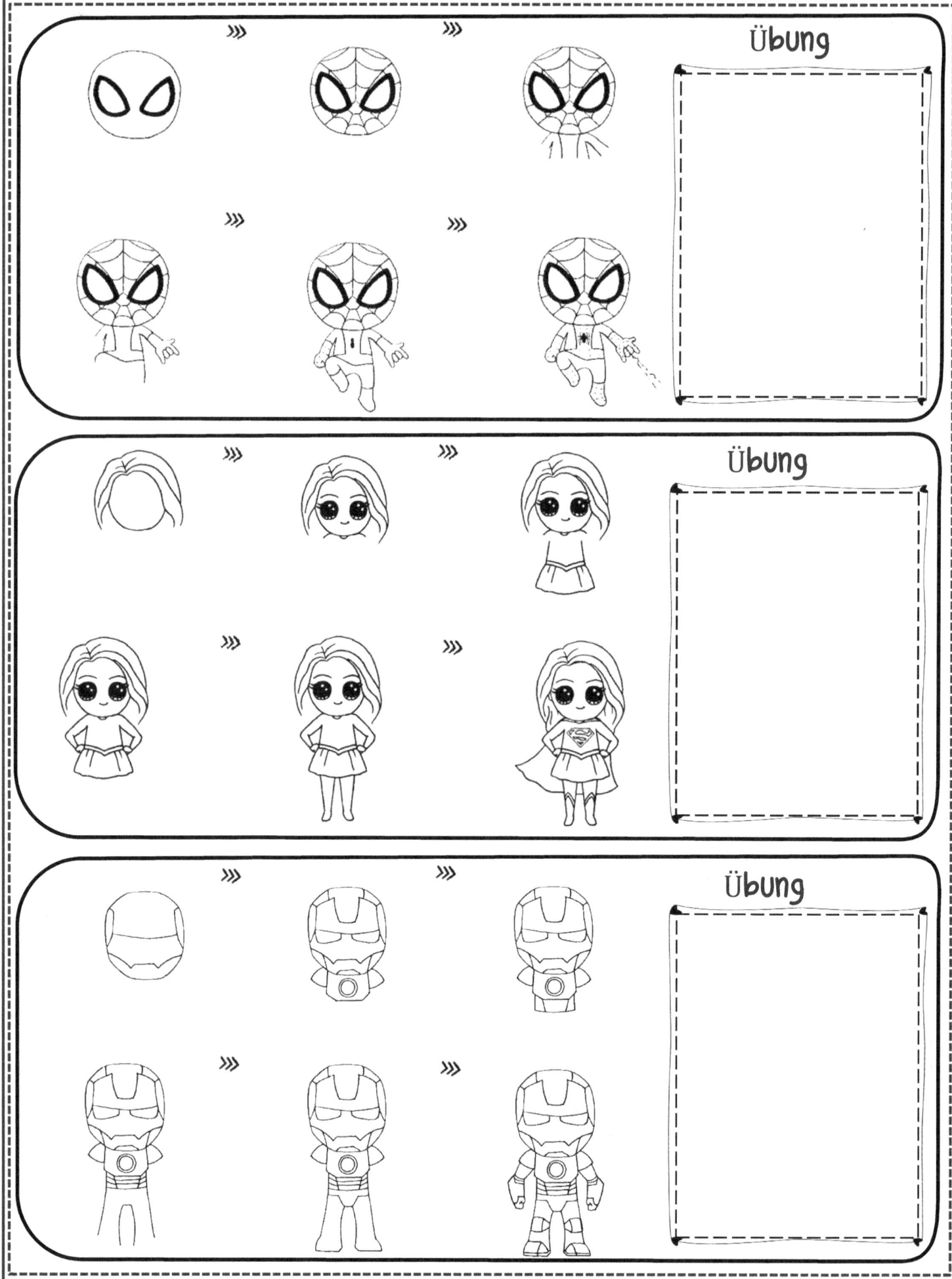

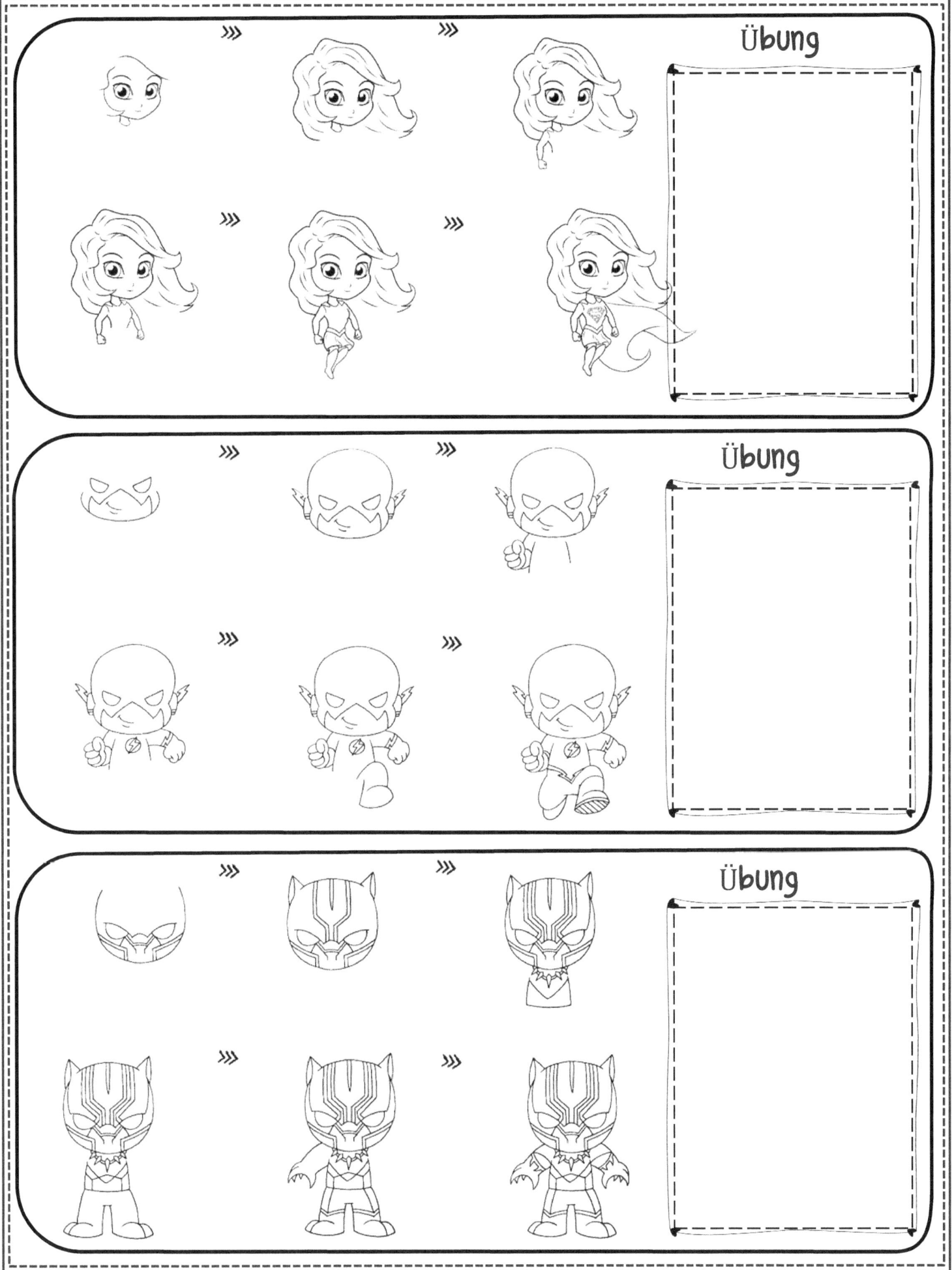

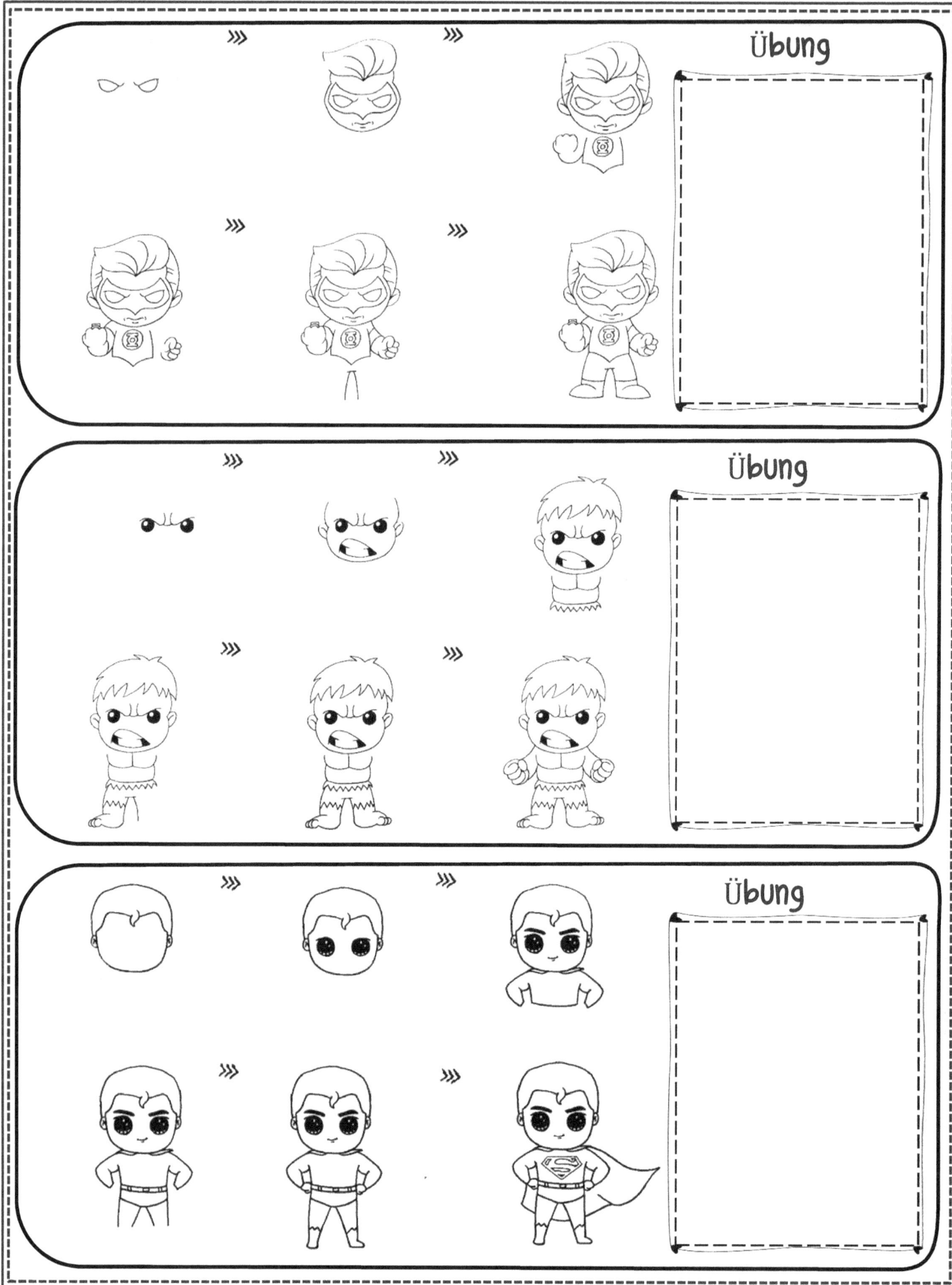

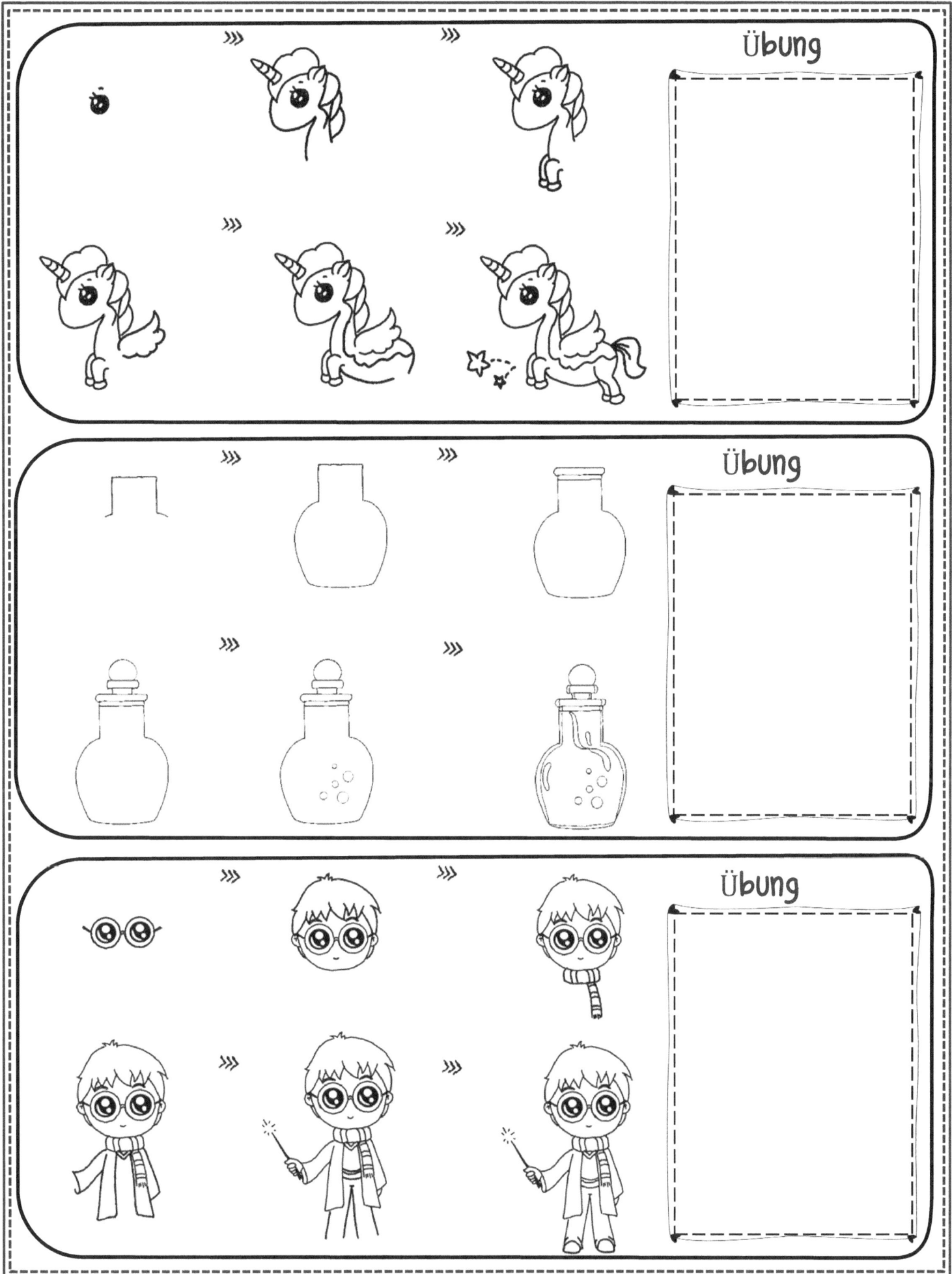

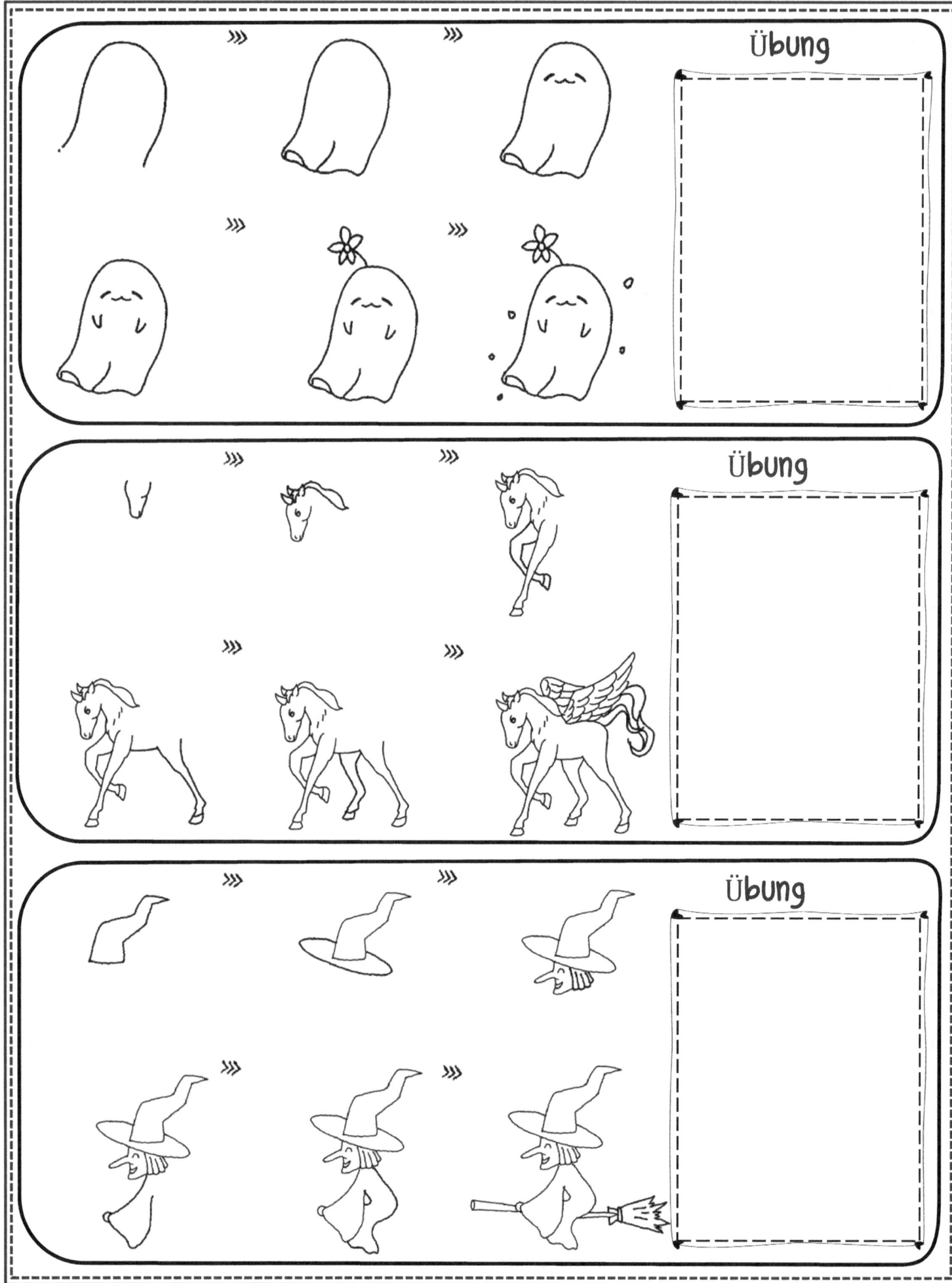

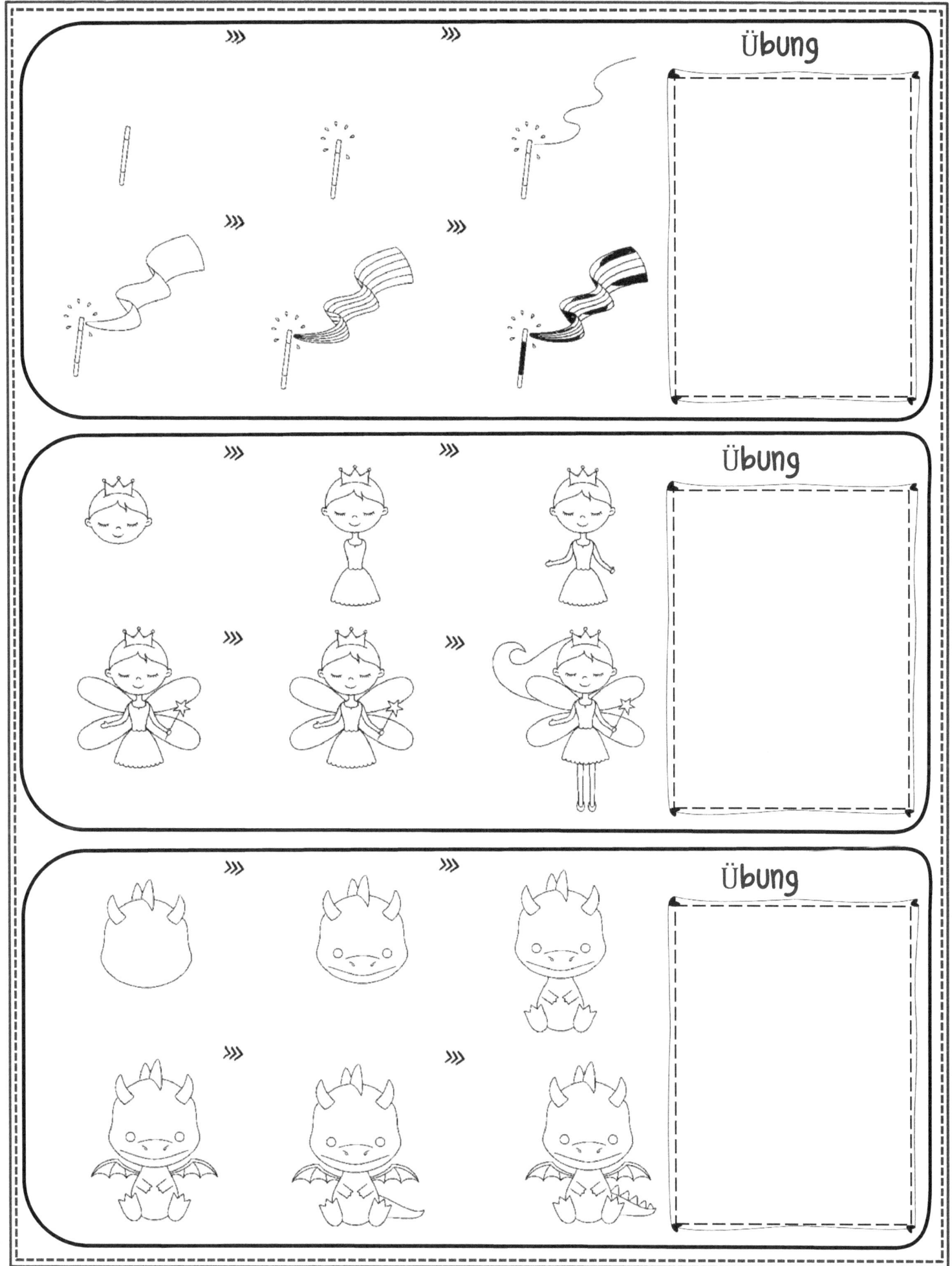

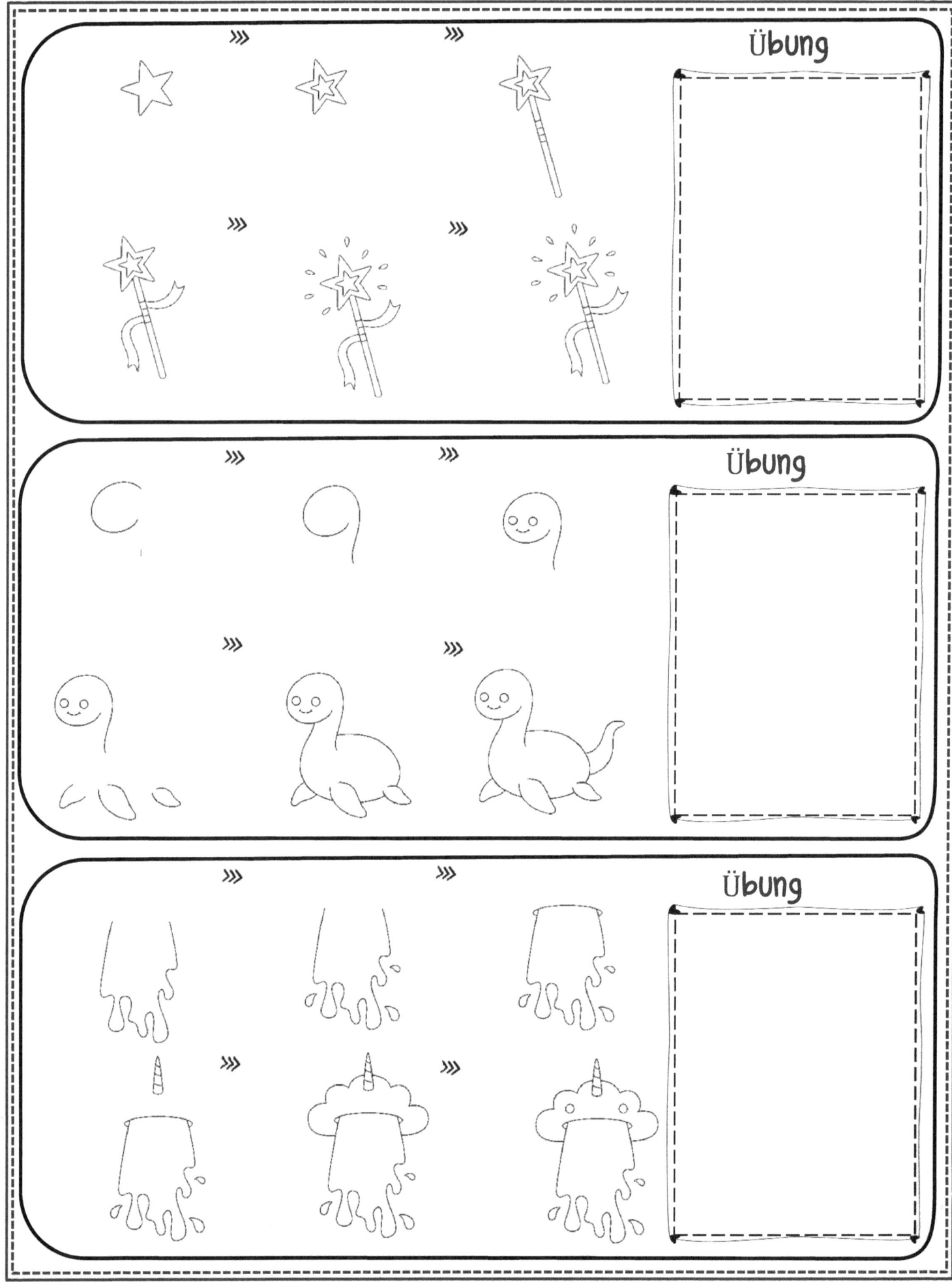

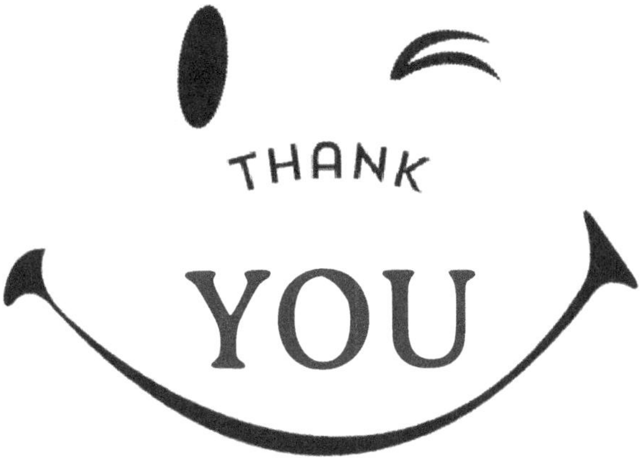

THANK YOU

Danke für den Zeichenspaß!Danke, dass Sie sich mit uns auf diese kreative Reise begeben! Ihre Begeisterung für Kunst ist inspirierend. Ihre Unterstützung bedeutet uns die Welt!

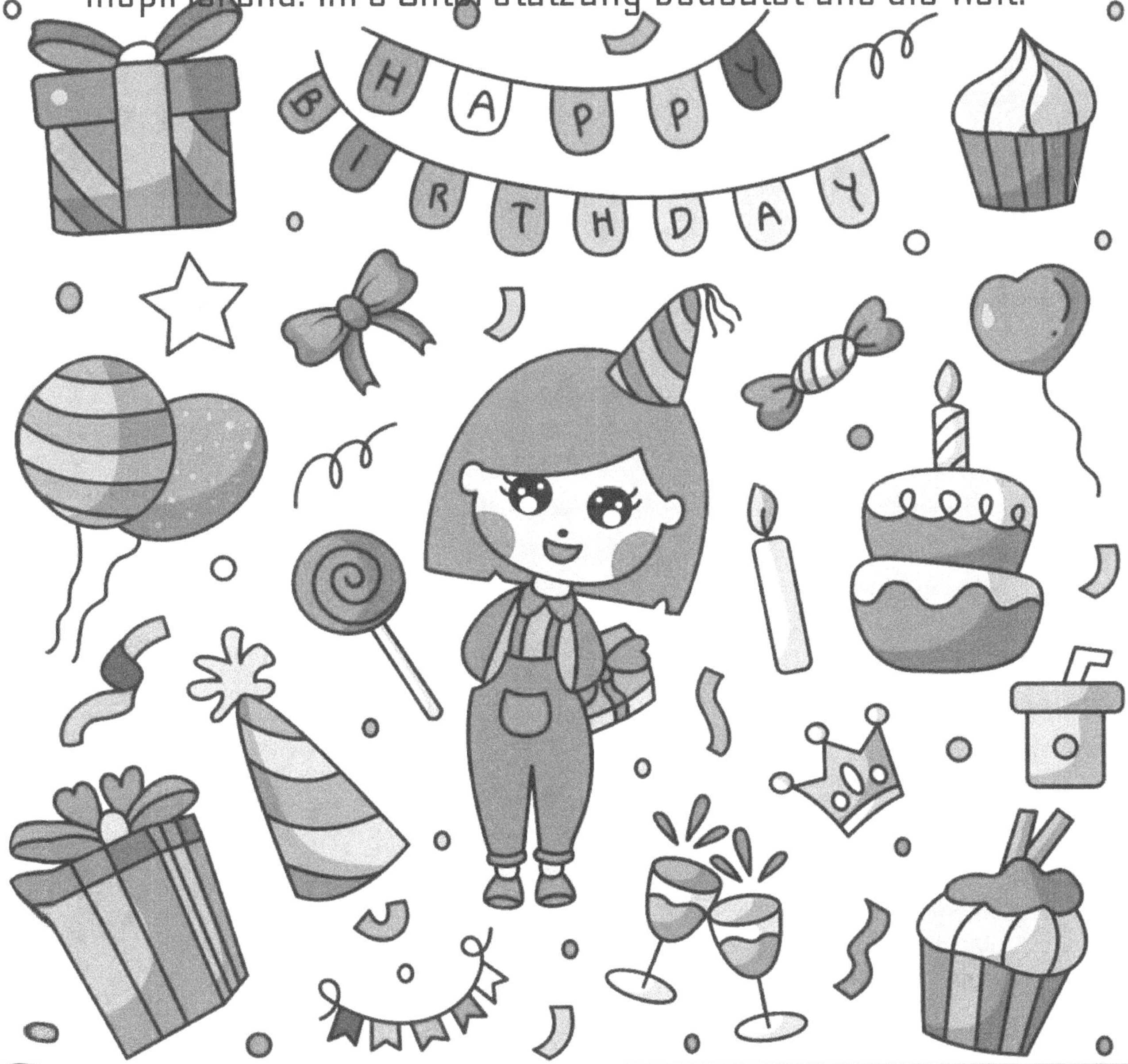

www.ingramcontent.com/pod-product-compliance
Lightning Source LLC
Chambersburg PA
CBHW082245220526
45469CB00009B/2887